Finanzierungsentscheidungen multinationaler Unternehmen

SCHRIFTENREIHE FINANZIERUNG UND BANKEN

herausgegeben von

Prof. Dr. Detlev Hummel

Band 28

Tim Wazynski

Finanzierungsentscheidungen multinationaler Unternehmen

Eine empirische Analyse der Auswirkungen
der globalen Finanzkrise auf börsennotierte Unternehmen
aus Deutschland, Frankreich und Italien

Verlag Wissenschaft & Praxis

Bibliografische Information der Deutschen Nationalbibliothek
Die Deutsche Nationalbibliothek verzeichnet diese Publikation in
der Deutschen Nationalbibliografie; detaillierte bibliografische Daten
sind im Internet über http://dnb.dnb.de abrufbar.

ISBN 978-3-89673-717-5

© Verlag Wissenschaft & Praxis
Dr. Brauner GmbH 2016
D-75447 Sternenfels, Nußbaumweg 6
Tel. +49 7045 93 00 93 Fax +49 7045 93 00 94
verlagwp@t-online.de www.verlagwp.de

Druck und Bindung: Esser printSolutions GmbH, Bretten

Geleitwort

Finanzierungsentscheidungen werden für den Unternehmenserfolg und die Erreichung maßgeblicher Ziele immer wichtiger. Dabei geht es keineswegs nur darum, Liquidität zu möglichst günstigen Kapitalkosten zu sichern oder das notwendige Kapital für Investitionen bereitzustellen. Die Unternehmensstrategie langfristig finanziell zu begleiten – und auch damit den Unternehmenswert nachhaltig zu steigern – wird vor allem im internationalen Kontext zu einer komplexen Aufgabenstellung, welche das Finanzmanagement deutlich aufwertet.

Im Hinblick auf die betriebswirtschaftliche Forschung nimmt die Unternehmensfinanzierung – traditionell die Optimierung der Kapitalstruktur – einen breiten Raum ein, welche teils kontrovers diskutiert und durch alternative Ansätze immer wieder in Frage gestellt wird, insbesondere, wenn es um unterschiedliche Größen, Entwicklungsphasen oder den nationalen bzw. internationalen Kontext von Unternehmungen geht. Offensichtlich ist die Fokussierung der Forschungen auf die Kapitalstruktur (Eigen- und Fremdfinanzierung) zu eng gefasst, um Finanzierungsentscheidungen differenzierter zu begründen. Ein breiterer Blickwinkel auf die Bestimmungsgründe und Auswirkungen der Inanspruchnahme von unterschiedlichen Wegen der Innen- und Außenfinanzierung bringt auf Basis neuerer empirischer Daten – auch im Kontext der Finanzkrise 2008 – durchaus aufschlussreiche Erkenntnisse über die besonderen Dynamiken der Finanzierungsstruktur sowie die Herausforderungen des Finanzmanagements multinationaler Unternehmen. Die Entwicklung eines modernen Treasury und Cash Flow basierte Analysen sowie Kalküle sind dabei gefordert.

Die vorliegende Arbeit dürfte die wissenschaftliche Debatte zur Entwicklung eines möglichst umfassenden theoretischen Bezugsrahmens zur Kapitalstruktur befruchten. Mit den hier entwickelten Ansätzen werden einige realitätsfremde Annahmen der neoklassischen Modelle überwunden, um auf solider Datenbasis – ausgehend von den Jahresabschlüssen zahlreicher multinationaler Unternehmen aus größeren Volkswirtschaften des Euroraumes – eine verbesserte Realitätsnähe zu erreichen.

Der Herausgeber wünscht dem geneigten Leser neue Einsichten und Anregungen bei der Lektüre, ist zugleich dankbar für kritische Hinweise und Vorschläge zwecks künftiger Forschungsarbeiten.

Prof. Dr. Detlev Hummel   Potsdam, im Januar 2016

Vorwort

Diese Arbeit ist während meiner Tätigkeit als wissenschaftlicher Mitarbeiter an der Professur für Betriebswirtschaftslehre mit dem Schwerpunkt Finanzierung und Banken an der Universität Potsdam entstanden. Im Folgenden möchte ich mich bei denjenigen Personen bedanken, die mich in dieser ereignisreichen Zeit unterstützt haben. Besonderer Dank gilt meinem Doktorvater Herrn Prof. Dr. Detlev Hummel für die umfassende fachliche Betreuung. In zahlreichen Gesprächen und ausführlichen Diskussionen habe ich wertvolle Anregungen und Hinweise erhalten, welche den Entwicklungsprozess der Dissertation nachhaltig geprägt haben. Zudem möchte ich Herrn Prof. Dr. Christoph Rasche für die freundliche Übernahme des Zweitgutachtens und die hilfreichen Anmerkungen herzlich danken.

Mein Dank gilt außerdem dem Sonderforschungsbereich 649 „Ökonomisches Risiko" der Humboldt-Universität zu Berlin. Als Gastforscher wurde mir die Möglichkeit eingeräumt, auf die umfangreichen Ressourcen in Form verschiedener Datenbanken zurückzugreifen. Damit wurde die Datenerhebung für die empirische Untersuchung wesentlich erleichtert.

Meinen Lehrstuhlkollegen danke ich für die schöne Zeit und die freundschaftliche Zusammenarbeit. Sowohl die entspannten Gespräche als auch die konstruktiven Diskussionen waren hilfreich und haben großen Spaß bereitet. Insbesondere möchte ich mich bei Heiko für die kritische Durchsicht meiner Arbeit und die wichtigen Anmerkungen bedanken. Bei dieser Gelegenheit möchte ich auch meine besten Freunde Björn, Claas und Roman erwähnen. Ihr habt mir einen tollen Ausgleich zum Uni-Alltag verschafft.

Schließlich gebührt der größte Dank meiner gesamten Familie. Meine Eltern, Detlef und Sigrid, haben meine Entwicklung maßgeblich beeinflusst und durch ihr Handeln die optimalen Rahmenbedingungen geschaffen. Zusammen mit meinen Geschwistern, Nick und Nina, haben sie mich in jeder Lebenssituation großartig unterstützt und gefördert. Gleiches gilt für meine Verlobte Nicky. Sie gab mir stets den größtmöglichen Rückhalt, indem sie mir bedingungsloses Verständnis entgegenbrachte und jederzeit für mich da war. Ohne euch Fünf wäre die Anfertigung dieser Dissertation nicht möglich gewesen.

Berlin, Mai 2015

Tim Wazynski

Inhaltsverzeichnis

Abbildungsverzeichnis

Tabellenverzeichnis

Abkürzungsverzeichnis

A	Österreich
ABS	Asset Backed Securities
AF	Außenfinanzierung
AFQ	Außenfinanzierungsquote
AMTPA	Alternative Mortage Transaction Parity Act
AIG	American International Group
APT	Arbitrage Pricing Theory
BIP	Bruttoinlandsprodukt
BMWi	Bundesministerium für Wirtschaft und Energie
BW	Buchwert
c.p.	Ceteris paribus
CA	Kanada
CAC	Cotation Assistée en Continu 40
CAPEX	Capital Expenditures
CAPM	Capital Asset Pricing Model
CDO	Collateralized Debt Obligations
CDS	Credit Default Swap
CFF	Cashflow aus Finanzierungstätigkeit
CFO	Chief Financial Officer
CFROI	Cashflow Return on Investment
CH	Schweiz
CRA	Community Reinvestment Act
D	Deutschland
DAX	Deutscher Aktienindex 30
DCF	Discounted Cashflow
DIDMCA	Depository Institutions Deregulation and Monetary Control Act
Dow Jones	Dow Jones Industrial Average 30

EBITDA	Earnings before interests, taxes, depreciation and amortization
EC	Externer Cashflow
EK	Eigenkapital
EU	Europäische Union
EURIBOR	Euro Interbank Offered Rate
EVA	Economic Value Added
EZB	Europäische Zentralbank
F	Frankreich
FCAPM	Foreign Capital Asset Pricing Model
FK	Fremdkapital
FKQ	Fremdkapitalquote
FED	Federal Reserve Systems
FTSE MIB	Financial Times Stock Exchange Milano Italia Borsa 40
G7	Group of Seven
G8	Group of Eight
GB	Großbritannien
GCAPM	Global Capital Asset Pricing Model
GF	Gesamtfinanzierung
GG	Gleichgewichtet
GIPS	Griechenland, Irland, Portugal und Spanien
GuV	Gewinn- und Verlustrechnung
HCAPM	Home Capital Asset Pricing Model
IC	Interner Cashflow
ICB	Industrial Classification Benchmark
ICC	Implied cost of capital
IDV	Individualism vs. Collectivism
IF	Innenfinanzierung
IFQ	Innenfinanzierungsquote
IFRS	International Reporting Standards

IKB	Deutsche Industriebank AG
IMF	International Monetary Fund
IPO	Initial Public Offering
ISIN	International Securities Identification Number
IT	Italien
IWF	Internationaler Währungsfonds
J	Japan
KfW	Kreditanstalt für Wiederaufbau
LBBW	Landesbank Baden-Württemberg
LIBOR	London Interbank Offered Rate
LTO	Long-Term Orientation
M	Mittelwert
MAS	Masculinity vs. Femininity
MAX	Maximum
MBS	Mortage Backed Securities
MD	Median
Mio.	Millionen
MIN	Minimum
MNC	Multinationale Unternehmen
Mrd.	Milliarden
MSCI	Morgan Stanley Capital International
MW	Marktwert
NC	Nationale Unternehmen
OCF	Operativer Cashflow
OECD	Organisation for Economic Co-operation and Development
OLS	Ordinary Least Squares
OHG	Offene Handelsgesellschaft
PDI	Power Distance Index
PIIGS	Portugal, Italien, Irland, Griechenland und Spanien
ROE	Return on Equity

SD	Standardabweichung
SIV	Structured Investment Vehicles
SPV	Special Purpose Vehicle
Tsd.	Tausend
UAI	Uncertainty Avoidance Index
UAS	Unternehmensabschlussstatistik
UNCTAD	United Nations Conference on Trade and Development
USA	United States of America
US-GAAP	United States Generally Accepted Accounting Principles
UW	Unternehmenswert
v.Chr.	Vor Christi Geburt
V	Verschuldungsgrad
VG	Volumengewichtet
VGR	Volkswirtschaftliche Gesamtrechnung
VIF	Variance Inflation Factor
VLL	Verbindlichkeiten aus Lieferungen und Leistungen
WACC	Weighted Average Cost of Capital

1 Einleitung

Finanzierungsentscheidungen haben einen fundamentalen Einfluss auf den Unternehmenserfolg. Wesentliche Ziele bestehen darin, die Liquidität zu möglichst günstigen Kapitalkosten sicherzustellen, die Unternehmensstrategie langfristig finanziell zu begleiten und somit den Unternehmenswert zu maximieren. In einem dynamischen Marktumfeld erweisen sich die Rahmenbedingungen für das Finanzmanagement multinationaler Unternehmen als hochkomplex.[1]

Im Hinblick auf die betriebswirtschaftliche Forschung nimmt die Unternehmensfinanzierung einen hohen Stellenwert ein. Die Ausgestaltung und Optimierung der Kapitalstruktur hat sich dabei, in nunmehr über 50 Jahren, als ein zentraler Untersuchungsgegenstand herausgestellt.[2] Als Grundstein gilt das Irrelevanztheorem von *Modigliani/ Miller (1958)*.[3] Die bedeutsame Erkenntnis, dass die Kapitalstruktur, unter Voraussetzung eines vollkommenen Kapitalmarktes, keinen Einfluss auf den Unternehmenswert hat, führte zu einer kontroversen Debatte über die Existenz einer optimalen Kapitalstruktur und der Entwicklung zahlreicher weiterer Kapitalstrukturtheorien.[4] Dennoch ist bis heute kein universeller und allgemein gültiger Erklärungsansatz hervorgebracht worden.[5]

Die in den Anfängen rein theoriebasierte Forschung hat durch den fortschreitenden Praxisbezug wesentlich an Qualität und Geltung gewonnen. Empirische Studien zur Kapitalstruktur konzentrieren sich dabei zunehmend auf die Überprüfung relevanter Einflussfaktoren.[6] Aktuellere Studien weisen darauf hin, dass neben firmenspezifischen Determinanten ebenso makroökonomische Faktoren von Bedeutung sind.[7]

Trotz der Vielzahl an wissenschaftlichen Fachbeiträgen wirkt die starre Fokussierung auf die Kapitalstruktur zu eng gefasst, um Finanzierungsentscheidungen differenziert analysieren zu können. Weitere Blickwinkel, wie die Inanspruchnahme der Innen- und Außenfinanzierung, bleiben überwiegend unberücksichtigt. Aus diesem Grund zielt die vorliegende Arbeit darauf ab, das Forschungsfeld, im Sinne

---

[1] Vgl. Butler (2012), S. 12 ff., Drobetz/ Pensa/ Wöhle (2006), S. 254 und Kochhar (1996), S. 714 ff.
[2] Vgl. Hermanns (2006), S. 1, Fama/ French (2002), S. 1 ff. und Rajan/ Zingales (1995), S. 1421.
[3] Vgl. Modigliani/ Miller (1958), S. 261 ff.
[4] Vgl. Copeland/ Weston/ Shastri (2008), S. 1093, Myers (2001), S. 81 ff. und Kochhar (1996), S. 713 ff.
[5] Vgl. Myers (2001), S. 81.
[6] Vgl. Drobetz/ Pensa/ Wöhle (2006), S. 253 ff., Frank/ Goyal (2003), S. 218 ff., Baker/ Wurgler (2002), S. 1 ff., Fama/ French (2002), S. 1 ff., Graham/ Harvey (2001), S. 187 ff., Hovakimian/ Opler/ Titman (2001), S. 1 ff., Shyam-Sunder/ Myers (1999), S. 212 ff. und Rajan/ Zingales (1995), S. 1421 ff.
[7] Vgl. Frank/ Goyal (2009), S. 3, Schachtner (2009), S. 157, Hackbarth/ Miao/ Morellec (2006), S. 520 und Korajczyk/ Levy (2003), S. 75.

einer möglichst ganzheitlichen Betrachtungsweise, zu erweitern. Dies geschieht aus der Perspektive des Finance-based View of the Firm, so dass Aspekte der Kapitalsicherung und Wertsteigerung im Vordergrund stehen. Im weiteren Verlauf werden die Problemstellung sowie die Zielsetzung dieser Arbeit in Kapitel 1.1 abgegrenzt und der Gang der Untersuchung in Kapitel 1.2 erläutert.

1.1 Problemstellung

Die globale Finanzkrise gilt als die schwerwiegendste und folgenreichste Krise der Nachkriegszeit.[8] Zahlreiche Faktoren, wie bspw. die expansive Vergabe von Subprime-Krediten, die maßlose Verbriefungspolitik vieler Finanzinstitute sowie der damit einhergehende Prozess der internationalen Verflechtung, haben dazu geführt, dass eine dem Anschein nach zunächst auf die USA begrenzte Krise, innerhalb kürzester Zeit globale Ausmaße einnahm. Die tiefen Verwerfungen im Finanzsektor schlugen sich binnen weniger Monate auf die Realwirtschaft nieder, so dass die Wirtschaftsleistung vieler Volkswirtschaften im Jahr 2009 dramatisch einbrach. Unternehmen sahen sich angesichts rückläufiger Gewinne sowie negativer Zukunftsaussichten dazu gezwungen, Investitionsentscheidungen anzupassen und entsprechende Ausgaben zu reduzieren bzw. gänzlich auszusetzen.[9]

Die weiteren Folgeerscheinungen der globalen Finanzkrise können keineswegs pauschalisiert werden und sind von einem hohen Heterogenitätsgrad gekennzeichnet. Während international führende Volkswirtschaften, wie bspw. Deutschland und die USA, seit 2010 ein kontinuierliches Wirtschaftswachstum aufwiesen, befanden sich einzelne Peripheriestaaten der Eurozone, wie z.B. Italien und Spanien, im Zuge der Staatsschuldenkrise erneut in einer Rezession. Die Entwicklungen im Staatssektor wirkten sich u.a. auf die internationalen Anleihemärkte aus, so dass sich auch die Rahmenbedingungen im Unternehmenssektor veränderten.[10]

In diesem Kontext liegt die Vermutung nahe, dass Finanzierungsentscheidungen multinationaler Unternehmen nachhaltig von den Auswirkungen der globalen Finanzkrise betroffen sind und eine Zäsur zu beobachten ist. Eine Analyse hierzu existiert bislang jedoch nicht. Vielmehr fokussieren sich zahlreiche Arbeiten auf eine grundsätzliche systematische Aufarbeitung der globalen Finanzkrise und eine pauschal geführte Diskussion über die allgemeinen Folgen für den realwirtschaftlichen Sektor. Im Zusammenhang mit der Kapitalbeschaffung finden sich krisen-

---

[8]   Vgl. Deutsche Bundesbank (2010), S. 18 und Michler/ Smeets (2011), S. 4 f. Ein entsprechender Vergleich zielt teilweise auch auf die Weltwirtschaftskrise von 1929 ab. Vgl. Bechthold (2012), S. 88, Nastansky/ Strohe (2009), S. 1 und Soros (2008), S. 93.

[9]   Vgl. Bechthold (2012), S. 88 ff., Dombret (2012), S. 64 ff., Dill/ Lieven (2009), S. 199 ff., Hanekamp/ Morrison/ Monteleone (2009), S. 275 ff. und Baily/ Litan/ Johnson (2008), S. 1 ff.

[10] Vgl. Illing (2013a), S. 99 ff. und De Santis (2012), S. 2 ff.

behaftete Begriffe, wie bspw. Kreditklemme oder Börsencrash, die sich zumeist in einer allgemein geführten Debatte verlieren.[11] Eine detaillierte Aufarbeitung der Krisenauswirkungen auf das Finanzierungsverhalten multinationaler Unternehmen liegt zum jetzigen Zeitpunkt nicht vor.

Dieses Forschungsvorhaben zielt darauf ab, die Auswirkungen der globalen Finanzkrise auf die Kapitalbeschaffung börsennotierter Unternehmen empirisch zu analysieren und Rückschlüsse auf Finanzierungsentscheidungen zu ziehen. Auf Grund der grenzüberschreitenden Geschäftstätigkeit multinationaler Unternehmen und der globalen Wirkungsweise der Finanzkrise ist die Arbeit insofern interdisziplinär angelegt, als auch Fragestellungen und Problemfelder des internationalen Managements tangiert werden.

Entgegen der bisherigen Vorgehensweise in diesem Forschungsgebiet, konzentriert sich die Untersuchung nicht allein auf die Kapitalstruktur (Eigen- und Fremdkapital), sondern berücksichtigt ebenfalls die Finanzierungsstruktur (Innen- und Außenfinanzierung). Damit rückt neben der Frage nach der Rechtsstellung der Kapitalgeber ebenfalls der bedeutende Aspekt der Mittelherkunft in den Vordergrund. Ein solches Vorgehen erscheint aus verschiedener Hinsicht zielführend.

Zunächst wird ein ganzheitlicherer Untersuchungsrahmen für das hochkomplexe Themengebiet der Finanzierung nichtfinanzieller Kapitalgesellschaften geschaffen, indem Schlussfolgerungen nicht allein auf einer einzelnen Kennzahl beruhen. Zwar kann dem Verschuldungsgrad durchaus eine große Bedeutung zugeschrieben werden, wie bspw. der in Theorie und Empirie aufgezeigte Zusammenhang mit dem Unternehmenswert unterstreicht,[12] jedoch geht auch von der Finanzierungsstruktur ein erheblicher Informationsgehalt aus. Die Zusammensetzung von Innen- und Außenfinanzierung hat weitreichende Auswirkungen auf den Unternehmenserfolg, da u.a. Kapitalkosten und Mitbestimmungsrechte direkt tangiert werden.[13]

Anhand der Analyse der Mittelherkunft lässt sich erkennen, ob und in welchem Ausmaß dem Unternehmen Gelder von außen zugeführt werden. Verzichtet ein Unternehmen auf die Außenfinanzierung, kann dies ein Indiz dafür sein, dass nicht genügend rentable Investitionsmöglichkeiten zur Verfügung stehen oder die Finanzierungskosten zu hoch sind. Beide Szenarien können u.a. für Investoren, Analysten, Fremdkapitalgeber sowie das eigene Management von großem Interesse sein. Letzteres sollte entsprechende Maßnahmen treffen, sofern es sich nicht um einen periodenspezifischen Sondereffekt, sondern um grundsätzliche Schwierigkeiten bei der Investition und/ oder Finanzierung handelt. Allerdings ist zu beachten, dass ein hoher Außenfinanzierungsanteil nicht zwangsläufig auf wachstums-

---

[11] Vgl. Illing (2013a), S. 1, Boland (2009), S. 168 ff. und Dill/ Lieven (2009), S. 199 ff.
[12] Vgl. Deutsche Bundesbank (2012b), S. 14 und Copeland/ Weston/ Shastri (2008), S. 1093.
[13] Vgl. Frank/ Goyal (2003), S. 218.

starke Unternehmen schließen lässt und somit positiv zu bewerten ist, sondern ebenfalls ein Anzeichen für eine geringe Profitabilität und ausbleibende Gewinne sein kann.[14]

Zudem ist die Finanzierungsstruktur auf gesamtwirtschaftlicher Ebene von Bedeutung, wie die intensive thematische Auseinandersetzung verschiedener Zentralbanken verdeutlicht. Demnach liefern Daten zur Innen- und Außenfinanzierung Hinweise zu den Finanzierungsbedingungen. Zentralbanken nutzen aggregierte Informationen u.a. für die geldpolitische Entscheidungsfindung.[15]

Bezugnehmend auf die geplante periodenspezifische Analyse der Auswirkungen der globalen Finanzkrise auf die Kapitalbeschaffung erscheint die Finanzierungsstruktur aus einem weiteren Grund geeignet. Entgegen der stichtagsbezogenen, auf Bilanzdaten basierenden Kapitalstruktur, die i.d.R. über viele Jahre hinweg angewachsen ist, handelt es sich bei der Finanzierungsstruktur um eine Cashflow basierte Stromgröße, die jede Periode gesondert ausweist. Somit können Entwicklungen im Zuge der dynamisch verlaufenden globalen Finanzkrise besser herausgearbeitet werden. Positiv wirkt in diesem Zusammenhang außerdem der Umstand, dass Cashflow Daten aus der Kapitalflussrechnung, verglichen mit Bilanzdaten, weniger manipulationsanfällig sind, da ausschließlich die tatsächlichen Zahlungsströme einer Periode erfasst werden.[16]

Durch die Einbeziehung der Kapital- und Finanzierungsstruktur wird dem eingeschränkten Erklärungsgehalt bisheriger Forschungsarbeiten entgegengewirkt und ein differenzierteres Untersuchungsdesign geschaffen. Bevor allerdings eine empirische Analyse durchgeführt wird, ist es im Sinne eines deduktiven Vorgehens unabdingbar, einen entsprechenden theoretischen Bezugsrahmen zu schaffen. Wie einleitend bereits angedeutet, existiert ein umfassender Forschungsstrang zur Kapitalstruktur, so dass auf etablierte Theorien zurückgegriffen werden kann. Im Gegensatz dazu fehlt eine fundierte theoretische Auseinandersetzung hinsichtlich der Frage nach der Mittelherkunft. Daher wird es als notwendig erachtet, eigene Modellüberlegungen anzustellen.

Im Rahmen der empirischen Untersuchung werden die Auswirkungen der globalen Finanzkrise auf die Kapitalbeschaffung börsennotierter Unternehmen aus Deutschland, Frankreich und Italien analysiert. Grundsätzlich gilt, dass sich der Einfluss und die Wirkungsweise der Krise auf die drei größten Volkswirtschaften der Eurozone deutlich voneinander unterscheiden und somit auch Länderspezifika bei der Unternehmensfinanzierung denkbar sind. Durch den Ausweis der Kapitalstruktur und der periodenspezifischen Finanzierungsvolumina sowie der entspre-

---

[14] Vgl. Brealey/ Myers/ Allen (2011), S. 776, Moles/ Parrino/ Kidwell (2011), S. 756 und Bösch (2009), S. 32 ff.
[15] Vgl. Deutsche Bundesbank (2012b), S. 14.
[16] Vgl. Sonnabend/ Raab (2008), S. 33 und Münch (1969), S. 1301.

chenden Finanzierungsquoten wird erstmals eine Datenlage geschaffen, die differenzierte Schlussfolgerungen zu periodenspezifischen Finanzierungsentscheidungen multinationaler Unternehmen ermöglicht. Anders als die Kapitalstruktur, wird die Finanzierungsstruktur jedoch nicht in den Geschäftsberichten der Unternehmen ausgewiesen. Folglich können die Daten nicht unmittelbar übernommen werden. Erschwerend kommt hinzu, dass in der Literatur keine allgemeingültige Herangehensweise vorzufinden ist, um die Innen- und Außenfinanzierungsbestände eindeutig zu operationalisieren.

Ein weiteres Untersuchungsziel besteht darin, die empirische Determinantenforschung im Bereich der Unternehmensfinanzierung zu intensivieren. Ein Großteil bisheriger Studien untersucht die Bedeutung firmenspezifischer Einflussfaktoren auf die Kapitalstruktur.[17] In den letzten Jahren haben sich jedoch die Anzeichen verdichtet, dass ebenfalls makroökomische Determinanten einen Einfluss ausüben.[18] Aus diesem Grund werden sowohl firmenspezifische als auch makroökonomische Einflussfaktoren auf die Kapitalstruktur untersucht. Gleiches gilt für die explorative Datenanalyse der Finanzierungsstruktur. Es lassen sich somit zwei übergeordnete Forschungsfragen formulieren, die im weiteren Verlauf der Arbeit differenziert und präzisiert werden:

1. Inwieweit haben sich die Kapitalstruktur und Finanzierungsstruktur multinationaler Unternehmen im Zuge der globalen Finanzkrise verändert?
2. Welche firmenspezifischen und makroökonomischen Determinanten beeinflussen die Kapitalstruktur und Finanzierungsstruktur multinationaler Unternehmen?

Zusammenfassend besteht der Beitrag dieser Arbeit darin, das Forschungsfeld der Unternehmensfinanzierung sowohl in theoretischer als auch empirischer Hinsicht zu erweitern. Neben der Erläuterung und kritischen Würdigung bislang bekannter Erklärungsansätze der Finanzierungstheorie, wird das Themengebiet darüber hinaus durch das eigens entwickelte Modell zur optimalen Finanzierungsstruktur erweitert. Außerdem wird das Finanzierungsverhalten multinationaler Unternehmen erstmalig differenziert anhand der Kapital- und Finanzierungsstruktur untersucht. Entsprechend wird eine methodische Vorgehensweise hergeleitet, um die Innen- und Außenfinanzierung auf Unternehmensebene abzubilden.

---

[17] Vgl. Arnold/ Lahmann/ Reinstädt (2011), S. 451 ff., Talberg et al. (2008), S. 186 ff., Hermanns (2006), S. 259 ff., Frank/ Goyal (2003), S. 239 ff. und Rajan/ Zingales (1995), S. 1421 ff. Eine Metastudie von *Schneider (2010)* zur Kapitalstruktur fasst die üblicherweise getesteten firmenspezifischen Determinanten zusammen. Vgl. Schneider (2010), S. 174 ff.
[18] Vgl. Frank/ Goyal (2009), S. 3 ff., Schachtner (2009), S. 152 ff. und Hackbarth/ Miao/ Morellec (2006), S. 520 ff.

1.2 Gang der Untersuchung

Die vorliegende Arbeit gliedert sich, ausgehend von der Problemstellung und der zentralen Fragestellung, in fünf Kapitel. Im Anschluss an die Einleitung folgt die Theorie im zweiten Kapitel, bevor auf die globale Finanzkrise und deren Folgen für die Unternehmensfinanzierung im dritten Kapitel eingegangen wird. Davon ausgehend schließt im vierten Kapitel die empirische Analyse an. Die Arbeit endet mit einem Fazit.

Kapitel 2 beinhaltet die theoretischen Rahmenbedingungen dieses Forschungsvorhabens. Einleitend werden zunächst die relevanten Grundlagen zu multinationalen Unternehmen und Finanzierungsentscheidungen erläutert, um im weiteren Verlauf eine zielgerichtete Analyse des Untersuchungsgegenstandes zu gewährleisten (Kapitel 2.1). Anschließend folgen die Ausführungen zur Finanzierungstheorie. Begonnen wird in diesem Zusammenhang mit den Kapitalkosten, welche ein wesentliches Entscheidungskriterium für die Kapitalbeschaffung darstellen. Neben den Besonderheiten der Kapitalkosten multinationaler Unternehmen wird zudem die Bestimmung von Eigen-, Fremd- und Gesamtkapitalkosten thematisiert. Dabei besteht ein wesentliches Anliegen darin, sämtliche Ausführungen ebenfalls einer kritischen Würdigung zu unterziehen, um die Grenzen der jeweiligen Verfahren aufzuzeigen (Kapitel 2.2). Darauf aufbauend werden ausgewählte Kapitalstrukturtheorien vorgestellt. Ein systematisches Vorgehen in diesem komplexen Forschungsbereich wird ermöglicht, indem jeweils die aufschlussreichsten und am weitesten verbreiteten Theorien der traditionellen Finanzierungslehre, der Neoklassik und des Neoinstitutionalismus erläutert werden. Analog zur Vorgehensweise bei den Kapitalkostenansätzen, werden die Ausführungen ebenfalls kritisch reflektiert (Kapitel 2.3). Das zweite Kapitel schließt mit den theoretischen Überlegungen zur Finanzierungsstruktur ab. Darin inbegriffen sind der theoriebasierte Ansatz zur Selbstfinanzierung von *Schneider (1968)*,[19] die eigene Entwicklung des Modells zur optimalen Finanzierungsstruktur sowie eine kritische Würdigung (Kapitel 2.4).

Kapitel 3 schafft eine Überleitung zur empirischen Untersuchung, indem die globale Finanzkrise und die grundsätzlichen Folgen für die Kapitalbeschaffung nichtfinanzieller Unternehmen veranschaulicht werden. Auf Grund des hohen Komplexitätsgrades und im Sinne einer strukturierten sowie nachvollziehbaren Vorgehensweise, erfolgt eine Untergliederung in die vier folgenden Krisenphasen: Subprime-Krise, Bankenkrise, Wirtschaftskrise und Staatsschuldenkrise. Eine solche Klassifizierung ist jedoch nicht als starres Konstrukt zu verstehen, sondern dient

---

[19] Für weiterführende Informationen zum Modell zur optimalen Selbstfinanzierung siehe Schneider (1968), S. 705 ff.

lediglich als übergeordneter Rahmen für den vielschichtigen Krisenverlauf (Kapitel 3.1). Bezugnehmend auf diese Erkenntnisse werden anschließend die generellen Auswirkungen der globalen Finanzkrise auf die Eigen- und Fremdfinanzierung im realwirtschaftlichen Sektor ausgearbeitet. Damit wird die Ausgangsbasis für die empirische Untersuchung geschaffen. Zum einen wird die Identifikation relevanter Frage- und Problemstellungen erleichtert und zum anderen sind die Erkenntnisse hilfreich für die im weiteren Verlauf folgende Einordnung der Ergebnisse (Kapitel 3.2).

Kapitel 4 umfasst die empirische Untersuchung, die darauf abzielt, Schlussfolgerungen zu Finanzierungsentscheidungen multinationaler Unternehmen zu ziehen. Begonnen wird mit der Aufarbeitung des bisherigen Forschungsstands (Kapitel 4.1). Diese Ausführungen, gepaart mit den Darstellungen zur Finanzierungstheorie in Kapitel 2 und den Erläuterungen zu den allgemeinen Auswirkungen der globalen Finanzkrise in Kapitel 3, stellen die Ausgangsbasis für die darauffolgende Entwicklung der Thesen und Hypothesen dar (Kapitel 4.2). Anschließend wird die methodische Vorgehensweise präsentiert, indem zunächst das Verfahren der Regressionsanalyse und Modelle zur Analyse von Paneldaten erläutert und darauf aufbauend die untersuchungsspezifischen Besonderheiten zur Kapital- und Finanzierungsstruktur dargelegt werden (Kapitel 4.3). Bevor zu den empirischen Ergebnissen und der Interpretation übergegangen wird, erfolgt in einem letzten vorbereitenden Arbeitsschritt die Darstellung der Datenbasis. Dabei wird sowohl auf die Zusammensetzung der Stichprobe, die Wahl des Untersuchungszeitraums als auch auf die Beschaffung der Daten eingegangen (Kapitel 4.4). Es folgen die beiden Untersuchungsabschnitte zum Finanzierungsverhalten multinationaler Unternehmen. Der Fokus liegt dabei zunächst auf der Analyse der Kapitalstruktur. Anhand der deskriptiven Statistik wird die Entwicklung der Verschuldung im Länder- und Branchenvergleich betrachtet. Zudem wird untersucht, in welchem Ausmaß die Kapitalstruktur im Zeitverlauf Schwankungen unterliegt, um Rückschlüsse über die Existenz einer möglichen Zielkapitalstruktur ziehen zu können. Im Anschluss wird der Einfluss ausgewählter firmenspezifischer sowie makroökonomischer Einflussfaktoren auf die Kapitalstruktur für den Paneldatensatz überprüft. Der erste Untersuchungsteil schließt mit der Interpretation der Ergebnisse ab (Kapitel 4.5). Es folgt die Analyse der Finanzierungsstruktur. Die Ausführungen konzentrieren sich dabei sowohl auf die Finanzierungsvolumina als auch auf die Finanzierungsquote. Letztere wird als Innenfinanzierungsquote volumen- und gleichgewichtet ausgewiesen, wodurch ebenfalls Größeneffekte in der Untersuchung berücksichtigt werden können. Die gleichgewichtete Innenfinanzierungsquote stellt in der anschließenden Panelregression die abhängige Variable dar, um relevante firmenspezifische und makroökonomische Determinanten zu identifizieren. Abschließend findet eine Diskussion der empirischen Ergebnisse statt (Kapitel 4.6).

Kapitel 5 schließt mit einem Fazit. Hierbei werden die zentralen Ergebnisse zusammengefasst und in den Gesamtkontext eingeordnet (Kapitel 5.1). Darauf aufbauend werden weiterführende Forschungsmöglichkeiten aufgezeigt (Kapitel 5.2).

2 Theoretische Rahmenbedingungen und Erklärungsansätze zur Finanzierung

Im Rahmen von Kapitel 2 werden sowohl die Terminologie und Grundlagen zu Finanzierungsentscheidungen multinationaler Unternehmen erläutert als auch entsprechende Erklärungsansätze zum Finanzierungsverhalten theoretisch fundiert ausgearbeitet. Bisherige Forschungsarbeiten konzentrieren sich im Zusammenhang mit der Unternehmensfinanzierung üblicherweise auf die Kapitalstruktur bezogen auf die Rechtsstellung der Kapitalgeber, indem zwischen Eigen- und Fremdkapitalgebern unterschieden wird.[20] Ein solches Vorgehen erscheint durchaus plausibel, um das Finanzierungsverhalten zu untersuchen. Allerdings kann der theoretische Bezugsrahmen von Finanzierungsentscheidungen ebenso komplexer und diversifizierter verstanden werden. Bei eingehender Betrachtung der Kapitalstrukturtheorien wird bspw. der enge Zusammenhang mit den Kapitalkosten ersichtlich. Diese erweisen sich als ein wesentliches Entscheidungskriterium bei der Wahl der Kapitalstruktur. In der Folge erscheint es nachvollziehbar und notwendig, dass für eine fundierte Darstellung der Kapitalstrukturtheorien ebenfalls die Bestimmung der Kapitalkosten thematisiert wird.

Darüber hinaus zielt diese Forschungsarbeit darauf ab, eine weitere Perspektive von Finanzierungsentscheidungen in das Untersuchungskalkül miteinzubeziehen. Schlussfolgerungen zu Finanzierungsentscheidungen einzig und allein auf Kapitalstrukturentscheidungen zu stützen, wirkt zu kurz gegriffen. Vielmehr sollte ebenso eine Differenzierung hinsichtlich der Finanzierungsstruktur, in Form einer Klassifizierung in Innen- und Außenfinanzierung, erfolgen. Zwar entspricht dies nicht dem bislang gängigen Vorgehen in der Wissenschaft, jedoch wird so ein zusätzlicher Erkenntnisgehalt über die Kapitalbeschaffung geliefert.[21] Auf Grund der weitestgehend fehlenden theoretischen Auseinandersetzung ist es notwendig, eigene theoretische Überlegungen zur Finanzierungsstruktur anzustellen.

Insgesamt lässt sich Kapitel 2 in vier Abschnitte unterteilen. Einleitend werden für eine zielgerichtete Untersuchung in Kapitel 2.1 zunächst die begrifflichen sowie theoretischen Grundlagen dargelegt, bevor zu den unterschiedlichen finanztheoretischen Erklärungsansätzen übergegangen wird. In diesem Kontext wird hinführend in Kapitel 2.2 mit den Kapitalkostenansätzen begonnen, welche eine hohe Relevanz für die Wahl der Kapitalstruktur und Finanzierungsstruktur haben. Es werden die Besonderheiten der Kapitalkosten von multinationalen Unternehmen

---

[20] Vgl. Jäger (2012), S. 4, Schachtner (2009), S. 12, Hermanns (2006), S. 1 und Rajan/ Zingales (1995), S. 1421.
[21] Siehe Kapitel 2.4.

erläutert, ehe die eigentliche Bestimmung der Eigen-, Fremd- und Gesamtkapital-kosten im Fokus steht. Die Ausführungen zu den Kapitalkosten schließen mit einer kritischen Würdigung ab.

Anschließend wird das umfangreiche Forschungsfeld zur Kapitalstruktur in Kapitel 2.3 aufgegriffen. Im Sinne einer strukturierten Vorgehensweise werden die einzelnen Theorien den unterschiedlichen Epochen der Finanzierungslehre zugeordnet.[22] Auf Grund der voneinander abweichenden Rahmenbedingungen sowie Modellannahmen und der daraus resultierenden Komplexität, werden die Kapitalstrukturtheorien einer Epoche jeweils getrennt kritisch gewürdigt.

Kapitel 2.4 beinhaltet zuletzt Erklärungsansätze zur Finanzierungsstruktur. Der unzulänglichen theoretischen Basis in diesem Bereich wird Rechnung getragen, indem Erkenntnisse aus angrenzenden Forschungsfeldern herangezogen werden, um darauf aufbauend eigene theoretische Modellüberlegungen anzustellen. Analog zur bisherigen Vorgehensweise endet auch dieser Abschnitt mit einer kritischen Würdigung.

2.1 Grundlagen und Begriffsabgrenzungen

Es zeigt sich, dass sowohl der Terminus der multinationalen Unternehmen als auch die Bedeutung von Finanzierungsentscheidungen in der Literatur nicht einheitlich bestimmt sind. Aus diesem Grund findet zunächst eine Einordnung der multinationalen Unternehmen statt. Ein historischer Abriss der Internationalisierung von Unternehmen verdeutlicht, dass der Prozess der grenzüberschreitenden Unternehmenstätigkeit deutlich länger existiert, als die eigentliche Form der multinationalen Unternehmen.[23] Aufbauend auf der Entstehungsgeschichte folgt die Ausarbeitung einer Begriffsabgrenzung. Diese Ausführungen bilden im weiteren Verlauf die Grundlage für eine theoretische Fundierung von Finanzierungsentscheidungen multinationaler Unternehmen. In diesem Zusammenhang werden eine Definition und die Zielsetzungen erarbeitet, bevor weiterführend die Einflüsse der Internationalisierung sowie relevante Entscheidungsparameter von Finanzierungsentscheidungen erläutert werden.

---

[22] Auf Grund der fließenden Übergänge hinsichtlich der Entwicklung der Finanzierungslehre ist eine eindeutige Zuordnung teilweise nicht möglich.

[23] Diese Aussage bezieht sich auf das in dieser Arbeit gültige Verständnis von multinationalen Unternehmen. Andere Ansichten sind auf Grund der fehlenden einheitlichen Begriffsabgrenzung durchaus vorstellbar.

2.1.1 Multinationale Unternehmen als Untersuchungsobjekt

Im Zuge der Globalisierung[24] nimmt die Bedeutung multinationaler Unternehmen in der Weltwirtschaft fortlaufend zu. Deren Rahmenbedingungen erweisen sich auf Grund der grenzüberschreitenden Geschäftstätigkeit und den damit einhergehenden zahlreichen internationalen Einflüssen, wie bspw. unterschiedlichen Rechts- und Wirtschaftsordnungen, als überaus komplex.[25] Obgleich multinationalen Unternehmen sowohl in der Wissenschaft als auch Praxis große Aufmerksamkeit zuteilwird und umfangreiche Literatur existiert, herrscht hinsichtlich der Entstehung und der genauen Abgrenzung dieser Unternehmensform bis heute keine Einigkeit.

2.1.1.1 Entstehungsgeschichte

Die Grundlage für die Entstehung von multinationalen Unternehmen, wie sie in der heutigen Form existieren, stellt ein langwieriger Prozess der Internationalisierung dar, welcher bis in die Antike zurückreicht.[26] Um einen Einblick in die Entwicklung der multinationalen Unternehmen zu erhalten, bedarf es daher zunächst einer terminologischen und historischen Einordnung des Begriffs der Internationalisierung.[27]

Eine einheitliche Definition des Begriffs Internationalisierung ist in der Literatur nicht vorhanden. Vielmehr existieren unterschiedliche Auffassungen über eine mögliche Abgrenzung und Interpretation.[28] Der Auffassung von *Glaum (1996)* folgend, kann Internationalisierung sowohl einen Zustand als auch einen Prozess beschreiben.[29] Im Rahmen dieser Arbeit wird Internationalisierung als ein fortlaufender Prozess verstanden. Der erreichte Zustand wird dagegen als Internationalität bezeichnet.[30] Internationalisierung kann sich auf spezifische Unternehmensfunktionen oder auf das gesamte unternehmerische Handeln beziehen. Eine Spezifizierung auf einzelne Bereiche, wie bspw. die Finanzierung, grenzt den Prozess jedoch stark ein, da i.d.R. auch weitere Unternehmenszweige betroffen sind.[31]

---

[24] In der Literatur ist keine einheitliche Definition des Begriffs Globalisierung vorhanden. Unter Globalisierung wird im Allgemeinen der Prozess der voranschreitenden, weltweiten Verflechtung verstanden. Vgl. Kutschker/ Schmid (2011), S. 161 f.

[25] Vgl. Breuer/ Gürtler/ Schuhmacher (2003), S. 369 und Bösch (2014), S. 3 ff.

[26] Vgl. Kutschker/ Schmid (2011), S. 7 ff.

[27] Vgl. Dehnen (2012), S. 7 ff. und Kutschker/ Schmid, S. 241.

[28] Vgl. Perlitz (2004), S. 8, Sperber/ Sprink (1999), S. 2 und Dehnen (2012), S. 7 f.

[29] Vgl. Glaum (1996), S. 11.

[30] Vgl. Simon (2007), S. 14.

[31] Vgl. Perlitz (2004), S. 8.

Krystek/ Zur (1997) verstehen unter dem Begriff der Internationalisierung die nachhaltige und für das Unternehmen bedeutende Tätigkeit im Ausland.[32] *Pausenberger (1992)* verfolgt eine ähnliche Ansicht, indem er die dauerhafte Integration eines Unternehmens in einem Auslandsmarkt voraussetzt.[33] Beide Abgrenzungen scheinen allerdings zu eng gefasst, da jegliche Anfänge grenzüberschreitender Tätigkeiten nicht in dieser Definition des Internationalisierungsprozesses enthalten sind. Aus diesem Grund soll für die Arbeit die weiter gefasste Definition von *Sperber/ Sprink (1999)* gelten. Demnach umfasst die Internationalisierung *„die über die nationalen Grenzen hinausreichende Ausdehnung des unternehmerischen Aktionsfeldes."*[34] In diese Begriffsabgrenzung lassen sich sämtliche Formen des Internationalisierungsprozesses einordnen. Während der erste Markteintritt im Ausland den Beginn der Internationalisierung darstellt, handelt es sich bei der Verwaltung von Tochterunternehmen um ein fortgeschrittenes Stadium der Auslandstätigkeit.[35]

Grenzüberschreitende Geschäftstätigkeiten können hinsichtlich ihrer Art und Weise in drei Felder aufgeteilt werden. Das erste mögliche Tätigkeitsfeld eines Unternehmens umfasst den Außenhandel in Form von Waren, Dienst- und Faktorleistungen. Für den Großteil der Unternehmen stellt der Außenhandel den Ursprung länderübergreifender Wirtschaftsbeziehungen dar. Die Tätigkeiten können dahingehend intensiviert werden, dass Direktinvestitionen im Ausland durchgeführt werden.[36] Eine Direktinvestition im Ausland kann definiert werden als die *„von einer natürlichen oder juristischen Person im Ausland getätigte Kapitalanlage, der ein langfristig ausgerichtetes, unternehmerisches Interesse zugrunde liegt."*[37] Derartige Investitionen können durch die Gründung oder den Kauf von Unternehmen bzw. Unternehmensteilen erfolgen. Auf Grund des stetig wachsenden Ausmaßes des Außenhandels und der Direktinvestitionen im Ausland hat sich ein drittes Tätigkeitsfeld hinsichtlich der Internationalisierung herausgebildet. Der internationale Geld- und Kreditverkehr ist mittlerweile von fundamentaler Bedeutung für den Geschäftsbetrieb der international tätigen Unternehmen. Darin inbegriffen sind sowohl die Kapitalanlage als auch die Kapitalbeschaffung über die eigenen Ländergrenzen hinaus.[38] Die drei beschriebenen Bereiche der Internationalisierung haben sich im zeitlichen Kontext unterschiedlich entwickelt.

Die Anfänge der Internationalisierung liegen mehrere Jahrtausende zurück. Die ersten ausführlicheren Anhaltspunkte finden sich im Alten Orient im assyrischen

---

[32] Vgl. Krystek/ Zur (1997), S. 5.
[33] Vgl. Pausenberger (1992), S. 200.
[34] Sperber/ Sprink (1999), S. 2.
[35] Vgl. Perlitz (2004), S. 8.
[36] Vgl. Sperber/ Sprink (1999), S. 2.
[37] Wang (2014), S. 11.
[38] Vgl. Sperber/ Sprink (1999), S. 2.

Reich[39] ungefähr zwei Jahrtausende vor Christi Geburt (v. Chr.). Damals galten besonders die Städte Ashur und Kanesh als Umschlagsplätze für den Fernhandel mit Rohstoffen und Lebensmitteln. Es ist durchaus denkbar, dass grenzüberschreitender Handel bereits zuvor stattgefunden hat, jedoch stammen aus dieser Region die ersten detaillierten Belege. Wirtschaftliche Aktivitäten waren durch langanhaltende Geschäftsbeziehungen, permanente Repräsentation in heimatfernen Gebieten und förmliche Absprachen mit lokal ansässigen Entscheidungsträgern gekennzeichnet, so dass schon damals Eigenschaften erfüllt waren, die auch in der heutigen Zeit von Bedeutung sind.[40]

Die Internationalisierung wurde durch weitreichende Handelsrouten weiter vorangetrieben. So begünstigte bspw. die Seidenstraße seit ca. 200 v. Chr. den länderübergreifenden Handel zwischen Europa und Asien.[41] In der Folge konnten Produkte erworben werden, die auf einem autarken Markt nicht existent gewesen wären.[42] Mit dem späteren Zusammenbruch des weströmischen Reiches im 5. Jahrhundert nahm auch die Außenhandelstätigkeit in Europa, Asien und Teilen Afrikas zwischenzeitlich ab.[43]

Einen erneuten Aufschwung erfuhr der internationale Warenaustausch in Europa mit der Gründung der Hanse im 12. Jahrhundert.[44] Der Zusammenschluss der Kaufleute zielte darauf ab, Synergieeffekte zu generieren und so im Besonderen den Außenhandel weiter auszubauen. Anreize lieferten dabei u.a. die Verbesserung der Infrastruktur und die Erhöhung der Sicherheitslage auf den Handelsrouten. Die Hanse trug wesentlich dazu bei, dass der Warenverkehr in Nord- und Mitteleuropa über mehrere Jahrhunderte hinweg florierte.[45]

Als eine weitere bedeutende Epoche für die Fortschreitung der Internationalisierung gilt der Beginn der Kolonialzeit Ende des 15. Jahrhunderts und damit verbunden die Erschließung neuer Kontinente durch Völker Europas. Im Zuge dessen entstanden zahlreiche Überseegesellschaften, welche Handel zwischen europäischen Staaten[46] und den jeweiligen Kolonien auf anderen Kontinenten betrieben. Der kontinuierliche Ausbau der Seefahrt führte dazu, dass bis zum 17. Jahrhundert alle Kontinente, mit Ausnahme von Australien, weitestgehend erschlossen waren

---

[39] Das assyrische Reich befand sich im heutigen Irak und Teilen der östlichen Türkei.
[40] Vgl. Moore/ Lewis (1998), S. 98.
[41] Vgl. Hahn (2009), S. 9. Für weiterführende Informationen zur Seidenstraße siehe Drège/ Bührer (1996), S. 8 ff.
[42] Dies betrifft u.a. den Handel mit Seide. Die Herstellung von Seide war über viele Jahrhunderte hinweg ein streng geschütztes Geheimnis Chinas, so dass eine Produktion in Europa lange nicht möglich war. Vgl. Drège/ Bührer (1996), S. 22 ff.
[43] Vgl. Kutschker/ Schmid (2011), S. 8.
[44] Für weiterführende Informationen zur Hanse siehe Dollinger (2012), S. 3 ff.
[45] Vgl. Wilkins (1977), S. 577.
[46] Zu diesen Staaten gehörten u.a. England, Portugal, Spanien, Niederlande und Frankreich. Vgl. Kutschker/ Schmid (2011), S. 10.

und die Voraussetzungen für einen Welthandel somit geschaffen wurden. Allerdings war ein freier Handel zwischen den Marktteilnehmern nicht möglich, da der Warenaustausch zwischen den Kolonien und den dazugehörigen Muttergesellschaften lediglich bestimmten Überseegesellschaften vorbehalten war.[47] Dieser Aspekt widerspricht dem heutigen weitverbreiteten Verständnis des internationalen und freien Handels.

Mit dem Einsetzen der industriellen Revolution zum Ende des 18. Jahrhunderts wurde der Warenaustausch zunehmend liberalisiert. Teilweise vollzog sich sukzessive ein Wandel von einer Agrargesellschaft hin zu einer Industriegesellschaft. Zahlreiche technische Erfindungen, wie bspw. die Dampfmaschine, beschleunigten den Prozess der Industrialisierung, wodurch wiederum die Internationalisierung weiter vorangetrieben wurde.[48] Im 19. Jahrhundert wurden zusätzlich zum stetig wachsenden internationalen Handel verstärkt Direktinvestitionen im Ausland durchgeführt. Mit dieser Entwicklung wird die Entstehung der multinationalen Unternehmen[49] verbunden.[50] Als Vorreiter galten Unternehmen aus dem Vereinigten Königreich, die ca. ab dem Jahr 1850 vermehrt Tochterunternehmen im Ausland gründeten und fortan über Jahrzehnte hinweg eine Vormachtstellung hinsichtlich der getätigten Direktinvestitionen im Ausland innehatten. Im Jahr 1914 stammten 45,5% der Direktinvestitionen aus dem Vereinigten Königreich. In den zwanziger Jahren des 20. Jahrhunderts übernahmen im Zuge der Weltwirtschaftskrise Unternehmen aus den Vereinigten Staaten eine Führungsrolle, die bis heute anhält.[51] Es bleibt abzuwarten, inwieweit sich die derzeit stark wachsenden Märkte weiterentwickeln und bspw. die chinesische Volkswirtschaft diese Vormachtstellung einnehmen wird.

Die Entwicklung der multinationalen Unternehmen im 20. Jahrhundert wurde weitreichend von beiden Weltkriegen geprägt. So dominierten bis zum 2. Weltkrieg multinationale Unternehmen, die auf den Abbau und Handel mit Rohstoffen fokussiert waren. Dies änderte sich im Zuge der Nachkriegszeit. Besonders in Europa offenbarte sich nach dem 2. Weltkrieg ein enormes Nachholpotential hinsichtlich des technologischen Fortschrittes. Zwar waren rohstofforientierte Unternehmen nach wie vor von Bedeutung, allerdings etablierten sich zunehmend technologieorientierte Unternehmen. Der stetige technische Fortschritt, die verbesserte Infrastruktur und die Liberalisierung der Märkte verhalfen den multinationalen Unternehmen zu einem enormen Wachstum. In der Folge gewann vermehrt der

---

[47] Vgl. Wilkins (1977), S. 578 ff. und Kutschker/ Schmid (2011), S. 10 f.
[48] Für weiterführende Informationen zur Industriellen Revolution siehe Wagner (2003), S. 14 ff.
[49] In der Literatur wird teilweise der Begriff internationale Unternehmen verwendet. Eine Begriffsabgrenzung erfolgt in Kapitel 2.1.1.2.
[50] Vgl. Wilkins (1977), S. 579 und Kutschker/ Schmid (2011), S. 241.
[51] Vgl. Dunning (1983), S. 87 und Stopford (1974), S. 307 ff.

internationale Geld- und Kreditverkehr an Geltung, der für einen Großteil der global ausgerichteten Unternehmen eine Voraussetzung für erfolgreiches und flexibles Handeln darstellt.[52]

Die Ausführungen haben verdeutlicht, dass multinationale Unternehmen eine deutlich kürzere Historie aufweisen als der eigentliche Internationalisierungsprozess von Unternehmen. Seit ihrer Entstehung ist die Zahl an multinationalen Unternehmen stark angestiegen. Die United Nations Conference on Trade and Development (UNCTAD) veröffentlicht seit 1991 jährlich Schätzungen über die Anzahl an transnationalen Unternehmen[53] und deren ausländischen Tochtergesellschaften (siehe Tabelle 2.1).[54] Demnach belief sich die weltweite Zahl an Konzernen im Jahr 1990 auf ungefähr 35.000 und die Zahl der Tochtergesellschaften auf schätzungsweise 147.200. Bereits zehn Jahre später erhöhten sich die Werte um ca. 80,9% bzw. um 458,3% auf 63.312 transnationale Unternehmen mit 821.818 Tochtergesellschaften. Bis hin zum Jahr 2010 stieg die Zahl der Muttergesellschaften weiterhin stark an auf 103.786. Die Zahl der Tochtergesellschaften erhöhte sich dagegen nur verhältnismäßig gering, was allerdings u.a. auf eine Neubewertung der Tochterunternehmen in der Volksrepublik China im Jahr 2004 zurückzuführen ist. Dieser Trend unterstreicht die zunehmende Bedeutung von transnationalen bzw. multinationalen Unternehmen im globalen Marktumfeld.

Jahr	1990	1995	2000	2005	2010
Transnationale Unternehmen	35.000	38.747	63.312	77.175	103.786
Ausländische Tochtergesellschaften	147.200	265.551	821.818	773.019	892.114

Tabelle 2.1: Zahl multinationaler Unternehmen & ausländischer Töchter[55]

Zusammenfassend lässt sich festhalten, dass die ersten grenzüberschreitenden Unternehmensaktivitäten bereits schon mehrere Jahrtausende zurückliegen. Im Zuge der Erschließung neuer Länder und Kulturen nahmen die zunächst regional begrenzten Handelstätigkeiten globale Ausmaße an. Der Beginn der länderübergrei-

---

[52] Vgl. Kindleberger (1974), S. 347 ff., Klingele (1991), S. 27 f. und Bösch (2014), S. 44 f.
[53] Die UNCTAD verwendet den Terminus transnationale Unternehmen anstelle von multinationalen Unternehmen. Eine Unterscheidung zwischen beiden Unternehmensformen erfolgt bei der UNCTAD nicht. Da die Existenz von ausländischen Tochtergesellschaften ein wesentliches Abgrenzungskriterien von transnationalen Unternehmen darstellt und dieser Aspekt auch für die verwendete Arbeitsdefinition von multinationalen Unternehmen seine Gültigkeit hat, eignen sich die Ergebnisse zumindest für die Darstellung der tendenziellen Entwicklung von multinationalen Unternehmen in den 1990-2010.
[54] Die Daten sind für einige Länder auf Grund fehlender Transparenz unvollständig bzw. veraltet.
[55] Die Daten sind aus den jährlichen World Investment Reports der UNCTAD entnommen. Vgl. UNCTAD (1992), S. 12, UNCTAD (1996), S. 8, UNCTAD (2001), S. 242, UNCTAD (2006), S. 271 und UNCTAD (2011), S. 2.

fenden Direktinvestitionen gilt im weiteren Verlauf als Grundstein für die Entwicklung multinationaler Unternehmen. Seitdem ist ihre Zahl rapide gestiegen. Ihr Einfluss erstreckt sich sowohl auf die Realwirtschaft als auch auf die internationalen Finanzmärkte, an denen sie auf Grund der großen Kapitalbeträge als bedeutende Akteure auftreten.

2.1.1.2 Definition

Multinationale Unternehmen sind, ebenso wie der Prozess der Internationalisierung, in der Literatur keineswegs einheitlich definiert.[56] In den vergangenen Jahrzehnten hat sich eine Vielzahl unterschiedlicher Ansätze zur Abgrenzung herausgebildet, wobei sich bis heute keine standardisierte Formulierung durchgesetzt hat.[57] Dies hat zur Folge, dass den multinationalen Unternehmen von verschiedenen Seiten, wie bspw. Wissenschaftlern und Politikern, eine unterschiedliche Bedeutung zugeschrieben wird.[58] *Perlmutter (1969)* erkannte schon früh, dass die Vielzahl an möglichen Parametern die Begriffsabgrenzung erschwert.[59] Die Festlegung von international tätigen Unternehmen ist bspw. anhand der Höhe der im Ausland generierten Umsätze, der Anzahl ausländischer Tochtergesellschaften und der Anzahl ausländischer Mitarbeiter im Unternehmen möglich.[60] Allerdings ist an dieser Stelle kritisch anzumerken, dass es sich bei der Festlegung entsprechender Schwellenwerte stets um einen subjektiven Vorgang handelt.

Obgleich die Entstehung multinationaler Unternehmen bis in das 19. Jahrhundert zurückreicht, blieb eine theoretische Auseinandersetzung mit dieser Form von Unternehmen bis in die 1960er Jahre weitestgehend aus.[61] *Dunning (1974)* begründet die verzögerte Entwicklung damit, dass Wissenschaftler diese Unternehmensform lange Zeit für nicht hinreichend ausgeprägt hielten, um ihr gesonderte Aufmerksamkeit zu widmen und die Forschung diesbezüglich zu intensivieren.[62]

Seitdem multinationale Unternehmen in den Fokus der Wissenschaft gerückt sind, haben sich verschiedene Betrachtungsweisen entwickelt. Dies äußert sich u.a. darin, dass die Begriffe internationale Unternehmen, multinationale Unternehmen und transnationale Unternehmen partiell synonym verwendet werden[63] bzw. je-

---

[56] Für eine Übersicht ausgewählter Definitionen von internationalen Unternehmen vgl. Kutschker/ Schmid (2011), S. 245.
[57] Vgl. Büschgen (1997), S. 448.
[58] Vgl. Klingele (1991), S. 19.
[59] Vgl. Perlmutter (1969), S. 11.
[60] Vgl. Aggarwal et al. (2011), S. 557 und Perlmutter (1969), S. 11.
[61] Vgl. Hilliard (2010), S. 242.
[62] Vgl. Dunning (1974), S. 18.
[63] Vgl. Wilkins (1977), S. 577 und Büschgen (1997), S. 448.

weils eine unterschiedliche Bedeutung innehaben.[64] Die Unübersichtlichkeit wird zusätzlich verstärkt, indem in der Literatur teilweise unterschiedliche Definitionen zu internationalen und multinationalen Unternehmen lediglich unter dem Terminus der internationalen Unternehmen zusammengefasst werden, obwohl ursprünglich vom Verfasser auf eine entsprechende Formulierung hingewiesen wurde.[65] Um einen Einblick in die Begriffsentwicklung zu erhalten, werden zunächst einige Definitionen zu internationalen bzw. multinationalen Unternehmen aufgegriffen.

Eine der ersten Definitionen von multinationalen Unternehmen stammt von *Lilienthal (1969)*. Der weit gefasste Ansatz zielt lediglich darauf ab, dass unternehmerische Handlungen von den rechtlichen Rahmenbedingungen und Gegebenheiten aus mehreren Ländern beeinflusst werden.[66] Eine tiefergehende Erläuterung erfolgt nicht. Dies geschieht ebenfalls nicht bei der Definition von *Sanden/ Vahlne (1974)*, wonach multinationale Unternehmen durch gleichzeitiges Handeln in mehreren Ländern charakterisiert werden.[67] *Söllner (2008)* definiert internationale Unternehmen als eine Gruppe von Akteuren, *„die durch internationale Kooperationen ihren Wohlstand steigern wollen."*[68] Auch hier findet keine Präzisierung statt. *Dunning (1974)* verwendet die Bezeichnung multinationale Unternehmen und formuliert die Bedingung, dass Einkommen generierende Anlagegegenstände in mehr als einem Land von einem Unternehmen besessen oder kontrolliert werden müssen.[69] Gemäß dieser Definition reicht der Außenhandel nicht aus, um als multinationales Unternehmen zu gelten. *Sieber (1970)* nimmt eine Eingrenzung hinsichtlich von Produktionsaktivitäten im Ausland vor, indem multinationale Unternehmen u.a. in mindestens sechs verschiedenen Ländern produzieren müssen.[70]

Wenngleich es sich bei den aufgeführten Definitionsansätzen lediglich um einen Auszug aus der Literatur handelt, wird trotzdem das heterogene Verständnis von internationalen bzw. multinationalen Unternehmen offensichtlich. Für die vorliegende Arbeit eignen sich die beschriebenen Begriffsabgrenzungen nur bedingt, da sie entweder zu weit gefasst sind oder den Untersuchungsgegenstand zu sehr eingrenzen, indem bspw. gewisse Auslandsquoten vorausgesetzt werden.[71] In An-

---

[64] Vgl. Macharzina (1993), Sp. 2898, Dehnen (2012), S. 9 ff., Söllner (2008), S. 341 f. und Barlett/ Ghoshal (1990), S. 81.
[65] Vgl. Kutschker/ Schmid (2011), S. 245 f. und Söllner (2008), S. 341 f.
[66] Vgl. Lilienthal (1960), S. 119.
[67] Vgl. Sanden/ Vahlne (1974), S. 92.
[68] Söllner (2008), S. 342.
[69] Vgl. Dunning (1974), S. 13.
[70] Vgl. Sieber (1970), S. 415 ff.
[71] Vgl. Böhmer (1995), S. 7 ff. und Sieber (1970), S. 415 ff.

lehnung an das gemeinsame Forschungsprojekt zum internationalen Finanzmanagement wird daher auf die Definition von *Edling (2015)* zurückgegriffen:[72]

> *„[Multinationale Unternehmen] sind Unternehmen, die in mehreren*
> *Ländern tätig sind und dort Niederlassungen unterhalten. Sie sind in ei-*
> *nem Konzernverbund organisiert und bestehen aus verschiedenen Toch-*
> *tergesellschaften, wobei die Muttergesellschaft einen wesentlichen Ein-*
> *fluss auf die Geschäftstätigkeit der Tochtergesellschaft ausübt. Der An-*
> *teil der Auslandsaktivitäten im Konzernverbund – zur Erreichung und*
> *Sicherung der Konzernziele – hat eine wesentliche Bedeutung. "*[73]

Nach dieser Definition stellt die Existenz von Niederlassungen in mehreren Ländern ein Abgrenzungskriterium von multinationalen Unternehmen dar. Die grenzüberschreitende Geschäftstätigkeit wird somit dahingehend präzisiert, dass die
Auslandsaktivität dauerhaft angelegt ist, indem bspw. Produktionsstätten im Ausland betrieben werden und somit das reine Außenhandelsgeschäft nicht als hinrei-
chendes Kriterium für ein multinationales Unternehmen angesehen wird. Zudem
gilt die Organisation im Konzernverbund als Bedingung, um eine gewisse Unternehmensgröße vorauszusetzen. Es wird betont, dass die Auslandsaktivtäten einen
wesentlichen Einfluss auf die Zielerreichung und –sicherung ausüben sollen.[74]
Anders als bei *Edling (2015)* erfolgt im weiteren Verlauf eine bewusste Unterscheidung von internationalen Unternehmen und multinationalen Unternehmen.
So gelten bspw. kleinere mittelständische Unternehmen, die nicht im Konzernverbund organisiert sind und lediglich Außenhandelsaktivitäten betreiben, als internationale Unternehmen. Folglich sind sämtliche multinationale Unternehmen auch
zugleich internationale Unternehmen, wohingegen nicht jedes internationale Unternehmen auch ein multinationales Unternehmen ist.[75]

---

[72]   Die Arbeit von *Edling (2015)* thematisiert das Treasury-Management internationaler Unternehmen. Vgl. Edling
       (2015), S. 21 ff. Es ist allerdings anzumerken, dass sich die Definition ursprünglich auf internationale Unter-
       nehmen bezieht und im Folgenden auf multinationale Unternehmen übertragen wird. Diese Vorgehensweise er-
       scheint vertretbar, da *Edling (2015)* von einer entsprechenden Unterscheidung zwischen internationalen und
       multinationalen Unternehmen absieht und folglich keine inkonsistenten Schlussfolgerungen auftreten.
[73]   Edling (2015), S. 68.
[74]   Das Wesentlichkeitskriterium wird nicht nähergehend erläutert. In Anlehnung an das Statement of Auditing
       Standards (SAS) No.47 ist ein Einfluss wesentlich, sofern auf Grund der Größenordnung das Jahresergebnis
       maßgeblich beeinflusst wird. Jegliche Festlegung einer fixen Schwelle wäre demnach willkürlich.
[75]   Beckmann (1997), S. 9. Diese Betrachtungsweise erscheint auch rückblickend im Zusammenhang mit der histo-
       rischen Entwicklung nachvollziehbar. So entstanden die ersten internationalen Unternehmen bereits im Zuge der
       Internationalisierung. Vgl. Klingele (1991), S. 26 und Moore/ Lewis (1998), S. 104.

2.1.2 Finanzierungsentscheidungen als Teil des Finanzmanagements

Das Finanzmanagement von multinationalen Unternehmen erweist sich als überaus komplex.[76] Der technologische Fortschritt sowie die Liberalisierung der Finanzmärkte haben die Rahmenbedingungen in den vergangenen Jahrzehnten weitreichend beeinflusst.[77] Auf Grund der Leistungserstellung in verschiedenen Ländern sehen sich multinationale Unternehmen einer äußerst heterogenen Umwelt konfrontiert. Das unternehmerische Handeln hat stets im Einklang mit den unterschiedlichen Wirtschafts-, Steuer- und Rechtssystemen zu erfolgen. Zudem agieren multinationale Unternehmen im Konzernverbund, weshalb die verschiedenen Tochtergesellschaften in das finanzielle Handeln miteinzubeziehen sind. Der Bereich des Finanzmanagements nimmt einen beachtlichen Stellenwert bei der Unternehmensführung ein. Dies wird u.a. durch die Ansiedlung des Finanzbereichs auf Vorstandsebene deutlich.[78]

Ein Aufgabenfeld des Finanzmanagements stellen Finanzierungsentscheidungen dar. Das breite Spektrum an Finanzierungsmöglichkeiten eröffnet international tätigen Unternehmen sowohl Chancen als auch Risiken bei der Kapitalbeschaffung. Es ist das Ziel der Finanzabteilung, den größtmöglichen Nutzen aus diesen Potentialen zu generieren und die Risiken dabei möglichst gering zu halten.[79] Neben der stetig zunehmenden Internationalisierung der Unternehmen und den volatilen Rahmenbedingungen an den Finanzmärkten führen außerdem neue bzw. weiterentwickelte Finanzinstrumente dazu, dass Finanzierungsentscheidungen vielschichtig und komplex sind.[80]

2.1.2.1 Definition und Zielsetzungen

In der Literatur existiert keine einheitliche Abgrenzung des Finanzierungsbegriffs und der damit einhergehenden Entscheidungen.[81] Bevor allerdings Finanzierungs-

---

[76] Vgl. Breuer/ Gürtler/ Schuhmacher (2003), S. 369. In der Literatur ist der Begriff des Finanzmanagements nicht einheitlich definiert. Es finden sich unterschiedliche Begriffsabgrenzungen und auch verschiedene Aufgabenbereiche, die dem Finanzmanagement zugeschrieben werden. Zudem kann Treasury Management als Synonym verwendet werden. Vgl. Edling (2015), S. 101 und Sperber/ Sprink (1999), S. 18. In Anlehnung an *Edling (2015)* wird die nachstehende Definition des Finanzmanagements bzw. Treasury-Managements zugrunde gelegt: *„Treasury-Management umfasst alle Aspekte der finanziellen Unternehmensführung bis hin zur Einflussnahme auf das originäre Unternehmensgeschäft. Hauptaufgaben des Treasury-Managements sind in diesem Zusammenhang: Cash-Management, Risikomanagement, Investitions- und Finanzierungsentscheidungen sowie die finanzielle Steuerung des Gesamtunternehmens."* Edling (2015), S. 140.

[77] Vgl. Hummel (1997), S. 199, Gerke/ Bank (2003), S. 39 und Büschgen (1997), S. 1 f.

[78] Vgl. Brealey/ Myers/ Allen (2011), S. 34, Glaum/ Brunner (2003), S. 307 und Gerke/ Bank (2003), S. 39 f.

[79] Vgl. Aoun/ Heshmati (2008), S. 1023 und Breuer/ Gürtler/ Schuhmacher (2003), S. 369.

[80] Vgl. Prätsch/ Schikorra/ Ludwig (2007), S. 1.

[81] Vgl. Bischoff (1972), S. 19, Bieg/ Hossfeld (2008), S. 51 f. und Wöhe et al. (2009), S. 4.

entscheidungen multinationaler Unternehmen abgegrenzt werden, wird zunächst der Ablauf des Entscheidungsprozesses im Allgemeinen betrachtet.

Eine Entscheidung kann verstanden werden als *„die (mehr oder weniger bewusste) Auswahl einer von mehreren Handlungsalternativen."*[82] Dieser Prozess vollzieht sich i.d.R. in mehreren Phasen. Zu Beginn einer Entscheidung bedarf es eines auslösenden Impulses. Im Anschluss daran werden Handlungsalternativen gesucht und identifiziert.[83] Um folgend eine bewusste Auswahl treffen zu können, bedarf es möglichst eindeutig beschriebener und voneinander abgrenzbarer Handlungsalternativen. Anderenfalls ist das Resultat nicht absehbar. Zur Realisierung eines Resultates sind die entsprechenden Maßnahmen zu treffen und umzusetzen. Das Resultat sollte schließlich bewertbar sein, um so den erzielten Nutzen der Entscheidung zu bestimmen und im Rahmen einer Kontrolle Anpassungen bei zukünftigen Entscheidungen vorzunehmen.[84] Der mit der Entscheidung verbundene Prozess wird in der folgenden Abbildung 2.1 veranschaulicht.

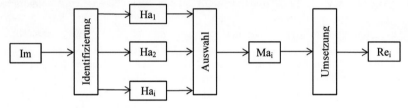

Abbildung 2.1: Prozess einer Entscheidung[85]

Im	Impuls
Ha_i	Handlungsalternative i
Ma_i	Maßnahme i
Re_i	Resultat i

Die Analyse des Entscheidungsprozesses ist Gegenstand der betriebswirtschaftlichen Entscheidungstheorie, welche ein breites Forschungsfeld in der Wissenschaft darstellt.[86] Obgleich eine Vielzahl unterschiedlicher Ansätze zum Umgang mit der Entscheidungsproblematik entwickelt wurde, stellt der Entscheidungsprozess nach wie vor eine wesentliche Problematik in der betrieblichen Praxis dar. Besonders

---

[82] Laux/ Gillenkrich/ Schenk-Mathes (2012), S. 3.

[83] Vgl. Heinen (1976), S. 19 ff. und Raffée (1974), S. 96 ff.

[84] Vgl. Wessler (2012), S. 2.

[85] Eigene Darstellung.

[86] Eine detaillierte Darstellung der Entscheidungstheorien ist für die Formulierung einer Definition von Finanzierungsentscheidungen nicht notwendig und wird daher nicht weiter verfolgt. Für weiterführende Informationen zur betriebswirtschaftlichen Entscheidungstheorie siehe Behnke (2013), S. 1 ff., Wessler (2012), S. 1 ff., Wöhe (2008), S. 96 ff., Laux/ Gillenkrich/ Schenk-Mathes (2012), S. 1 ff., Nöll/ Wiedemann (2008), S. 51 ff. und Bamberg/ Coenenberg/ Krapp (2008), S. 1.

die Identifizierung und die Bewertung der verfügbaren Handlungsalternativen sowie die Evaluierung der Resultate erweisen sich oftmals als schwierig.[87] Dies gilt auch im speziellen für Finanzierungsentscheidungen.

Nachstehend werden ausgewählte Abgrenzungs- und Interpretationsmöglichkeiten bezüglich der Finanzierung zusammengefasst (siehe Tabelle 2.2), um darauf aufbauend eine Arbeitsdefinition von Finanzierungsentscheidungen herzuleiten.[88]

---

[87] Vgl. Wöhe (2008), S. 97.

[88] Da der Terminus sowohl im engeren als auch im weiteren Sinne in der Literatur vorzufinden ist und ebenso unterschiedliche Bezeichnungen für dasselbe Tätigkeitsfeld existieren, folgt die dargebotene Übersicht der Auffassung, dass zunächst verschiedene Begriffsvariationen sowie unterschiedliche Definitionsansätze einzubeziehen sind.

Autor (Jahr)	Definition
Becker (2012), S. 125	*„[Finanzierung im weiteren Sinne beinhaltet] die Beschaffung von Geld und geldwerten Gütern sowie die Umschichtung, Sicherung und Reduzierung von Kapital."*
Bieg/ Hossfeld (2008), S. 52.	*„[...] Finanzierung [wird] auch als zielgerichtete Gestaltung und Steuerung sämtlicher Zahlungsströme (Ein- und Auszahlungen) einer Unternehmung verstanden."*
Drukarczyk (2008), S. 1	*„Finanzierungsmaßnahmen sind die Aktivitäten von Unternehmen, die auf die Beschaffung finanzieller Mittel ausgerichtet sind. Diese Mittel werden benötigt, um Investitionen zu realisieren, die das Ziel der Einkommenserzielung für Kapitalgeber und Arbeitnehmer (hoffentlich) erfüllen."*
Grochla (1976), Sp. 414.	*„[Der Begriff Kapitalbeschaffung beschreibt] die Summe der Tätigkeiten, die darauf ausgerichtet sind, den Betrieb in dem entsprechenden Umfang mit Geld und anderen Vermögensteilen auszustatten, der zur Realisation der betrieblichen Ziele erforderlich ist."*
Portisch (2008), S. 8.	*„Die Unternehmensfinanzierung umfasst alle Maßnahmen der Kapitalbeschaffung, Kapitalstrukturierung, und vertraglichen Gestaltung von finanziellen Beziehungen über Zahlungs-, Informations-, Überwachungs- und Sicherungsrechte zwischen Unternehmen und seinen Kapitalgebern."*
Ross/ Westerfield/ Jaffe (2002), S. 339.	*"Typical financial decisions include how much debt and equity to sell, what types of debt and equity to sell, and when to sell debt and equity."*
Schmalenbach (1937), S. 1.	*„[Finanzierung beinhaltet] nicht nur die Beschaffung des Kapitals, es müssen auch die Rückerstattung und der Verlust des Kapitals sowie [...] die gesamten Beziehungen zwischen der kapitalverwendenden Unternehmung und dem kapitalgebenden Kapitalisten einbezogen werden."*
Süchting (1995), S. 18.	*„Finanzierung umfasst alle zur Aufrechterhaltung des finanziellen Gleichgewichts der Unternehmung erforderlichen Maßnahmen."*
Wöhe/ Bilstein/ Ernst/ Häcker (2009), S. 5.	*„Finanzierung [...] ist die Bereitstellung von finanziellen Mitteln jeder Art einerseits zur Durchführung der betrieblichen Leistungserstellung und Leistungsverwertung und andererseits zur Vornahme bestimmter außerordentlicher finanztechnischer Vorgänge [...]."*

Tabelle 2.2: Definitionen des Finanzierungsbegriffs[89]

---

[89] Eigene Darstellung.

Basierend auf den unterschiedlichen Definitionsansätzen wird ersichtlich, dass das Verständnis von einer reinen Fokussierung auf den Prozess der Kapitalbeschaffung bis hin zur Subsumierung sämtlicher Zahlungsvorgänge im Unternehmen reicht. Letzteres scheint allerdings zu weit gefasst, da sämtliche Zahlungsvorgänge ebenfalls Investitionsvorhaben einbeziehen, die wiederum ein eigenständiges Aufgabenspektrum des Finanzmanagements darstellen. Folglich muss der Finanzierungsbegriff enger gefasst werden und sich inhaltlich auf den Bereich der Kapitalbereitstellung konzentrieren. Zu beachten ist zudem, dass es sich bei der Kapitalbeschaffung grundsätzlich nicht um ein stichtagsbezogenes Ereignis handelt, sondern vielmehr um einen Prozess, der mehrere Handlungsstränge umfasst. Demnach ist u.a. die Planung, Durchführung und Nachbereitung im Sinne von Folgehandlungen, durch bspw. Kapitalrückzahlungen, zu berücksichtigen. Von einer Eingrenzung hinsichtlich einzelner Klassifizierungskriterien, wie bspw. der Finanzierungsart, der Fristigkeit und der Kapitalverwendung, wird abgesehen, um Finanzierungsentscheidungen nicht zu sehr einzugrenzen und so eventuell relevante Teilaspekte zu vernachlässigen.[90] In Anlehnung an die Erkenntnisse aus Tabelle 2.2 und den entsprechenden Erläuterungen lautet die Arbeitsdefinition von Finanzierungsentscheidungen folgendermaßen:

Finanzierungsentscheidungen in einem gewinnorientierten Unternehmen beinhalten die Auswahl und Umsetzung sämtlicher (zielgerichteter) Maßnahmen, die mit der Kapitalbeschaffung einhergehen, um so den Unternehmensfortbestand zu sichern und den betrieblichen Leistungserstellungsprozess zu unterstützen. Folglich beinhaltet die Finanzierung neben dem Prozess der eigentlichen Bereitstellung finanzieller Mittel ebenso jegliche Folgewirkungen, wie bspw. die fristgerechte Rückzahlung von Kapital.

Gegenstand von Finanzierungsentscheidungen ist somit vorranging die finanzielle Begleitung der Unternehmensstrategie.[91] Die Definition bezieht sich bewusst ausschließlich auf gewinnorientierte Unternehmen, da ansonsten Zielsetzungen bei der Kapitalbeschaffung abweichen können. Für gewinnorientierte Unternehmen wird angenommen, dass grundsätzlich finanzwirtschaftliche Entscheidungskriterien verfolgt werden. Demnach können traditionelle sowie wertorientierte Ziele unterschieden werden. Erstgenannte umfassen die vier folgenden Zielausprägungen: Rentabilität, Liquidität, Unabhängigkeit und Sicherheit.[92]

---

[90] Vgl. Bieg/ Kußmaul (2009), S. 11.
[91] Vgl. Grunow/ Figgener (2006), S. 1.
[92] Vgl. Eicholz (2009), S. 5 ff., Prätsch/ Schikorra/ Ludwig (2007), S. 11, Becker (2012), S. 9, Perlitz (2004), S. 467 f., Olfert/ Reichel (2005), S. 45 ff., Busse (2003), S. 9 ff. und Jahrmann (2009), S. 9.

Das Rentabilitätsstreben zielt darauf ab, das eingesetzte Kapital maximal zu verzinsen bzw. das benötigte Kapital zu möglichst geringen Kapitalkosten zu beschaffen. Ein weiteres Ziel der Unternehmung besteht darin, jederzeit über genügend Liquidität zu verfügen, um zahlungsfähig zu sein. Ausreichend Liquidität ist eine Grundvoraussetzung für den Fortbestand eines jeden Unternehmens, da Zahlungsunfähigkeit einen Insolvenzgrund darstellt.[93] Eine gesicherte Liquidität bildet die Basis für das Streben nach Rentabilität. Im Gegensatz dazu kann ein unrentables Unternehmen zeitweise weiterbestehen, weshalb die Rentabilität keine hinreichende Bedingung für den unternehmerischen Fortbestand darstellt. Somit stellt die Liquidität ein Zeitpunktproblem und die Rentabilität ein Zeitraumproblem dar.[94] Da zwischen der Liquidität und der Rentabilität ein Trade-Off besteht, zielt das Finanzmanagement darauf, die Liquiditätssituation zu optimieren und nicht einen unnötig hohen Liquiditätsbestand vorzuhalten. Eine optimale Liquidität garantiert die jederzeitige Zahlungsfähigkeit und ist dennoch nicht unnötig hoch, so dass möglichst viel Kapital in den betrieblichen Leistungserstellungsprozess einfließen kann.[95]

Als drittes traditionelles finanzwirtschaftliches Ziel gilt die Unabhängigkeit des Unternehmens. Bei der Finanzierung wird stets ein hohes Maß an Flexibilität verfolgt, um ein möglichst freies unternehmerisches Handeln zu gewährleisten. Die Aufnahme von zusätzlichem Kapital kann zu einer deutlich spürbaren Einengung der Dispositionsfreiheit führen, da mit der Eigen- bzw. Fremdfinanzierung bestimmte Pflichten einhergehen können. Bei der Beteiligungsfinanzierung äußert sich dies bspw. durch Informationsversorgungsverpflichtungen und Mitspracherechte durch Anteilseigner. Auch die Fremdfinanzierung kann die Dispositionsfreiheit des Unternehmens einschränken, da die Kreditaufnahme i.d.R. mit der Bereitstellung von Sicherheiten verbunden ist, wodurch die Verfügungsgewalt eingeschränkt wird. Darüber hinaus steht das Fremdkapital dem Unternehmen nicht zeitlich unbegrenzt zur Verfügung. Die einhergehenden Einschränkungen der externen Eigen- und Fremdfinanzierung können im Extremfall zum Verzicht einer weiteren Kapitalaufnahme führen, wodurch wiederum das Unternehmenswachstum gehemmt werden kann.[96]

Zuletzt lässt sich als traditionelles Ziel das Sicherheitsbestreben nennen. Finanzwirtschaftliche Entscheidungen beziehen sich auf die Zukunft, so dass die vollkommene Planungssicherheit nicht existieren kann. Aus diesem Grund müssen mögliche Abweichungen erwarteter Zustände in den Entscheidungsprozess mit-

---

[93]   Vgl. Prätsch/ Schikorra/ Ludwig (2007), S. 11 ff., Busse (2003), S. 12 und Perlitz (2004), S. 468.

[94]   Vgl. Perridon/ Steiner/ Rathgeber (2012), S. 12 f.

[95]   Vgl. Kaiser (2011), S. 362 und Eicholz (2009), S. 5 ff.

[96]   Vgl. Prätsch/ Schikorra/ Ludwig (2007), S. 13 f., Becker (2012), S. 25 f., Perlitz (2004), S. 468 und Olfert/ Reichel (2005), S. 53.

einbezogen und eventuelle Eintrittswahrscheinlichkeiten berücksichtigt werden. Derartige Risiken können bspw. durch unerwartete negative Veränderungen von Zinssätzen oder Wechselkursen auftreten. Durch ein entsprechendes Risikomanagement werden die Risiken identifiziert und geeignete Maßnahmen getroffen, um das Unternehmen bestmöglich vor negativen Entwicklungen zu schützen.[97]

Neben den traditionellen finanzwirtschaftlichen Zielen können Unternehmen außerdem das Ziel einer Wertgenerierung bzw. einer Wertsteigerung verfolgen.[98] Das unternehmerische Handeln ist auf die langfristige Maximierung des Unternehmenswertes ausgelegt. Auf Basis dieses Grundgedankens entwickelte sich in den achtziger Jahren des 20. Jahrhunderts der Shareholder-Value-Ansatz. Im Vordergrund stehen hier die Interessen der Anteilseigner. Sämtliche Maßnahmen im Unternehmen sind dahingehend zu beurteilen, ob von ihnen ein positiver Effekt auf den Unternehmenswert ausgeht und sich die Vermögensituation der Anteilseigner dadurch verbessert.[99] Im diesen Sinne ist die Übermittlung glaubwürdiger Signale hinsichtlich potentieller Erfolgspotentiale von Bedeutung.[100] Entscheidungen des Finanzmanagements zielen folglich auch auf eine Erhöhung des Aktienkurses ab.[101] Klassische Gewinngrößen, wie der Jahresüberschuss, eignen sich nur bedingt für die Überprüfung einer Wertsteigerung, da durch die Vielzahl an Wahlrechten eine Manipulierbarkeit ermöglicht wird und die tatsächliche Ertragslage verfälscht werden kann. Um diesem Umstand entgegenzuwirken, bietet sich eine Cashflow basierte Betrachtung an, damit die nicht zahlungswirksamen Effekte unberücksichtigt bleiben und die Manipulierbarkeit eingeschränkt wird.[102] In der Praxis werden unterschiedliche Kennzahlen verwendet, um getroffene Maßnahmen hinsichtlich einer positiven Auswirkung auf den Unternehmenswert zu evaluieren. Die größte Bedeutung nehmen der Discounted Cashflow (DCF), der Cashflow Return on Investment (CFROI) und der Economic Value Added (EVA) ein.[103]

Dem Shareholder-Value-Ansatz stehen allerdings methodische sowie inhaltliche Kritikpunkte gegenüber. Hinsichtlich der Methodik wurde bereits darauf Bezug genommen, dass die zur Evaluierung der Unternehmensführung zugrundeliegenden Daten teilweise manipulierbar sind.[104] Darüber hinaus kann sich eine solche

---

[97] Vgl. Perridon/ Steiner/ Rathgeber (2012), S. 15 f., Becker (2012), S. 19 ff. und Olfert/ Reichel (2005), S. 54.
[98] Non-Profit Organisationen sind ausgenommen.
[99] Vgl. Rappaport (1981), S. 139 ff., Rappaport (1986), S. 1 ff., Poeschl (2013), S. 79 f. und Hilbert (2007), S. 40 f.
[100] Vgl. Rasche (2002), S. 416.
[101] Vgl. Moles/ Parrino/ Kidwell (2011), S. 18.
[102] Vgl. Hilbert (2007), S. 40 f. und Gerke/ Bank (2003), S. 41 f.
[103] Für weiterführende Informationen zu DCF, CROI und EVA siehe Perridon/ Steiner/ Rathgeber (2012), S. 17.
[104] Allerdings ist zu beachten, dass dieser Kritikpunkt ebenfalls für die traditionellen finanzwirtschaftlichen Ziele gilt.

Evaluierung äußerst komplex gestalten. Als besonders schwerwiegender inhaltlicher Kritikpunkt wird die einseitige Interessenvertretung der Anteilseigner genannt, wodurch die Interessen der anderen Stakeholder[105] eines Unternehmens vernachlässigt werden.[106] Die *Regierungskommission Deutscher Corporate Governance Kodex (2014)* verweist jedoch darauf, dass die Unternehmensführung im Interesse verschiedener Stakeholder zu handeln hat:

> *„Der Vorstand leitet das Unternehmen in eigener Verantwortung im Unternehmensinteresse, also unter Berücksichtigung der Belange der Aktionäre, seiner Arbeitnehmer und der sonstigen dem Unternehmen verbundenen Gruppen (Stakeholder) mit dem Ziel nachhaltiger Wertschöpfung."[107]*

Als weiterer Aspekt wird die Forcierung eines kurzfristigen Handlungshorizontes der Unternehmensleitung kritisiert. Da im Sinne des Shareholder-Value-Ansatzes der Unternehmenswert und damit der Aktienkurs zu maximieren sind, neigt das Management eher dazu kurzfristig Zahlungsüberschüsse zu erwirtschaften, um den Aktienkurs positiv zu beeinflussen. Langfristige Investitionsvorhaben, bspw. in Forschung und Entwicklung, wirken sich dagegen zunächst negativ auf das Unternehmensergebnis aus. Der Mehrwert ist kurzfristig nur schwer messbar, weshalb andere kurzfristigere Investitionen ggf. bevorzugt werden. Eine solche Unternehmenspolitik könnte dem Unternehmen jedoch langfristig schaden.[108] Zuletzt wird die einseitige Berücksichtig von quantitativen Messgrößen kritisiert, welche für die Bildung der Kennzahlen herangezogen werden. Qualitative Einflussgrößen wie bspw. Kundenzufriedenheit, Mitarbeiterzufriedenheit und Innovationsfähigkeit bleiben i.d.R. unberücksichtigt, obgleich sie ebenfalls langfristig positive Auswirkungen auf den Unternehmenswert haben können.[109]

Trotz der Kritik kann die Zielsetzung der Unternehmenswertsteigerung durchaus auch positive Effekte für andere Interessensgruppen mit sich bringen. Von einer zunehmenden Wertgenerierung können neben den Anteilseignern auch weitere Stakeholder, wie bspw. der Staat in Form höherer Steuereinnahmen, profitieren. Zudem ist die Zielerreichung eines gestiegenen Unternehmenswertes ohne die Beteiligung zahlreicher Stakeholder nicht möglich, weshalb die Interessen von Stakeholdern und Shareholdern im Speziellen nicht zwangsläufig als komplementär anzusehen sind. In der Folge existiert neben dem Shareholder-Value-Ansatz auch

---

[105] Stakeholder sind definiert als Gruppen bzw. Personen, welche von der Zielerreichung des Unternehmens betroffen sind oder selbst Einfluss auf die Zielerreichung nehmen können. Dazu gehören u.a. das Management, die Mitarbeiter, die Eigentümer, die Lieferanten und der Staat. Vgl. Freeman (1984), S. 25.

[106] Vgl. Poeschl (2013), S. 121 und Becker (2012), S. 27.

[107] Regierungskommission Deutscher Corporate Governance Kodex (2014), S. 6.

[108] Vgl. Poeschl (2013), S. 123 f. und Becker (2012), S. 27.

[109] Vgl. Poeschl (2013), S. 122 f.

der weiter gefasste Stakeholder-Value-Ansatz, welcher alle Interessensgruppen berücksichtigt.[110] Allerdings ist zu erwähnen, dass auch dieser Ansatz berechtigterweise Kritikpunkte aufwirft, wie bspw. die Schwierigkeiten bei der Festlegung der relevanten Stakeholder.[111]

Abschließend kann bezugnehmend auf die verschiedenen Zielsetzungen von Finanzierungsentscheidungen konstatiert werden, dass diese grundsätzlich nicht gleichermaßen verfolgt werden können. Das Finanzmanagement muss die Ziele möglichst entsprechend der jeweiligen Unternehmenssituation im Entscheidungskalkül berücksichtigen. Bezogen auf multinationale Unternehmen kommt erschwerend hinzu, dass sich der Entscheidungsprozess durch die grenzüberschreitenden Unternehmenstätigkeiten deutlich komplexer gestaltet als bei rein national agierenden Unternehmen. Dieser Aspekt wird im nachstehenden Abschnitt aufgegriffen, indem die Besonderheiten der Internationalisierung von Finanzierungsentscheidungen aufgezeigt werden.

2.1.2.2 Auswirkungen der Internationalisierung auf die Finanzierung

Ein wesentlicher Unterschied zwischen nationalen und multinationalen Unternehmen ist die Präsenz sowie die Geschäftstätigkeit in mehreren Ländern. Das wirtschaftliche Handeln in verschiedenen Hoheitsgebieten führt zu veränderten Rahmenbedingungen für das Finanzmanagement, wodurch sich auch die internationale Kapitalbeschaffung unterscheidet.[112] Im Folgenden werden mögliche ökonomische, politische und regulatorische sowie kulturelle Bedingungen unterschieden, die sich auf die Finanzierung multinationaler Unternehmen auswirken können.

Ökonomische Rahmenbedingungen

Die ökonomischen Rahmenbedingungen multinationaler Unternehmen sind u.a. durch das deutlich größere Spektrum an Finanzierungsmöglichkeiten gekennzeichnet. Das höhere Angebot kann sich auf sämtliche Ausgestaltungskriterien einer Finanzierung, wie bspw. die Finanzierungshöhe, die Flexibilität, die zugrundeliegende Währung und die Kosten in Form des Zinssatzes, auswirken.[113] Dieser Umstand kann sowohl als Chance wie auch als Risiko verstanden werden. Einen Vorteil stellt der hohe Grad an Flexibilität dar. Zahlreiche Finanzierungsmöglichkeiten führen dazu, dass multinationale Unternehmen mit hinreichender Bonität flexibel Kapital beschaffen bzw. Anpassungen bei der Finanzierung durchführen

---

[110] Für weiterführende Informationen zum Stakeholder-Value-Ansatz siehe Freeman (1984).
[111] Vgl. Poeschl (2013), S. 165 ff.
[112] Vgl. Moles/ Parrino/ Kidwell (2011), S. 841 und Bösch (2014), S. 3 ff.
[113] Vgl. Henderson/ Jegadeesh/ Weisbach (2003), S. 1.

können.[114] Zudem wird durch die Einbeziehung zusätzlicher potentieller Kapitalgeber bzw. Finanzierungspartner im Ausland die Aufnahme hoher Volumina erleichtert.

Einen weiteren Aspekt stellen die unterschiedlichen Währungen dar, die im Unternehmen zirkulieren. Die Präsenz in verschiedenen Währungsgebieten führt dazu, dass i.d.R. nicht sämtliche Zahlungsvorgänge einheitlich in einer Stammwährung[115] erfolgen können und somit Fremdwährungen zu berücksichtigen sind. In diesem Zusammenhang gilt es zu beachten, dass sich Finanzierungskonditionen in verschiedenen Regionen unterscheiden können. So ist es bspw. möglich, dass US-Dollar in den USA günstiger beschafft werden können als in Deutschland. Multinationale Unternehmen haben die Möglichkeit, u.a. auf Grund der Größe und der Diversifikation, flexibler auf derartige geografische Besonderheiten zu reagieren als national ausgerichtete Unternehmen.[116] Außerdem können Finanzierungskosten durch den stark ausgeprägten internationalen Wettbewerb unter den Finanzintermediären reduziert werden, indem bspw. Zinsunterschiede ausgenutzt werden.[117]

Allerdings ist nicht zu vernachlässigen, dass mit den umfangreicheren Finanzierungsmöglichkeiten auch Risiken einhergehen. Da die Zahlungen multinationaler Unternehmen teilweise in verschiedenen Währungen notieren, besteht ein Wechselkursrisiko.[118] Selbst unter der Annahme, dass alle zukünftigen Kapitalbewegungen sicher eintreten, besteht trotzdem ein Risiko bezüglich der Entwicklung der Wechselkurse.[119] Dies ist z.B. der Fall, wenn Einnahmen in einer ausländischen Währung in die eigentliche Stammwährung des Unternehmens konvertiert werden und der Wert der ausländischen Währung bis dahin abnimmt.[120] Aus diesem Grund verfügen multinationale Unternehmen über ein umfangreiches Risikomanagement, welches u.a. Wechselkursrisiken minimieren soll.[121] Die Komplexität erhöht sich konsequenterweise mit der zunehmenden Anzahl an Währungen im Unternehmen.[122] Eine weitere Risikoquelle können Phasen stark schwankender Zinsen darstellen. Sofern multinationale Unternehmen unterschiedliche Wirtschaftsräume zur Kapitalbeschaffung in Anspruch nehmen, hat das Finanzma-

---

[114] Vgl. Butler (2008), S. 16.
[115] Die Stammwährung bildet die Bemessungsgrundlage für die Berichterstattung bei der Rechnungslegung.
[116] Vgl. Robin (2011), S. 254.
[117] Vgl. Perlitz (2004), S. 507.
[118] Für weiterführende Informationen zum Wechselkursrisiko siehe Meckl/ Fredrich/ Riedel (2010), S. 216 ff.
[119] Diese Annahme trifft in der Praxis allerdings nicht zu, da neben den schwankenden Wechselkursen ebenfalls das Kontrahentenrisiko vorzufinden ist.
[120] Vgl. Meckl/ Fredrich/ Riedel (2010), S. 216 f.
[121] Das Risikomanagement stellt ein eigenständiges Aufgabenfeld des Finanzmanagements dar. Der Fokus der Arbeit liegt allerdings auf den Finanzierungsentscheidungen, weshalb eine weitere Ausarbeitung nicht stattfindet. Für weiterführende Informationen zum Risikomanagement siehe Broll/ Wahl (2012), S. 49 ff. und Butler (2012), S. 211 ff.
[122] Vgl. Pausenberger/ Völker (1985), S. 30 ff. und Robin (2011), S. 11 f.

nagement ggf. mit verschiedenen Zinsentwicklungen zu rechnen. Es ist eine Herausforderung, durch umfangreiche Research- und Analysetätigkeiten, stets über eine differenzierte und fundierte Marktmeinung zu verfügen, so dass auf einzelne Entwicklungen möglichst zeitnah reagiert werden kann. Das Zinsänderungsrisiko bezieht sich dabei in besonderem Maße auf variabel verzinste oder zeitnah zu prolongierende Positionen.[123]

Politische und regulatorische Rahmenbedingungen

Die bereits aufgeführten wirtschaftlichen Besonderheiten bei der Finanzierung multinationaler Unternehmen gehen teilweise mit den politischen und regulatorischen Rahmenbedingungen einher. Die Unterschiede zwischen den Ländern können erheblich sein. Dies ist u.a. auf die voneinander abweichende Historie zurückzuführen. So herrscht bspw. in der Bundesrepublik Deutschland seit Ende des 2. Weltkrieges eine Demokratie vor, wohingegen in der Volksrepublik China bis heute ein autokratisches Ein-Parteien-System existiert.[124] Beide Gegebenheiten verkörpern einen Gegensatz und müssen von Unternehmensseite sehr differenziert bewertet werden. Die Entscheidungsfindung gestaltet sich in einer Demokratie, verglichen mit einem Einparteiensystem, deutlich komplexer und spiegelt idealerweise eine breite Meinung wieder. Rapide, unvorhersehbare Entwicklungen sind daher eher unwahrscheinlich. In einem autokratischen System ohne wirkungsvolle Opposition können die politischen und rechtlichen Rahmenbedingungen in einem Land schneller und einfacher angepasst werden, so dass sich die Reaktionszeit für das Finanzmanagement multinationaler Unternehmen reduziert. Es ist jedoch ebenso vorstellbar, dass sich die politische Landschaft in mehreren Ländern ähnlich entwickelt und die Wirkung der Politik auf grenzüberschreitende Handlungen somit gering ist. Ein solches Szenario ist bspw. in der Europäischen Union (EU) vorzufinden, die sukzessive eine Harmonisierung der nationalen Hoheitsgebiete anstrebt. Aufgabe des Finanzmanagement ist es, das Unternehmen jeweils an die mehr oder weniger stark ausgeprägten Besonderheiten im Ausland anzupassen und das Handeln entsprechend auszurichten.[125]

Unterschiedliche Rechtsvorschriften können dazu führen, dass, bei eigentlich gleichen Finanzierungsmaßnahmen, unterschiedliche Rahmenbedingungen existieren. So unterscheiden sich bspw. die Rechnungslegungsstandards United States Generally Accepted Accounting Principles (US-GAAP) der Vereinigten Staaten von Amerika (USA) von den International Financial Reporting Standards (IFRS), die

---

[123] Vgl. Perlitz (2004), S. 507.
[124] Vgl. Marschall (2011), S. 25 ff., Noesselt (2012), S. 33 und S. 242 ff. und Krumbein (2014), S. 258 ff.
[125] Vgl. Fröhlich (2014), S. 11 ff. und Bösch (2014), S. 147 ff.

mittlerweile in weiten Teilen der Welt etabliert sind.[126] Neben den Rechnungslegungsvorschriften variieren außerdem die Steuersysteme, so dass im Extremfall in Ländern für bestimmte Aktivitäten keine Steuern erhoben werden, wohingegen die Steuerlast in anderen Staaten sehr hoch ausfällt.[127] Bezogen auf die Unternehmensfinanzierung kann u.a. ein Problem bei der Besteuerung von Gewinnen konstatiert werden.[128]Außerdem sei bezüglich der regulatorischen Unterschiede auf den teilweise beschränkten Marktzugang verwiesen. Im Zusammenhang mit der Beschaffung finanzieller Mittel kann bspw. der Kapitalmarktzugang im Gastland für ausländische Unternehmen eingeschränkt oder sogar komplett untersagt sein.[129] Multinationale Unternehmen und speziell die Finanzabteilungen müssen die entsprechenden Gegebenheiten bei der Finanzierung berücksichtigen und in den Entscheidungsprozess einfließen lassen. Folglich ist es möglich, dass Kapital auf Grund geeigneter regulatorischer Rahmenbedingen vorzugsweise in einem bestimmten Land beschafft wird, um es anschließend in ein weiteres Land zu transferieren.[130]

Bei der Bewertung der steuerlichen und regulatorischen Rahmenbedingungen in einem Land ist zudem das politische Umfeld zu berücksichtigen. Da entsprechende Handlungen sowie Veränderungen weitreichende Konsequenzen für Finanzierungsentscheidungen haben können und teilweise nur schwer vorhersehbar sind, besteht für das Unternehmen ein politisches Risiko. Regierungen können Entscheidungen treffen, welche sich negativ auf das Unternehmen auswirken und nicht hinreichend entschädigt werden.[131] Dabei sind keinesfalls nur Aktivitäten in Emerging Markets[132] inbegriffen. Unternehmen können ebenso von unerwarteten Entwicklungen in Industrienationen betroffen sein.[133] Ein aktuelles Beispiel stellt die Energiewende in Deutschland dar. Die Abkehr von der Atomenergie hat umfassende negative Folgen für die betroffenen Versorgungsunternehmen, die sich wiederum gezwungen sehen, auf Grund des finanziellen Schadens gegen die Bundesrepublik Deutschland zu klagen.[134] Um das politische Risiko zu operationali-

---

[126] Die IFRS wurden im Jahr 2003 erstmals als rechtskräftig erklärt. Mittlerweile sind die Rechnungslegungsstandards in ungefähr 120 Ländern anerkannt. Vgl. IFRS (2013). In Europa ist der Abschuss nach IFRS für kapitalmarktorientierte Mutterunternehmen seit dem 01.01.2005 verpflichtend. Eine Ausnahmeregelung bestand lediglich für Unternehmen, die in den USA an der Börse gelistet waren. Ihnen war für zwei weitere Jahre der Abschluss nach US-GAAP gestattet. Vgl. Pellens et al. (2011), S. 86 ff.

[127] Vgl. Moles/ Parrino/ Kidwell (2011), S. 841.

[128] Vgl. Breuer/ Gürtler/ Schuhmacher (2003), S. 389.

[129] Dies betrifft bspw. den Kapitalmarktzugang für multinationale Unternehmen an der Börse in Shanghai. Vgl. Chan (2011), S. 80. Für weiterführende Informationen zum Kapitalmarktbegriff siehe Hummel (2001), S. 69 ff.

[130] Vgl. Fox (2006), S. 176 f.

[131] Vgl. Robin (2011), S. 12 und Butler (2012), S. 6 f.

[132] Emerging Markets umfassen aufstrebende Ökonomien, wie sie bspw. in Schwellenländern vorzufinden sind. Vgl. Dehnen (2012), S. 16.

[133] Vgl. Robin (2011), S. 12 und Butler (2012), S. 6 f.

[134] Vgl. Draper/ Freytag (2014), S. 4.

sieren und eine möglichst hohe Planungssicherheit bezüglich der Finanzierung zu ermöglichen, werden in der Praxis verschiedene Indikatoren herangezogen. Es werden u.a. die Häufigkeit der Regierungswechsel, die Anzahl gewalttätiger Ausschreitungen und die Zahlungsbilanz des Landes im Entscheidungskalkül berücksichtigt.[135]

Kulturelle Rahmenbedingungen

Multinationale Unternehmen sehen sich, auf Grund der länderübergreifenden Geschäftstätigkeit, unterschiedlichen kulturellen Einflüssen konfrontiert, die sich auch auf Aspekte der Finanzierung auswirken können. Obgleich die Rahmenbedingungen durch die Regulierung und Gesetzgebung weitestgehend vorgeschrieben sind, werden Entscheidungen final von Personen getroffen. Deren Verhalten kann durch die Kultur geprägt sein und sich folglich in verschiedenen Kulturkreisen voneinander unterscheiden. Das Finanzmanagement hat sich in verschiedenen Regionen mit den jeweiligen kulturellen Besonderheiten und Gebräuchen auseinanderzusetzen.[136] So gilt es bspw. im Dialog mit einem chinesischen Geschäftspartner als angebracht, zunächst das Kennenlernen verstärkt in den Vordergrund zu stellen, bevor verbindliche geschäftliche Zusagen gemacht werden.[137]

Der kulturelle Hintergrund wirkt sich nicht ausschließlich auf Handelsbräuche aus, sondern auch auf das Verhalten und die Wertvorstellungen von Menschen und somit von Unternehmen. Diesen Aspekt greift *Hofstede* erstmals im Jahr 1980 auf, indem er einen Zusammenhang zwischen Unternehmenskulturen und den nationalen Kulturen aufzeigt.[138] In den weiteren Analysen werden kulturelle Ausprägungen in verschiedenen Ländern anhand von anfangs vier und später fünf Kulturdimensionen[139] untersucht und gemessen. Die Ergebnisse verdeutlichen, dass sich das Verhalten im Unternehmen in verschiedenen Kulturkreisen deutlich voneinander unterscheidet.[140] Bezogen auf die Finanzierung kann die „langfristige Orientierung" (LTO) eine relevante Dimension darstellen. Der Ländervergleich zeigt, dass bspw. Deutschland eine eher kurzfristig ausgerichtete Gesellschaft ist, wohingegen die Bevölkerung Japans im Durchschnitt sehr langfristig plant.[141] Derartige

---

[135] Vgl. Breuer/ Gürtler/ Schumacher (2003), S. 388.

[136] Vgl. Moles/ Parrino/ Kidwell (2011), S. 844.

[137] Vgl. Hoffmann (2013), S. 4 f.

[138] Vgl. Hofstede (1980), S. 13 ff.

[139] Vgl. Hofstede (1983), S. 48, Hofstede/ Hofstede (2011), S. 28 ff. und Orr/ Hauser (2005), S. 2 ff. Die ersten vier Kulturdimensionen lauten wie folgt: Machtdistanz - Power Distance Index (PDI), Individualismus vs. Kollektivismus - Individualism vs. Collectivism (IDV), Maskulinität vs. Femininität - Masculinity vs. Femininity (MAS), Unsicherheitsvermeidung - Uncertainty Avoidance Index (UAI). Später wurde eine fünfte Dimension berücksichtigt: Langfristige Ausrichtung - Long-Term Orientation (LTO). Vgl. Hofstede (2001), S. 351.

[140] Vgl. Hofstede (2001), S. 444 ff. und Bösch (2014), S. 29 ff.

[141] Vgl. Hofstede (2013a) und Hofstede (2013b).

Charaktereigenschaften können sich auf die Gestaltung der Kapitalbeschaffung auswirken. Eine weitere entscheidende Dimension bezüglich der Finanzierung ist die Vermeidung von Ungewissheit (UAI). Unterschiede in diesem Bereich können sich bei der Besicherung oder bei einem etwaigen Blankoanteil einer Fremdfinanzierung bemerkbar machen. Es bleibt jedoch anzumerken, dass die Untersuchungen von *Hofstede* keinesfalls frei von Kritik sind. Wesentliche Kritikpunkte sind u.a. die Annahme eines homogenen Verhaltens innerhalb einer Nation und die mangelnde Repräsentativität der Stichprobe.[142] Nichtsdestotrotz vermitteln die Ergebnisse einen ersten Eindruck über mögliche kulturelle Einflüsse auf das Handeln der Unternehmen.

Eine weitere Besonderheit der Internationalisierung stellt der Umgang mit unterschiedlichen Sprachen dar. Bezüglich der Sprache ist zwischen der geschäftlichen und der sozialen Kommunikation zu unterscheiden. Erstere gestaltet sich i.d.R. unproblematisch, da Englisch die Basis für internationale Geschäftsbeziehungen darstellt. In diesem Wissen werden angemessene Englischkenntnisse bei Mitarbeitern mit internationalem Tätigkeitsumfeld vorausgesetzt. Komplizierter gestaltet es sich dagegen bei der sozialen Kommunikation, die am Rande der eigentlichen Geschäftstätigkeit zum Einsatz kommt, bspw. bei Geschäftsessen. Derartige Anlässe bilden oftmals eine bessere Gelegenheit, um das Vertrauen und die Sympathie zwischen den Geschäftspartnern zu verbessern. Die Kommunikation hat hierbei nicht zwangsläufig auf Englisch zu erfolgen. Für viele Menschen erzeugt die Lokal- bzw. Muttersprache ein vertrauteres Umfeld, welches besonders bei persönlichen Gesprächen von Vorteil sein kann. Personen ohne entsprechende Sprachkenntnisse können in solchen Situationen nicht aktiv mitwirken. Dieser Umstand kann sich auf die Geschäftsbeziehung als Ganzes und auf die erfolgreiche Zusammenarbeit auswirken. Um dem entgegenzuwirken, legen multinationale Unternehmen Wert darauf, dass Mitarbeiter möglichst eine dritte oder sogar vierte Sprache beherrschen.[143]

2.1.2.3 Parameter von Finanzierungsentscheidungen

Bei der Finanzierung von multinationalen Unternehmen sind, je nach Finanzierungsart und -anlass, zahlreiche Entscheidungsparameter zu beachten. Auf Grund der Vielfalt an Handlungsalternativen und der verschiedenen Ausgestaltungsmöglichkeiten kann sich dieser Themenbereich für das Finanzmanagement äußerst komplex gestalten.[144] Die letztliche Fixierung der Parameter hat einen großen Ein-

---

[142] Für weiterführende Informationen zur Kritik an den Modellüberlegungen von *Hofstede* siehe Neumann (2008), S. 25 ff., Chiang (2005), S. 1545 ff. und Orr/ Hauser (2005), S. 6 ff.

[143] Vgl. Moles/ Parrino/ Kidwell (2011), S. 841 ff.

[144] Vgl. Sperber/ Sprink (1999), S. 140 f.

fluss auf die Zielerreichung, wie bspw. die Minimierung der Kapitalkosten.[145] Im nachfolgenden Abschnitt wird ein systematischer Überblick hinsichtlich der unterschiedlichen Parameter von Finanzierungsentscheidungen geschaffen, wobei darauf zu verweisen ist, dass auf Grund verschiedener Charakteristika von Finanzierungsmöglichkeiten, nicht alle Parameter bei sämtlichen Entscheidungsprozessen festgelegt werden (können).

Das Unternehmen hat im Zusammenhang mit der Finanzierung zu entscheiden, welche Rechtsstellung der Kapitalgeber haben soll. Demnach kann Kapital durch die Eigen- oder Fremdfinanzierung beschafft werden. Die grundsätzlichen Charakteristika von Eigen- und Fremdkapital unterscheiden sich deutlich voneinander.[146] Eigenkapital steht dem Unternehmen unbefristet zur Verfügung und haftet für sämtliche Verbindlichkeiten. Eigenkapitalgeber können keine festen Auszahlungsansprüche gegenüber dem Unternehmen geltend machen. Dieses erhöhte Risiko wird damit vergütet, dass eine Beteiligung am Unternehmenserfolg vorgesehen ist, die Rendite für Eigenkapital höher ist und Eigenkapitalgeber über Mitbestimmungsrechte im Unternehmen verfügen. Dieses Recht richtet sich nach dem entsprechenden Quotenanteil.[147] Die Aufnahme von Fremdkapital ist dagegen mit deutlich restriktiveren Eigenschaften verbunden, da diese Kapitalart nicht für andere Verbindlichkeiten des Unternehmens haftet, nur befristet zur Verfügung steht und Rückzahlungsverpflichtungen gegenüber den Gläubigern begründet.[148] Die Entscheidung, ob Eigen- oder Fremdkapital aufgenommen wird, kann einen großen Einfluss auf die Zielvorstellungen des Finanzmanagements ausüben. Die Aufnahme von Eigenkapital ist bspw. kostenintensiver, erhöht dagegen jedoch die Flexibilität, da das Kapital unbefristet zur Verfügung steht und keine festen Rückzahlungsverpflichtungen existieren.

Einen weiteren Entscheidungsparameter stellt die Mittelherkunft dar. Das Finanzmanagement hat zu entscheiden, inwiefern Kapital im Rahmen der Außen- bzw. Innenfinanzierung dem Unternehmen zugeführt werden soll. Im Zuge der Außenfinanzierung fließt dem Unternehmen das Kapital außerhalb des Umsatzprozesses und der Vermögensumschichtung zu. Bei multinationalen Unternehmen kann die Außenfinanzierung durch Beteiligungen in Form von Eigenkapital oder durch Kreditfinanzierung[149] in Form von Fremdkapital erfolgen. Die Innenfinanzierung vollzieht sich dagegen im Unternehmen selbst durch den Zuwachs oder die Um-

---

[145] Für weitere Informationen zu den verschiedenen Zielen bei Finanzierungsentscheidungen siehe Kapitel 2.1.2.1.

[146] Bei den folgenden Ausführungen handelt es sich um grundsätzliche Eigenschaften von Eigen- und Fremdkapital, welche in dieser Form üblicherweise in der Praxis vorzufinden sind.

[147] Vgl. Bieg/ Hossfeld (2008), S. 57 ff., Eichholz (2009), S. 10 und Olfert/ Reichel (2005), S. 32 f.

[148] Vgl. Prätsch/ Schikorra/ Ludwig (2007), S. 8 und Bischoff (1972), S. 19.

[149] Die Kreditfinanzierung umfasst in diesem Zusammenhang sämtliche finanzielle Verbindlichkeiten mit Gläubigerrechten, wie bspw. Bankkredite, Anleihen und Schuldscheindarlehen. Vgl. Perridon/ Steiner/ Rathgeber (2012), S. 415 ff.

schichtung von Vermögen. Eine Erhöhung des Vermögens kann bspw. auf die Erzielung von Gewinnen (Selbstfinanzierung) zurückgeführt werden. Die Vermögensumschichtung erfolgt durch Desinvestitionen, indem Vermögensgegenstände veräußert und so liquide Mittel generiert werden.[150] Ähnlich wie die Frage nach der Rechtsstellung der Kapitalgeber tangiert auch die Mittelherkunft die wirtschaftlichen Ziele. Gesetzt den Fall, dass ein Unternehmen die Kapitalaufnahme von außen meidet, wird so einerseits die Unabhängigkeit des Managements nicht negativ beeinflusst, andererseits handelt es sich bei der Innenfinanzierung um eine endliche Finanzierungsquelle, so dass bspw. Liquiditätsengpässe oder geschmälerte Investitionsausgaben die Konsequenz sein können.

Neben der Rechtsstellung der Kapitalgeber und der Mittelherkunft kann das Finanzmanagement außerdem die Fristigkeit des Kapitals in das Entscheidungskalkül miteinfließen lassen. Demnach ist zwischen unbefristetem und befristetem Kapital zu unterscheiden. Letzteres bezieht sich auf die Beschaffung von Fremdkapital.[151] Es lässt sich in kurzfristiges, mittelfristiges und langfristiges Kapital unterscheiden. Eine in der Unternehmensberichterstattung übliche Klassifizierung ist wie folgt aufgebaut: Kurzfristiges Kapital umfasst Restlaufzeiten von unter einem Jahr, mittelfristiges Kapital beinhaltet Laufzeiten von einem bis zu fünf Jahren und langfristiges Kapital übersteigt die Laufzeit von fünf Jahren. Andere Kategorisierungen sind ebenfalls vorstellbar, wie die Einteilung der Deutschen Bundesbank zeigt. Hier wird die Schwelle zwischen mittel- und langfristigem Kapital von fünf auf vier Jahre reduziert.[152] Die Entscheidung über die Fristigkeit der Finanzierung kann die Liquiditätssituation des Unternehmens beeinflussen. Stehen dem kurzfristigen Fremdkapital keine entsprechenden Zahlungsmittel zur fristgerechten Tilgung gegenüber, ist die Zahlungsfähigkeit bedroht. Als Konsequenz müssten Teile des Anlagevermögens veräußert werden, wodurch der betriebliche Leistungserstellungsprozess erheblich gestört werden würde. Den Grundsatz der Fristenkongruenz greift die weit verbreitete Goldene Finanzierungsregel auf. Demnach sollte die Kapitalbindungsdauer der langfristigen Vermögenswerte nicht die Kapitalbindungsdauer von langfristigem Kapital übersteigen.[153] Dieser Zusammenhang wird in der folgenden Gleichung ausgedrückt:

$$Goldende\ Finanzierungsregel: \frac{langfristiges\ Vermögen}{langfristiges\ Kapital} \leq 1 \qquad (2.1)$$

Als weiterer Parameter ist die benötigte Kapitalhöhe zu bestimmen. Eine exakte Bestimmung dieser Größe ist allerdings überaus schwierig, da die Unternehmung

---

[150] Vgl. Drukarczyk (2008), S: 5 f., Wöhe et al. (2009), S. 15 f. und Bieg/ Hossfeld (2008), S. 54 ff.
[151] Vgl. Stiefl (2008), S. 28 f.
[152] Vgl. Eichholz (2009), S. 71.
[153] Vgl. Prätsch/ Schikorra/ Ludwig (2007), S. 258 und Wöhe et al. (2009), S. 36.

von einer Vielzahl zukünftiger Ereignisse beeinflusst wird, deren Eintrittswahrscheinlichkeiten und Ausmaße lediglich auf Prognosen beruhen. Zudem können
nicht beeinflussbare exogene Umstände, wie bspw. finanzielle Schäden in Folge
von Umweltkatastrophen, nicht mit hinreichender Sicherheit prognostiziert werden. In der Praxis gilt daher, dass ein optimales Verhältnis zwischen der finanziellen Ausstattung und dem Kapitalbedarf angestrebt wird, jedoch stets Anpassungen
stattfinden können. Im Optimum verfügt das Unternehmen über eine bedarfsadä-
quate finanzielle Mittelausstattung, so dass sich Ausstattung und Bedarf im
Gleichgewicht befinden. Wird dieses Gleichgewicht anlässlich von Entschei-
dungsfehlern oder nicht vorhersehbaren Ereignissen nicht erreicht, kommt es zu
einer Über- bzw. Unterfinanzierung im Unternehmen. Beide Szenarien können
sich auf die finanzwirtschaftlichen und wertorientierten Zielsetzungen auswirken.
Bei der Überfinanzierung übersteigt das zur Verfügung stehende Kapital das eigentlich benötigte Kapital und wirkt sich somit positiv auf die Liquidität aus. Die
Kosten für den überschüssigen Bestand führen allerdings zu einer Reduzierung der
Rentabilität. Der entgegengesetzte Fall tritt bei einer Unterfinanzierung auf, die
Liquiditätsengpässe mit sich bringt. Dieses Zeitpunktproblem kann im schwerwie-
gendsten Fall zur Zahlungsunfähigkeit und somit letztlich zur Insolvenz führen
und ist daher kritischer zu bewerten als die Überfinanzierung.[154]

Neben den o.g. Entscheidungsparametern ergeben sich speziell für multinationale
Unternehmen weitere Aspekte, die es bei bestimmten Finanzierungsformen zu berücksichtigen gilt. Die Existenz von Tochtergesellschaften und die Präsenz in verschiedenen Ländern eröffnet dem Finanzmanagement eine große Entscheidungs-
vielfalt bezüglich des Finanzierungsortes. Es gilt abzuwägen, wo die Kapitalbeschaffung möglich und unter Berücksichtigung der Zielsetzungen sinnvoll erscheint. Der Ort kann sich in diesem Kontext sowohl auf die Länderauswahl als
auch auf die Finanzplatzauswahl[155] beziehen. Bei der Wahl des Landes kann u.a.
entscheidend sein, inwiefern ein freier Kapitalverkehr möglich ist und inwiefern
regulatorische Rahmenbedingungen eine Kapitalaufnahme möglicherweise erschweren. Diese Aspekte sind auch bei der Wahl des Finanzplatzes relevant. So
haben Unternehmen die Möglichkeit, neben den traditionellen Finanzplätzen auch
Offshore-Finanzplätze[156] in Anspruch zu nehmen. Entscheidet sich das Finanzmanagement für eine Offshore-Finanzierung, stehen verschiedene Offshore-
Finanzplätze zur Auswahl, die sich teilweise in ihrer Spezialisierung voneinander
unterscheiden. Wesentliche Gründe für die Wahl eines Offshore-Finanzplatzes

---

[154] Vgl. Wünsche (2010), S. 215 und Stiefl (2008), S. 29.

[155] Finanzplätze dienen als Knotenpunkt für den Kapital- und Geldverkehr. Sie sind gekennzeichnet durch eine
hohe Konzentration von Finanzintermediären und anderen Marktteilnehmern. Vgl. Merki (2005), S. 9.

[156] Offshore-Finanzplätze sind u.a. dadurch gekennzeichnet, dass ein Großteil der Finanztransaktionen mit Gebiets-
fremden Marktteilnehmern durchgeführt wird. Vgl. Williams/ Suss/ Mendis (2005), S. 1174.

stellen u.a. niedrige Steuern und damit verbunden niedrigere Finanzierungskosten sowie der hohe Grad an Vertraulichkeit dar.[157] Die Wahl eines Offshore-Finanzplatzes kann die Unabhängigkeit eines Unternehmens erhöhen, da ggf. geringere regulatorische Anforderungen zu erfüllen sind.

Eng verbunden mit der Wahl des Finanzierungsortes ist zu entscheiden, in welcher Währung das Kapital aufgenommen werden soll.[158] Die internationale Geschäftsausrichtung macht es dabei nahezu unmöglich sämtliche Zahlungsvorgänge in derselben Währung abzuwickeln. Schwankende Wechselkurse und das damit verbundene Wechselkursrisiko können sich, je nach Wertentwicklung der Währung, sowohl positiv als auch negativ auf die Rentabilität auswirken. Das bereits thematisierte Risikomanagement versucht negative Auswirkungen weitestgehend zu vermeiden und somit auch die Planungssicherheit zu erhöhen. Dies ist allerdings mit zusätzlichen Kosten verbunden und wirkt sich folglich auch auf die Rentabilität aus. Darüber hinaus können ungünstige Entwicklungen der Währungen zu Liquiditätsengpässen führen, wenn der Wert erwarteter Mittelzuflüsse abnimmt oder sich Rückzahlungsansprüche verteuern.[159]

Abschließend sei bei den Entscheidungsparametern auf die Auswahl der beteiligten Akteure verwiesen, die je nach Finanzierungsart variieren können. Obgleich multinationale Unternehmen i.d.R. über ein gut strukturiertes Finanzmanagement mit zahlreichen gut ausgebildeten Mitarbeitern verfügen, ist die Konsultierung von externen Marktteilnehmern für gewisse Vorhaben von Vorteil bzw. unabdingbar. Eine der wichtigsten Teilnehmergruppen stellen die Finanzintermediäre dar, welche bei der Kapitalbeschaffung als Vermittler auftreten.[160] Darunter fallen neben Banken auch weitere Finanzdienstleister wie Versicherungen und Fondsgesellschaften.[161] Bei der Wahl des geeigneten Finanzintermediäres sind keineswegs nur die anfallenden Kosten von Bedeutung. Die globale Finanzkrise hat gezeigt, dass auch die Bonität der Intermediäre nicht unbeachtet bleiben darf, da z.B. Zahlungszusagen oder Kreditlinien ihren Wert verlieren, wenn der Vertragspartner nicht zahlungsfähig ist. Um dieser Problematik entgegenzuwirken, hat das Bank-Relationship-Management[162] in den vergangenen Jahren im Finanzmanagement stark an Bedeutung gewonnen. Ebenfalls kann die Größe bzw. die Finanzkraft ein entscheidender Faktor sein, da multinationale Unternehmen teilweise Beträge in

---

[157] Vgl. Mizen et al. (2012), S. 1 ff. und Zoromé (2007), S. 5 ff.
[158] Vgl. Sperber/ Sprink (1999), S. 140 f.
[159] Vgl. Büschgen (1997), S. 2 und Butler (2012), S. 52.
[160] Vgl. Becker (2012), S. 126 f. und Perlitz (2004), S. 484 ff.
[161] Vgl. Jahrmann (2009), S. 25 ff.
[162] Das Bank-Relationship-Management, als Teil des Finanzmanagements, zielt darauf ab, Bankbeziehungen aktiv zu steuern, um die eigenen Unternehmensziele bestmöglich zu verwirklichen. Für weiterführende Informationen zum Bank-Relationship-Management siehe Edling (2015), S. 222 ff. und Verband Deutscher Treasurer e.V. (2011), S. 8.

Milliardenhöhe benötigen und ein Großteil der Finanzintermediäre solche Geschäfte nicht begleiten kann oder auf Grund interner und externer Regelungen nicht begleiten darf.[163] Weitere Auswahlkriterien für Finanzintermediäre können die Reputation, der Internationalitätsgrad und der Umfang des angebotenen Leistungsspektrums sein.[164]

Finanzintermediäre stellen allerdings nicht die einzigen möglichen Vertragspartner von multinationalen Unternehmen dar. Die oftmals hochkomplex gestalteten Verträge und die rechtlichen sowie steuerlichen Gegebenheiten in den verschiedenen Ländern erfordern das Mitwirken zusätzlicher Expertise. Inbegriffen können u.a. Rechtsanwälte, Steuerberater, Wirtschaftsprüfer, Investor-Relations-Agenten und Emissionsberater sein. Weitere Vertragspartner sind für spezielle Finanzierungsanlässe ebenso vorstellbar.[165] Ein wesentliches Entscheidungskriterium stellt bei der Wahl grundsätzlich das Renditeziel bzw. das Ziel der Kostenminimierung dar. Aus diesem Grund werden Aufträge häufig ausgeschrieben, um den Wettbewerb zu fördern. Darüber hinaus sind selbstverständlich die weiteren behandelten Zielsetzungen von Bedeutung. Umfangreiche Verträge sollen bspw. die Planungssicherheit für das Unternehmen erhöhen.

Die Ausführungen haben verdeutlicht, dass für die zielgerichtete Kapitalbeschaffung eine Vielzahl an Entscheidungsparametern zu berücksichtigen ist. Abhängig vom geplanten Vorhaben können dabei bestimmte Faktoren mehr als andere in den Vordergrund des Entscheidungsprozesses treten. Schließlich gilt, dass die Kapitalbeschaffung stets im Einklang mit den Unternehmenszielen erfolgen sollte. Einen bedeutenden Faktor stellen in diesem Zusammenhang die Kapitalkosten dar, die im folgenden Kapitel 2.2 in den Fokus gestellt werden.

2.2 Theorien und Ansätze zu Kapitalkosten multinationaler Unternehmen

Die Ermittlung der Kapitalkosten bildet ein zentrales Themenfeld in der Finanzierungstheorie und ist auch für das Finanzmanagement in der Praxis von großer Bedeutung.[166] Es werden demnach Eigen- und Fremdkapitalkosten unterschieden, die auf unterschiedliche Art und Weise bestimmt werden.[167] Besonders die Festlegung der Eigenkapitalkosten kann sich als problematisch erweisen, wie im weiteren

---

[163] Vgl. Genau (2008), S. 9 ff. Banken sind bspw. auf Grund der Kreditrisikostrategie an Vorgaben bei der Kreditvergabe gebunden, die sich u.a. auch auf die maximale Kredithöhe an einzelne Adressaten beziehen. Vgl. Genau, H. (2008), S. 17 f. und S. 59f.
[164] Vgl. Büschgen (1997), S. 490 ff.
[165] Vgl. Land (2009), S. 102 und Wöhe et al. (2009), S. 115 ff.
[166] Vgl. Bessler/ Drobetz/ Thies (2007), S. 1.
[167] Vgl. Perridon/ Steiner/ Rathgeber (2012), S. 527.

Verlauf gezeigt wird. Um die Gesamtkapitalkosten eines Unternehmens zu ermitteln, können die Kosten für das Eigen- und Fremdkapital jeweils gewichtet addiert werden. Das Verfahren der gewichteten durchschnittlichen Kapitalkosten, weighted average cost of capital (WACC), ist sowohl in der Theorie als auch in der Praxis weitestgehend anerkannt.[168]

Im bisherigen Verlauf wurde bereits mehrmals auf die Besonderheiten bei der Finanzierung multinationaler Unternehmen verwiesen. Mit der grenzüberschreitenden Geschäftstätigkeit können die finanziellen Rahmenbedingungen enorm an Komplexität gewinnen. Der Zugang zu den internationalen Kapitalmärkten und die Vielzahl weiterer Marktteilnehmer schaffen bspw. neue Finanzierungsmöglichkeiten. Allerdings ist ebenfalls zu beachten, dass zusätzliche Risiken, wie z.B. Währungsrisiken, auftreten.[169] Derartige Veränderungen des Umfeldes haben direkten Einfluss auf die Kapitalkosten von multinationalen Unternehmen, die sich folglich i.d.R. von denen nationaler Unternehmen unterscheiden. Dieser Aspekt soll im Folgenden erörtert werden, bevor im Anschluss auf die explizite Bestimmung der Kapitalkosten eingegangen wird. In diesem Zusammenhang werden zunächst Ansätze dargestellt, um die Eigenkapitalkosten zu ermitteln. Anschließend stehen die Fremd- und Gesamtkapitalkosten im Fokus. Enden wird dieser Themenbereich mit einer kritischen Würdigung zu den Kapitalkosten multinationaler Unternehmen.

2.2.1 Besonderheiten der Kapitalkosten multinationaler Unternehmen

Die Finanzierung und auch die damit einhergehenden Kapitalkosten gestalten sich für multinationale Unternehmen, durch die Einbeziehungen internationaler Aspekte, anders als für rein national aufgestellte Unternehmen. Durch den Zugang zu internationalen Kapitalmärkten eröffnet sich ein breites Spektrum an neuen Finanzierungsmöglichkeiten, welches auch die marginalen Kapitalkosten beeinflusst.[170] Um diesen Einfluss bestimmen zu können, ist es notwendig zu unterscheiden, inwiefern Kapitalmärkte international integriert oder durch nationale Faktoren segmentiert sind.[171]

International integrierte Kapitalmärkte lassen sich durch die Unabhängigkeit von unterschiedlichen Währungsgebieten und den jeweiligen nationalen Rahmenbedingungen charakterisieren, so dass die erwartete Rendite für Anlagemöglichkeiten mit demselben Risiko letztlich überall gleich hoch ist. Demnach werden Zinsdifferenzen in verschiedenen Ländern durch gegenläufige Anpassungen der

---

[168] Vgl. Löffler (2002), S. 296.
[169] Vgl. Butler (2012), S. 375.
[170] Vgl. Robin (2011), S. 253 f.
[171] In der Literatur werden verschiede Parameter aufgeführt, die den Grad der Integration bestimmen. Für eine Übersicht siehe Michler/ Smeets (2011), S. 326 f.

Wechselkurse kompensiert. Ist dies der Fall, sind die Bedingungen für die unge-deckte Zinsparität bzw. den internationalen Fisher-Effekt erfüllt. Die Gültigkeit dieser Paritätsbeziehung schränkt die Komplexität von Finanzierungsentscheidungen multinationaler Unternehmen erheblich ein, da die Kosten für die Kapitalauf-nahme an den verschiedenen Märkten einheitlich sind und somit die Wahl des Or-tes in diesem Zusammenhang keinen Einfluss aufweist.[172]

Bei der konträren Position handelt es sich um vollständig segmentierte Kapital-märkte, die unabhängig von globalen Einflüssen sind. Folglich können Anlagen mit dem gleichen Risikoprofil trotzdem unterschiedliche Renditeerwartungen aufweisen. Ein solches Szenario ist in der Praxis nahezu unvorstellbar, da die voll-ständige Autarkie und Abgeschiedenheit des Kapitalmarktes eine Grundvorausset-zung darstellen würde. Allerdings sind in der Praxis Anzeichen segmentierter Märkte durchaus vorzufinden, da u.a. Regularien, Transaktionskosten oder das Vorliegen eines Home Bias[173] zu unterschiedlichen Rahmenbedingungen an inter-nationalen Kapitalmärkten führen können. Der Grad der Marktsegmentierung ist abhängig von der Ausprägung und Bedeutung der jeweiligen Einflussfaktoren. Derartige Marktunterschiede können dazu führen, dass multinationale Unterneh-men gegenüber nationalen Unternehmen über Vorteile bei der Finanzierung und folglich auch bei möglichen Investitionsentscheidungen verfügen. Demzufolge können größere Kapitalvolumina beschafft werden, da ein höheres Kapitalangebot zur Verfügung steht. Zudem besteht die Möglichkeit die Kapitalkosten zu reduzie-ren, indem der erweiterte Kapitalgeberkreis eventuell im Ausland günstigere Fi-nanzierungskonditionen anbietet. Beide Effekte wirken sich positiv auf die Ge-winnsituation von multinationalen Unternehmen aus.[174]

---

[172] Vgl. Spremann/ Gantenbein (2007), S. 108 f., Sperber/ Sprink (1999), S. 199 ff. und Shapiro/ Sarin (2009), S. 92 f.

[173] Home Bias beschreibt das Verhalten von Anlegern, die überproportional im Heimatmarkt investiert sind und internationale Investments somit eher meiden. Vgl. Chan/ Covrig/ Ng (2005), S. 1495.

[174] Vgl. Bessler/ Drobetz/ Thies (2007), S. 37 f.

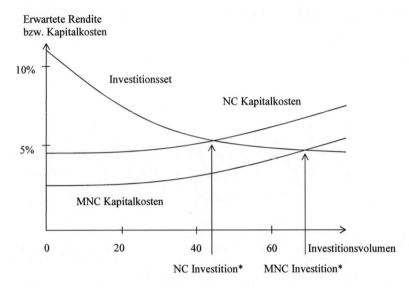

Abbildung 2.2: Vergleich der Kapitalkosten nationaler und multinationaler Unternehmen[175]

In Abbildung 2.2 werden beispielhaft die Kapitalkosten von nationalen Unternehmen (NC) und multinationalen Unternehmen (MNC) miteinander verglichen und in den Zusammenhang mit einem möglichen Investitionsprogramm gesetzt. Das angenommene Investitionsset gilt für beide Unternehmen und besteht aus beliebig teilbaren Einzelinvestitionen. Es wird unterstellt, dass multinationale Unternehmen geringere Kapitalkosten aufweisen als nationale Unternehmen.[176] Auf Grund dieses Kostenvorteils sind teilweise Investitionsprojekte rentabel und somit auch realisierbar, die für nationale Unternehmen bereits unrentabel wären. Diese zusätzlichen Investitionen führen zu einem höheren optimalen Investitionsvolumen (Investition*). Darüber hinaus wird bereits mit der ersten investierten Geldeinheit eine höhere Marge erzielt. Bei einer erwarteten Rendite von 11% und Kapitalkosten von 3% erzielt das multinationale Unternehmen eine Marge von 8%. Die Kapitalkosten des nationalen Unternehmens liegen beim selben Szenario dagegen bei 4,5%, weshalb lediglich eine Marge von 6,5% generiert wird. Sowohl die Mög-

---

[175] In Anlehnung an Butler (2012), S. 379.
[176] Für weiterführende Informationen zu den Ursachen für Kapitalkostenvorteile von multinationalen Unternehmen siehe Kapitel 2.2.1.

lichkeit eines höheren Investitionsvolumens als auch der Umstand einer größeren Gewinnmarge wirken sich positiv auf den Unternehmenswert aus.[177]

Abschließend bleibt allerdings festzuhalten, dass es sich bei dem beschriebenen Beispiel um kein allgemein gültiges Szenario handelt, sondern lediglich um die vorherrschende Grundüberlegung zu den Kapitalkosten multinationaler Unternehmen. Mit der Internationalisierung einhergehende Risiken, wie bspw. das Wechselkursrisiko, können ebenso einen Anstieg der Kapitalkosten bewirken, so dass die Darstellung an Gültigkeit verliert. Zudem ist anzumerken, dass die unterschiedlichen Bonitäten der Unternehmen bei dieser Betrachtung unberücksichtigt bleiben.[178]

2.2.2 Bestimmung der Eigenkapitalkosten

Die Eigenkapitalkostenermittlung gestaltet sich üblicherweise komplizierter als die Bestimmung der Fremdkapitalkosten, da Eigenkapitalkosten grundsätzlich nicht ausgewiesen werden und somit mittels verschiedener Verfahren geschätzt werden müssen.[179] Kosten für das Eigenkapital werden diesbezüglich durch die erwartete Rendite der Kapitalgeber abgebildet. Entscheidend ist hierfür das Opportunitätsdenken, wonach Anteilseigner eine Rendite erwarten, die mindestens der Höhe einer vergleichbaren alternativen Investition entspricht. Für die Bestimmung der erwarteten Rendite bzw. der Eigenkapitalkosten sind in den vergangenen Jahrzehnten unterschiedliche Ansätze entwickelt worden, wobei bis heute keine dieser Methoden unumstritten ist.[180] Jeder der bekannten Modelltypen weist Kritikpunkte auf, so dass unentwegt eine Diskussion über deren Vorteilhaftigkeit geführt wird. Viel kritisiert, aber dennoch weitestgehend etabliert, sind die neoklassischen Kapitalmarktmodelle, im Besonderen das Capital Asset Pricing Model (CAPM). Als Alternative werden in der Literatur ebenso Barwertmodelle aufgeführt, um die Eigenkapitalkosten zu schätzen. Im Folgenden werden beide Ansätze erläutert.[181]

2.2.2.1 Kapitalmarktmodelle

Kapitalmarktmodelle zielen prinzipiell darauf ab, die Rendite von Wertpapieren unter Berücksichtigung des Risikos zu ermitteln. Eine zentrale Problemstellung

---

[177] Vgl. Butler (2012), S. 379 und Bessler/ Drobetz/ Thies (2007), S. 38 f.

[178] Für weiterführende Informationen zu möglichen Risiken der Internationalisierung und Auswirkungen auf die Finanzierung siehe Kapitel 2.1.2.2.

[179] Vgl. Higgins (2012), S. 308 und Copeland/ Koller/ Murrin (2000), S. 214.

[180] Werden im Zusammenhang mit Eigenkapitalkosten die Begriffe „bestimmen" „festlegen" oder „ermitteln" verwendet, ist grundsätzlich von einem geschätzten Wert auszugehen.

[181] Vgl. Zimmermann/ Meser (2013), S. 3. Für eine Übersicht zu weiteren Modellen bzw. Verfahren, um die Eigenkapitalkosten zu schätzen siehe Harvey (2005), S. 2 ff.

bildet dabei die Identifizierung und Berücksichtigung der Risikofaktoren, welche einen Einfluss auf die Rendite ausüben. In der Literatur haben sich mit dem CAPM und der Arbitrage Pricing Theory (APT) zwei Kapitalmarktmodelle zur Ermittlung der Eigenkapitalkosten durchgesetzt, die nachstehend erläutert werden. Neben dem traditionellen bzw. lokalen CAPM wird der Fokus besonders auf das, für die Eigenkapitalkosten multinationaler Unternehmen eher relevante, globale CAPM gelegt.[182]

Das CAPM wurde bereits in den sechziger Jahren von *Sharpe (1964)*[183], *Lintner (1965)*[184] und *Mossin (1966)*[185] entwickelt und baut auf der Portfoliotheorie von *Markowitz (1952)*[186] auf. Den Grundgedanken stellt der Zusammenhang der Rendite eines einzelnen Wertpapiers mit der Marktrendite dar. Die erwartete Rendite der Eigenkapitalgeber auf der einen Seite bzw. die Eigenkapitalkosten des kapitalbeschaffenden Unternehmens auf der anderen Seite setzen sich demzufolge aus einem risikolosen Basiszinssatz[187] und einem investitionsspezifischen Risikoaufschlag zusammen. Ein solcher Risikoaufschlag wird durch das Produkt aus der Marktrisikoprämie (Differenz zwischen der Rendite des Marktportfolios[188] und des risikolosen Zinssatzes) und dem Betafaktor (systematisches Risiko)[189] ermittelt. Der Eigenkapitalgeber erhält somit nur für die Übernahme des marktbezogenen Risikos eine zusätzliche Rendite zum risikolosen Zins. Der Betafaktor gibt an,

---

[182] Vgl. Dolde et al. (2011), S. 78 ff., Harris et al. (2003), S. 51 ff., Koedijk et. (2002), S. 905 ff., Laitenberger (2004), S. 1 und Hofbauer (2011), S. 63 f.

[183] Vgl. Sharpe (1964), S. 425 ff.

[184] Vgl. Lintner (1965), S. 13 ff.

[185] Vgl. Mossin (1966), S. 768 ff.

[186] Die Portfoliotheorie von *Markowitz (1952)*, auch Portfolio-Selection-Theory genannt, greift die Frage nach einer effizienten Portfoliozusammenstellung auf. Demnach lassen sich auf Grund von Diversifikation der Wertpapiere effiziente Portfolios auf einer Effizienzkurve von nicht effizienten Portfolios unterscheiden, die entweder bei gleichem Risiko eine geringere Rendite aufweisen oder bei gleicher Rendite ein höheres Risiko innehaben oder sowohl über ein höheres Risiko und eine geringere Rendite verfügen. Für weiterführende Informationen zur Portfoliotheorie siehe Markowitz (1952), S. 77 ff.

[187] Ein risikoloser Basiszinssatz drückt die Verzinsung einer Anlage ohne jegliches Verlustrisiko aus. Eine solche risikolose Anlagemöglichkeit kann in der Praxis nahezu nicht garantiert werden. Es werden üblicherweise die Renditen von sehr gut bewerteten Staatsanleihen herangezogen, die allerdings auch kein einhundertprozentiges Zahlungsversprechen verbriefen. Ebenso kann auf einen Interbankenzinssatz, wie bspw. den 3-Monats-Euribor, zurückgegriffen werden. Vgl. Fama/ French (2004), S. 27 ff. und Kruschwitz/ Löffler (2008), S. 805.

[188] Das Marktportfolio beinhaltet sämtliche Wertpapiere, die am Markt zur Verfügung stehen. Somit müssen für Berechnung der Rendite des Marktportfolios eigentlich sämtliche zur Verfügung stehenden Kapitalanlagemöglichkeiten berücksichtigt werden. Dieser Vorgang ist in der Praxis jedoch nicht möglich, weshalb üblicherweise auf einen Aktienindex, wie bspw. den CDAX, zurückgegriffen wird. Zudem zeigen Studien, dass das Risiko eines Portfolios ab ungefähr 30 Anlagetiteln nicht weiter signifikant gesenkt werden kann. Diese Ergebnisse stützen die in der Praxis verbreitete Vorgehensweise, das Marktportfolio mittels eines Indexes abzubilden. Vgl. Bessler/ Drobetz/ Thies (2007), S. 16, Kruschwitz/ Löffler (2008), S. 806 f., Weber (2006), S. 79 f. und Zeidler/ Tschöpel/ Bertram (2012), S.72 f.

[189] Das systematische Risiko bezeichnet das Marktrisiko und betrifft alle Wertpapiere. Anders als das unsystematische Risiko, welches das unternehmensspezifische Risiko ausdrückt, kann es durch Diversifikation nicht eliminiert werden. Vgl. Hofbauer (2011), S. 67 und Spremann (2010), S. 197 f.

inwiefern ein Zusammenhang zwischen dem Wertpapier und dem Marktrisiko besteht.[190] Je geringer der Betafaktor, desto geringer die Sensitivität und damit auch der Zuschlag, den ein Investor für die Bereitstellung von Eigenkapital verlangen kann. Der beschriebene Zusammenhang wird mit der folgenden allgemein formulierten Gleichung verdeutlicht:[191]

$$E(R_i) = R_f + \beta_i \left[E(R_m) - R_f \right] = R_f + \beta_i MRP \qquad (2.2)$$

$E(R_i)$	Erwartete Rendite der Eigenkapitalgeber für Wertpapier i
R_f	Risikoloser Zinssatz
β_i	Betafaktor für das Wertpapier i
$E(R_m)$	Erwartete Rendite des Marktportfolios
MRP	Marktrisikoprämie

Der formale Zusammenhang kann ebenfalls grafisch durch die Wertpapierlinie (Security Market Line) dargestellt werden, welche den Preis einzelner Wertpapiere in Relation zum Marktportfolio abbildet. Demnach hat der risikolose Zinssatz einen Betafaktor von null, da die Kovarianz zwischen einer risikolosen Anlagemöglichkeit und dem Marktportfolio ebenfalls null ist. Für die erwartete Rendite des Marktportfolios gilt, dass der Betafaktor den Wert eins hat (siehe Abbildung 2.3).

---

[190] Für weiterführende Informationen zur Ermittlung von Betafaktoren siehe Dörschell/ Franken/ Schulte (2012), S. 44 ff.
[191] Vgl. Fama/ French (2004), S. 26 ff., Zimmermann/ Meser (2013), S. 3 ff., Kruschwitz/ Löffler (2008), S. 805 ff., Spremann (2010), S. 196 ff. und Weber (2006), S. 61 ff.

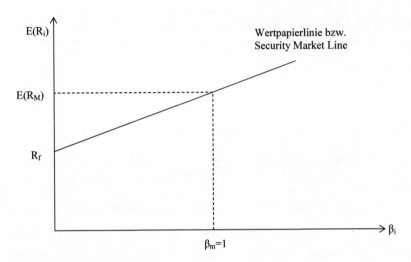

Abbildung 2.3: Wertpapierlinie[192]

Um die erwartete Rendite bzw. die Eigenkapitalkosten auf Basis des CAPM ermitteln zu können, müssen verschiedene Annahmen erfüllt sein. Diese sind jedoch eher restriktiv und realitätsfern und bilden daher einen wesentlichen Kritikpunkt des Modells. Die zentralen Annahmen lauten u.a. folgendermaßen:[193]

- Anleger verhalten sich risikoscheu und streben die Maximierung des Vermögens zum Periodenende an (Einperiodenmodell).
- Investoren haben homogene Erwartungen und sind Preisnehmer.
- Es existiert für alle Marktteilnehmer eine risikolose Kapitalaufnahme- und Kapitalanlagemöglichkeit.
- Die Anzahl der zu handelnden Wertpapiere ist vorgegeben. Zudem sind sämtliche Wertpapiere beliebig teilbar.
- Der Markt ist informationseffizient und sämtliche Informationen stehen kostenlos zur Verfügung.
- Es existieren keine Marktunvollkommenheiten wie bspw. Regulierungen oder Steuern.

---

[192] In Anlehung an Brealey/ Myers/ Allen (2011), S. 223.
[193] Vgl. Lintner (1965), S. 13 ff., Zeidler/ Tschöpel/ Bertram (2012), S. 71, Copeland/ Weston/ Shastri (2008), S. 206 und Fama/ French (2004), S. 26 ff.

Aufbauend auf den genannten Annahmen haben sich in der Vergangenheit verschiedene Modellanpassungen und -erweiterungen herausgebildet.[194] Für die Betrachtung von Eigenkapitalkosten multinationaler Unternehmen sollen allerdings
lediglich die internationalen Erweiterungen des CAPM betrachtet werden. Demnach existieren unterschiedliche Ansätze. Dies kann u.a. damit begründet werden,
dass die internationalen Rahmenbedingungen die Schätzung von Eigenkapitalkosten erschweren und komplexer gestalten. Dieser Umstand wird auf unterschiedliche Weise in den Modellerweiterungen berücksichtigt. Im Folgenden werden mit
dem global CAPM (GCAPM)[195], dem home CAPM (HCAPM) sowie dem foreign
CAPM (FCAPM) zunächst drei unterschiedliche Ein-Faktor-Ansätze vorgestellt,
die den internationalen Bezugsrahmen jeweils unterschiedlich bewerten und in das
Modell miteinfließen lassen.[196] Darauf aufbauend wird ebenfalls der Zwei-Faktor-
Ansatz des internationalen CAPM von *Dolde et al. (2012)* erläutert.[197]

Den Grundgedanken für das GCAPM stellt die voranschreitende Globalisierung
dar und damit verbunden der Wegfall von nationalen Grenzen und anderen Barrie-
ren. Entgegen dem klassischen CAPM beziehen sich die Variablen des Modells
nicht auf den heimischen Kapitalmarkt, sondern auf einen integrierten globalen
Markt.[198] Es wird ein globaler Kapitalverkehr angenommen, so dass einzelne nationale Unterschiede für die Eigenkapitalkosten multinationaler Unternehmen nicht
entscheidend sind. Investoren verfügen über ein global diversifiziertes Portfolio.
Der risikolose Zinssatz, der Betafaktor und die Marktrisikoprämie basieren daher
auf einem globalen Bezugsrahmen, wie die formale Darstellung verdeutlicht:[199]

$$E(R_{i\,Global}) = R_{f\,Global} + \beta_{i\,Global} MRP_{Global} \qquad (2.3)$$

$E(R_{i\,Global})$ Erwartete Rendite für Wertpapier i bei einem globalen Kapitalmarkt
$R_{f\,Global}$ Globaler risikoloser Zinssatz
$\beta_{i\,Global}$ Betafaktor für Wertpapier i gegenüber dem globalen Marktportfolio
MRP_{Global} Globale Marktrisikoprämie

Der risikolose Zinssatz richtet sich gemäß dieses Ansatzes nicht, wie zuvor angenommen, nach der Verzinsung einer Staatsanleihe mit sehr gutem Rating, sondern

---

[194] Für weiterführende Informationen und eine Übersicht zu Modellerweiterungen des CAPM vgl. Opfer (2004),
S. 50 ff. und Stapleton/ Subrahmanyan (1980), S. 33 ff.
[195] Für den Begriff GCAPM wird in der Literatur teilweise auch der Terminus internationales CAPM oder world
CAPM verwendet. Beide Begriffe können synonym verwendet werden, solange ein integrierter Kapitalmarkt
angenommen wird. Vgl. Harvey (2005), S. 2, Robin (2011), S. 262 und Butler (2012), S. 292.
[196] Vgl. Ogier/ Rugman/ Spicer (2004), S. 134 ff.
[197] Vgl. Dolde et al. (2012), S. 708 ff. Für eine Übersicht weiterer Zwei-Faktor-Ansätze siehe Koedijk et al. (2002),
S. 905 ff. und Stulz (1995a), S. 201 ff.
[198] Vgl. Harris et al. (2003), S. 52 ff. und Eun/ Resnick/ Sabherwal (2012), S. 439.
[199] Vgl. Mishra/ O'Brien (2001), S. 30 ff., Shapiro/ Sarin (2009), S. 420 f. und Robin (2011), S. 262.

nach der Rendite aller Staatsanleihen weltweit mit sehr guten Ratings.[200] Die Ermittlung eines risikolosen Zinssatzes gestaltet sich in der Praxis damit deutlich
schwieriger als beim Grundmodell. Bezogen auf den Betafaktor sind ebenfalls
Anpassungen durchzuführen, um zu berücksichtigen inwiefern ein Zusammenhang eines einzelnen Wertpapiers mit dem globalen Marktportfolio besteht. Diesbezüglich ist zunächst die Frage nach der Zusammenstellung des Marktportfolios
zu klären. Theoretisch müsste ein solches Portfolio sämtliche Aktien beinhalten,
die auf den internationalen Kapitalmärkten gehandelt werden. In der Praxis wird
i.d.R. dagegen auf einen Morgan Stanley Capital International (MSCI) Index zurückgegriffen, welcher mehrere tausend Titel aus etlichen Ländern führt, jedoch
nicht allumfassend aufgestellt ist.[201] Globale Betas können darauf aufbauend u.a.
mit Hilfe von Bloomberg Daten generiert werden. Zuletzt bleibt noch auf die Besonderheiten der globalen Marktrisikoprämie zu verweisen, welche auf zweierlei
Weise geschätzt werden kann. Sind die Renditen des Marktportfolios und des risikolosen Zinssatzes bekannt, führt eine einfache Subtraktion zum gewünschten Ergebnis. Darüber hinaus kann andererseits zunächst eine nationale Marktrisikoprämie bestimmt werden. In einem weiteren Schritt wird die Korrelation des nationalen Marktes zum globalen Markt betrachtet, um so die nationale Marktrisikoprämie zu einer globalen Marktrisikoprämie umzurechnen. Beide Vorgehensweisen
ermöglichen allerdings nur eine grobe Schätzung der Marktrisikoprämie. Dies
kann u.a. damit begründet werden, dass trotz der weit verbreiteten Liberalisierung
der Finanzmärkte nicht der „eine" integrierte Kapitalmarkt vorzufinden ist.[202]

Von der Annahme eines integrierten Kapitalmarktes lösen sich dagegen das
HCAPM und das FCAPM. Beide Ansätze gehen grundsätzlich von segmentierten
Märkten aus. Auf Grund dieser Annahme ähneln diese Modellausprägungen dem
lokalen CAPM. Eine Unterscheidung findet lediglich statt, da bei der Eigenkapitalbeschaffung im internationalen Kontext mindestens zwei Länder in das Kalkül
einzubeziehen sind und Investoren länderübergreifend Aktien erwerben können.
Aus der Sichtweise des Kapitalgebers kann folglich der heimische oder der ausländische Markt als Referenz für die Bestimmung der Variablen herangezogen
werden. Das HCAPM bezieht sich stets auf den heimischen Kapitalmarkt des Investors. Erwirbt bspw. ein britischer Investor die Aktien eines deutschen Unternehmens, werden der risikolose Zins, der Betafaktor und die Marktrisikoprämie in
Bezug auf den britischen Markt bestimmt. Für die Eigenkapitalkosten des Unternehmens bedeutet dies, dass aus dessen Perspektive der ausländische Markt die
Bemessungsgrundlage darstellt. Dieser Zusammenhang verhält sich beim FCAPM

---

[200] Dieses Vorgehen impliziert, dass sämtliche Staatsanleihen mit einem sehr guten Rating als risikolos angesehen
werden.

[201] Vgl. Ogier/ Rugman/ Spicer (2004), S. 138 ff., Ferson/ Harvey (1994), S. 780 und Robin (2011), S. 262.

[202] Vgl. Butler (2012), S. 390 ff., Hofbauer (2011), S. 83 f. und Ogier/ Rugman/ Spicer (2004), S. 137 ff.

entgegengesetzt, so dass im genannten Beispiel der deutsche Kapitalmarkt die Basis bildet.[203]

Die bisher aufgezeigten Varianten des CAPM haben allesamt gemeinsam, dass sämtliche Aspekte des Risikos lediglich mittels eines Betafaktors ausgedrückt werden. Um den Einfluss des Risikos differenzierter berücksichtigen zu können, wurden ebenfalls Zwei-Faktor-Modelle entwickelt, welche den Ein-Faktor-Ansätzen daher zumindest in der Theorie als überlegen gelten.[204] Demnach wird neben der bereits betrachteten Marktrisikoprämie zusätzlich eine Währungsrisikoprämie in das Modell einbezogen. Analog zum bisherigen Vorgehen wird somit ein zweiter Betafaktor mit der entsprechenden Risikoprämie in die Modellgleichung integriert:[205]

$$E(R_i^{2FM}) = R_{f\ Global} + \beta_{i\ Global}^{2FM}\left[E(R_{Global}) - R_{f\ Global}\right] + \beta_{i\ W\ddot{a}hrung}^{2FM}\left[E(R_{W\ddot{a}hrung}) - R_{f\ Global}\right] (2.4)$$

$E(R_i^{2FM})$ Erwartete Rendite für Wertpapier i auf Basis des Zwei-Faktor-CAPM

$\beta_{i\ Global}^{2FM}$ 1. Betafaktor für das Wertpapier i ggü. dem globalen Marktportfolio

$\beta_{i\ W\ddot{a}hrung}^{2FM}$ 2. Betafaktor für das Wertpapier i ggü. dem Währungsindex

$E(R_{W\ddot{a}hrung})$ Erwartete Rendite des Währungsindex

Das Zwei-Faktor-CAPM von *Dolde et al. (2012)* greift mit dem risikolosen Zinssatz, der erwarteten Rendite des globalen Marktportfolios sowie dem entsprechenden Betafaktor teilweise auf Bestandteile des globalen CAPM zurück. Erweiternd wird zudem ein Währungsindex berücksichtigt. Dabei handelt es sich um eine Zusammenstellung aus risikolosen Einlagen in verschiedenen nationalen Währungen. Die erwartete Rendite des Index bestimmt sich zum einen aus den risikolosen Erträgen der unterschiedlichen Währungen, die ungleich der Stammwährung sind, und zum anderen aus der prozentualen Abweichung des realisierten und erwarteten Wechselkurses zwischen der Stammwährung und der jeweiligen Fremdwährung aus dem Währungskorb. Die Stammwährung richtet sich nach dem untersuchten Wertpapier und wäre bei einem US-amerikanischen Unternehmen bspw. der US-Dollar. Der entsprechende Betafaktor drückt das systematische Risiko eines einzelnen Wertpapiers gegenüber der Risikoprämie des Währungsindex aus.[206]

In Anlehnung an den Gedankengang der Zwei-Faktor-Ansätze beim CAPM existieren weitere theoretische Überlegungen, um mehrere Risikofaktoren bei der Be-

---

[203] Vgl. Ogier/ Rugman/ Spicer (2004), S. 144 ff.

[204] Die Ausführungen beziehen sich im weiteren Verlauf auf das Zwei-Faktor-CAPM von *Dolde et. al. (2012)*. Es existieren verschiedene Ansätze, die sich im Wesentlichen wegen der getroffenen Modellprämissen unterscheiden. Grundsätzlich stimmt die Herangehensweise jedoch überein. Für eine Übersicht weiterer Zwei-Faktor-Ansätze siehe Koedijk et. al. (2002), S. 905 ff. und Stulz (1995a), S. 201 ff.

[205] Vgl. Dolde et al. (2012), S. 708 ff. und Koedijk et. al. (2002), S. 905 ff.

[206] Vgl. Dolde et al. (2011), S. 78 ff., Koedijk/ Van Dijk (2004), S. 32 ff., Koedijk et. al. (2002), S. 907 und Dumas/ Solnik (1995), S. 445 ff.

48   THEORETISCHE RAHMENBEDINGUNGEN

rechnung der Aktienrendite bzw. der Eigenkapitalkosten einzubeziehen. Eines der bekanntesten Mehrfaktorenmodelle stellt die APT von *Ross (1976)*[207] dar, welche die Ausgangsbasis für eine Vielzahl weiterer Ansätze bildet, die allerdings auf Grund der konzeptionellen Ähnlichkeit nicht weiter thematisiert werden.[208] Es wird, wie auch beim CAPM, zwischen einem systematischen und einem unsystematischen Risikoeinfluss auf die Entwicklung von Wertpapieren unterschieden. Die systematische Risikokomponente setzt sich aus verschiedenen faktorbezogenen Risiken zusammen. Dabei kann es sich sowohl um mikro- als auch makroökonomische Faktoren handeln. Auf Grund der umfassenden Diversifikationsmöglichkeit wird das unsystematische Risiko mit einem Erwartungswert von null berücksichtigt. Die Rendite eines Wertpapieres bzw. die Eigenkapitalkosten für das Unternehmen lassen sich demnach mit Hilfe der folgenden linearen Funktion bestimmen:[209]

$$R_i = E(R_i) + b_{i1}F_1 + b_{i2}F_2 + ... + b_{iJ}F_J + \varepsilon_i \qquad (2.5)$$

R_i Rendite des Wertpapiers i bzw. Eigenkapitalkosten
F_j Ausprägung des Risikofaktors j
b_{ij} Sensitivität der Rendite des Wertpapiers i ggü. dem Risikofaktor j
ε_i Unsystematisches Risiko des Wertpapiers i mit Erwartungswert null
J Anzahl der Faktoren

Neben einem vollkommenen Kapitalmarkt wird außerdem angenommen, dass die Anzahl der vorhandenen Wertpapiere größer ist als die Anzahl der Risikofaktoren. Eine weitere Einschränkung zu den Risikofaktoren existiert nicht, so dass Anzahl und Charakter der Faktoren ansonsten frei wählbar sind.[210] Das unsystematische Risiko wird mittels eines Störterms abgebildet, welcher unabhängig von allen Risikofaktoren und den Störtermen der übrigen Wertpapiere ist. Somit ist die gemeinsame Entwicklung der Wertpapiere auf die Risikofaktoren zurückzuführen.

Als weitere Prämisse wird Arbitragefreiheit im Modell unterstellt. Dies impliziert, dass Wertpapiertransaktionen ohne systematisches und unsystematisches Risiko für den Investor, die per Saldo keinen Kapitaleinsatz erfordern, keine positive Rendite generieren können. Kommt es zu einer Abweichung hinsichtlich der durch die Risikofaktoren vorbestimmten Rendite, führen Anpassungsprozesse im Markt zu einer sofortigen Angleichung. Ein Wertpapier mit einer zu niedrigen erwarteten

---

[207] Vgl. Ross (1976), S. 341 ff. und Copeland/ Weston/ Shastri (2008), S. 240.
[208] Vgl. Roll/ Ross (1980), S. 1073. Ein ebenfalls sehr populäres Mehrfaktorenmodell stammt von *Fama/ French (1993)*. Das Fama-French-Dreifaktorenmodell erweitert das CAPM um die Einflussfaktoren Firmengröße und Buchwert-Marktwertverhältnis. Für weiterführende Informationen siehe Fama/ French (1993), S. 6 ff. und Fama/ French (1996), S. 55 ff.
[209] Vgl. Hochstein (2012), S. 93 ff. und Copeland/ Weston/ Shastri (2008), S. 240.
[210] Vgl. Bruns/ Meyer-Bullerdiek (2013), S. 92 f., Brealey/ Myers, Allen (2011), S. 228 und Winkelmann (1984), S. 122 ff.

Rendite wird demnach verkauft und durch ein Wertpapier mit der gleichen Risikostruktur und einer höheren Rendite ersetzt. In der Folge sinkt der Kurs des verkauften Wertpapiers bis der vorbestimmte Wert erreicht wird. Damit ein Arbitrageportfolio ohne Kapitaleinsatz gebildet werden kann, müssen Leerverkäufe möglich sein, so dass sich das gehedgte Portfolio in gleichem Maß aus Long- und Short-Positionen zusammensetzt (Zero-Investment-Portfolio). Die Sensitivität der Rendite eines Arbitrageportfolios gegenüber sämtlichen Risikofaktoren liegt dabei bei null.[211]

Obgleich die APT ursprünglich von segmentierten Kapitalmärkten ausgeht und damit auf einen einzelnen Markt fokussiert ist, kann das Modell ebenso länderübergreifend angewandt werden. Hierfür sind globale Risikofaktoren, wie bspw. der Weltmarktindex, in das Modell einzubeziehen. Die Auswahl entsprechender Faktoren ist dabei grundsätzlich dem Anwender überlassen und u.a. davon abhängig, ob ein vollständig integrierter oder noch teilweise segmentierter Kapitalmarkt unterstellt wird.[212] Allerdings ist zu beachten, dass das CAPM sowie die APT besonders in der Theorie nicht als unumstritten gelten, wie die abschließende kritische Würdigung zu den Kapitalkosten verdeutlichen wird. Als Folge wurde mit den Barwertmodellen eine weitere Möglichkeit entwickelt, um die Kapitalkosten von Unternehmen zu schätzen.[213]

2.2.2.2 Barwertmodelle

Barwertmodelle unterscheiden sich in der Konzeption und Ausgestaltung deutlich von den Kapitalmarktmodellen. Es wird versucht mittels einer ex-ante Betrachtung die erwarteten Kapitalkosten von Unternehmen zu schätzen. Anders als bei den bisherigen Modellen wird nicht auf zuvor realisierte Kapitalmarktdaten zurückgegriffen, sondern auf den aktuellen Marktpreis einer Aktie und die entsprechenden zukünftig zu erwarteten Zahlungsströme an die Eigenkapitalgeber. Die Abkehr von Gesamtmarktrenditen und die einhergehende Fokussierung auf die Performance des einzelnen Unternehmens sollen präzisere Ergebnisse liefern. Der Grundgedanke entstammt dabei der Unternehmensbewertung, welche mittels erwarteter zukünftiger Zahlungsströme und einer internen Verzinsung versucht, den Marktpreis einer Aktie und damit verbunden auch den Wert eines Unternehmens zu bestimmen. Der interne Zinsfuß spiegelt die Renditeforderung der Investoren wieder, die, wie bereits bei den Kapitalmarktmodellen gezeigt, auch als die Eigenkapitalkosten des Unternehmens verstanden werden können. Mit Hilfe von Bewertungsmodellen können somit die impliziten Kapitalkosten, im angelsächsischen

---

[211] Vgl. Bodie/ Kane/ Marcus (2009), S. 324 ff., Perridon/ Steiner/ Rathgeber (2012), S. 288 ff., Nowak (1994), S. 55 ff. und Opfer (2004), S. 69.
[212] Vgl. Ferson/ Harvey (1994), S. 775 ff. und Hofbauer (2011), S. 83 f.
[213] Vgl. Zimmermann/ Meser (2013), S. 4 und Shanken (1982), S. 1129 ff.

Raum implied cost of capital (ICC) genannt, geschätzt werden. Da sowohl die impliziten Kapitalkosten, als auch die erwarteten Zahlungsströme nicht am Markt beobachtet werden können, basieren Barwertmodelle auf Prognosen, die in der Praxis gewöhnlich von Finanzanalysten aufgestellt werden. Die Schätzung der impliziten Kapitalkosten ist mittels verschiedener Bewertungsmodelle möglich, wobei im Folgenden auf das Dividendendiskontierungsmodell, das Residualgewinnmodell und das Gewinnkapitalisierungsmodell eingegangen wird.[214]

Das Dividendendiskontierungsmodell bildet den theoretischen Rahmen für die vorherrschenden Modelle, die auf die Schätzung der impliziten Kapitalkosten abzielen. Demnach ergibt sich der Marktpreis einer Aktie aus dem Barwert der diskontierten Dividenden, die mit den impliziten Eigenkapitalkosten abgezinst werden. Der formale Zusammenhang gestaltet sich wie folgt:[215]

$$P_0 = \sum_{t=1}^{\infty} \frac{E(D_t)}{(1+k)^t} \tag{2.6}$$

P_0 Marktpreis der Aktie zum Zeitpunkt null
$E(D_t)$ Erwartete Dividende pro Aktie zum Zeitpunkt t
k Implizite Eigenkapitalkosten

Sofern der Preis und die erwarteten Dividenden bekannt sind, lassen sich mit Hilfe der obigen Gleichung die impliziten Eigenkapitalkosten bestimmen, die allerdings der Vereinfachung halber über den gesamten Zeitraum hinweg als konstant angenommen werden. Darüber hinaus wird unterstellt, dass sich der Marktwert des Eigenkapitals allein mittels der Cashflows ermitteln lässt, die an die Anteilseigner in Form einer Dividende ausgeschüttet werden.[216] Dieser theoretische Rahmen bildet das Fundament für das Constant Growth Model von *Gordon (1959)*, welches von einer konstanten Wachstumsrate für die erwartete Dividende ausgeht. Formal wird dieser Wachstumsfaktor von den impliziten Eigenkapitalkosten abgezogen:[217]

$$P_0 = D_0 \sum_{t=1}^{\infty} \left(\frac{1+g}{1+k} \right)^t = \frac{D_0(1+g)}{k-g} = \frac{D_1}{k-g} \tag{2.7}$$

D_0 Dividende der Aktie zum Zeitpunkt null
g Wachstumsrate

Der Zusammenhang verdeutlicht, dass Wachstumserwartungen einen wesentlichen Einfluss auf den Marktpreis einer Aktie und damit auf den Marktwert des Eigen-

---

[214] Für weiterführende Informationen zu den Ausgestaltungsmöglichkeiten und Spezifikationen von Barwertmodellen siehe Daske/ Gebhardt/ Klein (2006), S. 2 ff., Gebhardt/ Lee/ Swaminathan (2001), S. 135 ff. und Reese (2005), S. 2 ff.

[215] Vgl. Williams (1938), S. 87 ff., Gordon/ Shapiro (1956), S. 104 und Schröder (2005), S. 3.

[216] Vgl. Claus/ Thomas (2001), S. 1633 und Moles/ Parrino/ Kidwell (2011), S. 718 f.

[217] Vgl. Gordon (1959), S. 99 ff., Gordon (1960), S. 472 ff. und Albrecht/ Maurer (2008), S. 251 f.

kapitals eines Unternehmens haben.[218] Auf Grund dieser hohen Sensitivität von dem Preis gegenüber der Wachstumsrate, bietet sich die Anwendung v.a. für etablierte Unternehmen, wie bspw. multinationale Unternehmen, an, welche tendenziell konstante und gut prognostizierbare Raten aufweisen. Allerdings nimmt die Prognosefähigkeit langfristiger Wachstumsraten ab, so dass mehrstufige Ansätze i.d.R. bessere Ergebnisse ermöglichen.[219] Demnach werden verschiedene Phasen des Wachstums im Unternehmen berücksichtig. Beispielhaft wird im Anschluss das Drei-Phasen-Dividendendiskontierungsmodell von *Cornell (1999)* vorgestellt:[220]

$$P_0 = \sum_{t=1}^{5} \frac{E(D_t)}{(1+k)^t} + \sum_{t=6}^{20} \frac{E(D_t)}{(1+k)^t} + \frac{E(D_{20})(1+g_l)}{(k-g_l)(1+k)^{20}} \qquad (2.8)$$

g_l Langfristige Wachstumsrate bezogen auf das Wirtschaftswachstum

Das Modell von *Cornell (1999)* geht von einer fünfjährigen Phase mit höheren Dividendenzahlungen aus. In der nächsten Phase, die 15 Jahre andauert, nimmt das Wachstum ab, so dass es sich nach 20 Jahren auf einem stabilen Niveau befindet. Hier wird gewöhnlich das prognostizierte langfristige Wirtschaftswachstum der Volkswirtschaft verwendet, welches von dem zuvor verwendeten Wachstumsfaktor abweicht, da sich die Prognose nicht auf die erwartete Entwicklung des einzelnen Unternehmens bezieht. Eine Unterscheidung in verschiedene Phasen ist durchaus sinnvoll, weil für die ersten Jahre meistens verwertbare Prognosen abgegeben werden können und die Güte der Informationen im Zeitverlauf stetig abnimmt.[221]

Eine weitere Möglichkeit, die impliziten Eigenkapitalkosten zu ermitteln, liefern Residualgewinnmodelle und Gewinnkapitalisierungsmodelle. Es hat sich gezeigt, dass beide Ansätze, trotz verschiedener Erweiterungen des Dividendendiskontierungsmodells, besser zur Schätzung der impliziten Kapitalkosten geeignet sind. Begründet wird dies u.a. damit, dass der Marktpreis einer Aktie eher mit prognostizierten Gewinnen als mit zu erwarteten Dividenden erklärt werden kann und zudem Gewinnprognosen deutlich länger in Datenbanken verfügbar sind, wodurch empirische Untersuchungen einen längeren Zeitraum umfassen können.[222]

Residualgewinnmodelle beziehen neben prognostizierten Werten auch Inhalte aus der Bilanz sowie der Gewinn- und Verlustrechnung (GuV) mit ein. Der Residualgewinn bezeichnet den Wert, der aus dem bilanziellen Jahresüberschuss abzüglich der Kapitalkosten, bezogen auf den Buchwert des Eigenkapitals der Vorperiode,

---

[218] Vgl. Gordon/ Shapiro (1956), S. 105 ff.
[219] Vgl. Witmer/ Zorn (2007), S. 5.
[220] Vgl. Cornell (1999), S. 106 ff. und Schröder (2005), S. 4 f.
[221] Vgl. Cornell (1999), S. 106 ff.
[222] Vgl. Reese (2005), S. 2 f.

resultiert.[223] Unter Einhaltung des Kongruenzprinzips[224] können Dividendendiskontierungsmodelle auf Residualgewinnmodelle übergeleitet werden.[225] Es gilt der nachfolgende formale Zusammenhang bezüglich des Residualgewinns:[226]

$$E(RI_t) = E(E_t) - k(B_{t-1}) = (ROE_t - k)B_{t-1} \qquad (2.9)$$

$E(RI_t)$ Erwarteter Residualgewinn pro Aktie zum Zeitpunkt t
$E(E_t)$ Erwarteter Gewinn pro Aktie zum Zeitpunkt t
B_{t-1} Buchwert des Eigenkapitals zum Zeitpunkt t-1
ROE_t Erwartete Eigenkapitalrendite zum Zeitpunkt t

Der Marktpreis einer Aktie bzw. des Eigenkapitals setzt sich demnach aus dem Buchwert des Eigenkapitals und dem Barwert künftiger Residualgewinne zusammen.[227] Wie bereits beim Dividendendiskontierungsmodell, spiegelt der interne Zinssatz die impliziten Eigenkapitalkosten des Unternehmens wieder:[228]

$$P_0 = B_0 + \sum_{t=1}^{\infty} \frac{E(RI_t)}{(1+k)^t} \qquad (2.10)$$

B_0 Buchwert des Eigenkapitals zum Zeitpunkt null

Da auch Residualgewinne teilweise auf Prognosen basieren, liegt es nahe, ebenfalls verschiedene temporäre Phasen in ein Modell einzubeziehen. Die weit verbreitete Unterscheidung in zwei- und dreistufige Modelle entspricht diesbezüglich den bisherigen Ausführungen zu den Dividendendiskontierungsmodellen. Exemplarisch wird anschließend das zweistufige Residualgewinnmodell von *Claus/ Thomas (2001)* vorgestellt:[229]

$$P_0 = B_0 + \sum_{t=1}^{5} \frac{E(E_t) - k(B_{t-1})}{(1+k)^t} + \frac{E(RI_5)(1+g_t)}{(k-g_t)(1+k)^5} \qquad (2.11)$$

Für die Anwendung des Modells sind prognostizierte Gewinne, Buchwerte und Wachstumsraten erforderlich. Datenbanken beinhalten entsprechende Informatio-

---

[223] Der Residualgewinn kann sich ebenfalls auf das Gesamtkapital des Unternehmens beziehen, indem die gewichteten Gesamtkapitalkosten von dem Ergebnis vor Steuern und nach Zinsen abgezogen werden. Diese Vorgehensweise bietet sich an, um den gesamten Unternehmenswert zu schätzen. Für weiterführende Informationen siehe Wala/ Haslehner/ Szauer (2006), S. 15.

[224] Das Kongruenzprinzip (clean surplus relation) besagt, dass alle Veränderungen des Eigenkapitals, mit Ausnahme von Transaktionen zwischen den Eigentümern und den Unternehmen, erfolgswirksam in der GuV berücksichtigt werden und somit den Jahresüberschuss beeinflussen. Vgl. Krotter (2006), S. 1.

[225] Vgl. Preinreich (1937), S. 209 ff., Lücke (1955), S. 310 ff. und Zimmermann/ Meser (2013), S. 4.

[226] Vgl. Schröder (2005), S. 3 und Krotter (2006), S. 1.

[227] Vgl. Bessler/ Drobetz/ Thies (2007), S. 14 f.

[228] Vgl. Schröder (2005), S. 3.

[229] Vgl. Claus/ Thomas (2001), S. 1629 ff. Ein ähnlich weit verbreiteter Ansatz stammt von *Gebhardt/ Lee/ Swaminathan (2001)*, welcher dem Modell von *Claus/ Thomas (2001)* hinsichtlich der Grundkonzeption sehr ähnelt. Allerdings wird zusätzlich eine dritte Übergangsphase berücksichtigt, so dass präzisere Ergebnisse möglich sind. Vgl. Gebhardt/ Lee/ Swaminathan (2001), S. 139 ff.

nen i.d.R. für zwei oder drei Jahre – maximal sind fünf Jahre vorstellbar. Aus diesem Grund haben *Claus/ Thomas (2001)* für die erste Wachstumsphase eine Dauer von fünf Jahren angesetzt. Darauffolgend wird für die Endwertphase eine ewige Rente mit einer langfristigen Wachstumsrate angenommen. Sofern die anderen Parameter bekannt sind, können die impliziten Eigenkapitalkosten mittels des internen Zinsfußes berechnet werden. Auf Grund des Polynoms fünften Grades werden für die Lösung der Gleichung numerische Verfahren verwendet.[230]

Zuletzt sei auf die Gewinnkapitalisierungsmodelle zur Schätzung der impliziten Eigenkapitalkosten verwiesen. Die vorherrschenden Modellansätze[231] ähneln grundsätzlich den Residualgewinnmodellen, wobei auf die Schätzung von Buchwerten verzichtet wird. Demnach stehen für eine Bewertung die zu erwarteten Gewinne des Unternehmens im Vordergrund. Die weiteren Ausführungen zu den Gewinnkapitalisierungsmodellen beziehen sich beispielhaft auf den Ansatz von *Ohlson/ Juettner-Nauroth (2005)*, welcher in verschiedenen Forschungsarbeiten, speziell im Bereich der Unternehmensbewertung, in Erscheinung tritt.[232]

Das Modell basiert ausschließlich auf Parametern, die in den bisherigen Ausführungen bereits in Erscheinung getreten sind. Wie bei den zweistufigen Dividendendiskontierungs- und Residualgewinnmodellen unterscheidet das Modell von *Ohlson/ Juettner-Nauroth (2005)* ebenso zwei Bestandteile bei der Bestimmung des Aktienpreises. Allerdings ist der Hintergrund für diese Vorgehensweise ein anderer:[233]

$$P_0 = \frac{E(E_1)}{k} + \frac{E(E_2) - E(E_1) - \left[k(E(E_1) - E(D_1)\right]}{k(k - g_l)} \tag{2.12}$$

In der ersten Komponente wird der erwartete Gewinn der Folgeperiode t_1 mit den Eigenkapitalkosten abgezinst. Die zweite Komponente berücksichtigt den kapitalisierten Übergewinn des Unternehmens. Der Übergewinn setzt sich zusammen aus dem prognostizierten Gewinnzuwachs von Periode t_1 zu t_2 *[E(E_2)-E(E_1)]* abzüglich der wiederangelegten einbehaltenen Gewinne *[k*(E(E_1)-E(D_1)]*. Für die Bestimmung des erwarteten Gewinns in Periode t_2 wird eine kurzfristige unternehmensspezifische Wachstumsrate verwendet, so dass *E(E_2)=(1+g)*E(E_1)* gilt. Diese kurzfristige Wachstumsrate unterscheidet sich von der langfristigen Gewinn-

---

[230] Vgl. Claus/ Thomas (2001), S. 1634 ff. und Reese (2005), S. 5.

[231] Für eine Übersicht zu den Gewinnkapitalisierungsmodellen siehe Bark (2011), S. 64. Für weiterführende Informationen zu den einzelnen Modellansätzen siehe Ohlson/ Juettner-Nauroth (2005), S. 349 ff., Gode/ Mohanram (2003), S. 399 ff. und Easton (2004), S. 501 ff. Die beiden zuletzt genannten Quellen beziehen sich auf das Working-Paper von *Ohlson/ Juettner-Nauroth (2003)*.

[232] Für weiterführende Informationen zum Gewinnkapitalisierungsmodell von *Ohlson/ Juettner-Nauroth (2005)* siehe Ohlson/ Juettner-Nauroth (2005), S. 349 ff., Reese (2005), S. 6 ff., Zimmermann/ Weser (2013), S. 5 und Metz (2007), S. 226 f.

[233] Vgl. Ohlson/ Juettner-Nauroth (2005), S. 354 ff.

wachstumsrate g_l, welche für alle Unternehmen einheitlich bestimmt wird. Da die kurzfristige Rate hoch ausfallen kann, soll mittels einer niedrigeren langfristigen Wachstumsrate eine Glättung erzielt werden, um wenig plausible Ergebnisse zu vermeiden.[234]

Die Ausführungen zu den Eigenkapitalkosten haben verdeutlicht, dass eine Vielzahl unterschiedlicher Herangehensweisen existiert. Bis heute werden kontroverse Diskussionen über die Vorteilhaftigkeit einzelner Verfahren geführt – bislang ohne ein eindeutiges Ergebnis.[235] Eine abschließende kritische Würdigung erfolgt im gesamten Kontext in Kapitel 2.2.5.

2.2.3 Bestimmung der Fremdkapitalkosten

Fremdkapitalkosten unterscheiden sich in ihrem Zustandekommen und ihrer Zusammensetzung unverkennbar von Eigenkapitalkosten.[236] Um diese Divergenz erläutern zu können, bedarf es zunächst einer überblicksartigen Abgrenzung beider Kapitalformen voneinander. Tabelle 2.3 fasst die üblichen Eigenschaften von Eigen- und Fremdkapital zusammen.[237]

Abgrenzungskriterien	Eigenkapital	Fremdkapital
Renditeanspruch	Quotenanteil am Gewinn	Fixer Zinsanspruch
Vermögensanspruch	Quotenanspruch	Rückanspruch der Forderung
Haftung	Mindestens Einlagenhöhe	Keine Haftung
Verfügbarkeit	Unbefristet	Befristet
Mitbestimmungsrecht	Vorgesehen	Nicht vorgesehen

Tabelle 2.3: Eigenschaften von Eigen- und Fremdkapital[238]

Die Gegenüberstellung verdeutlicht, dass sich beide Kapitalformen, bezüglich der betrachteten Kriterien, deutlich voneinander unterscheiden. Entsprechende Beson-

---

[234] Vgl. Reese (2005), S. 6 ff., Metz (2007), S. 226 f. und Ohlson/ Juettner-Nauroth (2005), S. 354 ff.

[235] Vgl. Zimmermann/ Meser (2013), S. 3.

[236] Analog zu der Vorgehensweise bei den Eigenkapitalkosten zielt die Bestimmung der Fremdkapitalkosten auf den Fremdkapitalzinssatz ab, so dass eventuell zusätzlich entstehende Gebühren bzw. Provisionen bei dieser Betrachtung nicht berücksichtigt werden. Dies entspricht dem in der Literatur gängigen Vorgehen. Vgl. Bessler/ Drobetz/ Thies (2007), S. 29 ff., Wendt (2011), S. 54 ff., Ogier/ Rugman/ Spicer (2004), S. 99 ff. und Higgins (2012), S. 308.

[237] Abweichungen sind in Ausnahmefällen möglich. Teilweise haben Eigenkapitalgeber bspw. keine Mitbestimmungsrechte, wohingegen Fremdkapitalgeber eine Auszahlung an bestimmte Voraussetzungen knüpfen können, so dass eine Art Mitbestimmungsrecht vorliegt.

[238] In Anlehnung an Perridon/ Steiner/ Rathgeber (2012), S. 390 und Guserl/ Pernsteiner (2011), S. 60.

derheiten bei der Ausgestaltung der Rendite, des Risikos, der Kapitalbereitstellungsdauer und der Mitspracherechte wirken sich demnach auch auf die Höhe der Eigen- und Fremdkapitalkosten von Unternehmen aus. Darüber hinaus führen die fixierten Rahmenbedingungen bei einer Fremdfinanzierung dazu, dass der Zinssatz eindeutig bestimmt werden kann. Kredithöhe, Laufzeit und Rückzahlungsbedingungen werden üblicherweise schon zu Beginn der Kapitalbeschaffung festgelegt, wodurch der von dem Schuldner zu leistende Kapitaldienst bekannt ist. Der Kapitaldienst setzt sich zusammen aus den zu leistenden Tilgungs- und Zinszahlungen.[239] Letztere sind von verschiedenen Faktoren abhängig, weshalb der Fremdkapitalzinssatz grundsätzlich in einen risikolosen und risikobehafteten Teil untergliedert werden kann.[240] Die bei der Fremdkapitalaufnahme zu leistende Risikoprämie wird auch als Credit Spread bezeichnet.[241]

Die Berücksichtigung eines risikolosen Zinssatzes entspricht dem Grundgedanken der bereits erläuterten Kapitalmarktmodelle zur Schätzung der Eigenkapitalkosten.[242] Auch bei der Fremdfinanzierung stellt eine Verzinsung, frei von jeglichem Risiko, die Ausgangssituation dar. Die Laufzeit der Finanzierung hat keinen Einfluss auf die Höhe des risikolosen Zinssatzes.[243] Da ein solcher Zinssatz faktisch nicht existiert, wird üblicherweise ein Interbankenzinssatz, wie bspw. die London Interbank Offered Rate (LIBOR), verwendet.[244] Zusätzlich ist die Inflation zu berücksichtigen.[245] Auf Grund der Erhöhung des Preisniveaus würde der Gläubiger ansonsten einen Verlust in Höhe der Inflationsrate verbuchen.[246]

Als weiterer Aspekt ist bei der Festlegung des Fremdkapitalzinssatzes die risikobehaftete Komponente zu beachten, welche sich in die Laufzeitprämie und die Prämie für das Bonitätsrisiko des Schuldners aufteilen lässt.[247] Unter der Annahme

---

[239] Vgl. Ogier/ Rugman/ Spicer (2004), S. 99 ff.

[240] Vgl. Zurek (2009), S. 13 und Wendt (2011), S. 54.

[241] Vgl. Dörschell/ Franken/ Schulte (2012), S. 73.

[242] Vgl. Bark (2011), S. 10 ff.

[243] Es ist gemäß einer anderen Betrachtungsweise ebenso möglich, dass die Laufzeit und somit der Anlagehorizont in dem risikolosen Zinssatz berücksichtigt wird. Dadurch existieren für verschiedene Laufzeiten unterschiedliche risikolose Zinssätze. Vgl. Hull (2012), S. 114 und Dörschell/ Franken/ Schulte (2012), S. 32.

[244] Dieses Vorgehen kann sich von der Festlegung eines risikolosen Zinssatzes bei der Ermittlung der Eigenkapitalkosten unterscheiden, da hier teilweise anstelle eines Interbankenzinssatzes auf die Rendite langfristiger Staatsanleihen zurückgegriffen wird. Siehe Kapitel 2.2.2.1.

[245] Der Begriff Inflation ist definiert als der fortlaufende Anstieg des Preisniveaus. Vgl. Blanchard/ Illing (2011), S. 60 und Barro/ Grilli (1996), S. 229. Der Vereinfachung halber wird in den nachstehenden Ausführungen eine konstante Inflationsrate angenommen.

[246] Die restriktiven Annahmen der betrachteten Kapitalmarktmodelle haben dazu geführt, dass die Inflation nicht berücksichtigt wird. Es existieren jedoch Modellerweiterungen, welche die Inflation in das Kalkül einbeziehen. Für eine Übersicht siehe Wei/ Lee/ Chu (1985), S. 1 ff.

[247] Wie bereits erwähnt, ist es ebenso möglich, dass die Laufzeitprämie bereits im risikolosen Zinssatz enthalten ist. Gemäß dieser Auffassung bezieht sich die Risikoprämie lediglich auf die Bonität des Schuldners. Vgl. Ogier/ Rugman/ Spicer (2004), S. 106 f.

einer normalen Zinsstrukturkurve ist die Laufzeitprämie für kürzere Laufzeiten geringer als bei einer längeren Finanzierungsdauer.[248] Dies entspricht dem üblichen Marktverständnis, da mit einer längeren Laufzeit auch eine höhere Unsicherheit hinsichtlich der zukünftigen Entwicklung einhergeht. Bei einer inversen Zinsstrukturkurve verhält sich dieser Zusammenhang entgegengesetzt. Der zweite Bestandteil der risikobehafteten Komponente berücksichtigt die unternehmensindividuelle Bonitätssituation und das damit verbundene Risiko, dass vereinbarte Zahlungen nicht oder nur teilweise bzw. nicht fristgerecht geleistet werden.[249] Ein solches Kredit- bzw. Gläubigerrisiko ist von der Kapitalgeberseite entsprechend zu bepreisen.[250] Die wesentliche Ursache für ein derartiges Risiko besteht darin, dass die Leistung des Gläubigers und die Gegenleistung des Schuldners zeitlich auseinanderfallen. Somit kann die später zu erbringende Gegenleistung möglicherweise von der vertraglichen Vereinbarung negativ abweichen.[251] Es werden verschiedene Erscheinungsformen beim Kreditrisiko unterschieden. Zunächst ist das Ausfallrisiko zu nennen, wonach die Unsicherheit besteht, dass die vereinbarte Gegenleistung nur teilweise oder gar vollends ausbleibt. Des Weiteren besteht ein Termin- bzw. Liquiditätsrisiko, da Zahlungen ggf. verspätet erfolgen können. Zuletzt sei auf das Sicherheitenrisiko verwiesen, wonach Sicherheiten möglicherweise nicht zur Verfügung stehen oder nicht dem ursprünglich zugedachten Wert entsprechen.[252]

In Abbildung 2.4 werden die einzelnen Bestandteile der Fremdkapitalkosten am Beispiel einer Kredit- bzw. Anleihefinanzierung zusammengefasst.[253] Es wird ersichtlich, dass sich die Konditionen für eine kurzfristige und eine langfristige Finanzierung unterscheiden. Bei einer normalen Zinsstrukturkurve muss das Unternehmen für die langfristige Finanzierung A höhere Fremdkapitalkosten (8%) bezahlen als für die kurzfristige Finanzierung B (6%). Der risikolose Zinssatz ist unabhängig von der Laufzeit konstant und bildet die Basis für die Kalkulation der Konditionen. Die Bonitätsprämie berücksichtigt den schuldnerspezifischen Risikozuschlag.[254]

---

[248] Für weiterführende Informationen zur Zinsstruktur siehe Hewicker/ Cremers (2011), S. 8 f.

[249] Vgl. Saunders (1997), S.76 f. und S. 184 f.

[250] Die Begriffe Kredit- und Gläubigerrisiko können synonym verwendet werden. Vgl. Oehler/ Unser (2002), S. 196.

[251] Vgl. Oehler/ Unser (2002), S. 196.

[252] Vgl. Wendt (2011), S. 55 f. und Saunders (1997), S. 76 f.

[253] Es sei darauf verwiesen, dass es sich bei der folgenden Betrachtung um die Fremdkapitalkosten, bezogen auf den Nominalzinssatz, handelt. Teilweise sind bei einer Fremdfinanzierung zusätzlich einmalige oder auch regelmäßige Gebühren zu entrichten. Vgl. Bösch (2009), S. 195 ff.

[254] Vgl. Bessler/ Drobetz/ Thies (2007), S. 29 f.

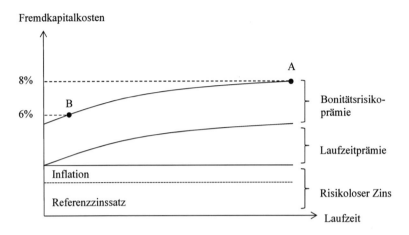

Abbildung 2.4: Zusammensetzung der Fremdkapitalkosten[255]

Bezogen auf die Finanzierungsentscheidungen von multinationalen Unternehmen handelt es sich bei der Prämie für das Bonitätsrisiko um den Zinsbestandteil, der am ehesten beeinflussbar ist. Im Zusammenhang mit der Fremdfinanzierung ist es somit eine zentrale Aufgabenstellung des Finanzmanagements, die Bonität gegenüber den Stakeholdern, wie z.B. Banken, bestmöglich darzustellen, um so nur einen verhältnismäßig geringen Risikoaufschlag bei der Kapitalbeschaffung zahlen zu müssen.

Die bisherigen Ausführungen haben sich darauf beschränkt, mit den Eigen- und Fremdkapitalkosten, jeweils Teilkomponenten der Gesamtkapitalkosten zu ermitteln.[256] Es ist deutlich geworden, dass sich die Festlegung der Teilkomponenten unterscheidet. Wohingegen die Verfahren zur Bestimmung der Eigenkapitalkosten lediglich auf eine Schätzung abzielen, können die Fremdkapitalkosten auf Grund anderer Rahmenbedingungen üblicherweise eindeutig angesetzt werden. Im Folgenden werden beide Kostenkomponenten zusammengefügt, indem die Gesamtkapitalkosten im Unternehmen betrachtet werden.

2.2.4 Bestimmung der Gesamtkapitalkosten

Sind die Eigen- und Fremdkapitalkosten eines Unternehmens bekannt, lassen sich darauf aufbauend die durchschnittlichen Gesamtkapitalkosten bestimmen. Hierfür

---

[255] In Anlehnung an Bessler/ Drobetz/ Thies (2007), S. 30.
[256] Diese Aussage setzt voraus, dass ein Unternehmen sowohl eigen- als auch fremdfinanziert ist.

hat sich unter der Annahme einer wertorientierten Verschuldungspolitik sowohl in der Theorie als auch in der Praxis der WACC Ansatz etabliert.[257] Das Verfahren wurde von *Miles/ Ezzell (1980)* entwickelt. Demnach können die gewichteten durchschnittlichen Kapitalkosten bei einer konstanten Zielverschuldung des Unternehmens mit Hilfe der folgenden Formel ermittelt werden:[258]

$$WACC = \frac{MW_{EK}}{MW_{GK}} k_{EK} + \frac{MW_{FK}}{MW_{GK}} k_{FK} (1 - tr) \qquad (2.13)$$

WACC	Weighted Average Cost of Capital
MW_{EK}	Marktwert des Eigenkapitals
MW_{FK}	Marktwert des Fremdkapitals
MW_{GK}	Marktwert des Gesamtkapitals
tr	Steuersatz auf Unternehmensebene (tax rate)

Der WACC Ansatz beruht auf eher restriktiven Annahmen, wobei ein einheitlicher Steuersatz auf Unternehmensebene berücksichtigt wird.[259] Die gewichteten durchschnittlichen Kapitalkosten ergeben sich aus der Summe der anteiligen Eigen- und Fremdkapitalkosten. Für die Fremdkapitalkosten gilt, dass durch den Term (1-tr) die Abzugsfähigkeit der Zinsaufwendungen für die Bemessungsgrundlage der anfallenden Unternehmenssteuer berücksichtigt wird. Dieser steuerliche Vorteil wird Tax Shield genannt. Allerdings werden im Grundmodell vereinfachend ein einheitlicher Steuersatz auf Unternehmensebene sowie die vollständige Abzugsfähigkeit angenommen.[260] Der WACC Ansatz verdeutlicht, dass, u.a. auf Grund steuerlicher Aspekte, Kapitalstrukturentscheidungen einen Einfluss auf die Kapitalkosten und damit auch auf den Unternehmenswert haben.[261]

2.2.5 Kritische Würdigung der Kapitalkostenansätze

Die vergangenen Jahrzehnte sind von einem stetig voranschreitenden Prozess der Integration der Finanzmärkte geprägt. Dies wirkt sich u.a. auch auf die Kapital-

---

[257] Bei einer wertorientierten Verschuldungspolitik bestimmt das Unternehmen den Verschuldungsgrad anhand von Marktwerten. Demnach setzt sich der Verschuldungsgrad aus dem Verhältnis der Marktwerte von Fremd- zu Eigenkapital zusammen. Gesetzt eines konstanten Verschuldungsgrades führt eine Veränderung des Eigenkapitals zu einer Anpassung des Fremdkapitals, so dass der vorgegebene Verschuldungsgrad eingehalten wird. Im Gegensatz dazu wird bei einer autonomen Verschuldungspolitik der absolute Wert des Fremdkapitals nicht angepasst. Somit ist die Fremdkapitalaufnahme unabhängig von der Entwicklung des Marktwertes des Eigenkapitals. Vgl. Shapiro/ Sarin (2009), S. 423 f.

[258] Vgl. Miles/ Ezzell (1980), S. 726 ff., Drukarczyk/ Schüler (2009), S. 179 ff., Brealey/ Myers/ Allen (2011), S. 500 und Ross/ Westerfield/ Jaffe (2002), S. 471 f.

[259] Die Annahmen lauten u.a. wie folgt: Einheitliche Kreditkosten für Unternehmen und Anteilseigner, keine Insolvenzkosten, keine Transaktionskosten, ein einheitlicher Unternehmenssteuersatz auf Unternehmensebene sowie eine konstante Zielkapitalstruktur. Vgl. Miles/ Ezzell (1980), S. 722 f.

[260] Vgl. Ernst et al. (2012), S. 67, Löffler (2002), S. 296 ff., Schwetzler/ Rapp (2002), S. 502 ff. und Miles/ Ezzel (1980), S. 726 ff.

[261] Vgl. Modigliani/ Miller (1963), S. 433 ff.

kosten von multinationalen Unternehmen aus. Die Schlussfolgerung, dass die Globalisierung pauschal zu einer Reduktion der Kapitalkosten von international agierenden Unternehmen führt, scheint jedoch zu kurz gegriffen. Mit dem ansteigenden Integrationsgrad wirken sich nämlich zwei gegensätzliche Einflüsse auf die Kapitalkosten aus. Zum einen führt das größere Marktteilnehmerfeld zu besseren Diversifikationsmöglichkeiten für Wertpapierinvestoren. Ein global diversifiziertes Portfolio weist demnach geringere Risiken auf, wodurch sich letztlich auch die Risikoprämien für die entsprechenden Unternehmen reduzieren. Auf der anderen Seite bewirkt die anhaltende globale Vernetzung von Unternehmensaktivitäten und Finanztransaktionen eine höhere Korrelation der Kapitalanlage- bzw. Kapitalaufnahmemöglichkeiten. Im Extremfall entwickeln sich sämtliche Märkte zu einem vollständig integrierten Markt. Diversifikationsmöglichkeiten fallen damit weg und führen gemäß dem vorliegenden Gedankengang zu einem Anstieg der Kapitalkosten.[262] Dies widerspricht jedoch einer anderen Ansicht, wonach integrierte Märkte die günstigsten Kapitalkosten für Unternehmen ermöglichen. Hierbei wird angenommen, dass die Risikoallokation hier bestmöglich stattfinden kann.[263] Die Globalisierung der Finanzmärkte schafft grundsätzlich Werte und wirkt sich auch positiv auf die Kapitalkosten von multinationalen Unternehmen aus. Allerdings kann dieser Zusammenhang, auf Grund der komplexen Rahmenbedingungen internationaler Märkte, nicht pauschal angenommen werden, sondern eher als das vorherrschende Verständnis betrachtet werden.[264]

2.2.5.1 Eigenkapitalkosten

Da Eigenkapitalkosten nicht eindeutig operationalisiert werden können, hat sich eine Vielzahl an Verfahren herausgebildet, um diese möglichst genau zu schätzen. Im Wesentlichen können diesbezüglich Kapitalmarkt- und Barwertmodelle unterschieden werden. Beide Ansätze werden bis heute äußerst kontrovers diskutiert, so dass keine der Methoden als unumstritten angesehen werden kann. Wohingegen Kapitalmarktmodelle üblicherweise in der Praxis für die Ermittlung der Eigenkapitalkosten herangezogen werden, gelten in wissenschaftlichen Forschungsbeiträgen zunehmend Barwertmodelle als geeigneter.[265] Die praktische Relevanz der unterschiedlichen Ansätze in ausgewählten multinationalen Unternehmen wird in einer Studie von *Barzen/ Charifzadeh (2013)* untersucht, welche die Geschäftsberichte der 30 Unternehmen aus dem Deutschen Aktienindex (DAX) für das Geschäftsjahr 2010 bzw. 2009/2010 auswertet. Demnach verweisen neun multinationale Unternehmen bei der Bestimmung der Eigenkapitalkosten auf das CAPM.

---

[262] Vgl. Stulz (1995b), S. 30 ff. und Henderson/ Jegadeesh/ Weisbach (2003), S. 1.
[263] Vgl. Bessler/ Drobetz/ Thies (2007), S. 38 f.
[264] Vgl. Stulz (1995b), S. 38.
[265] Vgl. Zimmermann/ Meser (2013), S. 3 f.

Die übrigen 21 Konzerne machen diesbezüglich keine Angaben. So kann für das betrachtete Sample zumindest konstatiert werden, dass dem CAPM in der Praxis keine unbedeutende Rolle zugeschrieben wird. Hinsichtlich der weiteren Verfahren können keine Schlussfolgerungen gezogen werden.[266]

Ein wesentlicher Grund für die verhältnismäßig hohe Akzeptanz des CAPM in der Praxis besteht darin, dass die Eigenkapitalkosten mit Hilfe von am Kapitalmarkt beobachtbarer Daten bestimmt werden können. Der Zugriff auf die notwendigen Informationen gestaltet sich mittels eines Datenbankzuganges als einfach. Zudem werden subjektive Einflüsse teils verringert, da von der Einschätzung einzelner Analysten abgesehen werden kann und stattdessen die aggregierte Bewertung der Marktteilnehmer berücksichtigt wird.[267] Allerdings verdeutlicht die nachfolgende Würdigung, dass das CAPM sowohl in theoretischer als auch empirischer Hinsicht kritisch beurteilt werden muss und die Festlegung der einzelnen Modellparameter durchaus problembehaftet ist.[268]

Die Ausgangsbasis für die geäußerte Kritik am CAPM stellen die als restriktiv und teilweise äußerst realitätsfern geltenden Annahmen dar. Demnach werden u.a. die Informationseffizienz, die Beschränkung auf eine Periode, der risikolose Zinssatz, die homogenen Erwartungen der Marktteilnehmer sowie die Nichtberücksichtigung von Steuern und Transaktionskosten als wenig realitätsnah erachtet.[269] Zudem wird kritisiert, dass bei der Ermittlung der Eigenkapitalkosten das unsystematische Risiko auf Grund von Diversifikation per se unberücksichtigt bleibt. Die Möglichkeit einer derartigen Portfoliobildung scheint in der Realität höchst zweifelhaft. Allerdings ist anzumerken, dass im Zuge von Modellerweiterungen gewisse Annahmen gelockert werden bzw. vollständig aus dem Modell verschwunden sind. So existieren bspw. Forschungsarbeiten, die mehrere Perioden für das CAPM unterstellen.[270] Außerdem sind Modellvariationen vorhanden, welche Transaktionskosten[271] bzw. Steuern[272] berücksichtigen. Die meisten Modellerweiterungen führen zu einer deutlichen Zunahme der Komplexität. Dennoch kann i.d.R. die Grundaussage des CAPM aufrechterhalten werden, dass ein linearer Zusammenhang zwischen der erwarteten Rendite und dem systematischen Risiko besteht.[273]

Neben den diskutierten Annahmen gerät auch die damit verbundene empirische Überprüfbarkeit der lokalen sowie globalen Ansätze des CAPM oftmals in den

---

[266] Vgl. Barzen/ Charifzadeh (2013), S. 2100 ff.
[267] Vgl. Dörschell/ Franken/ Schulte (2012), S. 12.
[268] Vgl. Fama/ French (2004), S. 30 ff.
[269] Vgl. Merton (1973), S. 867 ff. und Grossmann/ Stiglitz (1980), S. 396 ff.
[270] Vgl. Breeden (1979), S. 265 ff., Jähnchen (2009), S. 26 ff. und Rapp (2013), S. 360.
[271] Vgl. Garman/ Ohlson (1981), S. 271 ff.
[272] Vgl. Brennan (1970), S. 420 ff.
[273] Vgl. Winkelmann (1984), S. 30.

Fokus der Kritik.[274] Seit Veröffentlichung des ersten Modellansatzes sind mittlerweile mehrere Jahrzehnte vergangen. Dennoch herrscht nach wie vor Uneinigkeit hinsichtlich eines empirischen Beweises bzw. Gegenbeweises.[275] Hierfür lassen sich verschiedene Gründe aufführen. Beispielsweise ist es fraglich, inwiefern tatsächlich auf Vergangenheitsdaten zurückgegriffen werden darf, um die erforderlichen Erwartungswerte im Modell abzubilden. Dies würde implizieren, dass bereits beobachtbare Renditen aus der Vergangenheit den zukünftig erwarteten Renditen entsprechen. Wird dieser Umstand vernachlässigt, sind trotzdem, mit dem risikolosen Zinssatz, dem Betafaktor sowie der Marktrisikoprämie, sämtliche Parameter im CAPM nicht unumstritten.[276]

Im Zusammenhang mit dem risikolosen Zinssatz hat die Europäische Staatsschuldenkrise zuletzt verdeutlicht, dass auch Staatsanleihen aus dem Euroraum teilweise nicht als risikolos angesehen werden können.[277] Zudem existieren bei der Festlegung des Basiszinssatzes Ermessensspielräume, wodurch ein Vergleich unterschiedlicher Ergebnisse erschwert wird. Dieser Aspekt wird u.a. in der bereits erwähnten Studie von *Barzen/ Charifzadeh (2013)* zu den 30 DAX Unternehmen deutlich, die ebenfalls die getätigten Angaben zu dem risikolosen Zinssatz vergleicht. Wohingegen der Wert bei der Deutsche Börse AG bei 2,8% liegt, weist die Metro AG einen Wert von 4,7% aus.[278] Dem theoretischen Verständnis zufolge ist der risikolose Zins allerdings für alle Unternehmen gleich. Derartige Unterschiede beim Basiszinssatz führen folglich zu starken Abweichungen bei der Ermittlung der Eigenkapitalkosten.

Die Festlegung des unternehmensspezifischen Betafaktors gestaltet sich ebenfalls nicht unproblematisch, da der Wert lediglich geschätzt werden kann. Eine solche Schätzung kann auf historischen Kapitalmarktdaten oder fundamentalen Unternehmensdaten basieren,[279] wobei beide Verfahren Schwierigkeiten aufweisen und zu Ungenauigkeiten führen können.[280] Außerdem wird eine kontroverse Diskussion geführt, ob tatsächlich ein systematischer Zusammenhang zwischen einzelnen

---

[274] Vgl. Roll (1977), S. 129 ff., Levhari/ Levy (1977), S. 92 ff. und Jähnchen (2009), S. 27 f. Für einen Überblick zu weiteren empirischen Studien zum CAPM siehe Metz (2007), S. 191 ff.

[275] Vgl. Fama/ French (2004), S. 30 ff. und Weber (2006), S. 83. Den Verlauf der bisherigen empirischen Forschungsbeiträge zum CAPM vollständig wiederzugeben, würde den Umgang dieser Arbeit bei weitem übersteigen. Daher wird auf ausgewählte Studien verwiesen. Vgl. Fama/ French (2006), S. 2163 ff., Fama/ French (1997), S. 153 ff., Ross (1978), S. 885 ff., Fama/ MacBeth (1973), S. 607 ff. und Black/ Jensen/ Scholes (1972), S. 79 ff.

[276] Vgl. Elton (1999), S. 1199 ff.

[277] Vgl. Zimmermann/ Meser (2013), S. 4.

[278] Vgl. Barzen/ Charifzadeh (2013), S. 2101 f.

[279] Für einen Überblick zu Studien bezüglich des Zusammenhangs von fundamentalen Unternehmensdaten und Betafaktoren siehe Templin (1998), S. 89 ff. Die Ergebnisse der Forschungsbeiträge fallen sehr unterschiedlich aus, so dass teilweise kein Zusammenhang konstatiert werden kann.

[280] Vgl. Metz (2007), S. 205 ff.

Aktienrenditen und dem Marktportfolio besteht und die Renditeunterschiede von Wertpapieren mit dem Betafaktor erklärt werden können. Die zahlreichen Studien zu diesem Thema liefern unterschiedliche Ergebnisse.[281] Zwar belegen verschiedene Untersuchungen einen Zusammenhang zwischen der erwarteten Rendite und dem Betafaktor,[282] allerdings existieren auch Anzeichen für weitere Einflussfaktoren, wie bspw. den Größeneffekt von Unternehmen (size effect)[283], das Buchwert-Marktwert-Verhältnis[284] und den Verschuldungsgrad.[285]

Als dritte Determinante im CAPM ist die Marktrisikoprämie Gegenstand der kritischen Auseinandersetzung, welche sich aus der erwarteten Rendite des Marktportfolios und dem risikolosen Zinssatz zusammensetzt. Die Schwierigkeit bei der Bestimmung der Rendite des Marktportfolios besteht darin, dass eine solche allumfassende Zusammenstellung sämtlicher risikobehafteter Wertpapiere in der Praxis nicht existiert. Aus diesem Grund wird i.d.R. auf Aktienindices zurückgegriffen, um einen entsprechenden Markt abzubilden. Diese Selektion erfolgt jedoch üblicherweise willkürlich und bildet nur einen kleinen Teil aller Wertpapiere ab, wodurch es zu Verzerrungen bei den Ergebnissen kommt. So hat es bspw. einen großen Einfluss, ob für den deutschen Markt der DAX oder der CDAX als Referenz angenommen wird. Ein allgemein gültiges Kriterium, welcher der beiden Indices gewählt werden sollte, liegt nicht vor.[286] Dieses Phänomen zeigt sich auch in der Praxis, wie die Studie zu den 30 DAX Unternehmen zeigt. Demnach schwankt die Marktrendite bei der Berichterstattung der Konzerne um über 2%.[287]

Speziell für die verschiedenen internationalen Variationen des CAPM gilt, dass die aufgezeigten konzeptionellen Kritikpunkte bezüglich der Annahmen und Modellparameter grundsätzlich übertragbar sind. Hinzu kommt, dass die Bestimmung der Kapitalkosten davon abhängig ist, inwiefern die Kapitalmärkte als segmentiert bzw. integriert angesehen werden. Davon ist auch die ohnehin problematische Festlegung des risikolosen Zinssatzes und der erwarteten Marktrendite abhängig.[288] Auf Grund der deutlich umfangreicheren Möglichkeiten bei der Bestimmung der Referenzgrößen, nimmt die Volatilität zu. Folglich kann es bei den Ergebnissen internationaler Modellerweiterungen zu Verzerrungen kommen.[289] Eine Verbesserung könnte bspw. erzielt werden, indem einzelne Bezugsgrößen für die

---

[281] Vgl. Weber (2006), S. 84 ff.

[282] Vgl. Friend/ Blume (1970), S. 561 ff., Black/ Jensen/ Scholes (1972), S. 79 ff. und Fama/ MacBeth (1973), S. 607 ff.

[283] Vgl. Banz (1981), S. 4 ff.

[284] Vgl. Rosenberg/ Reid/ Lanstein (1985), S. 9 ff.

[285] Für einen Überblick zu der Diskussion über den Betafaktor und weiterer Determinanten von erwarteten Wertpapierrenditen siehe Wallmeier (2000), S. 27 ff.

[286] Vgl. Fama/ French (2004), S. 41 ff. und Ross (1978), S. 892.

[287] Vgl. Barzen/ Charifzadeh (2013), S. 2102.

[288] Vgl. Eun/ Resnick/ Sabherwal (2012), S. 440.

[289] Vgl. Stulz (1995b), S. 35 ff. und Ogier/ Rugman/ Spicer (2004), S. 137 ff.

verschiedenen Determinanten im CAPM einheitlich und, soweit möglich, international festgelegt wären. Somit würden sich sämtliche Forschungsbeiträge auf die gleiche konzeptionelle Ausgangsbasis stützen. Die Folge wären eine bessere Vergleichbarkeit der Ergebnisse sowie die zielführendere Fortsetzung der Forschung.

In Bezug auf die Ermittlung der Eigenkapitalkosten multinationaler Unternehmen gelten in der Theorie globale Versionen des CAPM den lokalen Ansätzen als überlegen, da internationale Rahmenbedingungen und Einflüsse berücksichtigt werden. Dennoch zeigen verschiedene Studien, dass in der Praxis auch bei international ausgerichteten Unternehmen üblicherweise das lokale CAPM Anwendung findet. In diesem Zusammenhang offenbaren mehrere US-amerikanische Untersuchungen, dass die Ergebnisse des lokalen und globalen CAPM nur sehr geringfügig voneinander abweichen, weshalb für die Praxis durchaus die Anwendung des klassischen CAPM befürwortet wird. Allerdings bleibt festzuhalten, dass internationale Formen des CAPM und besonders das Zwei-Faktor-CAPM von *Dolde et al. (2012)*, aus rein theoretischer Sicht, für die Bestimmung von Kapitalkosten multinationaler Unternehmen als geeigneter anzusehen sind.[290]

Bislang hat sich die Würdigung der Kapitalmarktmodelle auf das CAPM beschränkt, da diesem Modell, sowohl in der Theorie als auch in der Praxis, die meiste Aufmerksamkeit gewidmet wird. Der Vollständigkeit halber wird nachstehend auch auf die bereits erläuterte APT eingegangen, welche eine anerkannte Alternative zum CAPM darstellt. Grundsätzlich ähnelt der Ansatz dem CAPM, weshalb sich eine Fülle empirischer Arbeiten mit dem Vergleich beider Ansätze beschäftigt hat.[291] So wird bspw. auch der lineare Zusammenhang zwischen dem systematischen Risiko und der erwarteten Rendite einer Aktie vorausgesetzt. Der zentrale Unterschied ist allerdings, dass mehrere Risikofaktoren in das Modell einbezogen werden können. Zudem sind eine mehrperiodische Betrachtung und der Verzicht auf ein Marktportfolio möglich.[292] Außerdem kann auf die Annahme verzichtet werden, dass Wertpapierrenditen normalverteilt sind oder Anleger über eine quadratische Nutzenfunktion verfügen. Arbitrageprozesse führen gegebenen-

---

[290] Vgl. Dolde et al. (2012), S. 708 ff., Dolde et. al. (2011), S. 84, Harris et al. (2003), S. 65 ff., Koedijk et al. (2002), S. 905 ff. und Mishra/ O'Brien (2001), S. 45 f. Mehrere empirische Untersuchungen stellen die Ergebnisse des lokalen, des globalen und teilweise des Zwei-Faktor-CAPMs gegenüber. Es zeigt sich jeweils für US-amerikanische Unternehmen, dass die Ergebnisse ähnlich ausfallen. Abweichungen können darin begründet werden, dass nicht ein global integrierter Kapitalmarkt existiert. Eine weitere Differenzierung in den Studien verdeutlicht, dass die Unterschiede bei Unternehmen mit geringem Fremdwährungsexposure nur marginal sind, wohingegen die Abweichungen bei Unternehmen mit einem großen Exposure stärker ausfallen. Nicht zu erwarten war in diesem Zusammenhang, dass die Unterschiede zwischen dem lokalen CAPM und dem Zwei-Faktor-Ansatz geringer sind als zwischen dem globalen CAPM und dem Zwei-Faktor-Ansatz. Eine Erklärung für diesen Umstand bleibt aus.

[291] Vgl. Roll/ Ross (1980), S. 1073 ff., Chen (1983), S. 1393 ff., Dybvig/ Ross (1985), S. 1173 ff. und Opfer (2004), S. 4.

[292] Vgl. Ross (1976), S. 341 ff.

falls zu Anpassungen der Wertpapierrenditen, so dass Arbitragefreiheit eintritt.[293] Diese Aspekte können als Vorteil gegenüber dem CAPM verstanden werden. Empirische Tests zeigen auch, dass mit der APT gute Ergebnisse erzielt werden können – auf Grund der Berücksichtigung mehrerer Faktoren sogar bessere als beim CAPM.[294] Dennoch ist die APT sowohl in der theoretischen Diskussion als auch bei der praktischen Anwendung deutlich weniger verbreitet. Gründe hierfür mögen u.a. die höheren Anforderungen an die Daten und die kompliziertere Anwendung sein.[295]

Die weiteren Ausführungen zu den Eigenkapitalkosten beziehen sich auf die Barwertmodelle, welche die impliziten Eigenkapitalkosten aus den gegenwärtigen Aktienkursen und den dazugehörigen Markterwartungen ableiten. Je nachdem welche Erwartungswerte in das Modell einfließen, werden verschiedene Verfahren unterschieden. Weit verbreitet sind dabei Dividendendiskontierungsmodelle, Residualgewinnmodelle und Gewinnkapitalisierungsmodelle, wobei Erstere die theoretische und konzeptionelle Basis für die anderen Ansätze darstellen.[296] Obgleich Barwertmodelle in der Praxis zur Schätzung von Eigenkapitalkosten nur wenig Beachtung finden, wird ihnen in der Forschung ein verhältnismäßig hoher Erklärungsgehalt zugeschrieben. Umstritten ist allerdings in empirischen Studien, welches der genannten Verfahren vorzuziehen ist bzw. welches die wenigsten konzeptionellen Schwächen aufweist.[297]

Bevor diese Frage aufgegriffen wird, sollen zunächst die gemeinsamen Eigenschaften kritisch betrachtet werden. Alle Modelle basieren u.a. auf Prognosen und Schätzungen von Finanzanalysten. Vorausgesetzt diese Schätzungen werden nach bestem Wissen und Gewissen vorgenommen, handelt es sich dennoch um subjektive Angaben.[298] Studien weisen darauf hin, dass Analystenprognosen zu systematischen Verzerrungen neigen.[299] Es ist somit fraglich inwieweit einzelne Meinungen tatsächlich die allgemeinen Markterwartungen widerspiegeln. Zudem ist es erforderlich, dass Markteffizienz vorliegt.[300] Ist dies nicht der Fall, können der innere Wert und der Aktienpreis voneinander abweichen. Folglich weicht der ermittelte interne Zinsfuß von den erwarteten Kapitalkosten ab.[301] Bezüglich der Analystenprognosen wird zudem kritisiert, dass diese nicht für alle Unternehmen zur

---

[293] Vgl. Perridon/ Steiner/ Rathgeber (2012), S. 290.
[294] Vgl. Chen (1985), S. 1409 und Copeland/ Koller/ Murrin (2000), S. 226.
[295] Vgl. Hofbauer (2011), S. 74.
[296] Vgl. Bark (2011), S. 63.
[297] Vgl. Zimmermann/ Meser (2013), S. 3 und Reese (2005), S. 40 f.
[298] Vgl. Bark (2011), S. 63.
[299] Vgl. Brown (1997), S. 81 ff. und Healy/ Palepu (2001), S. 417.
[300] Da die Meinungsbildung auf öffentlich zugänglichen Informationen basiert, jedoch nicht sämtliche Informationen bereits in den Aktienkursen eingepreist sind, handelt es sich in der Praxis gemäß der Klassifizierung von *Fama (1970)* i.d.R. um eine mittelstrenge Informationseffizienz. Vgl. Fama (1970), S. 383.
[301] Vgl. Richter (2005), S. 5.

Verfügung stehen.[302] Es ist jedoch anzumerken, dass dieser Aspekt für die gelisteten multinationalen Unternehmen im Prime Standard keine Relevanz hat. Ein weiterer Punkt, der zu einer Verzerrung führen kann, ist der Zukunftsorientierung sowie der damit einhergehenden Berücksichtigung einer Wachstumsrate geschuldet.[303] Um diesem Problem entgegenzuwirken, haben sich mehrstufige Modelle herausgebildet, die mittels zwei oder drei Phasen die nähere Zukunft bestmöglich abzubilden versuchen und erst in der letzten Phase eine unendliche Rente unterstellen.[304]

Die genannten Kritikpunkte beziehen sich grundsätzlich auf alle aufgeführten Barwertmodelle. Obgleich sich diese in der Konzeption durchaus ähneln, weisen sie dennoch gewisse Unterschiede auf. Daher wird die Vorteilhaftigkeit der einzelnen Ansätze gegenüber den anderen Modellen hinterfragt. Eine klare Aussage diesbezüglich ist in der Forschung jedoch nicht existent.[305] Wohingegen teilweise den Residualgewinnen die höchste Genauigkeit bei der Schätzung der impliziten Eigenkapitalkosten nachgesagt wird,[306] liefern andere Untersuchungen weniger eindeutige Ergebnisse. Demnach ist die Vorteilhaftigkeit von der expliziten Modellausgestaltung abhängig. Eine grundsätzliche Vorteilhaftigkeit von Residualgewinnmodellen wird deshalb zumindest angezweifelt.[307] Als Kritikpunkt bei den Residualgewinnmodellen sowie den Dividendendiskontierungsmodellen wird aufgeführt, dass erwartete Dividendenzahlungen in die Modelle einfließen. Hierfür sind die Ausschüttungsquoten der Unternehmen zu schätzen. Üblicherweise wird für derartige Prognosen auf Vergangenheitswerte zurückgegriffen. Dies widerspricht allerdings dem Zukunftsgedanken der Verfahren. Zudem wird bei der Verwendung von Residualgewinnmodellen ein inkonsistentes Vorgehen kritisiert, da zum einen Buchwerte und zum anderen Gewinnprognosen von Analysten einbezogen werden.[308] Obgleich beide Kritikpunkte nicht für Gewinnkapitalisierungsmodelle gelten, weisen empirische Ergebnisse dennoch vermehrt auf die Überlegenheit der Residualgewinnmodelle hin.[309]

---

[302] Vgl. Daske/ Gebhardt/ Klein (2006), S. 29.

[303] Vgl. Easton et al. (2002), S. 659 ff. und Reese (2005), S. 39.

[304] Vgl. Coenenberg/ Schultze (2003), S. 122 f. Für weiterführende Informationen zu den mehrstufigen Barwertmodellen siehe Kapitel 2.2.2.2.

[305] Für eine ausführliche Diskussion zu der Vorteilhaftigkeit der verschiedenen Barwertmodelle siehe Reese (2005), S. 35 ff. und Meser (2007), S. 232 ff.

[306] Vgl. Francis/ Olsson/ Oswald (2000), S. 46, Jorgensen/ Lee/ Yong (2011), S. 446 ff. und Perek/ Perek (2012), S. 62 f.

[307] Vgl. Lundholm/ O'Keefe (2001), S. 332, Lo/ Lys (2000), S. 337 ff. und Qi/ Wu/ Xiang (2000), S. 157 ff.

[308] Vgl. Ohlson (2000), S. 21.

[309] Vgl. Jorgensen/ Lee/ Yoo (2011), S. 446 ff., und Francis/ Olsson/ Oswald (2000), S. 46 ff.

2.2.5.2 Fremdkapitalkosten

Nachdem sich die kritische Würdigung der Eigenkapitalkostenansätze als komplex erwiesen hat, fallen die Ausführungen zu der Bestimmung der Fremdkapitalkosten deutlich kürzer aus. Dies liegt darin begründet, dass Eigenkapitalkosten geschätzt werden und Fremdkapitalkosten von den Marktteilnehmern vorgegeben und eindeutig bestimmt werden. Folglich existiert keine Notwendigkeit umfassende Verfahren zu entwickeln und deren Ergebnisse kritisch zu hinterfragen. Dennoch soll ein Aspekt im Zusammenhang mit den einzelnen Zinsbestandteilen und deren Abgrenzung aufgegriffen werden. Die Ausführungen haben verdeutlicht, dass hier kein einheitliches Verständnis vorliegt und in der Literatur zwei verschiedene Auffassungen vertreten sind. Demnach wird der risikolose Zinssatz auf der einen Seite als über die Laufzeit hinweg konstant angesehen.[310] Auf der anderen Seite wird im risikolosen Zinssatz die Laufzeit berücksichtigt, so dass der Zinssatz mit steigender Laufzeit bei einer normalen Zinsstrukturkurve zunimmt.[311]

Obgleich beide Herangehensweisen zu einem identischen Ergebnis führen können, zeigt dieser Umstand die uneinheitliche Wahrnehmung einer risikolosen Verzinsung. Möglichweise sind diese Unterschiede auf zwei verschiedene Blickwinkel zurückzuführen. Erstgenannte Auffassung stützt das theoretische Verständnis, wonach ein risikoloser Zinssatz frei von jeglichem Wagnis ist und folglich auch Unsicherheiten bezüglich der Zukunft nicht existieren. Die andere Sichtweise spiegelt eher die vermeintliche Haltung aus der Praxis wieder, wonach bspw. Staatsanleihen als risikoloser Zinssatz herangezogen werden und deren Verzinsung in direkter Abhängigkeit zur Laufzeit stehen.

Ein Ziel der Wissenschaft besteht darin, Modelle und Verfahren für die Praxis zu entwickeln. Allerdings werden, um einen Lösungsansatz anbieten zu können, teilweise Annahmen getroffen, die so in der Realität grundsätzlich nicht vorzufinden sind – so geschehen beim risikolosen Zinssatz. Aus diesem Grund wird versucht, eine möglichst optimale Lösung zu finden. Dies erklärt auch, warum teilweise Staatsanleihen und teilweise Referenzzinssätze, wie bspw. der LIBOR, die Grundlage für den risikolosen Zinssatz darstellen. Ohne einen solchen Annäherungsprozess könnten Modelle, denen durchaus eine praktische Relevanz zugeschrieben werden kann, nicht zur Anwendung kommen. In Anbetracht dessen wirken die

---

[310] Vgl. Bessler/ Drobetz/ Thies (2007), S. 30.
[311] Vgl. Ogier/ Rugman/ Spicer (2004), S. 106. Der Anstieg des risikolosen Zinssatzes liegt in diesem Beispiel darin begründet, dass eine Gleichsetzung mit der Verzinsung einer Staatsanleihe angenommen wird. Eine höhere Laufzeit ruft folglich eine höhere Renditeerwartung bei Investoren hervor. Gemäß einer anderen Vorgehensweise wird der LIBOR als risikoloser Zinssatz verwendet. Hier steigt der Zinssatz im Normalfall ebenfalls mit einer höheren Laufzeit an. Die Berücksichtigung der Laufzeit und der damit einhergehenden Unsicherheit verdeutlicht, dass tatsächlich kein risikoloses Szenario vorliegt. Darüber hinaus hat die globale Finanzkrise gezeigt, dass sowohl Staatsanleihen als auch der Interbankenmarkt nicht frei von Risiken sind. Vgl. Hull (2012), S. 114.

unterschiedlichen Ausführungen und Auffassungen zum risikolosen Zinssatz nachvollziehbar.

2.2.5.3 Gesamtkapitalkosten

Abschließend wird der WACC Ansatz, als Verfahren zur Abbildung der Gesamt-kapitalkosten, einer kritischen Würdigung unterzogen. Die gewichteten durch-schnittlichen Kapitalkosten geben die geforderte Mindestrendite aller Kapitalgeber eines Unternehmens wieder. Die Gewichtung der Eigen- bzw. Fremdkapitalkosten erfolgt dabei, zumindest gemäß der Theorie, anhand von Marktwerten.[312] Da die Anteile von multinationalen Unternehmen am Kapitalmarkt gehandelt werden, kann der Marktwert des Eigenkapitals mittels der bereits vorgestellten Verfahren bestimmt werden. Beim Fremdkapital wird jedoch üblicherweise auf Buchwerte zurückgegriffen. Die Verwendung von Buchwerten als Proxy für Marktwerte setzt jedoch voraus, dass kein Insolvenzrisiko besteht und die vereinbarten Zahlungen definitiv erbracht werden. Idealerweise müsste jedoch, analog zu der Berechnung beim Eigenkapital, der Barwert der zu leistenden Cashflows an die Fremdkapital-geber betrachtet werden. Dies geschieht in der Praxis allerdings nur selten.[313]

Eine weitere Vereinfachung wird im Zusammenhang mit der Berücksichtigung steuerlicher Effekte offensichtlich. Im WACC Ansatz wird lediglich ein einheitli-cher Gewinnsteuersatz auf der Unternehmensebene unterstellt. Dieser führt zu ei-nem Steuervorteil bei der Fremdfinanzierung und somit zu einer Reduzierung der gewichteten durchschnittlichen Kapitalkosten.[314] Steuerliche Effekte aufseiten der Anteilseigner werden dagegen nicht einbezogen.[315]

Problematisch können ebenfalls die Nichtberücksichtigung von Transaktionskos-ten sowie die Annahme einer konstanten Zielkapitalstruktur gesehen werden.[316] Besonders der erste Aspekt erweist sich als restriktiv.[317] Zwar verfügen multinati-onale Unternehmen über ausgereifte Systeme, um Kapitalbewegungen möglichst effizient erfolgen zu lassen, dennoch können Transaktionskosten nicht vollständig vermieden werden. Dagegen kann die Annahme einer konstanten Zielkapitalstruk-tur zumindest bei etablierten multinationalen Unternehmen als eher realistisch

[312] Vgl. Miller (2009), S. 129 f.
[313] Vgl. Pagano/ Stout (2004), S. 17 und Krotter (2004), S. 582 f.
[314] Vgl. Vélez-Pareja (2010), S. 27 ff., Volkart (2008), S. 119 ff. und Perridon/ Steiner/ Rathgeber (2012), S. 230.
[315] Dieser Kritikpunkt setzt allerdings schon bei der Schätzung der Eigenkapitalkosten an. Viele Ansätze grenzen steuerliche Einflüsse annahmebedingt aus. Allerdings zeigen Untersuchungen, dass Steuern sehr wohl in das Bewertungskalkül einfließen sollten. Vgl. Ballwieser (1995), S. 18 ff.
[316] Vgl. Miles/ Ezzell (1980), S. 722.
[317] Vgl. Krotter (2004), S. 584.

eingestuft werden. Untersuchungen belegen, dass die Mehrzahl der befragten Unternehmen eine feste oder zumindest flexible Zielkapitalstruktur verfolgt.[318]

Trotz der teilweise restriktiven Annahmen ist der WACC Ansatz sowohl in der Theorie als auch in der Praxis weit verbreitet. Annähernd jedes deutsch- und englischsprachige Corporate Finance Lehrbuch verweist auf dieses Verfahren.[319] Darüber hinaus zeigt die Untersuchung von *Barzen/ Charifzadeh (2013)*, dass 24 DAX Unternehmen das WACC Verfahren anwenden, um die Gesamtkapitalkosten zu ermitteln. Die übrigen sechs Unternehmen haben keine Angaben zu einem anderen Verfahren getätigt. Obgleich diese Untersuchung keineswegs repräsentativ für alle multinationalen Unternehmen ist, lässt sich auch hier zumindest eine Tendenz bei den deutschen Großkonzernen erkennen.[320]

2.3 Theorien zur Kapitalstruktur

Eines der zentralen Themengebiete in der Finanzwirtschaft konzentriert sich nunmehr seit über einem halben Jahrhundert auf die Ausgestaltung der Kapitalstruktur.[321] Die Kapitalstruktur bildet die Zusammensetzung von Eigen- und Fremdkapital ab. Der daraus resultierende Verschuldungsgrad ist von enormer Bedeutung für das Finanzmanagement. Eine wesentliche Zielsetzung besteht, wie bereits aufgezeigt, in der Maximierung des Unternehmenswertes und damit auch in einer möglichst günstigen Kapitalbeschaffung. Im Vordergrund der Diskussion steht folglich die Fragestellung, ob eine optimale Kapitalstruktur existiert und wovon diese ggf. abhängig ist. Die Zusammenstellung von Eigen- und Fremdkapital gilt grundsätzlich als optimal, wenn die Kapitalkosten dadurch minimiert werden und der Unternehmenswert somit maximiert wird.[322]

---

[318] Die Fragebogenuntersuchungen von *Graham/ Harvey (2001)* und *Drobetz/ Pensa/ Wöhle (2006)* belegen, dass ein Großteil der befragten Unternehmen eine Zielkapitalstruktur anvisiert. *Graham/ Harvey (2001)* befragen insgesamt 392 Finanzvorstände von US-amerikanischen Unternehmen zu deren Finanzierungsentscheidungen. Demnach verfolgen lediglich 19% der Unternehmen keine Zielkapitalstruktur. Vgl. Graham/ Harvey (2001), S. 191 ff. *Drobetz/ Pensa/ Wöhle (2006)* erzielen in ihrer Umfrage unter 80 gelisteten deutschen, österreichischen und schweizerischen Unternehmen sehr ähnliche Ergebnisse. Über 70% der Unternehmen forcieren zumindest eine flexible Zielkapitalstruktur. Vgl. Drobetz/ Pensa/ Wöhle (2006), S. 256 ff.

[319] Vgl. Löffler (2002), S. 296. Für ausgewählte Beispiele siehe Brealey/ Myers/ Allen (2011), S. 244 ff., Butler (2012), S. 380 ff., Higgins (2012), S. 306, Copeland/ Koller/ Murrin (2000), S. 134 ff. und Berk/ DeMarzo (2011), S. 558 ff.

[320] Vgl. Barzen/ Charifzadeh (2013), S. 2101.

[321] Vgl. Balzer et al. (2009), S. 324 und Hermanns (2006), S. 1.

[322] Vgl. Bessler/ Thies (2001), S. 3. Es wird ein Zusammenhang zwischen der Kapitalstruktur und dem Unternehmenswert unterstellt.

Ausgangspunkt für viele Forschungsbeiträge stellt das Irrelevanztheorem von *Modigliani/ Miller (1958)* dar.[323] Unter der Annahme eines vollkommenen Kapitalmarktes hat die Kapitalstruktur demnach keinen Einfluss auf den Unternehmenswert.[324] Da die Annahmen eines vollkommenen Kapitalmarktes als realitätsfern eingeschätzt werden, beziehen sich eine Vielzahl weiterer Modelle auf einen unvollkommenen Markt, indem bspw. Steuern, Insolvenzkosten oder Transaktionskosten berücksichtigt werden. Obgleich es mittlerweile als bestätigt gilt, dass die Kapitalstruktur in einem unvollkommenen Markt sehr wohl den Unternehmenswert beeinflusst, existiert bis heute kein allgemein gültiges Erklärungsmodell. Dies mag u.a. der Tatsache geschuldet sein, dass es sich um ein hoch komplexes Themenfeld handelt. Kein Unternehmen gleicht dem anderen in Gänze. Zudem sind zu viele beobachtbare als auch nicht beobachtbare Faktoren vorhanden, die in das Kalkül einzubeziehen sind.[325] *Myers (2001)* hat daher sehr treffend formuliert: „There is no universal theory of the debt-equity choice, and no reason to expect one."[326] Trotz alledem waren die zahlreichen Forschungsbemühungen in den vergangen Jahrzehnten keineswegs zwecklos. So sind durchaus Ansätze vorhanden, die zumindest teilweise Erklärungen für die Wirkungsweise von Kapitalstrukturentscheidungen bereitstellen.

Wie bereits angemerkt, existiert mittlerweile eine Vielzahl an Kapitalstrukturtheorien, von denen ausgewählte Ansätze im Folgenden erörtert werden.[327] Grundsätzlich lassen sich die Theorien, anhand des historischen Hintergrunds und der inhaltlichen Ausrichtung, drei unterschiedlichen Paradigmen der Finanzierungslehre zuordnen.[328] Demnach können die traditionellen einzelwirtschaftlichen Ansätze von denen unterschieden werden, die Kapitalstrukturentscheidungen in einem Marktzusammenhang interpretieren. Letztere sind weiter zu untergliedern. Besonderheiten hinsichtlich der getroffenen Annahmen und das jeweilige Marktverständnis haben dazu geführt, dass neben den neoklassischen auch neoinstitutionelle Erklärungsansätze existieren. Bevor die Kapitalstruktur allerdings im Zusammenhang mit Markteinflüssen diskutiert wird, werden zunächst die Anfänge der

---

[323] Obgleich das Theorem von *Modigliani/ Miller (1958)* die Ausgangsbasis für viele weiterführende Forschungsarbeiten darstellt, wird im weiteren Verlauf deutlich, dass es sich dabei keineswegs um den ersten Erklärungsansatz zur Kapitalstruktur handelt.

[324] Vgl. Modigliani/ Miller (1958), S. 268.

[325] Vgl. Myers (2001), S. 81 ff.

[326] Myers (2001), S. 81.

[327] Die Darstellung aller bislang publizierten Kapitalstrukturtheorien würde den Rahmen dieser Arbeit bei Weitem überschreiten. Aus diesem Grund erfolgt eine Auswahl insofern, als dass zum einen eine chronologische Darstellung des Forschungszweiges ermöglicht wird und zum anderen die in der Wissenschaft am meisten diskutierten Ansätze thematisiert werden.

[328] Bei der Kategorisierung der Kapitalstrukturtheorien handelt es sich lediglich um einen Vorschlag, der die Übersichtlichkeit und das Verständnis erleichtern soll. In der Literatur herrscht teilweise Uneinigkeit bezüglich einer möglichen Systematisierung der Ansätze. Vgl. Schwenold (2002), S. 9 ff. und Hermanns (2006), S. 11 ff.

Kapitalstrukturforschung anhand der traditionellen Ansätze diskutiert. Im Anschluss werden die weiteren Theorien erläutert. Auf Grund der Komplexität dieses Abschnittes erfolgt eine kritische Würdigung der Ausführungen jeweils zusammengefasst für die entsprechenden Kapitalstrukturtheorien der einzelnen Paradigmen. Es sei darauf hingewiesen, dass die kritische Würdigung einiger Kapitalstrukturtheorien, gemessen am Umfang, einer eigenen Untersuchung entsprechen könnte. Da der Fokus dieser Arbeit allerdings breiter gefasst ist, kann zugegebenermaßen eine allumfassende Darstellung nicht erfolgen.

2.3.1 Traditionelle Ansätze zur Kapitalstruktur

Die ältesten und daher auch als traditionell bezeichneten Kapitalstrukturmodelle verfügen lediglich über eine einzelwirtschaftliche Perspektive. Eine Verknüpfung zum Marktgeschehen wird außenvorgelassen. Zusammenhänge zwischen den Kapitalkosten und der Kapitalstruktur basieren demnach auf verhaltenstheoretischen Annahmen über die Kapitalgeber, die intuitiv hergeleitet werden. Die Kapitalgeber gelten als nicht risikoneutral, so dass grundsätzlich das risikoreichere Eigenkapital höher verzinst wird als das Fremdkapital. Als Extrempositionen haben sich der Brutto- und Nettogewinnansatz herauskristallisiert. Da beide Ansätze jedoch zu absolutistisch ausgerichtet sind, hat sich in der Folge der traditionelle Ansatz zur optimalen Kapitalstruktur herausgebildet, der Aspekte beider Modelle verbindet. Auch wenn den traditionellen Kapitalstrukturmodellen in der heutigen theoretischen und empirischen Forschung nur eine geringe Bedeutung zugeschrieben wird, sollen trotzdem die Grundzüge und ersten Gedankengänge dieses breiten Wissenschaftsfeldes in gebotener Kürze erläutert werden.[329]

2.3.1.1 Brutto- und Nettogewinnansatz

Die Frage nach der Existenz einer optimalen Kapitalstruktur wurde bereits Anfang der fünfziger Jahre, also vor dem Erscheinen des Theorems von *Modigliani/ Miller (1958)*, diskutiert. Eine optimale Kapitalstruktur führt demnach dazu, dass die Kapitalkosten gesenkt werden und der Unternehmenswert dadurch steigt. Mit dem Brutto- und Nettogewinnansatz werden zwei Extrempositionen unterschieden, die von keiner bzw. von einer Existenz einer optimalen Kapitalstruktur ausgehen. Beide Ansätze basieren auf dem Grundgedanken, dass mittels der Kapitalisierung des Betriebsergebnisses der Unternehmenswert bestimmt werden kann. Allerdings unterscheiden sich die Verfahren bezüglich der Berücksichtigung der Fremdkapitalkosten.[330]

---

[329] Vgl. Bitz (2000), S. 4 f. und Schachtner (2009), S. 17 ff.
[330] Vgl. Solomon (1963), S. 92 ff. und Durand (1952), S. 226 ff.

Beim Bruttogewinnansatz (net operating income approach) errechnet sich der Unternehmenswert mit Hilfe des Bruttobetriebsergebnisses und eines Kalkulationszinssatzes. Der Verschuldungsgrad und somit auch die Fremdkapitalzinsen werden in diesem ersten Schritt nicht berücksichtigt. Im Anschluss wird der Wert des Fremdkapitals vom gesamten Unternehmenswert abgezogen, um den Wert des Eigenkapitals zu ermitteln. Da bei der Kalkulation des Unternehmenswertes lediglich eine Bruttobetrachtung erfolgt, d.h. die Fremdkapitalzinsen nicht in das Kalkül miteinbezogen werden, ist die Kapitalstruktur irrelevant für den Unternehmenswert. Bezogen auf die Kapitalkosten bedeutet dies, dass die Gesamtkapitalkosten unabhängig vom Verschuldungsgrad konstant bleiben. Die Fremdkapitalkosten sind annahmebedingt grundsätzlich unabhängig von der Verschuldung, so dass folglich die Eigenkapitalkosten mit zunehmender Fremdkapitalaufnahme ansteigen. Damit wird das mit steigender Verschuldung zunehmende Risiko für die Eigenkapitalgeber berücksichtigt. Dieser Zusammenhang wird in Abbildung 2.5 veranschaulicht.[331]

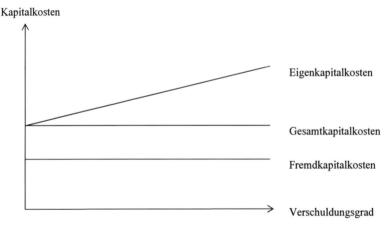

Abbildung 2.5: Kapitalkostenverläufe beim Bruttogewinnansatz[332]

Entgegen den Aussagen des Bruttogewinnansatzes, existiert dem Nettogewinnansatz (net income approach) zufolge sehr wohl ein Zusammenhang zwischen dem Verschuldungsgrad und dem Unternehmenswert. Folglich gibt es in diesem Erklärungsmodell auch eine optimale Kapitalstruktur für die Unternehmung. Dieser Umstand ist in einem anderen Kalkulationsverfahren begründet, wobei die Fremd-

---

[331] Vgl. Durand (1952), S. 226 f.
[332] In Anlehnung an Rudolph (1986), S. 616.

kapitalkosten berücksichtigt werden. In einem ersten Schritt werden die Fremdkapitalzinsen von dem Bruttobetriebsergebnis abgezogen, so dass ein Nettowert vorliegt. Mit Hilfe des Kalkulationszinssatzes, der auch beim Bruttogewinnansatz zur
Anwendung kommt, wird daraufhin der Wert des Eigenkapitals bestimmt. Um den
gesamten Unternehmenswert zu ermitteln, ist der Wert des Fremdkapitals zu ad-
dieren. Neben konstanten Fremdkapitalkosten werden bei diesem Ansatz auch
konstante Eigenkapitalkosten unterstellt, die allerdings höher sind. Durch die Substitution von teurem Eigenkapital gegen günstigeres Fremdkapital werden die Gesamtkapitalkosten reduziert. Eine zunehmende Verschuldung führt somit zu einem
Rückgang der Gesamtkapitalkosten bzw. zu einem Anstieg des Unternehmenswertes. Theoretisch entspricht beim Nettogewinnansatz die optimale Kapitalstruktur
einer maximalen Verschuldung. Die Kapitalkostenverläufe gestalten sich demnach
wie folgt (siehe Abbildung 2.6).[333]

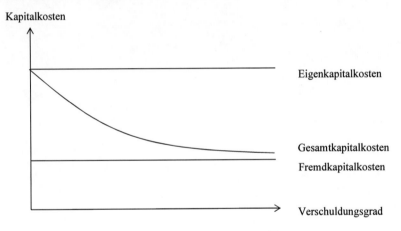

Abbildung 2.6: Kapitalkostenverläufe beim Nettogewinnansatz[334]

2.3.1.2 Traditioneller Ansatz zur optimalen Kapitalstruktur

Sowohl der Brutto- als auch der Nettogewinnansatz postulieren ein verhältnismäßig einfaches Verständnis über den Zusammenhang von Kapitalkosten und dem
Verschuldungsgrad. Beide Modelle liefern allerdings teilweise hilfreiche Anhaltspunkte, die im traditionellen Ansatz zur optimalen Kapitalstruktur wiederzufinden
sind. So entspricht das Modell bei einem geringen Verschuldungsgrad eher den

---

[333] Vgl. Durand (1952), S. 227 und Bitz (2000), S. 13.
[334] In Anlehnung an Rudolph (1986), S. 615.

Kernaussagen des Nettogewinnansatzes, wohingegen mit zunehmender Verschuldung vermehrt die Erkenntnisse des Bruttogewinnansatzes vertreten sind.

Bei reiner Eigenfinanzierung bzw. einem geringen Verschuldungsgrad unterstellt der traditionelle Ansatz zur optimalen Kapitalstruktur zunächst einen konstanten Verlauf der Eigen- und Fremdkapitalkosten. Die Gesamtkapitalkosten reduzieren sich folglich mit ansteigender Verschuldung. Nach Überschreiten eines kritischen Verschuldungsgrades bewirkt das anfangs noch unbedeutende Insolvenzrisiko, dass die Investoren reagieren und eine höhere Eigenkapitalrendite fordern. In der Folge nimmt der Rückgang der Gesamtkapitalkosten mit wachsender Verschuldung ab. Die bisherigen Ausführungen sind in ähnlicher Weise auch dem Netto- bzw. Bruttogewinnansatz zu entnehmen. Zusätzlich wird berücksichtigt, dass bei weiterer Verschuldung auch die Fremdkapitalgeber bei Überschreitung eines gewissen Wertes reagieren und eine Risikoprämie fordern. Damit steigen sowohl die Eigen- als auch die Fremdkapitalkosten an, so dass sich folglich auch die Gesamtkapitalkosten mit anhaltender Verschuldung erhöhen.[335]

Der zunächst sinkende und später mit anhaltender Verschuldung ansteigende Gesamtkapitalkostensatz lässt den Schluss zu, dass eine gewisse Kapitalzusammenstellung zu minimalen Gesamtkapitalkosten führt. Bei einer solchen optimalen Kapitalstruktur befindet sich der Unternehmenswert auf dem Maximum. Die unterschiedliche Entwicklung der Kapitalkostenverläufe und des Unternehmenswertes im Zusammenhang mit dem Verschuldungsgrad werden in der nachstehenden Abbildung 2.7 verdeutlicht.[336]

---

[335] Vgl. Solomon (1963), S. 92 ff.
[336] Vgl. Gutenberg (1980), S. 212 f.

Kapitalkosten/
Unternehmenswert

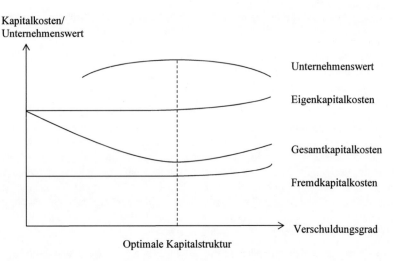

Abbildung 2.7: Kapitalkostenverläufe beim traditionellen Ansatz[337]

2.3.1.3 Kritische Würdigung der traditionellen Ansätze

Die traditionellen Ansätze zur Kapitalstruktur sind auf Grund der einzelwirtschaftlichen Betrachtung, die auf Verhaltensannahmen der Kapitalgeber beruht, weitestgehend losgelöst von marktbezogenen Modellen zu betrachten. Daher ist der Umfang der kritischen Auseinandersetzung in der Literatur in keiner Weise vergleichbar mit den bekannteren Marktmodellen, die im Anschluss diskutiert werden.[338]

Kritik an den dargestellten Erklärungsmodellen basiert vornehmlich auf der bereits angemerkten Tatsache, dass die getätigten Aussagen auf Verhaltensannahmen beruhen. Besonders beim Brutto- und Nettogewinnansatz sind diese eher starr und wirken teilweise willkürlich.[339] So stellt sich bspw. bei einer einzelwirtschaftlichen Betrachtung die Frage, warum Eigenkapitalgeber nicht auf die Aufnahme von Fremdkapital reagieren bzw. genau in dem Maße einen Risikoaufschlag verlangen, dass der Gesamtkapitalkostensatz konstant bleibt.[340] Außerdem werden durchweg konstante Fremdkapitalkosten unterstellt. Dieser Kritikpunkt lässt sich beim traditionellen Ansatz zur optimalen Kapitalstruktur zumindest abschwächen. Sowohl

---

[337] In Anlehnung an Solomon (1963), S. 96 und Gutenberg (1980), S. 212.
[338] Vgl. Bitz (2000), S. 12 ff.
[339] Vgl. Schmidt/ Terberger (1997), S. 250 ff.
[340] Diese Frage konnten *Modigliani/ Miller (1958)* zumindest für den Bruttogewinnansatz beantworten, indem sie zeigen, dass der Ansatz sachlich korrekt ist, sofern die Voraussetzungen eines vollkommenen Kapitalmarktes erfüllt sind. Vgl. Rudolph (1986), S. 616 f.

Eigen- als auch Fremdkapitalgeber verlangen demnach einen finanziellen Ausgleich für das zusätzliche Risiko einer ansteigenden Verschuldung. Hinsichtlich der Schwellenwerte ist festgelegt, dass Eigenkapitalgeber sensibler auf die Verschuldung reagieren als Fremdkapitalgeber. Einen grundsätzlich gültigen Schwellenwert zu nennen, wäre auch in der heutigen Zeit nicht möglich.[341]

In den weiteren Ausführungen wird ersichtlich, dass der bislang angenommene Verlauf der Kapitalkosten dem einzelner Kapitalstrukturtheorien mit einem Marktzusammenhang ähnelt oder teilweise identisch ist. Auch wenn die Argumentation der Erklärungsmodelle eine andere ist, existieren somit Gemeinsamkeiten beim Verständnis von Kapitalkosten und Verschuldungsgrad. Dies wird u.a. dadurch bestätigt, dass *Modigliani/ Miller (1958)* bei der Formulierung ihrer Thesen auf Elemente der traditionellen Ansätze zur Kapitalstruktur zurückgegriffen haben.[342]

2.3.2 Neoklassische Kapitalstrukturtheorien

Mit der Entstehung der neoklassischen Finanzierungslehre ist der Versuch unternommen worden, Erklärungsansätze für das Finanzierungsverhalten im Zusammenhang mit dem Kapitalmarkt und dessen Marktteilnehmern zu entwickeln. Die Berücksichtigung von Markteinflüssen erhöht allerdings den Komplexitätsgrad der Rahmenbedingungen enorm. Aus diesem Grund basieren die Grundzüge neoklassischer Forschungen auf einer stark vereinfachten Modellwelt, welche einen vollkommenen Markt unterstellt. Zentrale Bedeutung für die Erklärung von Kapitalstrukturentscheidungen wird den Faktoren Rendite und Risiko zugeschrieben. Weitere Einflüsse sollen durch das Einhalten der strengen Annahmen eines vollkommenen Kapitalmarktes soweit wie möglich eliminiert werden. Unter diesen Voraussetzungen zeigen *Modigliani/ Miller (1958)*, dass die Wahl der Kapitalstruktur keinen Einfluss auf den Unternehmenswert hat.[343] Das Irrelevanztheorem zur Kapitalstruktur stellt den Ausgangspunkt für etliche Finanzierungstheorien dar, weshalb dem Ansatz eine große Bedeutung zugeschrieben werden kann. Die Verleihung des Nobelpreises an *Miller* im Jahr 1990 kann als ein weiterer Beleg für den hohen Stellenwert der Forschungen genannt werden.[344]

Die anfangs sehr restriktiven Annahmen werden im Verlauf der Neoklassik dahingehend gelockert, dass auch Marktimperfektionen Einzug in die Modelle erhalten. Aufbauend auf den Grundaussagen erweitern *Modigliani/ Miller (1963)* selbst ihr Theorem, indem Sie den Einfluss von Steuern untersuchen. In der Folge werden

---

[341] Vgl. Schmidt/ Terberger (1997), S. 250 ff. und Gutenberg (1980), S. 208 ff.
[342] Vgl. Miller (1988), S. 100.
[343] Vgl. Modigliani/ Miller (1958), S. 261 ff.
[344] Vgl. Nobelprice (2014).

mit der statischen Trade-Off Theorie zusätzlich Insolvenzkosten in einer Kapital-strukturtheorie berücksichtigt.[345]

2.3.2.1 Modigliani/ Miller Theorem

Modigliani/ Miller (1958) haben mit der Veröffentlichung des Irrelevanztheorems den Grundstein für etliche weitere Kapitalstrukturtheorien gelegt.[346] Obgleich die Realität mittels sehr restriktiver Annahmen stark vereinfacht abgebildet wird, lie-fert der Ansatz wertvolle Erkenntnisse über die Kapitalkosten, die Kapitalstruktur und den damit verbundenen Einfluss auf den Unternehmenswert. Demnach ist die Wahl der Kapitalstruktur irrelevant für den Unternehmenswert.[347] Anders als beim Nettogewinnansatz und dem traditionellen Ansatz zur optimalen Kapitalstruktur geht mit der Fremdkapitalaufnahme kein Vorteil einher. Die wesentlichen Aussa-gen der Theorie sind in drei Thesen zusammengefasst, wovon nachstehend explizit die ersten beiden hervorgehoben werden: [348]

These I: Der Marktwert eines Unternehmens ist unabhängig von dessen Kapital-struktur und resultiert aus der Kapitalisierung der erwarteten Gewinne, vor Abzug der Fremdkapitalkosten, mit der Marktrate der entsprechenden Risikoklasse des Unternehmens.[349]

Als Beleg dient das folgende Beispiel, in dem zwei identische Unternehmen be-trachtet werden, die sich lediglich hinsichtlich der Kapitalstruktur unterscheiden. Unternehmen A ist vollständig eigenfinanziert, wohingegen Unternehmen B teil-weise fremdfinanziert ist. *Modigliani/ Miller (1958)* zeigen, dass sich die Unter-nehmenswerte auf Grund von Arbitrageprozessen angleichen. Es wird angenom-men, dass das verschuldete Unternehmen einen höheren Unternehmenswert auf-weist als das unverschuldete Unternehmen. In der Folge setzt ein Arbitrageprozess ein, wonach der Anteilseigner die Aktien von Unternehmen B verkauft und dafür Aktien von Unternehmen A kauft. Da der Investor jedoch weiterhin über die glei-che Risikostruktur verfügen möchte, bildet er den Verschuldungsgrad von Unter-nehmen B mittels einer privaten Fremdkapitalaufnahme nach und erwirbt mit dem Kapital weitere Anteile an Unternehmen A. Auf Grund einer solchen Arbitrage-strategie kann der Anteilseigner einen risikolosen Gewinn erzielen ohne einen hö-heren Eigenkapitalbetrag zu investieren. Dieser Umstand führt dazu, dass Investo-ren die Anteile an einem höher bewerteten Unternehmen veräußern und dieses Kapital in Anteile von einem geringer bewerteten Unternehmen investieren. Die

---

[345] Vgl. Modigliani/ Miller (1963), S. 433 ff. und Schwenold (2002), S. 9 ff.
[346] Vgl. Leland (1994), S. 1213 ff. und Beattie/ Goodacre/ Thomson (2006), S. 1404 f.
[347] Vgl. Baker/ Wurgler (2002), S. 1.
[348] Die dritte These wird ausgeklammert, da sich diese auf den Kalkulationszinsfuß einer Investition bezieht.
[349] Vgl. Modigliani/ Miller (1958), S. 268.

veränderte Nachfragesituation führt zu Preisanpassungen. Mit diesem Beispiel verdeutlichen *Modigliani/ Miller (1958)*, dass die Kapitalstruktur keinen Einfluss auf die Gesamtkapitalkosten bzw. den Marktwert eines Unternehmens ausübt.[350] Da die Fremdkapitalkosten unabhängig vom Verschuldungsgrad sind, gilt somit für die Eigenkapitalkosten die zweite These:

These II: Der Verlauf der Eigenkapitalkosten ist eine linear ansteigende Funktion vom Verschuldungsgrad.[351]

Die Eigenkapitalrendite bzw. die Eigenkapitalkosten entsprechen demnach grundsätzlich dem Zinssatz eines rein eigenfinanzierten Unternehmens der gleichen Risikoklasse zuzüglich eines Risikoaufschlags entsprechend der Verschuldung. Damit die Gesamtkapitalkosten konstant verlaufen, entwickeln sich die Eigenkapitalkosten als Residualgröße linear zum Verschuldungsgrad. Die einzelnen Kapitalkostenverläufe entsprechen im Resultat denen des Bruttogewinnansatzes, der ebenfalls die Irrelevanz der Kapitalstruktur postuliert. Obgleich die Verläufe identisch sind, unterscheiden sich die Argumentationen deutlich voneinander. Wohingegen beim Bruttogewinnansatz lediglich verhaltenstheoretische Annahmen über das einzelne Unternehmen und die Kapitalgeber zugrunde liegen, unterstellt das Theorem von *Modigliani/ Miller (1958)* einen Marktzusammenhang und die erläuterten Arbitrageprozesse.[352]

Aufbauend auf diesen Aussagen zur Irrelevanz der Kapitalstruktur, die auf äußerst restriktiven Annahmen basieren, haben *Modigliani/ Miller (1963)* in einer Modellerweiterung ebenfalls die Wirkungsweise einer Besteuerung des Unternehmensgewinns untersucht.[353] Damit kann die Modellwelt nicht mehr als ein rein vollkommener Markt bezeichnet werden. Auf Grund der Berücksichtigung eines Steuersatzes auf Unternehmensebene werden Fremdkapitalzinsen von der steuerlichen Bemessungsgrundlage abgezogen.[354] Mit der Aufnahme von Fremdkapital geht demnach der Vorteil der Steuerersparnis einher (Tax Shield). Folglich nehmen die Gesamtkapitalkosten mit zunehmender Verschuldung sukzessive ab.[355] Theoretisch erreicht der Marktwert des Unternehmens somit sein Maximum bei der höchst möglichen Verschuldung. Allerdings weisen die *Modigliani/ Miller (1963)* darauf hin, dass dies nicht zwangsläufig zutreffend ist und gegebenenfalls andere Finanzierungsformen, wie bspw. die Selbstfinanzierung, vorzuziehen sind. Als

---

[350] Vgl. Schmidt/ Terberger (1997), S. 252 ff.
[351] Vgl. Modigliani/ Miller (1958), S. 271.
[352] Vgl. Durand (1952), S. 226 und Modigliani/ Miller (1958), S. 271 ff.
[353] Vgl. Modigliani/ Miller (1963), S. 433 ff. und Miller (1977), S. 261 ff.
[354] Siehe Kapitel 2.2.4.
[355] Vgl. Modigliani/ Miller (1963), S. 433 ff.

möglicher Grund wird u.a. eine begrenzte Kapitalbereitstellung seitens der Fremdkapitalgeber genannt, die jedoch nicht weitergehend erläutert wird.[356]

2.3.2.2 Statische Trade-Off Theorie

Die statische Trade-Off Theorie stammt von *Kraus/ Litzenberger (1973)* und führt
den Ansatz der Modellerweiterung von *Modigliani/ Miller (1963)* fort, indem die
scheinbare Vorteilhaftigkeit der Fremdkapitalaufnahme, als Folge der steuerlichen
Begünstigung, differenzierter betrachtet wird. Zu diesem Zweck wird neben Steu-
ern auch der Einfluss einer drohenden Insolvenz im Zuge einer fortschreitenden
Verschuldung untersucht. Dabei liegt der Gedanke zu Grunde, dass eine maximale
Verschuldung nicht ausschließlich vorteilhaft ist. Es besteht das Risiko, dass ein
Unternehmen den Zahlungsverpflichtungen nicht nachkommen kann. Eine solche
Zahlungsunfähigkeit führt im Extremfall zur Insolvenz. Dieses Risiko lassen sich
Fremdkapitalgeber mittels eines Aufschlags, der mit zunehmender Verschuldung
ansteigt, vergüten. Folglich gehen mit dem Anstieg des Verschuldungsgrades zwei
gegenläufige Effekte einher. Zum einen wirkt sich der Steuervorteil positiv auf
den Unternehmenswert aus und zum anderen üben die Insolvenzkosten einen negativen Einfluss aus. Sofern der marginale Steuervorteil den marginalen Insolvenzkosten entspricht, kompensieren sich beide Faktoren und es liegt gemäß der
statischen   Trade-Off   Theorie   eine   optimale   Kapitalstruktur   vor.
Kraus/ Litzenberger (1973) zeigen damit, dass die Verletzung der Prämissen eines
vollkommenen Kapitalmarktes dazu führt, dass Finanzierungsentscheidungen
durchaus zu der Maximierung des Unternehmenswertes beitragen können.[357]

---

[356] Vgl. Modigliani/ Miller (1963), S. 442. Der Verlauf der Gesamtkapitalkosten erinnert an den Nettogewinnansatz. Jedoch gilt auch an dieser Stelle, dass die Begründungen voneinander abweichen. Beim Nettogewinnansatz
werden konstante Eigen- und Fremdkapitalkosten angenommen, weshalb sich die Erhöhung des Verschuldungsgrades positiv auf die Gesamtkapitalkosten auswirkt. Im Gegensatz dazu unterstellen *Modigliani/ Miller
(1963)* ansteigende Eigenkapitalkosten, berücksichtigen darüber hinaus jedoch auch die Wirkung einer Unternehmenssteuer. Der Rückgang der Gesamtkapitalkosten resultiert daher aus der steuerlichen Vorteilhaftigkeit
von Fremdkapital, die beim Nettogewinnansatz gänzlich außen vor bleibt.
[357] Vgl. Kraus/ Litzenberger (1973), S. 911 ff. und Bradley/ Jarrell/ Kim (1984), S. 857 ff.

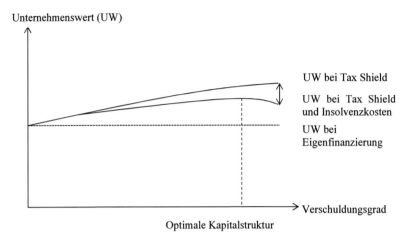

Abbildung 2.8: Optimale Kapitalstruktur bei der statischen Trade-Off Theorie[358]

Der Einfluss der Kapitalstruktur auf den Marktwert eines Unternehmens wird in Abbildung 2.8 zusammengefasst. Es wird deutlich, dass der Unternehmenswert bei zunehmender Verschuldung zunimmt, sofern lediglich der Barwert des Tax Shields berücksichtigt wird. Mit zunehmender Fremdkapitalaufnahme erhöht sich jedoch auch das Insolvenzrisiko, welches überproportional ansteigt. Aus diesem Grund muss der oben zu sehende Verlauf des Unternehmenswertes bei Berücksichtigung des Tax Shields und des Insolvenzrisikos nach unten korrigiert werden. Zum Vergleich dient die Darstellung des Marktwertes bei reiner Eigenfinanzierung. Die fehlenden Vorteile der anfänglichen Verschuldung führen dazu, dass dieser Unternehmenswert deutlich unter dem Wert der optimalen Verschuldung liegt.

2.3.2.3 Kritische Würdigung neoklassischer Kapitalstrukturtheorien

Seit dem Erscheinen des Theorems von *Modigliani/ Miller (1958)* wird eine kontroverse Diskussion geführt. Zweifelsohne kann konstatiert werden, dass die Veröffentlichung, unabhängig von der Akzeptanz, in großem Maße zu der Entwicklung der Corporate Finance Forschung beigetragen hat. Die für damalige Zeiten revolutionären Aussagen haben dazu geführt, dass sich sowohl Befürworter als auch Kri-

---

[358] In Anlehnung an Myers (1984), S. 577.

tiker herausgebildet haben.[359] Als Folge existiert eine bis heute anhaltende Debatte über die Bedeutung und den Zusammenhang von Kapitalstrukturentscheidungen.

Grundsätzlich ist die Aussage, dass die Kapitalstruktur, bei Annahme eines vollkommenen Marktes, keinen Einfluss auf den Marktwert des Unternehmens hat, in der Literatur weitgehend anerkannt. Die Kritik setzt vielmehr an der empirischen Überprüfbarkeit und dem praktischen Nutzen an.[360] Dies kann im Wesentlichen auf die restriktiven Annahmen eines vollkommenen Kapitalmarktes zurückgeführt werden. So gestaltet sich bspw. die Zuordnung von Unternehmen in einheitliche Risikoklassen, die für eine empirische Überprüfung notwendig ist, äußerst problematisch.[361] Außerdem gelten bspw. die Nichtberücksichtigung von Steuern und Insolvenzkosten sowie die Annahme eines durchweg konstanten Fremdkapitalzinssatzes als sehr realitätsfern.[362] *Modigliani/ Miller (1963)* reagierten selbst auf die Kritik, indem sie wenige Jahre nach dem Erscheinen ihres Theorems den Einfluss von Steuern auf die Kapitalstruktur, in einer weiteren Veröffentlichung, thematisieren. Obwohl demnach eine maximale Verschuldung anzustreben ist, wiesen beide Autoren dennoch darauf hin, dass eine maximale Verschuldung nicht zwangsläufig optimal sei. „[This] does not necessarily mean that corporations should at all times seek to use the maximum possible amount of debt in their capital structures."[363] Dies begründen sie wiederum mit einer möglichweise günstigeren Selbstfinanzierung und der limitierten Fremdkapitalaufnahme. Allerdings finden auch in dieser Erweiterung die Insolvenzkosten keine Berücksichtigung. Daher kann die Entwicklung der statischen Trade-Off Theorie als ein weiterer Schritt hin zu einer realitätsnahen Ansicht gewertet werden.

Obgleich der Ansatz von *Kraus/ Litzenberger (1973)* auf einem unvollkommenen Markt aufbaut, in dem Steuern und Insolvenzkosten existieren, bietet auch diese Theorie nur begrenzten Erklärungsgehalt. Es wird kritisiert, dass die Wahl der Kapitalstruktur nicht nur auf die Einflüsse dieser beiden Faktoren zurückgeführt werden kann, die darüber hinaus in keinem passenden Verhältnis zueinander stehen. Wohingegen der Vorteil des Tax Shields als verhältnismäßig hoch eingeschätzt wird, gilt der resultierende Nachteil aus dem Risikoaufschlag von Insolvenzkosten als eher gering. Somit wird der optimale Verschuldungsgrad vermutlich zu hoch ausgewiesen.[364] Zudem erweist sich besonders die Operationalisierung des Effek-

---

[359] Vgl. Myers (1984), S. 575.

[360] So ist es bis heute nicht gelungen, das Irrelevanztheorem eindeutig empirisch zu belegen bzw. zu widerlegen. Vgl. Schachtner (2009), S. 23.

[361] Vgl. Miller (1988), S. 99 ff., Solomon (1963), S. 102 ff. und Schmidt/ Terberger (1997), S. 264 ff.

[362] *Stiglitz (1969)* merkt an, dass eine Gültigkeit des Irrelevanztheorems auch unter weniger restriktiven Annahmen möglich sei. Vgl. Stiglitz (1969), S. 784 ff.

[363] Modigliani/ Miller (1963), S. 442.

[364] Vgl. Graham (2000), S. 1901 ff. und Miller (1977), S. 262 ff.

tes der Insolvenzkosten als schwierig.[365] Allein die Fragestellung nach der Eintrittswahrscheinlichkeit von Unternehmensinsolvenzen ist Gegenstand eines umfangreichen Forschungszweiges.[366] Darauf aufbauend Risikoaufschläge für die zunehmende Verschuldung abzuleiten, verstärkt die Problematik.

Trotz der konzeptionellen Schwächen ist die empirische Überprüfung der statischen Trade-Off Theorie Gegenstand vieler Untersuchungen. Die Theorie kann bis heute nicht grundsätzlich belegt werden, da die Ergebnisse der Studien sowohl Argumente für als auch gegen eine Gültigkeit aufzeigen. Unterstützt wird der theoretische Ansatz über die Existenz einer optimalen Kapitalstruktur bspw. durch Hinweise, dass Unternehmen eine optimale Zielkapitalstruktur verfolgen.[367] Als wesentlicher Kritikpunkt gilt dagegen der vermehrt empirisch nachgewiesene negative Zusammenhang zwischen der Profitabilität und dem Verschuldungsgrad. Die statische Trade-Off Theorie unterstellt einen positiven Zusammenhang, da profitablere Unternehmen ein geringeres Konkursrisiko aufweisen und somit die Steuervorteile bei einer hohen Verschuldung ausnutzen können.[368] Darüber hinaus weisen Untersuchungen darauf hin, dass ein steigender Steuersatz nicht zu einem Anstieg des Verschuldungsgrades führt, wie es gemäß der Theorie eigentlich der Fall sein müsste.[369]

Zusammenfassend kann festgehalten werden, dass die neoklassischen Kapitalstrukturtheorien einen wesentlichen Beitrag zum Verständnis von Finanzierungsentscheidungen leisten. Zwar sind die Annahmen teils sehr restriktiv, doch ermöglichen sie zumindest eine Interpretation im Kontext mit Markteinflüssen. Dieser Umstand prägt die Forschung in dem Bereich bis heute. Aufbauend auf den neoklassischen Ansätzen haben sich die Modelle insofern weiterentwickelt, als dass zunehmend Marktimperfektionen berücksichtigt werden sowie Finanzintermediäre existieren.

---

[365] Vgl. Elkamhi/ Ericsson/ Parsons (2012), S. 62 ff.

[366] Für eine Übersicht zu den verschiedenen Ansätzen zur Messung des Insolvenzrisikos vgl. Mansi/ Maxwell/ Zhang (2012), S. 25 ff.

[367] Empirische Studien zeigen, dass ein Großteil der untersuchten Unternehmen eine Zielkapitalstruktur anstrebt und bei einer Abweichung entsprechend reagiert. Vgl. Jalilvand/ Harris (1984), S. 127 ff., Graham/ Harvey (2001), S. 191 ff. und Drobetz/ Pensa/ Wöhle (2006), S. 256 ff. Gegen diese Ansicht spricht, dass die Kapitalstrukturen von ähnlichen Unternehmen teilweise deutlich voneinander abweichen. Als Grund dafür wird bspw. die Branchenzugehörigkeit genannt. Vgl. Myers (1984), S. 589.

[368] Der negative Zusammenhang zwischen Profitabilität und Verschuldungsgrad gilt auf Grund der Vielzahl signifikanter, empirischer Ergebnisse als belegt. Vgl. Titman/ Wessels (1988), S. 17, Rajan/ Zingales (1995), S. 1421 f., Fama/ French (2002), S. 29 f. und Arnold/ Lahmann/ Reinstädt (2011), S. 455 f.

[369] Vgl. Miller (1977), S. 264.

2.3.3 Neoinstitutionelle Kapitalstrukturtheorien

Die dargestellten traditionellen und neoklassischen Kapitalstrukturtheorien liefern ohne Zweifel beachtenswerte Erkenntnisse über das Zusammenwirken von Risiko, Kapitalkosten und dem Marktwert eines Unternehmens. Völlig außen vor bleibt bei der Erklärung der Kapitalstruktur allerdings die Informationsasymmetrie zwischen den Vertragspartnern, die üblicherweise nicht über den gleichen Informationsstand verfügen. Informationsasymmetrien verursachen zusätzliche Kosten, die bei Finanzierungsentscheidungen zu berücksichtigen sind. Dieser Problematik nehmen sich die neoinstitutionellen Ansätze an, indem Verhaltensweisen von Managern und Kapitalgebern in den Erklärungsansätzen berücksichtigt werden.[370]

Nachstehend werden mit der Agency Theorie, der Pecking-Order Theorie und der Market-Timing Theorie stellvertretend drei Modelle zur Erklärung der Kapitalstruktur vorgestellt. Obgleich alle Ansätze von Informationsasymmetrien zwischen den verschiedenen Vertragsparteien ausgehen, unterscheiden sie sich dennoch bezüglich der Argumentation und der gewonnenen Erkenntnisse. Der Abschnitt zu den Kapitalstrukturtheorien endet mit einer kritischen Würdigung und einer kurzen Zusammenfassung.

2.3.3.1 Agency Theorie

Im Vordergrund der Theorie von *Jensen/ Meckling (1976)* stehen die Interessenskonflikte und die Informationsasymmetrien zwischen den Vertragspartnern, die besonders bei großen multinationalen Unternehmen bedeutend sein können. So sind üblicherweise bei einer Aktiengesellschaft die Eigentümer nicht die alleinigen Entscheidungsträger. Demnach beauftragt der Prinzipal den Agenten mit der Ausübung einer Tätigkeit, wobei dem Agenten hierfür eine gewisse Entscheidungskompetenz übertragen wird. Es wird unterstellt, dass der Prinzipal sowie der Agent rational handeln, mit dem Ziel den eigenen Nutzen zu maximieren. Da die Absichten und Risikoeinstellungen beider Vertragsparteien voneinander abweichen können, führt eine optimale Entscheidung aus Sicht des Agenten nicht zwangsläufig dazu, dass auch der Nutzen des Prinzipals maximiert wird.[371]

Dieser Konflikt wird dadurch verstärkt, dass der Agent gewöhnlich über einen Informationsvorsprung gegenüber dem Prinzipal verfügt. Somit wird eine Nachvollziehbarkeit der Handlungen erschwert. Die mögliche Divergenz zwischen den Entscheidungen des Agenten und den Interessen des Prinzipals verursacht sog. Agency-Kosten und führt zu einem Wohlfahrtsverlust. *Jensen/ Meckling (1976)* unterscheiden drei Arten von Agency-Kosten: „Monitoring Expenditures", „Bon-

---

[370] Vgl. Hax/ Hartmann-Wendels/ von Hinten (2001), S. 598 f.
[371] Vgl. Jensen/ Meckling (1976), S. 306 ff. und Franke/ Hax (2009), S. 458.

ding Expenditures" und „Residual Loss". Die Ausgaben für das Monitoring entstehen dem Prinzipal durch die Implementierung von Kontrollmechanismen und Anreizsystemen für den Agenten. Die Bonding Kosten hat der Agent zu tragen, sofern er auf nutzensteigernde Aktionen verzichtet, die dem Prinzipal schaden würden. Die verbleibende Divergenz zwischen den getroffenen Entscheidungen und solchen, die im Sinne des Prinzipals wären, werden mit dem Residual Loss ausgedrückt.[372]

Prinzipal-Agenten-Konflikte können sowohl zwischen Anteilseignern und Managern als auch zwischen Anteilseignern und Gläubigern aufkommen. Erstere beziehen sich auf die Eigenkapitalgeber und führen somit zu Eigenkapital Agency-Kosten. Konflikte zwischen den Anteilseignern und den Gläubigern rufen dagegen Fremdkapital Agency-Kosten hervor. Bezogen auf die Kapitalstruktur gilt es, diese Kosten mittels einer optimalen Zusammenstellung von Eigen- und Fremdkapital möglichst zu minimieren. Im Folgenden wird explizit das Konfliktszenario zwischen den Anteilseignern und Managern detailliert erläutert und gezeigt, inwiefern Agency-Kosten entstehen können bzw. wie diese minimiert werden können.[373]

Es lassen sich verschiedene Gründe aufführen, weshalb Interessenskonflikte zwischen dem im Unternehmen aktiven Management und den außenstehenden Anteilseignern bestehen. Manager können auf Kosten des Unternehmens lediglich ihren eigenen Nutzen maximieren. So erhöht sich bspw. der Nutzen des Managers, wenn er über einen luxuriösen Dienstwagen verfügt. Für den Anteilseigner ist dies jedoch nicht mit einem Vorteil verbunden. Ganz im Gegenteil, die hohen Ausgaben wirken sich negativ auf den Unternehmenswert aus und reduzieren somit auch das Eigenkapital des Anteilseigners. Dieses Verhalten kann beeinflusst werden, indem die Manager am Unternehmen beteiligt sind. Handlungen der Agenten sind in der Folge darauf ausgerichtet den Unternehmenswert zu maximieren.[374]

Eng verbunden mit einem möglicherweise überschwänglichen Konsumverhalten des Managements ist der Konflikt hinsichtlich der Verwendung der freien Cashflows. Die freien Cashflows umfassen jene Kapitalbestände, welche nach Durchführung aller Investitionsvorhaben mit einem positiven Nettobarwert zur Verfügung stehen. Im Sinne der Anteilseigner sollen freie Cashflows ausgeschüttet werden, damit diese am Kapitalmarkt effizient investiert werden können. Demgegenüber steht allerdings die Absicht des Managements das frei verfügbare Kapital

---

[372] Vgl. Jensen/ Meckling (1976), S. 306 ff.

[373] Vgl. Jensen/ Meckling (1976), S. 333 ff. Für weiterführende Informationen zu dem Anteilseigner-Gläubiger-Konflikt und den Fremdkapital Agency-Kosten siehe Jensen/ Meckling (1976), S. 333 ff., Myers (1977), S. 147 ff. und Hermanns (2006), S. 50 ff.

[374] Vgl. Jensen/ Meckling (1976), S. 312 ff.

selbst zu investieren, um somit das Unternehmen zu vergrößern und die Machtposition zu festigen. Der Renditegedanke der Eigenkapitalgeber ist dabei zweitrangig. Vielmehr stehen die nicht-monetären und monetären Anreize für den Agenten im Vordergrund der Entscheidungsfindung.[375] Das sog. „Empire Building" kann sich bspw. positiv auf das Ansehen des Managers auswirken und darüber hinaus auch einen monetären Nutzen in Form von Bonuszahlungen mit sich bringen.[376]

Problematisch ist der Umstand, dass die Anteilseigner nur schwer beurteilen können, inwiefern eine Investition tatsächlich auch in ihrem Sinn getätigt wird. Als Lösung nennt *Jensen (1986)* die Aufnahme von Fremdkapital. Anders als Ausschüttungen an Anteilseigner ist der Kapitaldienst an die Gläubiger verpflichtend zu leisten. Die freien Cashflows werden somit reduziert und es wird ein Anreiz für das Management geschaffen, die begrenzten finanziellen Mittel möglichst effizient zu verwenden können. Diese Kontrollfunktion durch das Fremdkapital ist besonders bei großen, bereits etablierten Unternehmen von Bedeutung, da diese i.d.R. geringere Wachstumsmöglichkeiten aufweisen als junge dynamische Unternehmen und die freien Cashflows ggf. nicht effizient investiert werden. Der Disziplinierungsfunktion des Fremdkapitals stehen allerdings auch Kosten entgegen.[377] Die Ausführungen zur statischen Trade-Off Theorie haben bspw. gezeigt, dass mit zunehmender Verschuldung auch die Insolvenzkosten steigen und eine maximale Verschuldung nicht empfehlenswert ist.[378] Ein optimaler Verschuldungsgrad im Sinne der Agency Theorie ist erreicht, wenn die Grenzkosten genau dem Grenznutzen des Fremdkapitals entsprechen.[379]

Stulz (1990) erweitert den Gedankengang von Jensen mit der These, dass der Anteilseigner-Manager-Konflikt sowohl zu einer Überinvestition als auch zu einer Unterinvestition im Unternehmen führen kann. Es wird unterstellt, dass Manager grundsätzlich zu einer aggressiven Investitionspolitik neigen und die freien Cashflows möglichst nicht an die Anteilseigner ausschütten möchten. Zudem wird generell behauptet, dass nicht genügend Cashflows existieren, um alle Investitionen mit einem positiven Nettobarwert zu realisieren. Die Eigentümer sind sich dieser Problematik bewusst und misstrauen dem Management, wobei sie die Vorteilhaftigkeit einer Investition letztlich nicht selbst bewerten können. Übersteigen die rentablen Investitionsmöglichkeiten die freien Cashflows, fordern die Anteilseigner dennoch die Ausschüttung von Kapital bzw. verweigern eine weitere Kapitalbereitstellung, da sie von unrentablen Investitionen ausgehen. In der Folge kann

---

[375] Vgl. Jensen (1986), S. 323.
[376] Vgl. Murphy (1985), S. 11 ff.
[377] Vgl. Jensen (1986), S. 324.
[378] Für weitere Informationen zu der statischen Trade-Off Theorie und den Auswirkungen von Insolvenzkosten auf die Kapitalkosten siehe Kapitel 2.3.2.2.
[379] Vgl. Jensen (1986), S. 324.

durch die Unterinvestition nicht das Investitionsoptimum erreicht werden. Um diese Differenz zu kompensieren, tendieren die Manager zu einer Überinvestition, sofern sie über genügend freie Cashflows verfügen. Die Kapitalstruktur eines Unternehmens ist daher abhängig von den freien Cashflows und den Investitionsmöglichkeiten. Bei einem hohen freien Cashflow und genügend Investitionsmöglichkeiten, befürworten die Eigentümer einen geringen Verschuldungsgrad. Die getätigten Investitionen führen demnach zu einer Steigerung des Unternehmenswertes. Gesetzt den Fall geringer oder negativer Cashflows nehmen die Anteilseigner an, dass nicht ausreichend wertschaffende Investitionen bereitstehen. Es wird somit ein hoher Verschuldungsgrad angestrebt, um die Disziplinierungsfunktion von Fremdkapital in Anspruch zu nehmen.[380]

2.3.3.2 Pecking-Order Theorie

Eine weitere Theorie zur Kapitalstruktur, die im Wesentlichen auf der Informationsasymmetrie und den daraus entstehenden Kosten basiert, ist die Pecking-Order Theorie von *Myers/ Majluf (1984)*.[381] Es wird die These vertreten, dass eine Hierarchie hinsichtlich der genutzten Finanzierungsquellen vorliegt und daher ein optimaler Verschuldungsgrad nicht existiert. Demnach wird vorrangig diejenige Finanzierungsform in Anspruch genommen, welche die geringsten Kosten mit sich bringt.[382] Neben den direkten Finanzierungskosten[383] stellen *Myers/ Majluf (1984)* die Informationskosten in den Vordergrund der Finanzierungsentscheidung. Letztere resultieren aus dem Umstand, dass Kapitalgeber nicht den tatsächlichen Wert der bereits ausgeführten und noch geplanten Investitionsvorhaben des Managements kennen. Da der tatsächliche Unternehmenswert somit nicht bekannt ist, versuchen Kapitalgeber die Finanzierungsentscheidungen zu analysieren, um Kenntnisse über den tatsächlichen Unternehmenswert zu gewinnen.[384]

Bei der Innenfinanzierung haben Informationskosten keinen Einfluss, da keine Interaktion mit externen Kapitalgebern erfolgt. Aus diesem Grund wird diese Finanzierungsform bevorzugt. Sind nicht genügend interne Mittel vorhanden, um die geplanten Investitionsvorhaben durchzuführen, muss das Unternehmen auf externe Kapitalgeber zurückgreifen. Dabei ist abzuwägen, ob eher Fremd- oder Eigenkapital beschafft werden soll.[385]

---

[380] Vgl. Stulz (1990), S. 3 ff.
[381] Der Leitgedanke der Pecking-Order Theorie stammt allerdings von *Donaldson (1961)*.
[382] Vgl. Myers (1984), S. 581.
[383] Die direkten Finanzierungskosten umfassen je nach Finanzierungsinstrument bspw. Zinszahlungen, laufende Gebühren oder einmalige Emissionskosten.
[384] Vgl. Myers/ Majluf (1984), S. 195 f.
[385] Vgl. Myers (1984), S. 581 ff.

Da das Management annahmebedingt im Interesse der Altaktionäre handelt, wird zusätzliches Kapital von außen nur benötigt, wenn weitere vorteilhafte Investitionen zur Verfügung stehen oder das Unternehmen überbewertet ist.[386] Dessen sind sich auch die möglichen Neuaktionäre bewusst, welche das zweite Szenario höher gewichten und daher einen deutlichen Nachlass des Ausgabekurses fordern. Somit ist eine Kapitalerhöhung mit deutlichen Kursrückgängen und einer Minderung des Marktwertes verbunden.[387] Studien zeigen, dass der Rückgang des Aktienkurses positiv mit dem Grad der Informationsasymmetrie korreliert.[388]

Im Hinblick auf die Fremdkapitalbeschaffung gestaltet sich dieser Aspekt anders. Es wird nicht der Anschein erweckt, dass ein Unternehmen am Markt überwertet ist. Die Entwicklung des Aktienkurses ist folglich weniger betroffen. So konnte gezeigt werden, dass der Aktienkurs von Unternehmen nur geringfügig auf die Fremdkapitalaufnahme reagiert.[389] Zudem können Gläubiger Zahlungsverpflichtungen gegenüber dem Schuldner geltend machen, wodurch sie weniger auf Schätzungen des Unternehmenswertes angewiesen sind. Wie bereits mehrmals erwähnt, ist die Aufnahme von Fremdkapital allerdings begrenzt, da das Insolvenzrisiko ansteigt. Ist ein solcher Schwellenwert erreicht, wird zunächst auf hybrides Kapital zurückgegriffen, welches sowohl über Eigenschaften von Fremd- als auch Eigenkapital verfügt. Sollte diese Finanzierungsquelle ebenfalls erschöpft sein, wird als letzte Möglichkeit eine Kapitalerhöhung in Betracht gezogen. Die erläuterte Rangfolge der verschiedenen Finanzierungsformen wird in der nachfolgenden Abbildung 2.9 veranschaulicht.[390]

---

[386] Vgl. Myers (2001), S. 91 f.
[387] Vgl. Asquith/ Mullins (1986), S. 61 ff.
[388] Vgl. Dierkens (1991), S. 181 ff. und D`Mello/ Ferris (2000), S. 78 ff.
[389] Vgl. Shyam-Sunder (1991), S. 549 ff.
[390] Vgl. Myers (1984), S. 581 ff. und Myers (2001), S. 92.

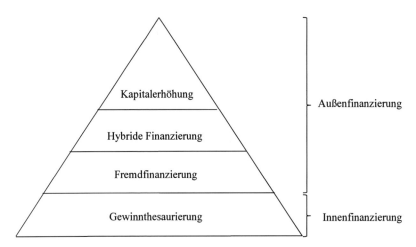

Abbildung 2.9: Hierarchie der Finanzierungsquellen bei der Pecking-Order Theorie[391]

2.3.3.3 Market-Timing Theorie

Der Market-Timing Ansatz basiert auf dem Grundgedanken, dass Unternehmen die Eigen- und Fremdkapitalmärkte beobachten und analysieren, um Kapital zu einem möglichst günstigen Zeitpunkt zu beschaffen. Anders als bei der Trade-Off Theorie wird somit nicht eine optimale Kapitalstruktur verfolgt, sondern vielmehr in Abhängigkeit von den Marktkonditionen entschieden, welches die derzeit günstigste Finanzierungsmöglichkeit ist. Die dynamische Betrachtungsweise ermöglicht es, dass Finanzierungsverhalten über mehrere Perioden zu untersuchen.[392]

Forschungsbeiträge zum Market-Timing Verhalten bei der Unternehmensfinanzierung reichen bereits bis in die siebziger Jahre zurück, wobei sich die ersten Studien zunächst auf die Fremdfinanzierung konzentrieren.[393] *Bosworth (1971)* und *White (1974)* untersuchen das Verhältnis von kurzfristigem zu langfristigem Fremdkapital und konstatieren eine Abhängigkeit von Marktfaktoren. Demnach sind u.a. das Zinsniveau und die Konjunkturzyklen von Bedeutung für die Finanzierungsentscheidung.[394] In einem nächsten Schritt wird auch die Eigenfinanzie-

---

[391] In Anlehnung an Spremann/ Gantenbein (2005), S. 110.

[392] Vgl. Chang/ Dasgupta/ Hilary (2006), S. 3013 ff., Frank/ Goyal (2009), S. 6 f. und Baker/ Wurgler (2002), S. 1 ff.

[393] Auf Grund der Vielzahl an erschienen Publikationen zu Kapitalstrukturtheorien, können frühere Publikationen nicht gänzlich ausgeschlossen werden.

[394] Vgl. Bosworth (1971), S. 263 und White (1974), S. 565 ff.

rung im Entscheidungskalkül berücksichtigt. *Taggart (1977)* und *Marsh (1982)* betrachten sowohl die Eigen- als auch Fremdfinanzierung im Zusammenhang mit einem möglichen Market-Timing Verhalten und stellen ebenfalls fest, dass Finanzierungsentscheidungen von Marktfaktoren abhängig sind. Darüber hinaus merken beide Autoren an, dass im Unternehmen eine Zielkapitalstruktur verfolgt wird und daher eine ständige Anpassung der Finanzierungsaktivitäten stattfindet.[395] Eine Vielzahl empirischer Untersuchungen konzentriert sich nunmehr auf den Zeitpunkt der Kapitalbeschaffung. Es zeigt sich, dass Unternehmen dazu tendieren das Kapital zu einer möglichst günstigen Gelegenheit aufzunehmen.[396]

Im Hinblick auf die Eigenfinanzierung haben sich verschiedene Ansätze herausgebildet, die das Market-Timing Verhalten erklären können. Eine Form kann als eine dynamische Betrachtung der Pecking-Order Theorie verstanden werden. Manager und Investoren handeln rational und sind sich der Existenz von Informationsasymmetrien bewusst. Verfolgt das Management die Absicht eine Kapitalerhöhung durchzuführen, werden vorher Informationen veröffentlicht, um die Informationsasymmetrie und die damit einhergehenden Kosten, die aus einer Abwertung resultieren würden, zu reduzieren. Ein weiterer Erklärungsansatz geht davon aus, dass Fehleinschätzungen bzw. irrationales Verhalten der Marktteilnehmer durchaus hingenommen und ausgenutzt werden. Somit neigt das Unternehmen dazu aus dem Informationsvorsprung einen Vorteil zu generieren, indem neue Aktien ausgegeben werden, wenn es diese für überbewertet hält und die Finanzierungskosten daher geringer sind. Werden die Kosten dagegen als hoch eingestuft, versucht das Unternehmen eigene Anteile zurückzukaufen.[397]

Baker/ Wurgler (2002) bestätigen in einer umfassenden Untersuchung die Existenz des Market-Timings bei der Finanzierung. Demnach liegt die Vermutung nahe, die Kapitalstruktur eines Unternehmens resultiere aus vergangenen Market-Timing Versuchen. Bezüglich der aufgezeigten Erklärungsversionen stellen sie fest, dass beide Ansätze vertretbare Argumente enthalten und daher keine Abwägung zwischen den beiden stattfinden sollte.[398] Die Idee des Market-Timings geht schließlich soweit, dass Unternehmen sogar eine günstige Finanzierungsmöglichkeit ausnutzen, obgleich sie eigentlich kein zusätzliches Kapital benötigen.[399]

---

[395] Vgl. Taggart (1977), S. 1483 f. und Marsh (1982), S. 142.

[396] Für einen Überblick zu den empirischen Untersuchungen zum Market-Timing Verhalten siehe Alti (2006), S. 1684 ff. und Korajczyk/ Levy (2003), S. 79 ff.

[397] Vgl. Korajczyk/ Lucas/ McDonald (1991), S. 685 ff. und Loughran/ Ritter (1995), S. 48 f.

[398] Die Untersuchung umfasst über 2.800 Unternehmen im Zeitraum von 1968-1999. Vgl. Baker/ Wurgler (2002), S. 1 ff.

[399] Vgl. Frank/ Goyal (2009), S. 7.

2.3.3.4 Kritische Würdigung der neoinstitutionellen Kapitalstrukturtheorien

Die neoinstitutionellen Kapitalstrukturtheorien liefern, durch die Berücksichtigung von Informationsasymmetrien bei der Kapitalbeschaffung, einen wesentlichen Beitrag zum besseren Verständnis von Finanzierungsentscheidungen. Durch die Aufhebung der Annahme eines einheitlichen Informationsstandes aller Marktteilnehmer, erfolgt eine deutlich realistischere Darstellung der Thematik. Demzufolge können die Eigenschaften und die Verwendung einzelner Finanzierungsquellen differenzierter betrachtet werden.[400] Es gilt weitgehend als erwiesen, dass sich Informationsasymmetrien auf die Kapitalstruktur auswirken.[401] Die Ausführungen zur Agency Theorie, der Pecking-Order Theorie und der Market-Timing Theorie haben allerdings verdeutlicht, dass sich die Erklärungsansätze und das Verständnis von Kapitalstrukturentscheidungen teilweise voneinander unterscheiden. Darin ist auch ein grundsätzlicher Kritikpunkt an den neoinstitutionellen Kapitalstrukturansätzen zu sehen: Die Modelle liefern teilweise kontroverse Erkenntnisse, weshalb Handlungsempfehlungen für die Praxis nur schwer abgeleitet werden können.[402]

Im Fokus der Agency Theorie steht die Prinzipal-Agenten-Problematik zwischen den verschiedenen Vertragsseiten bei der Finanzierung. Der Agent verhält sich demnach eigennützig, weshalb die Handlungen zu einem Konflikt mit dem Prinzipal führen können. Dem Prinzipal stehen verschiedene Möglichkeiten zur Verfügung, um den Handlungsspielraum einzuschränken. Es gestaltet sich aber in der Theorie und Praxis schwierig, die Performance des Managers zu messen und festzustellen, inwieweit die Handlungen nicht den Interessen des Prinzipals entsprechen. Somit ist die Ermittlung der Agency-Kosten problematisch. Der optimale Verschuldungsgrad resultiert u.a. aus dem Zusammenwirken von Agency-Kosten und der Fremdkapitalbeschaffung. Ohne die präzise Festlegung der Agency-Kosten wird folglich auch die Bestimmung eines optimalen Verschuldungsgrades erschwert.[403] Einen weiteren wesentlichen Einflussfaktor auf die Kapitalstruktur stellt die Investitionstätigkeit dar. Gemäß der Theorie müssten wachstumsstarke Unternehmen auf Grund der umfangreichen Investitionsmöglichkeiten über einen hohen Eigenkapitalanteil verfügen, wohingegen etablierte Unternehmen eher fremdfinanziert sind. Dieser Zusammenhang konnte in einer umfangreichen empirischen Studie von *Barcley/Smith/ Watts (1995)* nachgewiesen werden.[404]

---

[400] Vgl. Hax/ Hartmann-Wendels/ von Hinten (2001), S. 598 f.

[401] Vgl. Morellec (2004), S. 258.

[402] Vgl. Hermanns (2006), S. 61.

[403] Vgl. Arnold/ Lahmann/ Reinstädt (2011), S. 450.

[404] Die Studie umfasst über 6.700 Unternehmen über einen Zeitraum von 30 Jahren. Vgl. Barcley/ Smith/ Watts (1995), S. 4 ff.

Ein wesentlicher Unterschied der Agency Theorie, im Vergleich zur Pecking-Order Theorie, besteht hinsichtlich der Beziehung zwischen Anteilseignern und Managern. Während die Agency Theorie von Interessenkonflikten zwischen beiden Parteien ausgeht, handeln die Manager laut Pecking-Order Theorie im Interesse der Altaktionäre. Es kann somit konstatiert werden, dass beide Ansätze hinsichtlich dieses Aspektes grundlegend verschieden sind. In der Folge unterscheiden sich auch die Kernaussagen der Theorien. Die Pecking-Order Theorie löst sich von der Idee eines optimalen Verschuldungsgrades und erweitert das Entscheidungskalkül um die Frage der Mittelherkunft. Somit wird neben der Vorteilhaftigkeit von Eigen- und Fremdkapital auch die Wahl zwischen Innen- und Außenfinanzierung diskutiert. Die umfangreiche Betrachtungsweise liefert einen hohen Erklärungsgehalt für in der Praxis zu beobachtende Finanzierungsentscheidungen.[405] Darüber hinaus erklärt die Theorie empirische Beobachtungen, wonach profitable Unternehmen einen geringen Verschuldungsgrad aufweisen.[406]

Allerdings ist kritisch anzumerken, dass Manager nicht generell im Interesse der Altaktionäre handeln. Die Agency Theorie und damit verbundene Untersuchungen haben aufgezeigt, dass oftmals ein Prinzipal-Agenten-Konflikt besteht.[407] Zudem wird angenommen, dass Altaktionäre gemäß der Pecking-Order Theorie keine neuen Aktien bei einer Kapitalerhöhung zeichnen. Dies kann in der Realität nicht prinzipiell ausgeschlossen werden, ist aber eine Bedingung für den Erklärungsansatz. Darüber hinaus gilt annahmebedingt, dass eine Kapitalerhöhung nur durchgeführt wird, wenn keine weiteren internen Mittel und kein Fremdkapital zur Verfügung stehen. Diese Aussage impliziert eine begrenzte Fremdkapitalaufnahme, die in der Theorie allerdings nicht eindeutig definiert ist.[408]

Einen weiteren Erklärungsansatz für die Zusammensetzung der Kapitalstruktur bietet die Market-Timing Theorie. Prinzipiell wirkt die Annahme, dass Unternehmen die Finanzierungstätigkeiten zeitlich abwägen, nachvollziehbar. Es ist eine wesentliche Zielstellung des Finanzmanagements, das Unternehmen zu möglichst günstigen Konditionen mit genügend Kapital zu versorgen. Auf Grund der hochkomplexen Rahmenbedingungen sind die Kosten sowohl für die Eigen- als auch die Fremdfinanzierung sehr volatil. Folglich können günstige bzw. kostenintensive Perioden für die Kapitalbeschaffung unterschieden werden. Besonders der technologische Fortschritt der letzten Jahrzehnte ermöglicht es, dass Informationen und Daten leicht ausgetauscht werden können und Entwicklungen zeitnah erkannt und

---

[405] Die *Deutschen Bundesbank (2012)* untersucht die Finanzierungsstruktur der nichtfinanziellen Kapitalgesellschaften in Deutschland für die Jahre 1991 bis 2010. Demnach liegt der Anteil der Innenfinanzierung durchschnittlich bei über 65%. Die Struktur der Außenfinanzierung ist überwiegend durch einen sehr hohen Fremdfinanzierungsanteil gekennzeichnet. Vgl. Deutsche Bundesbank (2012b), S. 18 ff.

[406] Vgl. Schachtner (2009), S. 169 und Frank/ Goyal (2009), S. 26 f.

[407] Der Konflikt nimmt mit zunehmender Beteiligung des Managements am Unternehmen ab.

[408] Vgl. Frank/ Goyal (2008), S. 152 f.

interpretiert werden.[409] Diese Möglichkeiten nutzen auch multinationale Unternehmen bei der Finanzierung, indem Märkte ständig beobachtet und analysiert werden. Das Market-Timing Verhalten ist somit nicht nur nachvollziehbar, sondern sollte von gewinnmaximierenden Unternehmen, soweit möglich, auch vorausgesetzt werden.

Empirische Ergebnisse geben verstärkt Hinweise darauf, dass Finanzierungsentscheidungen sowohl bei der Eigen- als auch Fremdkapitalbeschaffung von Unternehmen „getimed" werden und von Marktfaktoren abhängig sind.[410] Eine Studie von *Korajczyk/ Levy (2003)* bekräftigt diese Vermutung.[411] Demnach unterscheidet sich das Market-Timing Verhalten bei der Kapitalbeschaffung von finanziell abhängigen und unabhängigen Unternehmen.[412] Finanziell unabhängige Unternehmen sind flexibler hinsichtlich des Finanzierungszeitpunktes sowie der –höhe. Daher können sie die Handlungen besser timen und ggf. auf eine günstigere Gelegenheit warten.[413] Außerdem wird gezeigt, dass der Grad der Informationsasymmetrie zwischen Managern und Investoren einen Einfluss auf das Market-Timing Verhalten bei einer Kapitalerhöhung hat. Liegt eine niedrige Informationsasymmetrie vor, haben Unternehmen einen geringeren Anreiz den Markt zu timen, da somit auch die Informationskosten unwesentlicher sind.[414] Diese Erkenntnisse sind konsistent mit dem ersten Erklärungsansatz für das Timing Verhalten bei der Eigenfinanzierung. Neben dem Zeitpunkt wird mit der Wahl des Ortes ein weiterer Aspekt empirisch überprüft. Nachweisbar können sich die Konditionen zwischen Ländern bspw. auf Grund von regulatorischen Rahmenbedingungen unterscheiden, wodurch in besonderem Maße die Kapitalbeschaffung von multinationalen Unternehmen tangiert ist.[415]

Auf Grund der vermehrten empirischen Belege gilt die Market-Timing Theorie weitestgehend in der wissenschaftlichen Diskussion als etabliert. Allerdings handelt es sich bei diesem Erklärungsansatz scheinbar um eine recht allgemeine Betrachtungsweise hinsichtlich der Wahl von Eigen- und Fremdkapital. Es ist beispielsweise nicht eindeutig geklärt, wie Unternehmen verfahren, wenn beide Finanzierungsformen zu verhältnismäßig günstigen bzw. teuren Konditionen in Anspruch genommen werden können. In diesem Kontext ist es zudem subjektiv in-

---

[409] Siehe Kapitel 2.1.2.2.

[410] Vgl. Henderson/ Jegadeesh/ Weisbach (2003), S. 28, Rajan/ Zingales (1995), S. 1451 ff. und Graham/ Harvey (2001), S. 223 ff.

[411] Die Studie von *Korajczyk/ Levy (2003)* bezieht sich auf den Zeitraum von 1984 bis 1998.

[412] Unternehmen gelten als finanziell abhängig, wenn sie nicht über genügend freie Cashflows verfügen, um geplante Investitionsvorhaben ohne externe Kapitalgeber durchzuführen.

[413] Vgl. Korajczyk/ Levy (2003), S. 104 ff.

[414] Der Grad der Informationsasymmetrie ist u.a. abhängig von der Anzahl der Analysten. Beide Parameter korrelieren negativ miteinander. Vgl. Chang/ Dasgupta/ Hilary (2006), S. 3040 f.

[415] Vgl. Henderson/ Jegadeesh/ Weisbach (2003), S. 28.

terpretierbar, wann eine Finanzierung als günstig bzw. teuer gilt. Dies äußert sich auch darin, dass die zeitliche Komponente bei der Kapitalbeschaffung schwierig empirisch zu überprüfen ist.[416] Zwar ist im Verlauf der Ausführungen auf die bestehenden empirischen Ergebnisse verwiesen worden, jedoch lassen diese teils nur Vermutungen zu oder belegen die Market-Timing Theorie nur partiell. Eine Fragebogenuntersuchung von *Drobetz/ Pensa/ Wöhle (2006)* unterscheidet bei den Ergebnissen zwischen Market-Timing bei der Eigen- und Fremdfinanzierung. Demnach gibt ein Großteil der befragten Unternehmen an, dass eine Über- bzw. Unterbewertung nur einen geringen oder keinen Einfluss auf eine geplante Kapitalerhöhung hat. Vergangene Aktienkurse sind ebenfalls unbedeutend. Dies steht in einem Wiederspruch zu den Aussagen von *Baker/ Wurgler (2002)*. Bezogen auf die Fremdfinanzierung ist allerdings durchaus ein Timing Verhalten zu beobachten. So nehmen Unternehmen bspw. eher bei niedrigen Zinsen zusätzliches Kapital auf. Darüber hinaus neigen sie zu einer kurzfristigen Finanzierung, wenn die langfristigen Zinsen verhältnismäßig hoch sind.[417]

Es bleibt abschließend festzuhalten, dass die Agency Theorie, die Pecking-Order Theorie sowie die Market-Timing Theorie aufschlussreiche Ansätze beinhalten und wohl zu den anerkanntesten Kapitalstrukturtheorien gehören. Obgleich diese Theorien aus den siebziger und achtziger Jahren des vergangenen Jahrhunderts stammen, ist bis heute kein Abbruch der theoretischen und empirischen Auseinandersetzung zu erkennen. Als universales Erklärungsmodell kann allerdings bis heute keine der Theorien angesehen werden. Auf Grund der äußerst heterogenen Unternehmenswelt ist die Existenz einer allumfassenden Kapitalstrukturtheorie daher nur schwer vorstellbar.[418]

2.4 Theoretische Überlegungen zur Ausgestaltung der Finanzierungsstruktur

Entscheidungen bei der Finanzierung konzentrieren sich nicht ausschließlich auf den Aspekt der Rechtsstellung der Kapitalgeber (Eigen- und Fremdkapital). Neben der Fristigkeit und des Finanzierungsanlasses ist ebenfalls die Frage nach der Mittelherkunft von Bedeutung. Teilaspekte aufgezeigter Kapitalstrukturtheorien haben bereits deutlich gemacht, dass sich die Rahmenbedingungen bei der Innen- und Außenfinanzierung deutlich voneinander unterscheiden.[419] Auf Grund einer

---

[416] Vgl. Arnold/ Lahmann/ Reinstädt (2011), S. 451.
[417] Vgl. Drobetz/ Pensa/ Wöhle (2006), S. 274 ff.
[418] Vgl. Myers (2001), S. 99 f.
[419] Neoinstitutionelle Kapitalstrukturtheorien, wie bspw. die Agency Theorie oder die Pecking-Order Theorie, verdeutlichen, dass die Wahl der Mittelherkunft, u.a. auf Grund von Informationsasymmetrien, einen Einfluss auf die Finanzierungskonditionen und letztlich auf den Unternehmenswert haben kann. Siehe Kapitel 2.3.3.

fehlenden theoretischen Fundierung in diesem Bereich der Unternehmensfinanzierung wird es als notwendig und zielführend erachtet, ein Erklärungsmodell für die Wahl zwischen der Innen- und Außenfinanzierung zu entwickeln. Ein solcher theoretischer Bezugsrahmen soll die Basis für die im weiteren Verlauf der Arbeit folgende empirische Untersuchung zur Finanzierungsstruktur darstellen.

Die Ausgangssituation für die weiteren Modellüberlegungen bildet das Modell zur optimalen Selbstfinanzierung von *Schneider (1968)*, welches Aspekte der Investitions- und Finanzierungstheorie miteinander verbindet.[420] Dieser Ansatz liefert wertvolle Erkenntnisse, um schließlich das umfassendere und komplexere „Modell zur optimalen Finanzierungsstruktur" herzuleiten. Obgleich durchaus konzeptionelle Gemeinsamkeiten existieren, unterscheiden sich beide Modelle hinsichtlich der Annahmen, des Umfangs und der Aussagekraft deutlich voneinander.

Einleitend wird daher das Modell zur optimalen Selbstfinanzierung erläutert, um darauf aufbauend die eigenen Überlegungen fortzuführen. Es zeigt sich, dass auch einzelne Erkenntnisse aus den Theorien zur Kapitalstruktur für das Verständnis der Finanzierungsstruktur von Bedeutung sind.[421] Der Abschnitt endet mit einer kritischen Würdigung der Modellüberlegungen zur Finanzierungsstruktur.

2.4.1 Modell zur optimalen Selbstfinanzierung

Das Modell zur optimalen Selbstfinanzierung bei Publikumsgesellschaften von *Schneider (1968)* verbindet Überlegungen aus der Investitions- und Finanzierungstheorie miteinander. Unter Berücksichtigung der Investitionsmöglichkeiten stellt sich für ein börsennotiertes Unternehmen grundsätzlich die Frage, ob und in welchem Umfang Gewinne einbehalten und/ oder ausgeschüttet werden sollten. In Abhängigkeit des Investitionsvolumens, der Renditen und der Kapitalkosten kann so der optimale Grad der Selbstfinanzierung ermittelt werden. Vereinfachend werden zwei zentrale Annahmen getroffen. Zum einen plant das Unternehmen nur für eine Periode mit je einer Aus- und Einzahlung, so dass es sich um eine statische Betrachtung handelt. Zum anderen wird Ungewissheit ausgeschlossen, wodurch erwartete Ereignisse am Ende der Periode als sicher gelten. Begründet wird diese Annahme damit, dass zunächst ein Optimum für den Fall sicherer Erwartungen gesucht werden sollte, bevor die Ungewissheit in den Überlegungen berücksichtigt wird.[422]

---

[420] Vgl. Schneider (1968), S. 705.

[421] Das Modell zur optimalen Finanzierungsstruktur greift u.a. auf Erkenntnisse der statischen Trade-Off Theorie und Pecking-Order Theorie zurück. Demzufolge wirkt sich die Veränderung des Verschuldungsgrades auf die Finanzierungskonditionen aus (statische Trade-Off Theorie). Außerdem wird vorausgesetzt, dass ein Unternehmen zunächst die internen Mittel nutzt, bevor auf die Außenfinanzierung zurückgegriffen wird (Pecking-Order Theorie).

[422] Vgl. Schneider (1968), S. 705 f.

Neben der Festlegung eines Investitionsprogramms ist außerdem zu klären, welche finanziellen Mittel zur Deckung der Ausgaben herangezogen werden. Dabei hat das Unternehmen neben der Selbstfinanzierung auch die Möglichkeit, Kapital extern in Form eines Kredits zu beschaffen. Es muss somit abgewogen werden, ob die internen Mittel zur Deckung der Investitionsvorhaben ausreichen oder zusätzliches Fremdkapital benötigt wird. Diesbezüglich kann zwischen Bestands- und Zusatzkapital unterschieden werden. Ersteres steht dem Unternehmen zur Verfügung, ohne weitere Kosten zu verursachen. Im Gegensatz dazu gehen mit der Aufnahme von Zusatzkapital, wie der Name es vermuten lässt, zusätzliche Ausgaben einher.[423] Die Unterscheidung zwischen Bestands- und Zusatzkapital lässt darauf schließen, dass ein rational handelndes Unternehmen zunächst das interne Kapital investiert, weil damit keine zusätzlichen Ausgaben verbunden sind.[424]

Für die Investitionen gilt, dass diese sowohl im Betrieb durch das Unternehmen als auch über den Kapitalmarkt, nach einer erfolgten Ausschüttung, durch die Aktionäre stattfinden können. Somit führt die Gewinnausschüttung zu einem Verzicht auf die Selbstfinanzierung. Die Entscheidung ob ausgeschüttet oder selbstfinanziert wird, hat letztlich im Einklang mit den Unternehmenszielen zu erfolgen. *Schneider (1968)* unterscheidet diesbezüglich drei mögliche Zielsetzungen, wobei grundsätzlich angenommen wird, dass die Unternehmensleitung im Interesse der Aktionäre handelt. Da die Interessen der Aktionäre stark schwanken können, wird der Vereinfachung halber von einem Durchschnittsaktionär ausgegangen. Das Management kann die Einkommensmaximierung des Aktionärs, die Vermögensmaximierung des Unternehmens oder die Vermögensmaximierung des Aktionärs anstreben. Wird die Einkommensmaximierung eines Durchschnittsaktionärs verfolgt, ist der maximal mögliche Betrag an die Anteilseigner auszuschütten. Im Gegensatz dazu wird bei der firmeneigenen Vermögensmaximierung lediglich der branchenübliche Betrag ausgeschüttet, um die Zufriedenheit der Aktionäre zu gewährleisten. Der Restgewinn verbleibt im Unternehmen zur Selbstfinanzierung.[425]

Wohingegen bei den beiden aufgezeigten Szenarien kein Wahlprogramm existiert, gestaltet sich die Vermögensmaximierung eines Durchschnittsaktionärs komplizierter. Die zentrale Fragestellung lautet: Wächst das Vermögen des Aktionärs mehr, wenn Gewinne im Unternehmen investiert oder ausgeschüttet werden, um sie alternativ anzulegen? Zur Klärung dieses Sachverhaltes wird unterstellt, dass

---

[423] Für eine differenzierte Betrachtung des Zusatzkapitals kann des Weiteren zwischen Aufwands- und Gewinnkapital differenziert werden. Wohingegen die zusätzlichen Ausgaben beim Aufwandskapital unabhängig vom Unternehmensergebnis sind, sind die Kosten für das Gewinnkapital sehr wohl daran gekoppelt. Sofern Sonderformen bei der Finanzierung unberücksichtigt bleiben, kann Fremdkapital als Aufwandskapital und Eigenkapital in Form einer Beteiligungsfinanzierung als Gewinnkapital verstanden werden. Die Gewinnausschüttungen an die Anteilseigner sind demnach vom Unternehmensergebnis abhängig. Vgl. Schneider (1968), S. 706 ff.

[424] Diese Handlungsempfehlung spricht ebenfalls die Pecking-Order Theorie aus. Vgl. Myers (1984), S. 581 ff.

[425] Vgl. Schneider (1968), S. 727 ff.

die Unternehmensleitung die Alternativrenditen kennt und die Anlagemöglichkeiten für alle Aktionäre gleich sind, die Dividendenzahlungen vollständig reinvestiert werden und die steuerliche Belastung für alle Aktionäre gleich ausfällt. Ohne die Vereinheitlichung dieser Rahmenbedingungen ist die pauschale Bestimmung einer optimalen Selbstfinanzierung nicht möglich.[426] Zudem ist zu klären, ob mit der Auszahlung einer Dividende eine Ausschüttungsprämie einhergeht oder nicht. Entspricht der ausgeschüttete Betrag an den Aktionär exakt dem Wert, der bei einer Selbstfinanzierung im Unternehmen verbleiben würde, gibt es keine Ausschüttungsprämie. Der Aktionär kann bei Ausschüttung folglich den gleichen Betrag investieren wie das Unternehmen, wenn nicht ausgeschüttet wird. Dieses Szenario ist auf Grund von steuerlichen Aspekten allerdings eher unrealistisch. Daher können Steuern sowie Transaktionskosten in Form einer Ausschüttungsprämie berücksichtigt werden. In der Folge unterscheidet sich der Betrag, den Aktionäre bei erfolgter Ausschüttung investieren können, von dem Wert, der bei Gewinnthesaurierung im Unternehmen verbleiben würde. Im Modell werden beide Szenarien gesondert betrachtet. Darüber hinaus wird zwischen drei verschiedenen Erscheinungsformen des Kapitalmarktes unterschieden:[427]

1. Vollkommener Kapitalmarkt: Haben- und Sollzinssatz sind identisch. Es gibt keinerlei Restriktionen hinsichtlich des Anlage- bzw. Aufnahmevolumens.

2. Unvollkommener Kapitalmarkt: Der Sollzinssatz für Fremdkapital ist höher als der Habenzinssatz. Ansonsten gibt es wie beim vollkommenen Kapitalmarkt keine weiteren Restriktionen hinsichtlich der Volumina.

3. Beschränkter Kreditmarkt: Die Kosten für die Kapitalbeschaffung liegen ebenfalls über denen für die Kapitalanlage. Darüber hinaus ist die Kreditaufnahme begrenzt. Relevant für die Kreditobergrenze ist die Eigenkapitalausstattung, die das Insolvenzrisiko beeinflusst.

Wird unter der Annahme eines vollkommenen Kapitalmarktes die Ausschüttungsprämie außenvorgelassen, hat die Verwendung des ausschüttungsfähigen Betrages keinen Einfluss auf das Vermögen der Aktionäre. Da die Grenzrendite dem Kalkulationszinsfuß entspricht, ist es irrelevant, ob ein Unternehmen nur wenig Kapital oder viel Kapital ausschüttet. Die Kosten einer zusätzlichen Kapitalaufnahme entsprechen exakt der Verzinsung einer Wiederanlage. Zahlt ein Unternehmen bspw. den Aktionären weitere 100 Geldeinheiten aus, die zu 6% aufgenommen werden, legen die Aktionäre das Kapital selbst zu 6% an. Die Vermögenssituation des Anteilseigners verändert sich folglich nicht, weshalb auch kein optimaler Grad der Selbstfinanzierung existiert. Anders gestaltet sich der Sachverhalt bei Berücksich-

---

[426] Vgl. Schierenbeck (2003), S. 480 f.
[427] Vgl. Schneider (1968), S. 729 ff.

tigung einer Ausschüttungsprämie.[428] Handelt es sich um eine positive Prämie, so dass der Aktionär bei einer Ausschüttung mehr investieren kann, wird das Unternehmen das komplette Kapital ausschütten. Im Gegensatz dazu verbleibt das Kapital bei einer negativen Ausschüttungsprämie vollständig im Unternehmen.[429]

Im Folgenden werden die verschiedenen Szenarien der optimalen Selbstfinanzierung unter Annahme eines unvollkommenen Kapitalmarktes in Abbildung 2.10 veranschaulicht. Demnach werden die Grenzrenditen der Investitionen der Beispielfirmen A, B und C unterschieden. Zudem weicht die Höhe des Haben- und Sollzinssatzes voneinander ab. Eine Ausschüttungsprämie wird zunächst nicht berücksichtigt.

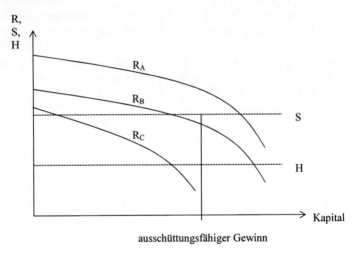

Abbildung 2.10: Modell zur optimalen Selbstfinanzierung[430]

---

[428] Die Ausschüttungsprämie hat in den Modellüberlegungen von *Schneider (1968)* steuerliche Gründe. Auf Grund voneinander abweichender steuerlicher Rahmenbedingungen kann sich der dem Unternehmen zur Verfügung stehende Betrag bei Gewinneinbehaltung von jenem, der den Aktionären bei Ausschüttung zur Verfügung steht, unterscheiden. Eine positive Ausschüttungsprämie umfasst demnach den Kapitalbetrag, den Anteilseigner im Falle einer Ausschüttung mehr anlegen können, als das Unternehmen im Falle der Selbstfinanzierung einbehalten würde. Eine negative Prämie liegt c.p. vor, wenn der Anteilseigner über einen geringeren Betrag verfügt. Vgl. Schneider (1968), S. 729 f.

[429] Vgl. Schneider (1968), S. 731 f.

[430] In Anlehnung an Schneider (1968), S. 733.

$R_{A, B, C}$ Grenzrendite der Investition der Unternehmen A, B und C
S   Sollzinssatz
H   Habenzinssatz

Im Szenario A wird der ausschüttungsfähige Gewinn vollständig zu R_A investiert, weil die Alternativrendite H deutlich geringer ist. Auf Grund des begrenzten Unternehmensgewinns kann jedoch nur ein Teil der Investition aus internen Mitteln realisiert werden. Solange die Grenzrendite über dem Sollzinssatz liegt, erweist sich zudem die Kreditfinanzierung als profitabel. Fällt die Grenzrendite der Investition von A unter den Sollzinssatz, wird kein weiteres Kapital aufgenommen. An diesem Punkt ist das optimale Investitionsvolumen erreicht. Für B gilt, dass ebenfalls der komplette Gewinn in R_B investiert wird. Die Begründung gleicht der von A. Eine zusätzliche Kreditfinanzierung ist jedoch unrentabel, da die Grenzrendite bereits niedriger als der Sollzinssatz ist. Zuletzt sei auf die Unternehmung C verwiesen. Die geringe Grenzrendite führt dazu, dass bis zu dem Schnittpunkt der Grenzrendite R_C und des Habenzinssatzes investiert wird. Im weiteren Verlauf ist die Alternativinvestition profitabler als R_C, weshalb der restliche Gewinn zu H angelegt wird. Eine Kreditfinanzierung steht auf Grund des deutlichen höheren Sollzinssatzes außer Frage. Es bleibt allerdings festzuhalten, dass es im Szenario C unbedeutend ist, ob der verbleibende Gewinn ausgeschüttet oder vom Unternehmen selbst angelegt wird. Dies ist darin begründet, dass die Ausschüttungsprämie nicht berücksichtigt wird und sich das Vermögen des Aktionärs somit in beiden Fällen gleich entwickelt.[431]

Wie eingangs erwähnt, kann die Ausschüttungsprämie die Auswahl zwischen Selbstfinanzierung und Ausschüttung beeinflussen. Die Prämie wirkt sich auf die Ertragssituation des Aktionärs aus, so dass eine Anpassung des Habenzinssatzes zu erfolgen hat. Je nach Höhe der Ausschüttungsprämie verändert sich auch die Alternativrendite für den Anteilseigner. Aus diesem Grund wird bei Berücksichtigung einer Ausschüttungsprämie von einem korrigierten Habenzinssatz gesprochen.[432] Dieser kann sowohl niedriger als auch höher als der Sollzinssatz sein. Dasselbe gilt auch im Zusammenhang mit der Grenzrendite. Die Frage, ob ausgeschüttet oder selbstfinanziert wird, gestaltet sich folglich durch die Berücksichtigung einer Ausschüttungsprämie bei einem unvollkommenen Kapitalmarkt komplexer. Es können nunmehr sechs mögliche Kombinationen zwischen dem korrigierten Habenzinssatz (H_k), dem Sollzinssatz und der Grenzrendite unterschieden

---

[431] Vgl. Schierenbeck (2003), S. 482, Schneider (1992), S. 125 ff. und Schneider (1968), S. 732.

[432] Für weiterführende Informationen zur Berücksichtigung von Steuern sowie Transaktionskosten und dem daraus resultierenden korrigierten Habenzinssatz siehe Solomon (1955), S. 245 ff.

werden – zuvor waren es noch drei verschiedene Fälle. Nachstehend werden diese Szenarien zusammengefasst, bevor eine Erläuterung stattfindet:[433]

(1) $R > S > H_k$
(2) $R > H_k > S$
(3) $S > R > H_k$
(4) $S > H_k > R$
(5) $H_k > S > R$
(6) $H_k > R > S$

Die Fälle (1), (3) und (4) gleichen in ihrer Interpretation den bereits aufgezeigten Szenarien bei Nichtberücksichtigung der Ausschüttungsprämie, weshalb keine wiederholende Darstellung erfolgt.[434] Alle übrigen Szenarien sind dagegen neu und werden einzeln aufgeschlüsselt. Da im Fall (2) sowohl die Grenzrendite als auch der korrigierte Habenzins höher sind als der Sollzins, wird der gesamte Gewinn an die Anteilseigener ausgeschüttet. Zudem wird günstiges Fremdkapital aufgenommen, um die Investition zu realisieren. Für die letzten beiden Szenarien gilt, dass der korrigierte Habenzins die anderen beiden Werte übersteigt. Im Fall (5) ist darüber hinaus der Sollzinssatz höher als die Grenzrendite der Investition. Aus diesem Grund wird der gesamte Gewinn ausgeschüttet. Zusätzliches Fremdkapital für die Realisierung der Investition zu beschaffen, würde zu einem Verlust führen und unterbleibt folglich. Der Fall (6) ähnelt stark dem Fall (2). Da der korrigierte Habenzins und die Grenzrendite den Sollzins übersteigen, wird der Gewinn ausgeschüttet und zusätzlich Fremdkapital beschafft, um zu investieren.[435]

Abschließend berücksichtigt *Schneider (1968)* den Einfluss eines beschränkten Kreditmarktes. Es gilt weiterhin, dass der Kapitalmarkt unvollkommen ist und Ausschüttungsprämien anfallen. Sofern keine weitere Kreditaufnahme möglich ist, kann lediglich der erzielte Gewinn verwendet werden. Demnach wird nichts ausgeschüttet, wenn die Grenzrendite auch nach vollständiger Investition des Gewinns über dem korrigierten Habenzins liegt. Sinkt die Grenzrendite allerdings unter den korrigierten Habenzins bevor der Gewinn vollständig verzehrt wird, ist der Restbetrag an die Anteilseigner auszuschütten. Dieser Fall ist vergleichbar mit zu hohen Fremdkapitalkosten, die ebenso eine Art Kreditbeschränkung für das Unternehmen darstellen.[436]

---

[433] Vgl. Schneider (1968), S. 733 f.
[434] Auf Grund der Berücksichtigung einer Ausschüttungsprämie gilt für den Fall (4), dass Kapital an den Anteilseigner ausgeschüttet wird. Es ist nicht mehr belanglos, ob das Unternehmen oder der Anteilseigner das Kapital zum Habenzinssatz anlegt.
[435] Vgl. Schneider (1968), S. 733 f.
[436] Vgl. Schneider (1968), S. 734 f.

2.4.2 Modell zur optimalen Finanzierungsstruktur

In Anlehnung an das Modell zur optimalen Selbstfinanzierung wird nachstehend ein intuitiver Erklärungsansatz zur Kapitalherkunft von multinationalen Unternehmen entwickelt. Anders als bei den Modellüberlegungen von *Schneider (1968)* steht nunmehr nicht die Frage im Vordergrund, ob das Unternehmen sich aus erzielten Gewinnen selbst finanziert oder diese besser an die Anteilseigner ausschüttet. Vielmehr kann in Abhängigkeit von Investitionsentscheidungen ein für die Unternehmung optimales Verhältnis aus Innen- und Außenfinanzierung bestimmt werden. Dabei lautet die Ausgangsfrage, ob das innerhalb der Unternehmung generierte Kapital, in Form der Selbstfinanzierung und Vermögensumschichtung, für den Leistungserstellungsprozess ausreicht und in welchem Umfang eventuell weitere finanzielle Mittel durch externe Kapitalgeber beschafft werden sollten. Somit wird die enge Koppelung des strategischen Managements mit dem Finanzmanagement im Modell berücksichtigt. Leistungswirtschaftliche Portfolio- und Wertschöpfungsentscheidungen haben demnach auch Auswirkungen auf die Finanzierung. Hinsichtlich der Kapitalbeschaffung wird sowohl die Möglichkeit der externen Eigen- als auch Fremdfinanzierung in das theoretische Konstrukt einbezogen.

2.4.2.1 Modellannahmen

Die modelltheoretische Bestimmung einer optimalen Finanzierungsstruktur auf Unternehmensebene erfordert, auf Grund der komplexen Rahmenbedingungen, die Formulierung von Annahmen:

- Multinationale Unternehmen handeln im Sinne des Shareholder-Value-Ansatzes.
- Kapital kann sowohl durch Innen- als auch Außenfinanzierung beschafft werden, wobei die Innenfinanzierung gegenüber der Außenfinanzierung bevorzugt wird.[437]
- Die Außenfinanzierung beinhaltet die Möglichkeit sowohl Eigen- als auch Fremdkapital zu beschaffen. Grundsätzlich bestehen keine Beschränkungen hinsichtlich der Finanzierungshöhe. In Abhängigkeit von den Rahmenbedingungen wird neben externem Fremdkapital auch das kostenintensivere externe Eigenkapital in Anspruch genommen. Sofern sowohl Eigen- als auch Fremdkapital extern beschafft werden, wird ein durchschnittlicher Finanzierungskostensatz auf Basis des WACC Ansatzes ermittelt.
- Insolvenzkosten und ein einheitlicher Steuersatz werden berücksichtigt.[438]
- Es wird keine Liquidität gesondert im Unternehmen vorgehalten.

---

[437] Diese Annahme entspricht einer Finanzierungsregel der Pecking-Order Theorie. Vgl. Myers (1984), S. 581 ff.
[438] Diese Annahme beruht auf einer der Kernaussagen der statischen Trade-Off Theorie. Vgl. Kraus/ Litzenberger (1973), S. 911 ff.

- Dem Unternehmen steht ein beliebig teilbares Bündel an Finanzierungstiteln und Investitionsgütern zur Verfügung.
- Es existiert ein konstanter Wiederanlagezins für die Anteilseigner, welcher geringer als der Finanzierungskostensatz des Unternehmens ist. Sofern der Wiederanlagezins die Grenzrendite der Investitionen übersteigt, wird eine Dividende ausgezahlt.
- Es existieren keine Transaktionskosten.
- Der Planungshorizont beläuft sich auf eine Periode.

Die Annahme des Shareholder-Value-Ansatzes setzt voraus, dass die Unternehmensleitung im Interesse der Aktionäre handelt. Folglich werden nur solche rentablen Investitionen durchgeführt, die höher verzinst sind als die Wiederanlagemöglichkeit für die Anteilseigner. Sofern die Opportunitätskosten allerdings die Rendite der Investition im Unternehmen übersteigen, ist das verbleibende Kapital an die Aktionäre auszuschütten. Um festzustellen, wie viel Kapital dem Unternehmen ursprünglich aus der Innenfinanzierung heraus zur Verfügung steht, wird auf eine Cashflow Betrachtung zurückgegriffen. Nachstehend wird erläutert, warum der Cashflow gegenüber bilanzbasierten Daten vorzuziehen ist.

Als Cashflows werden die Zu- und Abflüsse von Zahlungsmitteln sowie von Zahlungsmitteläquivalenten bezeichnet. Somit handelt es sich um Zahlungsströme.[439] Die Ermittlung des Unternehmensgewinns beruht dagegen nicht nur auf den eigentlichen Zahlungsströmen, sondern auch auf Aufwendungen und Erträgen, die nicht zahlungswirksam sind. Die Buchung von Ab- und Zuschreibungen sowie die Bildung und Auflösung von Rückstellungen können einen enormen Einfluss auf das Unternehmensergebnis ausüben, obwohl sie nicht zwingend zahlungswirksam sind. In der Folge verursachen bspw. Verluste nicht zwangsläufig einen Kapitalbedarf.[440] Nicht zahlungswirksame Größen können verhältnismäßig leicht bilanzpolitisch manipuliert werden. Daher erlaubt der Gewinn nur bedingt einen Rückschluss auf die Ertragskraft eines Unternehmens. Der Cashflow ist dagegen deutlich weniger anfällig gegen bilanzpolitische Maßnahmen.[441]

Sämtliche Cashflows der Mittelherkunft und Mittelverwendung werden in der Kapitalflussrechnung zusammengefasst. Verpflichtend ist die Erstellung eines solches Jahresabschlussbestandteiles u.a. für all jene Unternehmen in Europa, die nach IFRS bilanzieren. Ziel ist es, die Zahlungsströme offenzulegen und zu systematisieren. Die Kapitalflussrechnung wirkt damit ergänzend zur Bilanz und GuV.

---

[439] Vgl. Sonnabend/ Raab (2008), S. 35.
[440] Vgl. Göllert/ Ringling (1993), S. 1583 ff.
[441] Vgl. Sonnabend/ Raab (2008), S. 33 und Münch (1969), S. 1301.

Sie beinhaltet Informationen zu den Investitions- und Finanzierungsvorgängen der betrachteten Periode.[442] Zahlungsunwirksame Positionen werden eliminiert.[443]

Die Kapitalflussrechnung untergliedert sich mit dem Finanzmittelfonds und der Ursachenrechnung in zwei Teilbereiche. Der Finanzmittelfonds bildet die Ausgangsbasis für das Rechenwerk.[444] Er drückt die Veränderungen der Zahlungsmittel und Zahlungsmitteläquivalente einer Periode aus. Letztere sind dadurch gekennzeichnet, dass eine Umwandlung in Zahlungsmittel sehr kurzfristig erfolgen kann. Veränderungen im Finanzmittelfonds können aus der Ursachenrechnung sowie aus Fremdwährungs- und Konsolidierungsanpassungen resultieren. Eine Zunahme des Finanzmittelfonds stellt demnach einen Anstieg der Liquidität dar, wohingegen eine Abnahme eine Verringerung der Liquidität ausdrückt. Um die Veränderung dieses Fonds aufzuschlüsseln, dient die bereits erwähnte Ursachenrechnung. Hierbei werden Nachweise für die liquiditätswirksamen Investitions- und Finanzierungsvorgänge geführt. Um eine Übersichtlichkeit und auch Nachvollziehbarkeit zu gewährleisten, wird die Ursachenrechnung in die folgenden drei Teilbereiche gegliedert, die in der Summe prinzipiell den Veränderungen des Zahlungsmittelfonds einer Periode entsprechen.[445]

(1) Cashflow aus laufender Geschäftstätigkeit
(2) Cashflow aus Investitionstätigkeit
(3) Cashflow aus Finanzierungstätigkeit

(1) Der Cashflow aus laufender Geschäftstätigkeit, auch operativer Cashflow oder Cashflow aus betrieblicher Tätigkeit genannt, umfasst jegliche Mittelflüsse die im direkten Zusammenhang mit der Umsatztätigkeit des Unternehmens entstehen. Darin inbegriffen sind bspw. Mittelzuflüsse aus dem Verkauf von Waren bzw. Dienstleistungen und Mittelabflüsse in Folge der Beschaffung von Materialien. Die Ermittlung des Cashflows basiert auf dem Jahresergebnis. Es erfolgt eine Bereinigung um die zahlungsunwirksamen Positionen, so dass allein die zahlungswirksamen Vorgänge berücksichtigt werden.[446] Der Cashflow aus laufender Geschäftstätigkeit zeigt, inwiefern es dem Unternehmen gelungen ist Überschüsse zu erwirtschaften, um Investitionen zu tätigen oder Dividenden an die Anteilseigner auszuschütten. Aus diesem Grund dient der operative Cashflow vereinfachend da-

---

[442] Vgl. Küting/ Weber (2010), S. 596 f.
[443] Vgl. Buchner (1981), S. 81.
[444] Als Fonds wird ein abgegrenzter Vermögensteil bezeichnet, der verschiedene Bilanzposten zu einer Einheit zusammenfasst. Vgl. Käfer (1984), S. 41.
[445] Vgl. Eiselt/ Müller (2008), S. 25 ff. und Sonnabend/ Raab (2008), S. 41 ff.
[446] Vgl. Meyer (2006), S. 61 f.

zu, die Innenfinanzierungskraft eines Unternehmens aufzuzeigen.[447] Als Negativa-bgrenzung können dem Cashflow aus laufender Geschäftstätigkeit sämtliche Kapi-talflüsse zugeordnet werden, die keinem der anderen beiden Bestandteile der Ur-sachenrechnung zugeteilt werden können.[448]

(2) Der Cashflow aus Investitionstätigkeit enthält die Zahlungsströme, die mit dem Kauf bzw. Verkauf von Sachanlagevermögen, Finanzanlagevermögen, immateri-ellen Vermögensgegenständen und konsolidierten Unternehmen in Verbindung stehen. Es handelt sich folglich um Ressourcen mit einer langfristigen Zweckbin-dung. Gegenstände des Anlagevermögens, die nur zum Zweck des Weiterverkaufs erworben werden, werden nicht der Investitionstätigkeit zugeordnet, sondern der laufenden Geschäftstätigkeit. Die Summe aus den Mittelabflüssen für Investitio-nen und den Mittelzuflüssen für Desinvestitionen bilden das investive Saldo eines Unternehmens für die betrachtete Periode.[449]

(3) Der Cashflow aus Finanzierungstätigkeit verkörpert den dritten und letzten Be-standteil der Ursachenrechnung. Hier werden sämtliche Transaktionen mit exter-nen Kapitalgebern erfasst. Dies können sowohl Mittelzuflüsse in Form der Eigen- und Fremdfinanzierung als auch Mittelabflüsse an die jeweiligen Kapitalgeber sein. Der Bereichssaldo drückt das Ausmaß der Außenfinanzierungstätigkeit aus.[450]

Hinsichtlich des Aufbaus der Kapitalflussrechnung kann festgehalten werden, dass die Ursachenrechnung eine Trennung der Mittelflüsse nach Herkunft und Ver-wendung erlaubt. Des Weiteren können jeweils die Mittelzuflüsse bzw. Mittelab-flüsse gesondert betrachtet werden, wodurch eine Analyse der Finanzierungssitua-tion ermöglicht wird. Nachstehend werden die Bestandteile einer Kapitalfluss-rechnung in Tabelle 2.4 überblicksartig zusammengefasst.

---

[447] Im weiteren Verlauf wird sich jedoch zeigen, dass die genaue Innenfinanzierungskraft nicht allein mittels des operativen Cashflows bestimmt werden kann. Es sind ebenso Korrekturrechnungen und Angaben aus dem Cashflow aus Investitionstätigkeit zu berücksichtigen. Vgl. Sonnabend/ Raab (2008), S. 103.

[448] Vgl. Meyer (2006), S. 57 und Sonnabend/ Raab (2008), S. 54 f. und S. 85 f.

[449] Vgl. Eiselt/ Müller (2008), S. 33.

[450] Vgl. Sonnabend/ Raab (2008), S. 102 ff. Analog zum operativen Cashflow gilt auch hier, dass Anpassungen notwendig sind, um die tatsächliche Höhe der Außenfinanzierung zu bestimmen.

Teilrechnung	Bereichsformat	
Ursachenrechnung	Operative Tätigkeit:	
		Mittelzuflüsse aus operativer Tätigkeit
		Mittelabflüsse aus operativer Tätigkeit
	=	Mittelüberschuss bzw. -fehlbetrag
		Operativer Bereichssaldo (1)
	Investitionstätigkeit:	
		Mittelzuflüsse aus Desinvestitionen
	–	Mittelabflüsse aus Investitionen
	=	Mittelüberschuss bzw. –fehlbetrag
		Investiver Bereichssaldo (2)
	Finanzierungstätigkeit:	
		Mittelzuflüsse aus Finanzierungen
	–	Mittelabflüsse aus Definanzierungen
	=	Mittelüberschuss bzw. –fehlbetrag
		Finanzieller Bereichssaldo (3)
Finanzmittelfonds-rechnung	Finanzmittelbereich:	
		Veränderung der Fondsmittel (Saldo aus 1, 2 und 3)
	+/–	Wechselkurs- und konsolidierungsbedingte Veränderungen
	+	Anfangsbestand des Finanzmittelfonds
	=	Endbestand des Finanzmittelfonds

Tabelle 2.4: Bestandteile der Kapitalflussrechnung[451]

Voraussetzung für die Ermittlung eines optimalen Verhältnisses von Innen- und Außenfinanzierung ist eine eindeutige Operationalisierung der einzelnen Bestandteile. Beide Größen lassen sich mit Hilfe bestimmter Anpassungen aus der Kapitalflussrechnung herleiten. Teilweise wird postuliert, dass die Innenfinanzierungskraft eines Unternehmens dem operativen Cashflow entspricht.[452] Dies ist jedoch eine zu allgemeine und unscharfe Betrachtungsweise. Kapital kann innerhalb des Unternehmens nicht nur aus dem Umsatzprozess, sondern auch aus der Vermö-

---

[451] In Anlehnung an Meyer (2006), S. 57.
[452] Vgl. Büchner (1981), S. 79.

gensumschichtung in der Form von Desinvestitionen generiert werden. Somit ergibt sich die Innenfinanzierungskraft grundsätzlich aus der Summe des operativen Cashflows und den Desinvestitionen.[453] Allerdings ist zu beachten, dass die Veränderungen aus Lieferungen und Leistungen ein Außenfinanzierungsinstrument darstellen, welches in der Kapitalflussrechnung jedoch im operativen Cashflow enthalten ist. Somit ist dementsprechend eine Anpassung vorzunehmen. Die daraus resultierende Kennzahl wird im weiteren Verlauf als der interne Cashflow bezeichnet.

Die Außenfinanzierung wird mittels des externen Cashflows erfasst.[454] Wie bereits erwähnt, lässt sich dieser Wert weitestgehend aus dem Finanzierungscashflow entnehmen, wobei auch hier einzelne Anpassungen vorzunehmen sind. Da das Unternehmen im Sinne des Shareholder-Value-Ansatzes agiert, investiert es entweder selbst oder schüttet das Kapital aus, damit die Anteilseigner eigenverantwortlich investieren können.[455] Aus diesem Grund ist die ausgezahlte Dividende aus dem Finanzierungscashflow herauszurechnen und der Mittelverwendung zuzuordnen. Würde dies nicht geschehen, würde der Betrag in dem Modell ggf. doppelt angerechnet werden. Zudem wird damit dem Umstand Rechnung getragen, dass es sich bei der Dividendenzahlung, anders als bei der Zahlung des Kapitaldienstes von Fremdkapital, um keine verpflichtende Zahlung handelt. Vielmehr kann das Unternehmen selbst vorschlagen, ob das zur Verfügung stehende Kapital für weitere Investitionen oder die Ausschüttung einer Dividende verwendet wird.[456]

Die Berücksichtigung der Finanzierungskosten gestaltet sich im Modell teils kompliziert, da sich der externe Cashflow aus Eigenkapital, aus Fremdkapital oder aus Eigen- und Fremdkapital zusammensetzen kann. Aus diesem Grund sind drei unterschiedliche Kostenverläufe einzubeziehen. Letzterer wird auf Basis des WACC Konzeptes bestimmt.[457] In Anlehnung an die Erkenntnisse der Pecking-Order Theorie wird die Außenfinanzierung erst genutzt, wenn die internen Mittel erschöpft sind. Daher wird für die erste extern finanzierte Geldeinheit ein anfänglicher Kostensatz angenommen, welcher abhängig von der genutzten Finanzierungsform ist. Je nachdem, wie sich die Kapitalzusammensetzung des externen Cashflows gestaltet, verhält sich der Verlauf des Kostensatzes unterschiedlich.

---

[453] Vgl. Sonnabend/ Raab (2008), S. 103, Meyer (2006), S. 524 f. und Bösch (2009), S. 32 ff.

[454] Es ist grundsätzlich möglich, die Außenfinanzierung in Eigen- und Fremdkapitalbestände weiter zu untergliedern. Vgl. Meyer (2006), S. 531.

[455] Darüber hinaus kann das Kapital als Liquidität im Unternehmen gehalten werden. Dies wird aber annahmebedingt im Modell ausgeschlossen.

[456] Eine detaillierte Darstellung sämtlicher Anpassungen erfolgt im Rahmen der empirischen Untersuchung, wo die explizite methodische Vorgehensweise zur Herleitung der Innen- und Außenfinanzierungsbestände beschrieben wird. Grundsätzlich gilt, dass neben der Dividende auch die Veränderungen der Verbindlichkeiten aus Lieferungen und Leistungen und das Finanzierungsleasing von den Anpassungen betroffen sind.

[457] Für weiterführende Informationen zum WACC Konzept siehe Kapitel 2.2.4.

Zunächst werden die Szenarien einer reinen Eigen- bzw. Fremdfinanzierung erörtert, bevor im Anschluss der dritte Fall betrachtet wird.

Bei der Fremdkapitalbeschaffung werden Insolvenzkosten mit zunehmend eintretender Verschuldung berücksichtigt. Je höher der Verschuldungsgrad eines Unternehmens ist, desto höher ist auch der Einfluss der Insolvenzkosten. In der Folge verharren die Kapitalkosten bei geringer Verschuldung konstant und steigen im weiteren Verlauf zunehmend stärker an. Es wird somit ein leicht konvexer Anstieg der Fremdkapitalkosten unterstellt. Anders verhält sich dagegen der Kapitalkostenverlauf bei einer reinen externen Eigenfinanzierung. Zum einen gilt diese ohnehin als das kostenintensivere Finanzierungsinstrument[458] und zum anderen sind die Fixkosten sehr hoch, weshalb kleine Emissionsvolumen enorm hohe Kosten aufweisen.[459] Bezogen auf den Verlauf der Eigenkapitalkosten bedeutet dies, dass die Kosten mit zunehmendem Volumen zunächst stark sinken und im weiteren Verlauf ein konstantes Niveau erreichen. Es handelt sich bei der Entwicklung ebenfalls um eine konvexe Funktion.

Bei einem Außenfinanzierungsszenario mit einem Eigen- und Fremdkapitalanteil ist der Verlauf des durchschnittlichen Kapitalkostensatzes abhängig von der entsprechenden Zusammensetzung der in Anspruch genommenen Finanzierungsinstrumente. Dieser Umstand führt zu einer Vielzahl von möglichen Kostenszenarien, die nicht allesamt in einem Modell gleichzeitig abgebildet werden können. Aus diesem Grund wird für den externen Cashflow beispielhaft angenommen, dass die Kapitalaufnahme jeweils zur Hälfte mittels Eigen- und Fremdkapital erfolgt. Durch die Nutzung beider Finanzierungsformen verändern sich die Kapitalkosteneinflüsse im Vergleich zu den vorherigen Szenarien. Das mit der Verschulung einhergehende Insolvenzrisiko wirkt sich ebenfalls negativ auf die Eigenkapitalkonditionen aus.[460] Im Gegensatz dazu sind die Insolvenzkosten im Vergleich zu einer reinen Fremdfinanzierung geringer, da der Verschuldungsgrad weniger stark ansteigt. Der Verlauf des durchschnittlichen Kapitalkostensatzes ist daher in der Höhe zwischen den beiden Extrempositionen des Eigen- und Fremdkapitals anzuordnen. Nach einem anfänglichen Rückgang, steigen die Kapitalkosten auf Grund des höheren Insolvenzrisikos. Der Verlauf der durchschnittlichen Kapitalkosten kann in Abhängigkeit von dem bisherigen Verschuldungsgrad und der Zusammensetzung der neuen Finanzierung variieren.

---

[458] Vgl. Myers (2001), S. 92.

[459] Vgl. Brealey/ Myers/ Allen (2011), S. 399, Land (2009), S. 102 und Grunow/ Figgener (2006), S. 260 f.

[460] Um den Einfluss der Insolvenzkosten zu berücksichtigen wird angenommen, dass der Verschuldungsgrad (Fremdkapital/ Gesamtkapital) des Unternehmens kleiner als 50% ist. Damit führt die Beschaffung von jeweils 50% Eigen- und Fremdkapital zu einem Anstieg des Verschuldungsgrades gegen 50% und somit bis dahin zu einem höheren Insolvenzrisiko. Bei einem ursprünglichen Verschuldungsgrad von größer als 50% würde das Insolvenzrisiko c.p. zurückgehen.

Neben den Insolvenzkosten sind außerdem die steuerlichen Einflüsse im Zuge der Fremdfinanzierung zu berücksichtigen. Gemäß der Trade-Off Theorie wirkt sich das Tax Shield positiv auf den Unternehmenswert aus, da die Fremdkapitalkosten steuerlich geltend gemacht werden können und das Jahresergebnis in der Folge ansteigt. Somit erhöht sich der interne Cashflow entsprechend. Ein derartiger Anstieg bewirkt wiederum, dass mehr finanzielle Mittel für Investitionen bzw. Dividendenzahlungen zur Verfügung stehen.

Für das Zusammenwirken von Investitions- und Finanzierungsentscheidungen gilt, dass annahmebedingt keine Liquidität aus vergangenen Perioden in das Entscheidungskalkül einfließt. Zudem wird keine Liquidität für zukünftige Perioden vorgehalten. Die Investitionsgüter und Finanzierungstitel sind beliebig teilbar. Eine solche Annahme erscheint zunächst als eher realitätsfern. Jedoch bezieht sich das Modell auf multinationale Unternehmen, die besonders im Hinblick auf die Kapitalbeschaffung einen enormen Grad an Flexibilität aufweisen.

Da das Unternehmen stets im Interesse der Anteilseigner handelt, ist die Grenzrendite der Investitionsvorhaben der Alternativrendite der Aktionäre gegenüberzustellen. Erweist sich die Wiederanlagemöglichkeit für die Anteilseigner als rentabler, wird das verbleibende Kapital ausgeschüttet. Um einen solchen Vergleich anstellen zu können, wird ein konstanter Wiederanlagezins unterstellt, der unterhalb der minimalen Finanzierungskosten des Unternehmens liegt. Steuern und Transaktionskosten bleiben bei der Ausschüttung und Wiederanlage unberücksichtigt.

2.4.2.2 Basismodell

Im Basismodell zur optimalen Finanzierungsstruktur werden anhand von drei unterschiedlichen internen Cashflows verschiedene Finanzierungsszenarien eines Unternehmens dargestellt. Die Höhe der Cashflows beläuft sich auf 100, 200 und 300 Geldeinheiten. Der Verlauf der Grenzrendite des Investitionsbündels ist für alle Szenarien gleich. Für die verschiedenen Möglichkeiten der Außenfinanzierung werden die jeweiligen Kapitalkostenverläufe einbezogen. Eine Unterscheidung erfolgt zwischen der reinen Fremdfinanzierung, der reinen Eigenfinanzierung und der Mischfinanzierung. Die Rendite der Wiederanlagemöglichkeit verläuft konstant. Abbildung 2.11 fasst die Überlegungen zusammen und zeigt die unterschiedlichen Möglichkeiten der Kapitalherkunft auf.[461]

---

[461] Es sei darauf verwiesen, dass der Einfluss des Tax Shields in dieser Abbildung, im Sinne der Wahrung der Übersichtlichkeit und Nachvollziehbarkeit, nicht berücksichtigt wird. Eine explizite Erläuterung folgt im weiteren Verlauf.

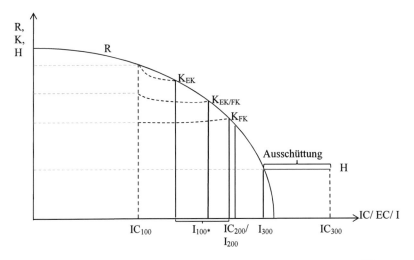

Abbildung 2.11: Basismodell zur optimalen Finanzierungsstruktur ohne Tax Shield[462]

K_{EK}	Eigenkapitalkosten
K_{FK}	Fremdkapitalkosten
IC	Interner Cashflow
EC	Externer Cashflow
I	Investitionsvolumen

Bei einem internen Cashflow in Höhe von 100 Geldeinheiten wird der komplette Betrag im Unternehmen investiert. Eine Ausschüttung findet nicht statt, da die Grenzrendite der Investition die Wiederanlagemöglichkeit der Anteilseigner übersteigt. Da sowohl die Eigen- als auch Fremdkapitalkosten der Außenfinanzierung bei einem Investitionsvolumen von 100 Geldeinheiten geringer sind als die Grenzrendite für weitere Investitionsvorhaben, beschafft das Unternehmen zusätzlich externes Kapital solange die realisierte Rendite höher ist als die damit verbundenen Kosten. Die Innenfinanzierungsquote[463] sinkt somit unter den Wert von 100%. Die zusätzliche Investitionshöhe ist abhängig von der gewählten Finanzierungsform, weshalb das gesamte Investitionsvolumen I_{100*} (schwarz durchgezogene Linie) unterschiedlich hoch sein kann. Im Falle einer reinen externen Eigenfinanzierung sind die Kapitalkosten am höchsten. Aus diesem Grund fällt die zusätzliche Investitionstätigkeit am geringsten aus. Bezüglich der anderen Extremposition, der

---

[462] Eigene Darstellung.
[463] Die Innenfinanzierungsquote beschreibt das Verhältnis zwischen der Innenfinanzierung und dem gesamten Mittelaufkommen.

alleinigen externen Fremdfinanzierung, wirkt dieser Zusammenhang entgegengesetzt. Die Kapitalkosten sind geringer als bei der Eigenfinanzierung, weshalb ein höherer Betrag beschafft und investiert werden kann. Setzt sich der externe Cashflow sowohl aus Eigen- als auch Fremdkapital zusammen, liegen die Kapitalkosten sowie die Investitionshöhe zwischen den beiden Extrempositionen.

Bei einem internen Cashflow von 200 Geldeinheiten zeigt sich ein anderes Finanzierungsverhalten. Die Grenzrendite übersteigt nach wie vor die alternative Anlagemöglichkeit der Aktionäre, weswegen keine Ausschüttung erfolgt. Allerdings ist die Grenzrendite bei einem Investitionsvolumen von 200 Geldeinheiten stark gesunken, so dass die minimalen Kapitalkosten der Außenfinanzierung diese bereits bei der ersten extern beschafften Geldeinheit übersteigen würden. Somit erweist sich die Außenfinanzierung als unwirtschaftlich und wird nicht in Anspruch genommen. Die Innenfinanzierungquote beläuft sich demnach genau auf 100%. Der interne Cashflow entspricht exakt der Investitionshöhe.

Für das dritte Szenario gilt, dass bei einem internen Cashflow von 300 Geldeinheiten die Grenzrendite ab einem gewissen Niveau unter den Zinssatz für die Alternativanlage fällt. Als Konsequenz schüttet das Unternehmen von diesem Punkt an den Residualwert des internen Cashflows an die Aktionäre in Form einer Dividende aus (blau durchgezogene Linie).[464] Das Investitionsvolumen ist somit geringer als der intern generierte Cashflow über 300 Geldeinheiten. Eine zusätzliche Kapitalbeschaffung durch die Außenfinanzierung wäre auch in diesem Fall unrentabel, weshalb die Innenfinanzierungsquote ebenfalls bei 100% liegt.

Bislang unberücksichtigt blieb der Einfluss des Tax Shields.[465] Prinzipiell gilt, dass Fremdkapitalkosten steuermindernd wirken und sich der interne Cashflow entsprechend erhöht. Nachfolgend wird unterstellt, dass der interne Cashflow bei allen drei Szenarien auf Grund zu leistender Zinszahlungen um den Betrag x ansteigt. Im weiteren Verlauf wird aus Darstellungsgründen lediglich die Mischfinanzierung betrachtet. Die hier gewonnen Erkenntnisse können analog auf die Eigen- und Fremdfinanzierung übertragen werden. Abbildung 2.12 kann entnommen werden, dass sich der interne Cashflow von 100 Geldeinheiten um den Betrag x erhöht (IC_{100+x}).[466] Das Investitionsvolumen I_{100+x} verändert sich, auf Grund des Kapitalkostenverlaufs und einer entsprechend geringeren Außenfinanzierungshöhe, jedoch nicht.[467] Bei einem ursprünglichen Cashflow von 200 Geldeinheiten erhöht sich das Investitionsvolumen in Höhe von x, so dass sich die Innenfinanzie-

---

[464] Vgl. Smith (2009), S. 115.

[465] In den weiteren Ausführungen wird der zukünftige steuerliche Vorteil der Fremdkapitalaufnahme implizit bei der Festlegung der Höhe des internen Cashflows berücksichtigt.

[466] Die grau hinterlegten Linien dienen als Vergleich zum Modell ohne Berücksichtigung des Tax Shield Effekts.

[467] Sofern ein anderer Kapitalkostenverlauf unterstellt wird, sind Veränderungen des Investitionsvolumens I_{100+x} möglich.

rungsquote unverändert auf 100% beläuft. Im dritten Szenario wirkt sich der angestiegene interne Cashflow in Höhe von 300+x Geldeinheiten auf den Ausschüttungsbetrag aus, da sich das Investitionsvolumen I_{300+x} auf Grund der unveränderten Grenzrendite der Investition und der Alternativrendite nicht ändert.

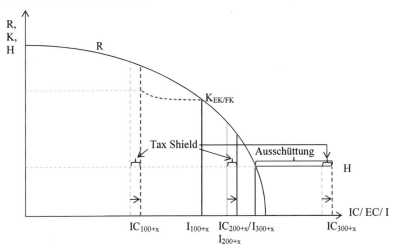

Abbildung 2.12: Basismodell zur optimalen Finanzierungsstruktur mit Tax Shield[468]

Zusammenfassend kann konstatiert werden, dass im Basismodell, abhängig von der Höhe des internen Cashflows, unterschiedliche Finanzierungsszenarien vorstellbar sind. Die Inanspruchnahme der Außenfinanzierung erweist sich in diesem Zusammenhang nur als wirtschaftlich sinnvoll, wenn die Grenzrendite der zusätzlichen Investitionen die entstehenden Finanzierungskosten übersteigt. Können Fremdkapitalkosten steuerlich geltend gemacht werden, ist zudem der Einfluss des Tax Shields auf die Investitions- und Finanzierungsentscheidungen zu berücksichtigen. In Abhängigkeit von der Wiederanlagemöglichkeit der Anteilseigner ist abzuwägen, inwieweit eine Dividendenzahlung angebracht ist.

2.4.2.3 Erweiterungen des Basismodells

Das wesentliche Ziel bei der Entwicklung des Modells zur optimalen Finanzierungsstruktur besteht darin, zwar ein vereinfachendes, aber dennoch möglichst stimmiges Abbild der Realität zu konstruieren. Die Entwicklung der Modellerweiterungen basiert auf einem induktiven Ansatz, dessen Grundlage eine empirische

---

[468] Eigene Darstellung.

Studie der Deutschen Bundesbank zur Unternehmensfinanzierung nichtfinanzieller Kapitalgesellschaften[469] in Deutschland darstellt. Es liegen Daten für den Zeitraum von 1991 bis 2010 vor. Die Ergebnisse basieren auf der gesamtwirtschaftlichen Finanzierungsrechnung und der Volkswirtschaftlichen Gesamtrechnung. Dieses Vorgehen erlaubt keine disaggregierte Betrachtung, so dass bestimmte Unternehmensgrößen und Branchen nicht gesondert betrachtet werden können. Um einen Überblick über die Unternehmensfinanzierung in Deutschland und die Bedeutung der Innen- und Außenfinanzierung zu bekommen, ist dies auch nicht zwingend notwendig. Abgesehen von einzelnen Ausnahmen zeigt sich, dass die Innenfinanzierung die dominierende Finanzierungsform darstellt, jedoch auch auf externes Kapital zurückgegriffen wird. Im Maximum liegt der Wert Innenfinanzierung bei über 100% und im Minimum bei ca. 50%.[470]

Eine durchschnittliche Innenfinanzierungsquote kleiner als 100% impliziert, dass ebenfalls die Außenfinanzierung in Anspruch genommen wird. Bezogen auf die bisherigen Modellüberlegungen ist dies dem Finanzierungsszenario IC 100 zuzuordnen. Grundsätzlich ist der Regelfall somit mittels des Basismodells abbildbar. Allerdings ist zu beachten, dass bei diesem Fall keinerlei Dividendenzahlungen stattfinden. Hier von einem Regelfall in der Praxis auszugehen, erscheint zumindest zweifelhaft. Berücksichtigung findet eine Dividendenzahlung dagegen beim Szenario C_{300}, wo wiederum keine Außenfinanzierung stattfindet. Dieser Umstand zeigt eine Grenze beim Basismodell auf, weshalb eine erste Erweiterung um diesen Sachverhalt angebracht ist. Demnach ist zu berücksichtigen, dass Unternehmen auf die Außenfinanzierung zurückgreifen und zudem eine Dividende auszahlen. Die erwirtschaftete Rendite des Unternehmens bzw. die Alternativrendite der Anteilseigner ist somit nicht das alleinige Entscheidungskriterium für die Gewinnausschüttung. Der Bedeutung weiterer Einflussfaktoren ist sich die Wissenschaft schon seit längerer Zeit bewusst, weshalb sich ein eigener Forschungszweig zur Dividendenpolitik von Unternehmen entwickelt hat.[471]

Allerdings ist bis heute kein allgemein gültiges Modell entwickelt worden, welches die Ausschüttungspolitik allumfassend erklärt. Dies ist mit Sicherheit auch dem Umstand geschuldet, dass einheitliche Aussagen auf Grund der Heterogenität der Unternehmen nicht möglich sind.[472] Neben der modelltheoretischen Diskussion zur Dividendenpolitik sind daher verschiedene Fragebogenuntersuchungen

---

[469] Die nichtfinanziellen Kapitalgesellschaften umfassen gemäß der Studie der *Deutschen Bundesbank (2012)* sämtliche im Inland ansässigen Kapitalgesellschaften sowie die Quasi-Kapitalgesellschaften, wie bspw. offene Handelsgesellschaften (OHG). Vgl. Deutsche Bundesbank (2012b), S. 17.

[470] Vgl. Deutsche Bundesbank (2012b), S. 18.

[471] Für einen Überblick zu den Erklärungsansätzen und den Determinanten der Dividendenpolitik siehe Breuer/ Rieger/ Soypak (2014), S. 247 ff., Topalov (2013), S. 3 ff. und Prokot (2006), S. 59 ff.

[472] Diese Ansicht unterstreicht das Zitat von Baker/ Powell/ Veit (2002). „Despite a voluminous amount of research, we still do not have all the answers to the dividend puzzle." Baker/ Powell/ Veit (2002), S. 255.

durchgeführt worden, um Einflussfaktoren von Dividendenentscheidungen zu identifizieren. Nachstehend werden auszugsweise die Ergebnisse mehrerer Studien vorgestellt, um aufzuzeigen, dass die Dividendenzahlung nicht allein auf einer Renditebetrachtung basiert.

Ausgangspunkt für viele weitere Untersuchungen stellt die Umfrage von *Lintner (1956)* dar. Obgleich die Entscheidungsträger von lediglich 28 Unternehmen befragt werden, finden die Ergebnisse teilweise bis heute Bestätigung. Als wesentliche Erkenntnis gilt u.a., dass kontinuierliche Dividendenzahlungen angestrebt werden, um das Risiko von negativen Aktienkursreaktionen zu reduzieren.[473] Diese Aussage bestätigen u.a. auch *Baker/ Farrelly/ Edelmann (1985)*[474] in ihrer Studie. Eine weitere Umfrage von *Baker (1989)* richtete sich an 175 an der NYSE gelistete Unternehmen, die über sechs Jahre hinweg keine Dividende ausgezahlt haben. Als einen wesentlichen Grund gaben die 68 Rückläufer die Existenz von genügend profitablen Investitionen an.[475] Dieses Ergebnis unterstützt die Ausführungen vom Basismodell zur optimalen Finanzierungsstruktur. Im Gegensatz dazu zeigen die Ergebnisse der Studie von *Pruitt/ Gitman (1991)*, dass die Verantwortlichen das Ausmaß der Gewinnausschüttung weitestgehend unabhängig von den Investitions- und Finanzierungsentscheidungen festlegen. Die Investitionstätigkeit nimmt demnach eine untergeordnete Rolle bei der Dividendenpolitik ein.[476] Zu dieser Erkenntnis gelangen auch *Brav et al. (2005)* auf Basis einer Fragebogenuntersuchung. Die Auszahlung einer Dividende wird demzufolge nicht der Investitionstätigkeit untergeordnet. Zudem würden sogar 65% der Befragten von außen Kapital aufnehmen, um eine Dividendenkürzung zu vermeiden.[477]

Die Ausführungen zeigen deutlich, dass die Entscheidung bezüglich einer Dividendenzahlung nicht ausschließlich von der Investitionsrendite bzw. der Alternativrendite der Aktionäre abhängig ist. Auf Grundlage dieser Erkenntnisse wird in der nachfolgenden Abbildung 2.13 berücksichtigt, dass ein Unternehmen trotz rentabler Investitionsmöglichkeiten, dennoch einen Teil des verfügbaren Kapitals ausschüttet.

---

[473] Vgl. Lintner (1956), S. 97 ff.

[474] Die Ergebnisse der Fragebogenuntersuchung von *Baker/ Farrelly/ Edelmann (1985)* basieren auf 318 Antworten von ursprünglich 562 befragten CFOs. Die Unternehmen waren allesamt an der New York Stock Exchange (NYSE) gelistet. Vgl. Baker/ Farrelly/ Edelmann (1985), S. 78 ff.

[475] Vgl. Baker (1989), S. 48 ff..

[476] Die Fragebogenuntersuchung von *Pruitt/ Gitman (1991)* richtet sich an 114 Entscheidungsträger der größten Unternehmen aus den USA. Vgl. Pruitt/ Gitman (1991), S. 409 ff.

[477] Die Untersuchung von *Brav et al. (2005)* bezieht sich auf die Antworten von 256 Entscheidungsträgern US-amerikanischer Unternehmen sowie die Erkenntnisse aus 23 Einzelinterviews mit CFOs bzw. CEOs. Vgl. Brav et al. (2005), S. 483 ff.

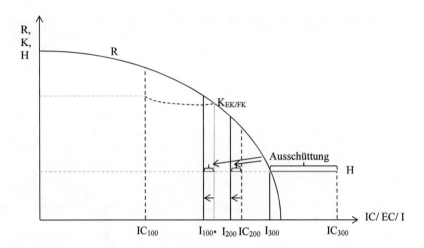

Abbildung 2.13: 1. Erweiterung des Modells zur optimalen Finanzierungsstruktur[478]

Es gilt weiterhin, dass die Finanzierungssituation eines Unternehmens anhand von drei unterschiedlichen internen Cashflows betrachtet wird. Die Höhe der Cashflows bleibt im Vergleich zum Basismodell unverändert. Allerdings wird auch hier die Außenfinanzierung lediglich in Form der Mischfinanzierung berücksichtigt. Auf Grund der Annahme, dass eine Dividende ausgeschüttet wird, ändern sich die Rahmenbedingungen für die beiden Fälle IC_{100} und IC_{200}. Das Szenario für IC_{300} bleibt von den Anpassungen unberührt, da hier bereits eine Gewinnausschüttung erfolgt ist.

Für den Fall eines internen Cashflows von 100 Geldeinheiten wird ein externer Cashflow betrachtet, der sich aus Eigen- und Fremdkapital zusammensetzt. Die Höhe des zusätzlich von außen benötigten Kapitals bleibt bei gleicher Grenzrendite und gleichen Finanzierungskosten im Vergleich zum Basismodell unverändert. Allerdings sinkt das Investitionsvolumen I_{100*}, da Teile des verfügbaren Kapitals, auf Grund verschiedener Aspekte der Dividendenpolitik, an die Anteilseigner ausgeschüttet werden.

Ebenso von der Erweiterung des Basismodells betroffen, ist das Szenario IC_{200}. Der externe Cashflow liegt bei null, da die Grenzrendite der Investition die Finanzierungskosten übersteigt. Somit entspricht ursprünglich der interne Cashflow dem Investitionsvolumen. Wird jedoch auch für dieses Szenario eine Dividendenzah-

---

[478] Eigene Darstellung

lung unterstellt, sinkt das Investitionsvolumen exakt in dieser Höhe. I_{200} ist folglich kleiner als IC_{200}. Damit entspricht dieser Fall dem Szenario IC_{300}.

Die aufgezeigte Modellerweiterung berücksichtigt die Möglichkeit, dass ein Unternehmen sowohl auf die Außenfinanzierung zurückgreift als auch eine Dividende ausschüttet. Allerdings wird nach wie vor der Umstand einer negativen Außenfinanzierung nicht erfasst. Bislang wurde stets angenommen, dass der externe Cashflow bei null liegt oder positiv ist. In der folgenden Darstellung wird der Möglichkeit Folge getragen, dass der externe Cashflow ebenso einen negativen Wert einnehmen kann.

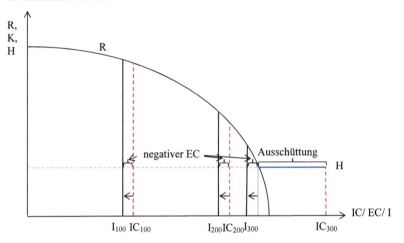

Abbildung 2.14: 2. Erweiterung des Modells zur optimalen Finanzierungsstruktur[479]

Aus Abbildung 2.14 wird ersichtlich, dass in Folge eines negativen externen Cashflows die Investitionen zurückgehen. Dies ist darin begründet, dass der interne Cashflow sowohl für die Ausübung der Investitionstätigkeit als auch für Tilgungszahlungen bzw. Aktienrückkäufe genutzt wird. Unter der Prämisse, dass keine Liquidität im Unternehmen vorgehalten wird, sinkt demzufolge zwangsläufig das Investitionsvolumen. Ein solches Szenario ist solange vorstellbar, wie der interne Cashflow größer null ist.

Abschließend ist festzuhalten, dass durch die Berücksichtigung von Investitions- und Finanzierungsentscheidungen eine optimale Innenfinanzierungsquote im Un-

---

[479] Eigene Darstellung

ternehmen hergeleitet werden kann.[480] Auf Grund des komplexen Zusammenwirkens einer Vielzahl von Einflussfaktoren auf die Kapitalbeschaffung ist der Sachverhalt allein mit dem Basismodell nicht abbildbar, weshalb Erweiterungen notwendig sind. Es steht jedoch außer Frage, dass es sich hierbei um eine vereinfachte Sichtweise handeln muss. Die hier gewonnenen theoretischen Erkenntnisse liefern die Grundlage für die spätere empirische Untersuchung zur Finanzierungsstruktur.

2.4.3 Kritische Würdigung des Modells zur optimalen Finanzierungsstruktur

Die Erklärung des Finanzierungsverhaltens unter Berücksichtigung der Finanzierungsstruktur ist bislang, im Vergleich zur umfangreichen Diskussion zur Kapitalstruktur, in der Forschung weitestgehend vernachlässigt worden. Lediglich Teilaspekte vereinzelter Kapitalstrukturtheorien, wie z.B. der Pecking-Order Theorie, thematisieren auch das Entscheidungsproblem bezüglich der Wahl der Kapitalherkunft. Eine theoretische Auseinandersetzung findet hier allerdings allein aus der Finanzierungssicht statt. Die tatsächliche Operationalisierung eines Optimums ist nicht möglich, da Finanzierungsentscheidungen eng verbunden sind mit Investitionsentscheidungen und letztere keine Berücksichtigung in den Modellüberlegungen finden.

Daher wird im Rahmen dieser Arbeit der Versuch unternommen, einen theoretischen Erklärungsansatz, unter Berücksichtigung von Investitions- und Finanzierungsaspekten, für die optimale Finanzierungsstruktur herzuleiten. Der Einbezug angrenzender Forschungsfelder erweist sich diesbezüglich als nützlich. Die Überlegungen sind an die Grundgedanken des Modells zur optimalen Selbstfinanzierung von *Schneider (1968)* angelehnt und greifen darüber hinaus gewisse Erkenntnisse der bisherigen Kapitalstrukturforschung auf.[481] Ein solches Vorgehen zielt darauf ab, Erfahrungen ähnlicher Schwerpunktsetzungen in den Modellüberlegungen zu berücksichtigen und die Aussagekraft somit zu erhöhen.

Ein vorrangiges Ziel bei der Entwicklung des Erklärungsansatzes zur optimalen Finanzierungsstruktur besteht darin, die Interaktion zwischen Mittelherkunft und Mittelverwendung möglichst nachvollziehbar aufzugreifen, um so Erkenntnisse über das Finanzierungsverhalten generieren zu können. Angesichts der hochkomplexen Rahmenbedingungen der Realität bedarf es der Konturierung einer Modellwelt. Obgleich diese in Teilen als wirklichkeitsfremd erachtet werden könnte, sind dennoch Feststellungen mit praktischer Relevanz möglich. Dies zeigt bspw. die Anlehnung an die Studie zur langfristigen Entwicklung der Unternehmensfi-

---

[480] Für eine Übersicht zu den getätigten Modellannahmen siehe Kapitel 2.4.2.1.

[481] Es werden bei der Modellentwicklung sowohl Erkenntnisse der Pecking-Order Theorie als auch der statischen Trade-Off Theorie berücksichtigt.

nanzierung der *Deutschen Bundesbank (2012)*. Obgleich es sich um eine rein empirische Betrachtungsweise handelt, kann diese jedoch auch für die Entwicklung eines theoretischen Verständnisses herangezogen werden. Ferner können Vereinfachungen in Form von getroffenen Annahmen nicht per se kritisiert werden, solange nicht bewiesen ist, dass grundlegend andere Ergebnisse ohne entsprechende Vereinfachungen erzielt werden. Für einen solchen Vergleich bedarf es wiederum zunächst den Erkenntnissen einer abstrakteren Sichtweise.[482]

Ein wesentlicher Vorteil bei der zugrunde gelegten Cashflow Betrachtung liegt darin begründet, dass die Betrachtung periodenbezogener Investitions- und Finanzierungsentscheidungen im Vordergrund steht. Somit können bspw. Umwelteinflüsse direkt in den Zusammenhang mit Unternehmensaktivitäten einer Periode gesetzt werden. Dies ist bei der Kapitalstruktur auf Grund der statischen Sichtweise nur bedingt möglich. Die Zusammensetzung von Eigen- und Fremdkapital beruht auf stichtagsbezogenen Bilanzdaten. Derartige Positionen sind i.d.R. über mehrere Perioden herangewachsen, weshalb eine periodengerechte Zuordnung einzelner Finanzierungsentscheidungen nicht oder nur bedingt möglich ist. Zudem sind Cashflow Größen weniger manipulierbar als Werte aus der Bilanz und GuV. Eine Vergleichbarkeit wird in der Folge deutlich erleichtert.

Abschließend bleibt festzuhalten, dass Finanzierungsentscheidungen im Allgemeinen und die Auswirkungen der globalen Finanzkrise auf die Kapitalbeschaffung multinationaler Unternehmen im Speziellen durch die Betrachtung der Kapital- und Finanzierungsstruktur differenzierter analysiert werden können, als es die ausschließliche Fokussierung auf Bestandsdaten zulassen würde. Bevor allerdings eine entsprechende empirische Untersuchung im Rahmen von Kapitel 4 durchgeführt wird, folgt zunächst in Kapitel 3 die Aufarbeitung der Ursachen und Abläufe der globalen Finanzkrise sowie deren grundsätzlichen Folgen für die Unternehmensfinanzierung.

---

[482] Vgl. Schneider (1968), S. 729.

3 Die globale Finanzkrise und deren Auswirkungen auf die Unternehmensfinanzierung

Bei einer Finanzkrise handelt es sich nicht ausschließlich um ein Phänomen der Gegenwart. Im Gegenteil, Finanzkrisen können in unterschiedlichen Erscheinungsformen seit Jahrhunderten beobachtet werden.[483] Als bekannte Beispiele lassen sich die Tulpenkrise (1637),[484] die Gründerkrise (1873)[485] und die Weltwirtschaftskrise (1929)[486] aufführen. Auf Grund der unterschiedlichen Rahmenbedingungen und Krisenausprägungen existiert jedoch keine einheitliche Begriffsabgrenzung. Grundsätzlich können Finanzkrisen definiert werden als „große Verwerfungen in einem Finanzsystem, die durch einen Wertverlust bei Vermögenswerten sowie durch die Zahlungsunfähigkeit zahlreicher Unternehmen gekennzeichnet sind."[487]

Die globale Finanzkrise gilt als die weitreichendste Krise der Nachkriegszeit.[488] Teilweise zielt ein derartiger Vergleich bis auf die Weltwirtschaftskrise der dreißiger Jahre des vergangenen Jahrhunderts zurück.[489] Eine solche Wahrnehmung lässt vermuten, dass sich die Rahmenbedingungen für die Unternehmensfinanzierung nachhaltig verändert haben. In der Folge wird zunächst die grundsätzliche Aufarbeitung der globalen Finanzkrise als notwendig erachtet. Abschließend wird sich im Rahmen dieser Arbeit zeigen, inwieweit das Finanzierungsverhalten multinationaler Unternehmen tatsächlich beeinflusst wurde.

Die Ursachen sowie die Abläufe der globalen Finanzkrise als Ganzes sind überaus vielschichtig und reichen über einen Zeitraum von mehreren Jahren. Auf Grund der enormen Komplexität wird diese krisengeprägte Zeit in der Literatur üblicherweise in Phasen unterteilt, wobei diesbezüglich unterschiedliche Abgrenzungsformen vorzufinden sind. Je nach Betrachtungsweise können sowohl Beginn, Anzahl und Dauer der Phasen als auch das Ende der Krise variieren.[490] In dieser Arbeit wird die globale Finanzkrise in vier Phasen untergliedert, wobei die Beweggründe für eine derartige Abgrenzung sowie die zeitliche Einordnung im weiteren Verlauf ersichtlich werden:

---

[483] Vgl. IMF (1998), S. 74 und Nastansky/ Strohe (2009), S. 1.

[484] Für weiterführende Informationen zur Tulpenkrise siehe Martin/ Hollnagel (2002), S. 57 ff.

[485] Für weiterführende Informationen zur Gründerkrise siehe Weigt (2005), S. 33 ff.

[486] Für weiterführende Informationen zur Weltwirtschaftskrise siehe Rohde/ Hummel (1988), S. 146 ff. und Galbraith (2009), S. 88 ff.

[487] Hellerforth (2009), S. 17.

[488] Vgl. Deutsche Bundesbank (2010), S. 18 und Michler/ Smeets (2011), S. 4 f.

[489] Vgl. Bechthold (2012), S. 88 und Soros (2008), S. 93.

[490] Vgl. Michler/ Smeets (2011), S. 5 und Illing (2013a), S. 10.

1. Subprime-Krise
2. Bankenkrise
3. Wirtschaftskrise
4. Staatsschuldenkrise

Eine derartige Unterteilung zielt darauf ab, die Übersichtlichkeit und Nachvollziehbarkeit zu erhöhen, um schließlich präzise und aussagekräftige Schlussfolgerungen treffen zu können. Es sei darauf hingewiesen, dass die vorgenommene Systematisierung jedoch keinesfalls als statisch zu verstehen ist. Zwar werden teilweise einzelne Ereignisse der Vergangenheit als derart schwerwiegend eingestuft,
dass eine Vielzahl weiterer Entwicklungen darauf zurückzuführen sind, dennoch
ist der Krisenverlauf überwiegend ein fließender Prozess. Folglich überschneiden
sich einzelne Phasen bzw. sind Entwicklungen und Ausprägungen zu Beginn der
Krise in ähnlicher Form in späteren Phasen zu beobachten.[491]

Kapitel 3 untergliedert sich in zwei Hauptbestandteile. Zunächst werden in Kapitel
3.1 die wesentlichen Entwicklungen und Zusammenhänge der globalen Finanzkrise herausgearbeitet.[492] Basierend auf diesen Erkenntnissen werden anschließend in
Kapitel 3.2 die Folgen für die Finanzierung nichtfinanzieller Unternehmen thematisiert. Das Ziel besteht darin, grundlegende Zusammenhänge zwischen der globalen Finanzkrise sowie der Unternehmensfinanzierung aufzuzeigen, um damit die
Rahmenbedingungen für die anschließende empirische Untersuchung zu schaffen.
Zum einen können relevante Frage- und Problemstellungen besser identifiziert
werden und zum anderen wird die spätere Einordnung der empirischen Ergebnisse
erleichtert.

3.1 Entstehung und Verlauf der globalen Finanzkrise

Die Ausarbeitung einer Chronologie der globalen Finanzkrise orientiert sich an
den vier folgenden Krisenphasen: Subprime-Krise, Bankenkrise, Wirtschaftskrise
und Staatsschuldenkrise. Der Ausbruch der Subprime-Krise wird i.d.R. auf den
August 2007 datiert. Strukturelle Probleme auf dem US-amerikanischen Immobi-
lien- und Hypothekenmarkt haben sich in der Folge, binnen eines Jahres, zu einer
internationalen Bankenkrise ausgeweitet.[493] Die tiefen Verwerfungen im Finanzsektor griffen auf die Realwirtschaft über und entfachten eine Wirtschaftskrise mit
enormen Ausmaßen. Weltweit war ein Eingreifen staatlicher Institutionen not-

---

[491] Vgl. Illing (2013a), S. 9 ff.
[492] Es sei darauf hingewiesen, dass die Ausführungen mit dem Jahr 2013 enden. Zum einen ist dies dem Zeitpunkt
der Ausarbeitung dieser Arbeit geschuldet und zum anderen endet der Untersuchungszeitraum der empirischen
Untersuchung ebenfalls mit dem Jahr 2013.
[493] Der Terminus Bankenkrise gilt in diesem Zusammenhang als Oberbegriff und bezieht sich auf sämtliche Institute der Finanzwirtschaft. Hierzu zählen bspw. auch Versicherungsunternehmen.

wendig, um den Auswirkungen der Krise entgegenzuwirken. Dies war einer der Gründe für die Entstehung und Zuspitzung der Staatsschuldenkrise.[494]

Es sei darauf verwiesen, dass sich ganze Forschungsarbeiten allein auf die Entstehung bzw. den Verlauf der globalen Finanzkrise konzentrieren. Eine derartig umfassende Darstellung kann und soll im Rahmen dieser Arbeit nicht geleistet werden. Die nachfolgenden Ausführungen verschaffen lediglich in gebotener Kürze einen Überblick und heben wesentliche Ereignisse bzw. Erkenntnisse hervor.[495]

3.1.1 Subprime-Krise

Wohingegen der Ausbruch und die globale Ausweitung der Subprime-Krise als überaus rasant charakterisiert werden können, entwickelten sich die Ursachen für ein derartiges Szenario über viele Jahre hinweg. Es zeigt sich, dass es zu kurz gegriffen scheint, den Fokus, wie es in der Literatur teilweise vorzufinden ist,[496] ausschließlich auf den Zeitraum von 2001 bis 2006 zu legen. Erste Voraussetzungen für derartige Entwicklungen wurden schon Jahre zuvor geschaffen.[497] Das Zusammenwirken verschiedener Einflüsse über einen längeren Zeitraum hinweg, ermöglichte letztlich den Ausbruch der Subprime-Krise und somit der globalen Finanzkrise.[498] Nachstehend werden zunächst die wesentlichen Ursachen und Gründe für die Entstehung der Subprime-Krise dargestellt, bevor zum Ende dieses Kapitels der eigentliche Ausbruch der Krise in den Vordergrund gestellt wird.

3.1.1.1 Veränderungen der gesetzlichen Rahmenbedingungen in den USA

In den vergangenen Jahrzehnten haben in den USA im Bereich der Kreditvergabe unterschiedliche Veränderungen der gesetzlichen Rahmenbedingungen stattgefunden, wovon nachstehend drei Gesetze gesondert erläutert werden.[499] Diese können zwar nicht für den Ausbruch der Subprime-Krise verantwortlich gemacht werden, doch legten Teile der Gesetzgebung den Grundstein für bestimmte Fehlentwick-

---

[494] Vgl. Deutsche Bundesbank (2010), S. 18.

[495] Den Abbildungen in Kapitel 3 liegen Daten von Datastream (Thomson Reuters) zugrunde. Der Datenbankzugang wurde durch den Sonderforschungsbereich 649: „Ökonomisches Risiko" der Humboldt-Universität zu Berlin ermöglicht.

[496] Vgl. Dombret (2012), S. 64.

[497] Vgl. Baily/ Litan/ Johnson (2008), S. 7, Ravier/ Lewin (2012), S. 47 f. und Bechthold (2012), S. 88.

[498] Vgl. Posner (2010), S. 13 ff. und Deutsche Bundesbank (2010), S. 18.

[499] Die folgenden Ausführungen konzentrieren sich auf Beispiele aus dem Kreditbereich. Da sich der Ausbruch der Subprime-Krise allerdings nicht ausschließlich auf Fehlentwicklungen bei der eigentlichen Kreditvergabe zurückführen lässt, sondern bspw. auch der Verbriefungsmarkt von Bedeutung war, muss den gesetzlichen Anpassungen in anderen Bereichen ebenso eine Relevanz bezüglich der Entstehung der Subprime-Krise zugeschrieben werden. Für weiterführende Informationen zu weiteren relevanten gesetzlichen Regelungen im Zusammenhang mit dem Entstehen der Subprime-Krise siehe Stunda (2014), S. 39 ff. und Badek (2010), S. 16 ff.

lungen, die letztlich zu weitreichenden Verwerfungen auf dem Immobilien- und Hypothekenmarkt führten.

Mit dem Community Reinvestment Act (CRA) wurde im Jahr 1977 unter Präsident Carter ein Gesetz verabschiedet, wonach Banken Aufgaben im Sinne des gesellschaftlichen Gemeinwohls übernehmen müssen. Grundsätzlich zielte die Gesetzgebung darauf ab, einkommensschwächeren Bevölkerungsgruppen den Kreditzugang zu ermöglichen bzw. zu erleichtern. Allerdings wurde nicht im Detail festgelegt, unter welchen Voraussetzungen die Kreditvergabe zu erfolgen hat, so dass den Banken Interpretationsspielräume eingeräumt wurden. Im Laufe der Jahre wurde die Gesetzgebung mehrmals, u.a. während der Clinton- und Bush-Regierung, erweitert. Letztere ermächtigte einzelne Kreditinstitute dazu, Gelder an Schuldner mit schlechter Bonität zu verleihen, denen ansonsten ein Kredit verwehrt geblieben wäre.[500] Allerdings ist anzumerken, dass diese Regelung nicht als unmittelbarer Krisenauslöser bezeichnet werden kann, da lediglich ca. 25% der risikoreicheren Kredite von Banken ausgegeben wurden, die dem CRA unterlegen waren.[501] Doch immerhin veranschaulicht dieser Aspekt die Tendenz in den USA, einem möglichst großen Teil der Bevölkerung Wohlstand in Aussicht stellen zu wollen.

In den achtziger Jahren wurden zwei weitere Gesetze beschlossen, die ebenfalls die Kreditvergabe anregen sollten. 1980 trat zunächst der Depository Institutions Deregulation and Monetary Control Act (DIDMCA) in Kraft, womit die Zinsobergrenze für Kredite abgeschafft wurde. In der Folge wurde die Vergabe von hochverzinsten Subprime-Krediten erleichtert. Zwei Jahre später sind mit dem Alternative Mortage Transaction Parity Act (AMTPA) darüber hinaus zahlreiche Einschränkungen bei der Ausgestaltung von Immobilienkrediten abgeschafft worden. Neben einem variablen Zinssatz wurde zudem u.a. die Vereinbarung von tilgungsfreien Jahren ermöglicht.[502]

All diese gesetzlichen Anpassungen sind grundsätzlich keineswegs negativ zu bewerten, da eine Liberalisierung des Marktes begünstigt wurde und derartige Rahmenbedingungen ebenfalls in funktionierenden Kreditmärkten vorzufinden sind. Jedoch wurden mit der Deregulierung die darauffolgenden Fehlentwicklungen in den USA begünstigt, die letztlich zum Ausbruch der Subprime-Krise führten.

---

[500] Vgl. Reid (2012), S. 439 ff., Agarwal et al. (2012), S. 1 ff., Beilner/ Schoess (2010), S. 16 f. und Steiner (2003), S. 9.

[501] Vgl. Illing (2013a), S. 20 und Dahl/ Evanoff/ Spivey (2000), S. 1 ff.

[502] Vgl. Posner (2010), S. 168 und Bloss et al. (2009), S. 23.

3.1.1.2 Geldpolitik des Federal Reserve Systems

Als weitere Ursache für die Verwerfungen auf dem US-amerikanischen Finanz- und Immobilienmarkt ist die Geldpolitik des Federal Reserve Systems (FED) seit Ende der achtziger Jahre aufzuführen.[503] Nachdem der Leitzinssatz 1989 auf über 9% angestiegen war, entschied sich die US-Zentralbank zu einer deutlichen Lockerung der Geldpolitik, indem der Referenzzinssatz sukzessive bis auf das Niveau von 3% verringert wurde, bevor Mitte der neunziger Jahre wieder ein leichter Anstieg zu verzeichnen war. Das Kapital der zwischenzeitlich expansiven Geldpolitik floss zu großen Teilen in die Aktien- und Immobilienmärkte. Besonders Technologieunternehmen waren in den neunziger Jahren von dem Aufschwung betroffen. Es konnte ein enormes Wirtschaftswachstum in Form der „New Economy" verzeichnet werden.[504] Zu Beginn des neuen Jahrtausends neigte sich die New Economy Phase dem Ende, indem die „Dotcom-Blase" platzte. Besonders die Werte von Technologieunternehmen brachen seit März 2000 an den Börsen drastisch ein. Die Ereignisse beschränkten sich nicht ausschließlich auf die USA, sondern auch auf die internationalen Finanzplätze.[505]

Um die darauffolgende Rezession einzudämmen und das Wirtschaftswachstum zu fördern, entschied sich die FED erneut zu einer lockeren Geldpolitik mittels sukzessiver Leitzinssenkungen.[506] Der Referenzwert sank von 6,5% im Mai 2000 auf 3,5% im August 2001. Die zunächst eintretende Wirkung schien jedoch mit den Anschlägen vom 11. September 2001 im Keim erstickt zu werden. Um einen Investitionsrückgang der Unternehmen und die damit einhergehende steigende Arbeitslosenquote zu vermeiden, beschloss die FED weitere Zinssenkungen. Zwischen September und Dezember 2001 fiel der Leitzins von 3,5% auf 1,75% und erreichte damit den niedrigsten Wert seit 40 Jahren. Zinssenkungen in diesem Umfang in einem derartig kurzen Zeitraum gab es zuletzt während der Weltwirtschaftskrise. Die Maßnahmen der US-amerikanischen Notenbank zeigten Wirkung. Unternehmen sowie Privatpersonen nutzten die Möglichkeit der günstigen Kapitalbeschaffung ausgiebig, so dass sich die Wirtschaft zunehmend erholte. Es folgten weitere Zinssenkungen, woraufhin im Juni 2003 das Niveau von 1% erreicht war.[507]

Nachdem der US-amerikanische Leitzinssatz im Jahr 2003 den Tiefstwert erreicht hatte, entschied sich die FED 2004 dazu, die Zinsen wieder auf 2,25% anzuheben. Weitere Anpassungen folgten, so dass der Wert im Juni 2006 bei 5,25% lag. Im

---

[503] Der Verlauf des US-amerikanischen Leitzinssatzes kann Abbildung 3.1 entnommen werden.

[504] Für weiterführende Informationen zur „New Economy" siehe Martin/ Hollnagel (2002), S. 311 ff.

[505] Vgl. Acharya et al. (2009), S. 100 f.

[506] Vgl. Zobler/ Bölscher (2009), S. 34 und Soros (2008), S. 94.

[507] Vgl. Posner (2010), S. 25 ff., Guse (2009), S. 13 ff. und Badek (2010), S. 22 f.

Vordergrund dieser Entscheidung standen die zunehmende Inflationsgefahr und das Ziel der Preisstabilität.[508] Dieses sehr volatile Zinsumfeld zu Beginn des 21. Jahrhunderts hatte weitreichende Konsequenzen für den Immobilien- und Kreditmarkt in den USA.[509]

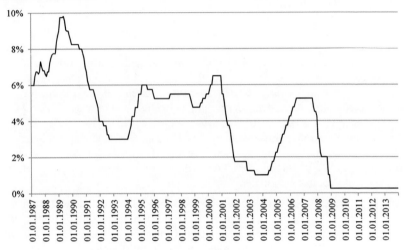

Abbildung 3.1: Entwicklung des FED-Leitzinssatzes[510]

3.1.1.3 Expansive Vergabe von (Subprime-)Krediten

Die Nachfrage nach Immobilien und einer damit verbundenen Finanzierung stieg bereits Mitte der neunziger Jahre während der „New Economy" Ära kontinuierlich an. Im Zuge des Platzens der „Dotcom-Blase" und den anschließenden massiven Zinssenkungen, wurden jedoch neue Sphären erreicht. Banken war es auf Grund der günstigen Rahmenbedingungen möglich, die Kreditvergabe erheblich zu intensivieren. Anders als bspw. in Deutschland üblich, lag den Kreditverträgen in den USA vermehrt eine variable Verzinsung zu Grunde. Damit stand der Kapitaldienst der Kreditnehmer in direkter Abhängigkeit zu den Zinsanpassungen. Die Nachfrage nach Immobilien stieg deutlich schneller als das Angebot, wodurch sich die Preise rasant erhöhten. Die Preisentwicklung der Immobilien in den USA wird u.a. mittels des Case-Shiller-Index abgebildet (siehe Abbildung 3.2). Während der Wert im Jahr 2000 bei 100 Punkten lag, ist er bis 2006 auf über 200 Punkte angestiegen. Somit haben sich die Häuserpreise im Durchschnitt zwischen 2000 bis

---

[508] Vgl. Schuppan (2011), S. 141 f. und Bloss et al. (2009), S. 155.
[509] Vgl. Acharya et al. (2009), S. 99.
[510] Eigene Darstellung (Datastream).

2006 mehr als verdoppelt. Allerdings bleibt zu beachten, dass sich dieser Index auf 20 Metropolregionen der USA bezieht, weshalb einzelne Entwicklungen in verschiedenen Regionen der USA nicht abgebildet werden können.[511]

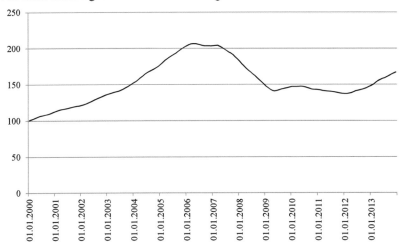

Abbildung 3.2: Entwicklung des Case-Shiller-Indices[512]

Um an den Entwicklungen auf dem US-Immobilienmarkt bestmöglich zu partizipieren und die Kreditvolumina weiter ansteigen zu lassen, lockerten die Finanzinstitute zusätzlich die Kreditvergabepolitik, indem auch Personen mit schlechter Bonität ein Kredit gewährt wurde. Die bereits in den neunziger Jahren gestiegene Vergabe von Subprime-Krediten nahm nach den Zinssenkungen der FED rapide zu und begünstigte die Blasenbildung auf dem Immobilienmarkt.[513] Eine einheitlich geltende Abgrenzung von Subprime-Krediten existiert nicht. Typische Charakteristika sind ein sehr hoher Fremdkapitalanteil beim Immobilienkauf, eine geringe Kapitaldienstfähigkeit sowie eine negative Kredithistorie.[514] Zudem erleichterten Zugeständnisse seitens der Kreditgeber, wie bspw. die Vereinbarung von tilgungsfreien Jahren, den Zugang zu einer Finanzierung. Kreditnehmern war es dank der stetig steigenden Immobilienpreise und Beleihungswerte möglich, eine weitere Hypothek aufzunehmen, sofern der Kapitaldienst nicht weiter aus eigener Kraft bedient werden konnte. Dieses Vorgehen setzte allerdings einen kontinuier-

---

[511] Vgl. Schuppan (2011), S. 119 ff. und Neubäumer (2008), S. 735.
[512] Eigene Darstellung (Datastream).
[513] Vgl. Hanekamp/ Morrison/ Monteleone (2009), S. 277 ff.
[514] Vgl. Dombret (2012), S. 65, Czaykowski et al. (2009), S. 40 und Michler/ Smeets (2011), S. 6.

lichen Anstieg der Preise voraus. Derartige Fehlanreize ermöglichten auch solchen Privatpersonen den Kauf einer Immobilie, bei denen die Wahrscheinlichkeit für ein Scheitern des Kreditengagements schon beim Abschluss des Kreditvertrages hoch war.[515]

3.1.1.4 Wachsende Bedeutung innovativer Finanzinstrumente

Ermöglicht wurden der stetige Anstieg des Kreditvolumens in den USA und die damit einhergehende intensivierte Vergabe von Subprime-Krediten, indem Kreditforderungen verbrieft wurden. Finanzinnovationen gestatteten es den Banken offene Forderungen und somit auch die Kreditrisiken aus der Bilanz frühzeitig zu streichen, um so Kapital für die weitere Kreditvergabe zu beschaffen.[516] Da Banken die entstehenden Kreditrisiken durch Verbriefungen auslagern konnten, sank dementsprechend auch das Risikobewusstsein bei der Kreditvergabe.

Der Oberbegriff für ein mittels von Forderungen besichertes Finanzprodukt lautet: Asset Backed Securities (ABS). Sind die Wertpapiere durch Hypothekenforderungen besichert, handelt es sich um das Teilsegment der Mortgage Backed Securities (MBS). Eine Verbriefung erfolgt, indem offene Forderungen an eine sog. Special Purpose Vehicel (SPV) Zweckgesellschaft weitergegeben werden. Dort werden die Kredite gebündelt und die darin enthaltenen Cashflows und Risiken zu strukturierten Wertpapieren zusammengefasst.[517] Ein solches MBS-Papier wird anhand der Ausfallwahrscheinlichkeit der enthaltenen Forderungen in drei unterschiedliche Tranchen eingeteilt. Die Bewertung und Schätzung des Risikos wird üblicherweise von Ratingagenturen übernommen. Es werden Senior-, Mezzanine- und Equity-Tranchen unterschieden. Grundsätzlich werden zunächst die als risikoarm geltenden Senior-Tranchen aus dem Cashflow aller enthaltenen Forderungen bedient. Im Anschluss steht den Anlegern der Mezzanine-Tranche eine Rendite zu, bevor zuletzt die Investoren der Equity-Tranche ausbezahlt werden, sofern genügend Kapital aus den Ratenzahlungen der Kreditnehmer eingegangen ist. Für die Zahlungen der Senior-Tranche fungieren somit die risikoreicheren Mezzanine- und Equity-Tranchen als Puffer. Dementsprechend ist die Rendite bei der risikoärmeren Tranche geringer.[518]

Problematisch an diesem Konstrukt ist der Umstand, dass das eigentliche Gesamtrisiko, der in der Verbriefung enthaltenden Hypothekenforderungen, grundsätzlich durch die Strukturierung in Tranchen unberührt bleibt. Mit AAA bewertete Seni-

---

[515] Vgl. Pech (2008), S. 4 f.

[516] Dabei handelt es sich um sog. True-Sale Verbriefungen. Werden dagegen lediglich die Kreditrisiken ausgelagert ohne die Forderung aus der eigenen Bilanz zu transferieren, ist die Rede von synthetischen Verbriefungen. Vgl. Perridon/ Steiner/ Rathgeber (2012), S. 478 f.

[517] Vgl. Bloss et al. (2009), S. 67.

[518] Vgl. Baily/ Litan/ Johnson (2008), S. 24 ff.

or-Tranchen sind zwar durch die anderen beiden Tranchen mitbesichert, jedoch ist dies zweitranging, wenn überwiegend Subprime-Kredite verbrieft werden und die enthaltenen Kredite ausfallen.[519] Darüber hinaus können sog. Credit Default Swaps (CDS) als Kreditversicherung genutzt werden. Dies wirkt sich positiv auf das Rating aus und reduziert somit die Renditeforderungen der Investoren.[520]

Die Ausgabe von MBS-Papieren wurde bereits in den achtziger Jahren betrieben. In besonderem Maße wurde der Markt von den beiden Hypothekenbanken Fannie Mae und Freddie Mac geprägt. Allerdings war der Anteil von Subprime-Krediten am gesamten Kreditvolumen anfangs äußerst gering, so dass die Verbriefungen ein niedrigeres Risiko aufwiesen. Im Zuge der vermehrten Vergabe von Subprime-Krediten veränderten sich Größe und Risikostruktur des Verbriefungsmarktes.[521] Auf Grund von Intransparenz und der fehlenden Möglichkeit der Nachvollziehbarkeit verließen sich Investoren überwiegend auf die Ratingurteile, in dem Unwissen, dass eine AAA-Tranche dennoch hochriskante Forderungen enthalten kann. Diese Möglichkeit verstärkte die lockere Vergabe von Subprime-Krediten. Zu den Investoren von MBS-Papieren zählten neben Privatpersonen auch Körperschaften des öffentlichen Rechts, Fonds, Versicherer und Banken.[522]

In einem weiteren Schritt wurde mit den sog. Collateralized Debt Obligations (CDO) eine neue forderungsbesicherte Struktur von Finanzinstituten geschaffen, die den MBS-Papieren jedoch sehr ähnelt. CDOs bündeln die Forderungen von MBS- und anderen ABS-Papieren, die bspw. durch Kreditkarten- und Leasingforderungen besichert sind. Somit sind CDOs durch die entsprechenden Forderungen der ABS-Papiere besichert. Allerdings wird diese neu geschaffene Struktur, analog zu der Vorgehensweise bei einem ABS-Konstrukt, ebenfalls in drei Tranchen unterteilt. Senior-Tranchen sind demnach durch Mezzanine- und Equity-Tranchen besichert. Dieses Prinzip der Besicherung führt dazu, dass bspw. Teile eines überwiegend aus Mezzanine-Forderungen zusammengestellten CDOs mit einem AAA-Rating bewertet werden. Das wesentliche Ziel des Emittenten besteht grundsätzlich darin, einen möglichst hohen Anteil an Senior-Tranchen auszugeben, da diese eine geringere Verzinsung aufweisen und somit niedrigere Kosten verursachen. Jedoch fällt bei einem höheren Anteil der Senior-Tranchen folglich der Teil der als Sicherheit geltenden weiteren Tranchen geringer aus. Um ein daraus resultierendes schlechteres Rating der Verbriefung zu verhindern, können CDS-Produkte zur weiteren Besicherung eingesetzt werden.[523]

---

[519] Vgl. Michler/ Smeets (2011), S. 8 ff.

[520] Für weiterführende Informationen zu CDS siehe Hull (2012), S. 681 ff., Lubben/ Narayanan (2012), S.129 ff. und Badek (2010), S. 41 ff.

[521] Vgl. Hanekamp/ Morrison/ Monteleone (2009), S. 280 ff.

[522] Vgl. Neubäumer (2008), S. 734 ff.

[523] Vgl. Posner (2010), S. 49 ff. und Baily/ Litan/ Johnson (2008), S. 27 f.

Für Investoren solch komplexer Strukturen war es nur bedingt möglich, die Risiken entsprechend einzuschätzen bzw. nachzuvollziehen. Darüber hinaus handelte es sich um einen weitestgehend nicht regulierten Markt. Aus diesem Grund bestand eine hohe Abhängigkeit vom Urteil der Ratingagenturen. Bezogen auf die Zeit vor dem Ausbruch der Subprime-Krise, waren die Ratings allerdings oftmals zu positiv und beruhten i.d.R. lediglich auf pauschalen Bewertungsmethoden. Zudem ist kritisch anzumerken, dass die gewinnorientierten Ratingagenturen üblicherweise von den Emittenten der strukturierten Produkte beauftragt wurden und bei der Strukturierung der Wertpapiere beratend selbst mitwirkten, wodurch ein Interessenskonflikt entstand.[524] Dennoch erfreuten sich CDOs vor dem Ausbruch der Krise großer Beliebtheit. Während Mitte der neunziger Jahre nahezu kein Handel stattfand, belief sich das Volumen im Jahr 2006 auf über 500 Mrd. US-Dollar.[525]

Neben den geänderten gesetzlichen Rahmenbedingungen in den USA, der expansiven Geldpolitik der FED, dem rasant anwachsenden Verbriefungsmarkt und der damit verbundenen lockeren Kreditvergabepolitik der Banken, hat ein weiterer Umstand die Entwicklung der Subprime-Krise begünstigt. Banken sind auf Grund von Eigenkapitalanforderungen gezwungen, einen bestimmten Verschuldungsgrad nicht zu überschreiten. Damit ist die Geschäftstätigkeit in Abhängigkeit von der Eigenkapitalausstattung begrenzt. Trotz möglicherweise weiterer rentabler Investitionstätigkeiten, sind Banken somit ab einem gewissen Grad limitiert und können sich nicht weiter verschulden. Um diese Problematik aus Sicht der Banken zu umgehen und zusätzlich zum gewöhnlichen Geschäftsbetrieb Einnahmen zu erzielen, haben Banken, besonders in den Jahren vor der Krise, vermehrt sog. Structured Investment Vehicles (SIV) gegründet. Hierbei handelt es sich um eine außerbilanzielle Zweckgesellschaft, mit der Eigenkapitalanforderungen umgangen werden können. Auf Grund mangelnder Regulierung konnten sich SIVs deutlich höher verschulden als Geschäftsbanken. Ein derartiges Konstrukt wurde genutzt, um u.a. in langfristig laufende ABS-, MBS-, und CDO-Papiere investieren zu können, ohne die eigene Bilanz zu belasten.[526] Zur Finanzierung dieser langfristigen Investitionen wurden kurzfristige Asset-Backed Commercial Papers und Medium Term Notes von den SIVs emittiert.[527] Diese kurzfristigen forderungsbesicherten Wertpapiere dienten dazu, die langfristig ausgelegten Verbriefungen anderer Finanzin-

---

[524] Vgl. Illing (2013a), S. 17 f., vgl. Baily/ Litan/ Johnson (2008), S. 34 f.

[525] Vgl. Dombret (2012), S. 66 ff.

[526] Vgl. Nastansky/ Strohe (2009), S. 5 und Zobler/ Böschler (2009), S. 54 ff.

[527] Für weiterführende Informationen zu Commercial Paper und Medium Term Notes siehe Ehrlich/ Anandarajan/ Chou (2009), S. 29 ff.

stitute zu erwerben. Damit haben die Verflechtungen auf den internationalen Finanzmärkten des Weiteren zugenommen.[528]

Dieses hochkomplexe Konstrukt aus Verbriefungen und außerbilanziellen Tätigkeiten vieler Finanzinstitute ermöglichte es in großem Maße, zum einen Kreditrisiken über den Markt weiterzugeben, sowie zum anderen Kapital zur Refinanzierung einfach und kostengünstig zu beschaffen, indem die Umlaufgeschwindigkeit des Kapitals, mittels neuer Investoren, in Kreditprodukte erhöht wurde. Besonders problematisch war der Umstand, dass durch die weltweite Veräußerung der strukturierten Wertpapiere die internationale Finanzwirtschaft direkt von den Entwicklungen auf dem US-Kredit- und Immobilienmarkt betroffen war.[529]

3.1.1.5 Ausbruch der Subprime-Krise

Die stetig angestiegenen Immobilienpreise, gepaart mit dem gigantisch gewachsenen Kredit- und Verbriefungsmarkt, haben die Rahmenbedingungen für ein sehr labiles, allein auf Rendite ausgerichtetes, Konstrukt geschaffen. Nachdem die FED von 2004 an eine Änderung der Zinspolitik vollzog, erhöhten sich dementsprechend die Raten der variabel verzinslichen Kredite.[530] In der Folge konnte vornehmlich im niedrigen Bonitätsbereich der Kapitaldienst vermehrt nicht fristgerecht geleistet werden.[531] Abbildung 3.3 zeigt, dass seit 2006 der Anteil der variabel verzinslichen Subprime-Kredite mit einem Zahlungsverzug von mindestens 90 Tagen bzw. die Kreditausfälle mit anschließender Zwangsversteigerung stark zugenommen haben.

---

[528] Vgl. Zobler/ Böschler (2009), S. 54 ff.
[529] Vgl. Bechthold (2012), S. 91 und Neubäumer (2008), S. 736.
[530] Siehe Abbildung 3.1.
[531] Vgl. Acharya et al. (2009), S. 100 ff.

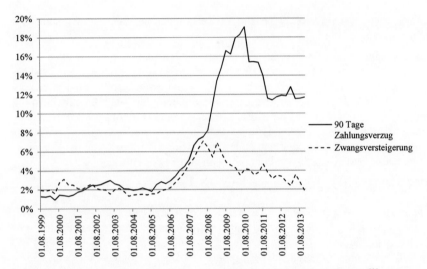

Abbildung 3.3: Entwicklung notleidender variabel verzinslicher Subprime-Kredite[532]

Da sich die Zahl der notleidenden Kredite erhöhte und bei einem Kreditausfall die als Sicherheit dienende Immobilie i.d.R. veräußert wurde, kam es zu einem deutlichen Überangebot auf dem Immobilienmarkt. Dem Case-Shiller-Index kann entnommen werden, dass die Immobilienpreise daraufhin drastisch nachgaben.[533] Zudem gingen die Verkaufszahlen stark zurück, wie bspw. die Entwicklung der monatlichen Absatzzahlen von neu gebauten Einfamilienhäusern in den USA verdeutlicht (siehe Abbildung 3.4). Demzufolge ist der Wert von zwischenzeitlich knapp 1,4 Millionen in den Sommermonaten 2005 auf unter 0,4 Millionen zum Jahresende 2008 gesunken.

---

[532] Eigene Darstellung (Datastream).
[533] Siehe Abbildung 3.2.

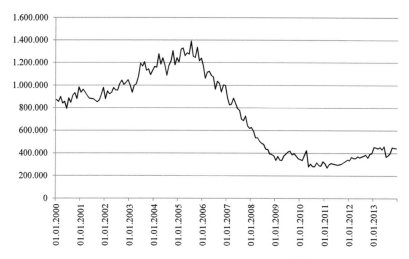

Abbildung 3.4: Absatz neu gebauter Einfamilienhäuser in den USA[534]

In der Folge platzte die US-Immobilienblase.[535] Die ursprünglich angesetzten Beleihungswerte entfernten sich kontinuierlich vom tatsächlichen Verkaufserlös. Im
Jahr 2007 mussten bereits 1,3 Millionen Menschen ihre Immobilie zwangsverstei-
gern lassen, weil die Kreditraten nicht gezahlt werden konnten. Im Jahr darauf erhöhte sich der Wert auf ca. 2,3 Millionen.[536]

Durch die Zahlungsunfähigkeit der Kreditnehmer gerieten die betroffenen Hypothekenbanken in den USA zunehmend unter Druck. Der enorme Abschreibungs-
bedarf führte dazu, dass die Institute vermehrt in Liquiditätsnot gerieten und teilweise sogar Insolvenz anmelden mussten. Besonders von diesen Entwicklungen
betroffen war der Subprime-Bereich, der auf Grund der Kreditnehmer mit schlech-
teren Bonitäten ohnehin ein höheres Ausfallrisiko aufweist.[537]

Innerhalb kurzer Zeit hatte sich das Szenario expansiver Kreditvergabe und kontinuierlich ansteigender Immobilienpreise in den USA schlagartig verändert. Ein
über Jahre hinweg scheinbar funktionierendes System brach zusammen und endete
mit einem Preisverfall auf dem Immobilienmarkt sowie dem rasanten Anstieg von
Kreditausfällen. Zugeschrieben wird dies besonders den Fehlentwicklungen auf
dem US-amerikanischen Subprime-Markt, wie der Name der Krise bereits erahnen

---

[534] Eigene Darstellung (Datastream).
[535] Vgl. Pech (2008), S. 5.
[536] Vgl. Illing (2013a), S. 18.
[537] Vgl. Acharya et al. (2009), S. 89 ff., Baily/ Litan/ Johnson (2008), S. 38 und Badek (2010), S. 55 ff.

lässt. Allerdings beschränkten sich die folgenden Auswirkungen, auf Grund hoch-komplexer grenzüberschreitender Verflechtungen, nicht ausschließlich auf die USA, sondern mündeten in einer internationalen Bankenkrise und waren schließ-lich Auslöser für die weitreichendste Finanzkrise seit Beginn der Nachkriegs-zeit.[538]

3.1.2 Bankenkrise

Die hohe Anzahl an Kreditausfällen und die damit verbundenen Insolvenzen von Hypothekenbanken in den USA hatten weitreichende Konsequenzen für die ge-samte Finanzwelt, wobei dies zu Beginn der Krise vielfach unterschätzt wurde. Auf Grund der in den Jahren zuvor ausgiebigen Verbriefungspraktik, waren Inves-toren weltweit von den Entwicklungen in den USA direkt betroffen. In der Folge setzte eine Verkettung negativer Ereignisse ein. Die fehlenden Zahlungsströme der Kreditnehmer führten dazu, dass die forderungsbesicherten Wertpapiere massiv an Wert verloren. Ratingagenturen stuften zahlreiche Wertpapiere herunter, worauf-hin hohe Abschreibungen folgten. Zunächst galten nur die risikoreicheren Tran-chen als betroffen. Es wurde jedoch schnell ersichtlich, dass auch als zuvor sicher geltende AAA-Papiere unter Druck gerieten und teilweise abgeschrieben werden mussten. Somit waren durch die ausbleibenden Ratenzahlungen der Kreditnehmer nicht nur die kreditgebende Bank, sondern ebenso die Investoren im Verbrie-fungsmarkt betroffen.[539]

3.1.2.1 Refinanzierungsschwierigkeit auf dem internationalen Bankenmarkt

Im Zuge des hohen Abschreibungsbedarfs geriet eine Vielzahl US-amerikanischer sowie internationaler Finanzinstitute unter Druck, die eigentlich nicht direkt an den Kreditengagements in den USA beteiligt waren. Das Ausmaß der Krise verdeutlichte sich weiter, als im Juli 2007 die Investmentbank Bear Stearns Inc. zwei ihrer Hedgefonds, die in CDOs investiert waren, schließen musste. Die Ankündigungen von exorbitanten Abschreibungen bei Banken häuften sich. In den Folgemonaten gaben bspw. Merrill Lynch Abschreibungen in Höhe von 8,4 Mrd. US-Dollar, Morgan Stanley in Höhe von 3,7 Mrd. US-Dollar sowie die Citigroup Inc. Ausfälle von ungefähr 11 Mrd. US-Dollar bekannt. Erschwerend kam in dieser Zeit für viele Banken hinzu, dass zahlreiche SIVs in Liquiditätsnot gerieten. In den Jahren zuvor wurden die langfristigen Anlageprodukte vornehmlich durch kurzfristige forderungsbesicherte Wertpapiere finanziert. Da der Verbriefungsmarkt binnen weniger Monate nahezu zum Erliegen kam, brach den SIVs die Finanzierungsquelle weg. Um das Weiterbestehen zu sichern,

---

[538] Vgl. Hanekamp/ Morrison/ Monteleone (2009), S. 275 ff.
[539] Vgl. Acharya et al. (2009), S. 89 ff.

deckten die Mutterinstitute den Refinanzierungsbedarf. Einen gesetzlichen Zwang für dieses Vorgehen gab es nicht, weil es sich um außerbilanzielle Zweckgesellschaften handelte. Die Befürchtungen eines Reputationsverlustes waren allerdings enorm groß.[540]

Einige Finanzinstitute waren wegen des zusätzlichen Refinanzierungsbedarfs überfordert, so dass sich die anfängliche Subprime-Krise aus den USA zu einer Bankenkrise ausweitete, die innerhalb weniger Monate globale Ausmaße angenommen hatte. In diesem Zusammenhang werden die Ereignisse am 9. August 2007 als ein wesentlicher Auslöser für die darauffolgende Ausweitung der Krise genannt. An diesem Tag gab die französische Großbank BNP Paribas bekannt, dass mehrere Fonds nicht mehr zahlungsfähig seien, da die enthaltenen Vermögenstitel in jüngster Vergangenheit enorm an Wert verloren hatten. Daraufhin kam der Interbankenmarkt, welcher ein wichtiges Refinanzierungsinstrument für Banken darstellt, nahezu zum Erliegen. Auf Grund des enormen Abschreibungsbedarfs konnte nur schwer eingeschätzt werden, inwieweit weitere Ausfälle in den Bilanzen zu erwarten seien.[541]

Das Verhalten unter den Finanzinstituten war fortan geprägt von großem Misstrauen, weshalb teilweise auch von einer Vertrauenskrise die Rede war. Um dennoch den Kapitalbedarf decken zu können und der Gefahr eines Liquiditätsengpasses auszuweichen, sahen sich Banken dazu gezwungen, langfristige Anlageprodukte, wie bspw. ABS- und CDO-Papiere, mit großen Verlusten zu veräußern. Dies verschaffte den Banken jedoch nur bedingt Zeit und löste das eigentliche Problem nicht.[542] Auf dem Interbankenmarkt wurden enorme Risikoaufschläge verlangt. Die US-amerikanische Zentralbank reagierte zügig auf den drohenden Zusammenbruch des Interbankenmarktes. Es sollte die Liquiditätszufuhr der Finanzinstitute u.a. sichergestellt werden, indem in mehreren Tranchen Gelder in die Märkte befördert wurden. Zudem wurde der Leitzins sukzessive von 5,25% auf 2% im April 2008 und schließlich auf 0,25% im Dezember 2008 gesenkt.[543] Die EZB reagierte dagegen verzögert und weniger abrupt, indem der Referenzzinssatz auf das Niveau von 1% angepasst wurde (siehe Abbildung 3.5).[544]

---

[540] Vgl. Romeike (2010), S. 30 ff. und Baily/ Litan/ Johnson (2008), S. 29.
[541] Der 9. August 2007 wird in der Literatur teilweise als der Beginn bzw. der Auftakt der Finanzkrise ausgewiesen. Vgl. Tavakoli/ McMillan/ McKnight (2014), S. 73, Acharya et al. (2009), S. 91, Glebe (2008), S. 117 und Illing (2013a), S. 25. Auf Grund der komplexen Ereignisse wird im Rahmen dieser Arbeit jedoch nicht ein einzelner Tag als Beginn der Krise angesehen. Vielmehr handelt es sich um fließende Übergänge, die durch einzelne Höhepunkte gekennzeichnet sind.
[542] Vgl. Illing (2013a), S. 19 ff.
[543] Siehe Abbildung 3.1.
[544] Vgl. Bloss et al. (2009), S. 155 ff.

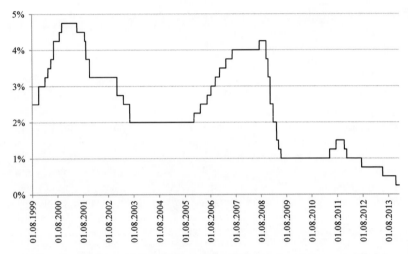

Abbildung 3.5: Entwicklung des EZB-Leitzinssatzes[545]

Die Maßnahmen der Zentralbanken zeigten vereinzelt Wirkung. Zwischenzeitlich wurde gar angenommen, dass die Krise bereits kontrolliert werde und eine Verschlechterung der Situation nicht in Sicht sei. Die Verluste waren jedoch zu groß und das Vertrauen in die Finanzinstitute nachhaltig geschädigt. Im Februar 2008 musste die britische Großbank Northern Rock vom Staat übernommen werden, um eine drohende Insolvenz abzuwenden. Einen Monat später galt der Verkauf der US-amerikanischen Investmentbank Bear Stears Inc. an JPMorgan Chase & Co. als letzte Möglichkeit, um eine Insolvenz zu vermeiden. Betroffen war jedoch auch der deutsche Bankenmarkt. Zu den bekanntesten Beispielen zählen die Deutsche Industriebank AG (IKB) und die Sachsen LB. Beide Institute gründeten vor dem Ausbruch der Subprime-Krise Zweckgesellschaften im Ausland, um am Verbriefungsmarkt aktiv tätig sein zu können. Im August 2008 musste die in Not geratene IKB, die zuvor bereits fast vollständig in die Kreditanstalt für Wiederaufbau (KfW) eingegliedert werden musste, an einen US-amerikanischen Investor mit einem exorbitanten Verlust verkauft werden. Die Sachsen LB, deren Zweckgesellschaften zwischenzeitlich über Portfolios verfügten, die ca. das Zwanzigfache des Eigenkapitals der Bank ausmachten, musste ebenfalls notverkauft werden. Im Dezember 2007 hatte sich bereits die Landesbank Baden-Württemberg (LBBW)

---

[545] Eigene Darstellung (Datastream).

als Käufer angeboten. Allerdings geriet diese ein Jahr später ebenfalls in Schieflage.[546]

3.1.2.2 Höhepunkt der Krise im Zuge der Insolvenz von Lehman Brothers

Im September 2008 verschärfte sich die Bankenkrise dermaßen, dass eine neue Dimension erreicht war. Die bereits im Jahr zuvor in Liquiditätsnot geratenen US-amerikanischen Immobilienfinanzierer Fannie Mae und Freddie Mac mussten am 7. September 2008 endgültig verstaatlicht werden. Zwischenzeitliche staatliche Hilfen konnten dieses Schicksal nicht abwenden. Beide Finanzinstitute gehörten zu den weltweit führenden Teilnehmern auf dem Verbriefungsmarkt.[547] Es folgten weitere Abschreibungen in Milliardenhöhe, so dass am 15. September die Bank Lehman Brothers Inc., als der wohl prominenteste Fall der globalen Finanzkrise, zahlungsunfähig war. Milliardenschwere Kapitalerhöhungen in den Monaten zuvor blieben ohne Erfolg. Wohingegen Lehman Brothers Inc. eine Auffanglösung von der US-amerikanischen Regierung verwehrt blieb, wurde der ebenfalls stark angeschlagene Versicherungskonzern AIG Inc. vom Staat gestützt. Diese beiden wegweisenden Entscheidungen ziehen bis heute andauernde und kontrovers geführte Diskussionen über die Beweggründe sowie deren Folgen mit sich. Letztlich handelte es sich bei Lehman Brothers Inc. um eine der größten Insolvenzen in der US-amerikanischen Geschichte.[548]

Der Zusammenbruch von Lehman Brothers Inc. verdeutlichte einmal mehr, dass selbst große Geldinstitute nicht zwangsläufig als krisenresistent angesehen werden konnten. Finanzinstitute mussten den Konkurs der Geschäftspartner befürchten. In der Folge ging das Vertrauen unter den Banken derart zurück, dass der Interbankenmarkt erneut unter Druck geriet. Das Volumen der Einlagen von Geschäftsbanken bei Zentralbanken wuchs explosionsartig an. Abbildung 3.6 kann entnommen werden, dass das Volumen der Einlagefazilität bei der EZB binnen weniger Wochen auf über 200 Mrd. Euro angestiegen war.

---

[546] Vgl. EZB (2009a), S. 38 ff. und Illing (2013a), S. 22 ff.
[547] Vgl. Romeike (2010), S. 36 f.
[548] Vgl. EZB (2010b), S. 69 ff., Lieven (2009), S. 221 und Nastansky/ Strohe (2009), S. 11.

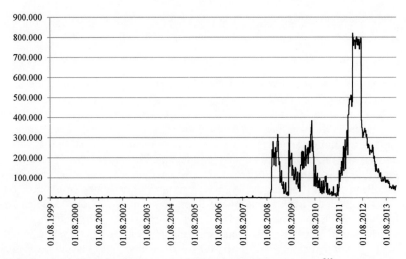

Abbildung 3.6: Entwicklung der Einlagefazilität bei der EZB in Mio. Euro[549]

Allein das Sicherheitsbestreben stand nunmehr im Vordergrund. Als Reaktion auf dieses Verhalten verringerte die EZB binnen weniger Monate den Einlagezinssatz von 3,25% auf lediglich 0,25% im April 2009 (siehe Abbildung 3.7).

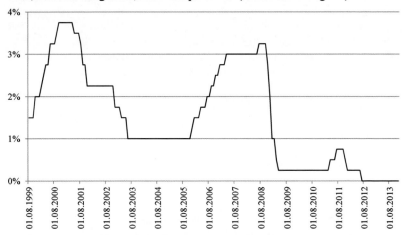

Abbildung 3.7: Entwicklung des Einlagezinssatzes der EZB[550]

---

[549] Eigene Darstellung (Datastream).

Innerhalb kürzester Zeit wurde so die gewünschte Reaktion der Geldinstitute erzielt. Das Volumen der Einlagefazilität ging deutlich zurück – allerdings nur für wenige Monate.[551] Unsicherheit und Vertrauensverlust auf den Märkten waren zu groß. Die internationale Bankenkrise hatte in dieser Zeit ihren Höhepunkt erreicht. Aktienmärkte, über die ganze Welt verteilt, brachen ein.[552] Eigenkapitalprobleme der Banken und die gestiegenen Risikoaufschläge führten zu einer äußerst restriktiven Kreditvergabepolitik an Privatpersonen und Unternehmen.[553]

Weltweit wurden durch Regierungen und Zentralbanken Rettungsmaßnahmen ergriffen, um den drohenden Insolvenzen entgegenzuwirken und einen völligen Kollaps des internationalen Finanzsystems zu verhindern.[554] Die USA verabschiedeten u.a. am 3. Oktober 2008 ein Rettungspaket über 700 Mrd. US-Dollar.[555] Eine Woche darauf verständigten sich die Finanzminister der G8-Nationen[556] auf einen gemeinsamen Plan zur Bewältigung der Krise. Es folgte die Umsetzung der Rettungspläne auf nationaler Ebene. In Deutschland wurden bspw. Garantiegewährungen für Bankschuldverschreibungen in Höhe von 480 Mrd. Euro ausgesprochen. Zudem wurde eine Garantie für private Spareinlagen beschlossen, um auf die stark gestiegenen Bargeldabhebungen zu reagieren und das Einlagensystem zu stärken.[557]

Zusätzlich zu den Adhoc-Maßnahmen wurde ebenfalls entschieden, dass umfangreiche Regulierungsanpassungen notwendig seien, um derartige Fehlentwicklungen zukünftig möglichst verhindern zu können. Im europäischen Raum lag der Fokus u.a. auf der Verbesserung der internationalen Zusammenarbeit und der Etablierung eines gemeinsamen Regulierungs- und Überwachungsrahmens für Teile des Finanzsektors. Eine umfassende Darstellung sämtlicher Handlungen und

---

[550] Eigene Darstellung (Datastream).

[551] Siehe Abbildung 3.6.

[552] Die Entwicklung des DAX, des Cotation Assistée en Continu 40 (CAC), des Financial Times Stock Exchange Milano Italia Borsa 40 (FTSE MIB), des EURO STOXX 50 (EURO STOXX) und des Dow Jones Industrial Average 30 (Dow Jones) kann Anhang 1-5 entnommen werden.

[553] Vgl. Sinn (2009), S. 70 ff.

[554] Vgl. Deutsche Bundesbank (2010), S. 20. Während der internationalen Bankenkrise haben Staaten Beteiligungen u.a. an der Union Bank of Switzerland AG (Schweiz), der Hypo Real Estate AG, der Commerzbank AG (Deutschland), der Lloyds TSB Group, der Royal Bank of Scotland PLC (Großbritannien), der Citigroup Inc. und der Bank of America Corp. (USA) erworben. Vgl. Nastansky/ Strohe (2009), S. 11 und Illing (2013a), S. 30.

[555] Vgl. Mishkin (2010), S. 495 ff. Für weiterführende Informationen zu den Hilfs- und Stabilisierungsmaßnahmen in den USA siehe Stunda (2014), S. 39 ff., Fleming (2012), S. 1 ff., Hrung/ Seligman (2011), S. 1 ff., Brave/ Genay (2011), S. 4 ff., und Posner (2010), S. 165 ff.

[556] Die G8-Nationen umfassen die USA, Kanada, Deutschland, Frankreich, Großbritannien, Italien, Japan und Russland.

[557] Vgl. Deutsche Bundesbank (2010), S. 21. Für eine Übersicht der Maßnahmen und Programme zur Stabilisierung des Finanzsystems im internationalen Kontext siehe Romeike (2010), S. 40 ff. und Sachverständigenrat zur Begutachtung der gesamtwirtschaftlichen Entwicklung (2008), S. 153 ff.

Maßnahmen kann auf Grund der Komplexität und einzelner nationaler Besonderheiten im Rahmen dieser Arbeit nicht geleistet werden. Vielmehr werden einzelne relevante Aspekte für die Finanzierung nichtfinanzieller Unternehmen an gegebener Stelle aufgegriffen.[558]

3.1.3 Wirtschaftskrise

Die ursprünglich in den USA ausgebrochene Krise entwickelte sich, trotz umfangreicher Rettungsmaßnahmen, zu einer internationalen Wirtschaftskrise.[559] Obgleich der Finanzsektor mittels staatlicher Rettungsprogramme und Interventionen der Zentralbanken zum Teil stabilisiert werden konnte, hatten die Turbulenzen zu einem Einbruch des Welthandels und zu einem Rückgang der Investitionstätigkeiten geführt.[560] Indikatoren für eine derartige Entwicklung sind u.a. das Wirtschaftswachstum, das Produktionsniveau und die allgemeine Aktienkursentwicklung.[561] Es sei darauf hingewiesen, dass sich der Umfang und die Ausprägungserscheinungen von Land zu Land teilweise deutlich unterschieden. Aus diesem Grund werden im nachfolgenden Abschnitt vornehmlich allgemeine Tendenzen der Krise in der Eurozone[562] dargestellt und mit spezifischen Entwicklungen aus Deutschland, als Teil der Eurozone, sowie aus den USA, als der weltweit größten Volkswirtschaft, ergänzt.[563]

3.1.3.1 Globale Rezession

Die in wirtschaftlichen Aufschwungphasen vorteilhafte internationale Verflechtung wirkte sich in Bezug auf die Ausweitung der Wirtschaftskrise negativ aus. Binnen weniger Monate war über weite Teile der Welt hinweg, ein wirtschaftlicher Abschwung zu beobachten, so dass auch die Eurozone in eine Rezession geriet. Die Entwicklung des Wirtschaftswachstums der Eurozone gegenüber dem Vorjahresquartal kann Abbildung 3.8 entnommen werden. Es zeigt sich, dass die Wirtschaftsleistung zeitweise um 5,5% gegenüber dem Vorjahresquartal abgenommen hat.

---

[558] Für weiterführende Informationen zur Bedeutung der Bankenaufsicht im Zusammenhang mit Stabilisierungsmaßnahmen im Finanzsektor siehe Deutsche Bundesbank (2013c), S. 15 ff., Deutsche Bundesbank (2012a), S. 29 ff., Deutsche Bundesbank (2011c), S. 83 ff. und Zobler/ Bölscher (2009), S. 82 ff.

[559] Vgl. Smeets (2011), S. 110 und Posner (2010), S. 80 ff.

[560] Vgl. Nastansky/ Strohe (2009), S. 11 f.

[561] Vgl. Michler/ Smeets (2011), S. 5.

[562] Die Eurozone umfasst 18 Staaten, die allesamt den Euro als offizielle Währung führen. Im weiteren Verlauf werden die Begriffe Euroraum und Euro-Währungsgebiet als Synonym verwendet.

[563] Deutschland und USA gelten als zwei der größten Volkswirtschaften, weshalb ihnen in der Krise eine große Bedeutung für den Verlauf zugeschrieben werden kann. Zudem ging eine Vielzahl der Krisenimpulse von den USA aus, so dass, neben der Fokussierung auf die Eurozone, eine Einbeziehung der Entwicklungen aus den USA zielführend ist.

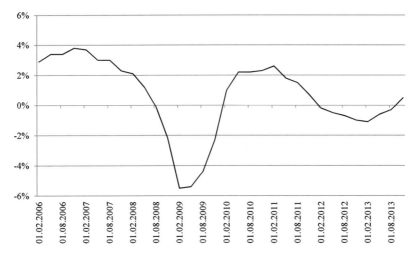

Abbildung 3.8: Wirtschaftswachstum der Eurozone gegenüber dem Vorjahresquartal[564]

Es ist allerdings zu beachten, dass die Wirkungszusammenhänge der Wirtschaftskrise nicht flächendeckend pauschalisiert werden können. Vielmehr zeigt sich,
dass die konjunkturelle Entwicklung stark von regionalen und strukturellen Besonderheiten geprägt ist. Dies gilt bspw. für den Einfluss der Immobiliennachfrage
auf die Wirtschaftsleistung eines Landes. Gemäß einer Untersuchung des Internationalen Währungsfonds (IWF bzw. engl. IMF) für den Zeitraum von 1983 bis
2007 sind in den USA durchschnittlich ca. 22% der Veränderungen der Wirtschaftsleistung auf die Nachfrage nach Immobilen zurückzuführen. In Deutschland liegt der Wert dagegen bei unter 2%. Diese deutlichen Unterschiede werden
u.a. auf die unterschiedliche Mentalität der Bevölkerung und das Kreditvergabeverhalten zurückgeführt. Wie in Kapital 3.1.1.3 bereits verdeutlicht wurde, ermöglichte die expansive Kreditpolitik einem breiten Teil der US-amerikanischen Bevölkerung den Erwerb von Wohneigentum. Die gestiegene Immobiliennachfrage
bewirkte den enormen Anstieg des Preisniveaus. Derartige Entwicklungen blieben
in Deutschland vor der globalen Finanzkrise weitestgehend aus. Somit erlangte der
Immobilienmarkt keine derartig große wirtschaftliche Bedeutung.[565]

Für den Verlauf der Wirtschaftskrise in Deutschland war ein anderer Aspekt ausschlaggebender. Exportstarke Nationen, wie bspw. Deutschland, sind in besonde-

---

[564] Eigene Darstellung (Datastream).
[565] Vgl. IMF (2008), S. 116 f. und Sachverständigenrat zur Begutachtung der gesamtwirtschaftlichen Entwicklung (2008), S. 7.

rem Maße von der Entwicklung der Weltkonjunktur abhängig. Gerät diese ins Stocken, gehen zwangsläufig die Einnahmen zurück.[566] Abbildung 3.9 zeigt die Entwicklung deutscher Exporte. Demnach ist der Wert innerhalb weniger Monate um knapp 20% gesunken.

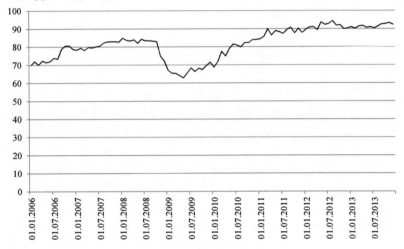

Abbildung 3.9: Entwicklung deutscher Exporte in Mrd. Euro[567]

Erschwerend kam hinzu, dass auch die Binnennachfrage zurückging.[568] In der Folge brachen Absatzzahlen und Gewinne ein. Viele Unternehmen sahen sich gezwungen, die Produktionsleistung zu senken und Überkapazitäten durch Zwangsentlassungen und Kurzarbeit abzubauen.[569] Des Weiteren mussten auf Grund des unsicheren Marktumfeldes und negativer Erwartungen zahlreiche Investitionsvorhaben zurückgestellt werden. Verstärkt wurde der beschriebene Schrumpfungsprozess durch die hohe Inflationsrate, welche in Deutschland im Sommer 2008 bei über 3% lag.[570]

3.1.3.2 Verwerfungen auf den internationalen Kapitalmärkten

Die aufgezeigten Entwicklungen der Banken- und Wirtschaftskrise wirkten sich auch auf die Kapitalmärkte aus. Wohingegen die ersten stärkeren Kurseinbrüche im Jahr 2007 weitestgehend auf die Finanzwirtschaft zurückgeführt werden konn-

---

[566] Vgl. Dill/ Lieven (2009), S. 210.
[567] Eigene Darstellung (Datastream).
[568] Vgl. Sachverständigenrat zur Begutachtung der gesamtwirtschaftlichen Entwicklung (2009), S. 46 ff.
[569] Vgl. Ravier/ Lewin (2012), S. 60 und Smeets (2011), S. 112.
[570] Vgl. Zobler/ Bölscher (2009), S. 75 ff.

ten, waren die Turbulenzen gegen Ende des Jahres 2008 ebenfalls vermehrt in den negativen realwirtschaftlichen Entwicklungen begründet. Wirtschaftsinstitute sahen sich gezwungen, Wachstumsprognosen drastisch zu korrigieren. Die Befürchtung einer globalen Rezession, wie sie seit dem 2. Weltkrieg nicht mehr zu beobachten war, führte zu enormen Kurseinbrüchen an den internationalen Aktienmärkten.[571]

Zwischenzeitige Maßnahmenpakete verschiedener Regierungen, wie bspw. das am 5. November 2008 von der Bundesregierung Deutschland verabschiedete erste Konjunkturpaket zur Beschäftigungssicherung durch Wachstumsstärkung und auch das spätere zweite Konjunkturpaket, erwiesen sich auf Grund von Ausgaben in Milliardenhöhe als überaus kostenintensiv. Zudem übernahmen viele der betroffenen Länder erhebliche Risiken, indem Staatsgarantien für bestimmte, als besonders systemrelevant eingestufte, Teile des Finanzsektors ausgestellt wurden. All dies wirkte zweifelsohne krisenhemmend, konnte allerdings den wirtschaftlichen Einbruch in 2009 nicht verhindern.[572] Den Tiefststand erreichten die internationalen Leitindices, wie bspw. der DAX und Dow Jones, im Frühjahr 2009.[573] Deren Werte notierten im Durchschnitt ca. 55% unter den bisherigen Höchstständen. Die Aktienkurse von Finanzinstituten waren teilweise noch weit schwerer betroffen, wie der beispielhafte Rückgang der Commerzbank AG Aktie von 37,50 Euro Mitte 2007 auf 2,27 Euro im März 2009 verdeutlicht.[574]

Die Wirtschaftsleistung vieler Industrienationen stabilisierte sich nach der ersten Jahreshälfte 2009 auf einem niedrigen Niveau und konnte sich in den Folgemonaten, u.a. auf Grund der Wirkung zeigenden Stabilisierungs- und Förderprogramme, langsam erholen.[575] Im Folgejahr setzte sich dieser Trend fort, so dass die Eurozone als Ganzes und die meisten Industrienationen ein deutlich positives Wirtschaftswachstum verzeichnen konnten.[576] Das reale BIP wuchs im Jahr 2010 bspw. in Deutschland um 3,6%. Die USA konnten mit 3% einen ähnlich hohen Wert erzielen.[577]

---

[571] Vgl. Glebe (2008), S. 131.
[572] Vgl. Deutsche Bundesbank (2010), S. 21. Für weiterführende Informationen zu den Inhalten des ersten Konjunkturpaketes der Bundesregierung siehe BMWi (2008), S. 1 ff.
[573] Die Entwicklung des DAX, CAC, FTSE MIB, EURO STOXX und Dow Jones kann Anhang 1-5 entnommen werden.
[574] Vgl. Nastansky/ Strohe (2009), S. 9.
[575] Vgl. Deutsche Bundesbank (2010), S. 22. Das Beispiel von Griechenland wird im späteren Verlauf zeigen, dass diese Entwicklung nicht flächendeckend zu beobachten war.
[576] Siehe Abbildung 3.8 für die Entwicklung des Wirtschaftswachstums der Eurozone gegenüber dem Vorjahresquartal und IMF (2012), S. 191 für Veränderungen des Wirtschaftswachstums gegenüber dem Vorjahr.
[577] Vgl. IMF (2012), S. 191.

3.1.4 Staatsschuldenkrise

Bereits Anfang 2010 verdichteten sich die Anzeichen, dass nach der Finanz- und Realwirtschaft ebenfalls der Staatssektor in den Vordergrund der globalen Finanzkrise rücken würde. Umfangreiche Maßnahmen zur Stabilisierung der Finanzmärkte und der Konjunktur sowie steuerliche Mindereinnahmen haben die Verschuldung vieler Staaten innerhalb weniger Jahre drastisch ansteigen lassen. Die nachfolgenden Ausführungen werden allerdings auch verdeutlichen, dass es zu kurz gegriffen erscheint, den Ausbruch der Staatsschuldenkrise ausschließlich auf die vorherigen Phasen der globalen Finanzkrise zurückzuführen. Zwar bewirkten diese zweifelsohne einen Anstieg der Staatsschulden und damit eine drastische Verschlechterung der öffentlichen Finanzen, jedoch reichen die Fehlentwicklungen im Staatssektor teilweise weiter zurück.[578]

Obgleich für den Begriff Staatsschuldenkrise oftmals die Bezeichnungen Euro-Krise oder Europäische Staatsschuldenkrise als Synonym verwendet werden, beschränkte sich das Szenario der ansteigenden Staatsverschuldung im Zuge der Krise keineswegs allein auf den Euroraum. Die Staatsschuldenquote, abgebildet durch das Verhältnis der Staatsschulden zum BIP, lag während des Ausbruchs der globalen Finanzkrise bspw. in den USA und Japan über dem Durchschnittswert der Eurozone. Dennoch ist nicht von der Hand zu weisen, dass europäische Staaten hinsichtlich der Refinanzierung in besonderem Maße von den Folgen der Krise betroffen waren. Die Auswirkungen innerhalb des Euro-Währungsgebiets waren jedoch nicht durchweg negativ. Vielmehr entwickelten sich die Konditionen für Staatsanleihen äußerst kontrovers, so dass einige Länder von günstigen Bedingungen profitierten, wohingegen vor allem die Peripherieländer, im Zuge differenzierter Neubewertungen, enorme Risikoaufschläge leisten mussten. Um die wesentlichen Ursachen hierfür herauszuarbeiten, ist eine differenzierte Betrachtung notwendig, die bis hin zur Einführung der Europäischen Währungsunion zurückreicht.[579]

3.1.4.1 Makroökonomische Entwicklungen vor der Krise

Seit Gründung der Europäischen Währungsunion sind zwischen den Mitgliedsstaaten makroökonomische Ungleichgewichte entstanden. Exportorientierte Länder, wie z.B. Deutschland, wiesen hohe Leistungsbilanzüberschüsse auf.[580] Auf der anderen Seite stiegen die Leistungsbilanzdefizite bspw. in den PIIGS-

---

[578] Vgl. EZB (2010b), S. 77 f. und Schuppan (2011), S. 251 ff.
[579] Vgl. De Santis (2012), S. 5, Deutsche Bundesbank (2010), S. 22 und Sachverständigenrat zur Begutachtung der gesamtwirtschaftlichen Entwicklung (2010), S. 30.
[580] Vgl. Schuppan (2011), S. 183 ff. und Neubäumer (2011), S. 828 f.

Staaten[581] bis 2007 deutlich an. Finanziert wurden die Fehlbeträge durch umfangreiche Kapitalimporte. Folgenschwer war diesbezüglich der Umstand, dass Kredite nur zu einem geringen Teil für Investitionen genutzt wurden. Ein Großteil des Fremdkapitals diente dem Konsum und dem Immobilienkauf. Unterstrichen wird diese Entwicklung durch die rückläufige gesamtwirtschaftliche Sparquote, die in Griechenland im Jahr 2007 sogar negativ war. Zudem lag die durchschnittliche Inflationsrate in den GIPS-Staaten zwischen 1999 bis 2007 jährlich bei ca. 3%, so dass Preis- und Lohnniveau deutlich stärker anstiegen als im Vergleich zu Deutschland. Dies wirkte sich wiederum negativ auf die Produktivität aus und verschlechterte die Wettbewerbsfähigkeit.[582]

Bezogen auf die Staatsfinanzen der PIIGS-Staaten ist zu konstatieren, dass sich diese in den Jahren vor der Krise unterschiedlich entwickelt haben und nicht pauschal als problematisch eingestuft werden konnten. Im Wesentlichen können diesbezüglich zwei Gruppen unterschieden werden. Erstere umfasst Spanien und Irland, die verhältnismäßig solide Staatsfinanzen aufwiesen. Das angestiegene Lohnniveau, gepaart mit der hohen Immobiliennachfrage, wirkte sich zwischenzeitlich positiv auf die Steuereinnahmen aus. Die Mehreinnahmen führten allerdings auch dazu, dass die staatlichen Ausgaben ausgeweitet wurden. Mit dem Ausbruch der Krise veränderten sich die Rahmenbedingungen. Zum einen gingen die Steuereinnahmen zurück und zum anderen erhöhten sich die Staatsausgaben im Zuge der notwendigen Stabilisierungsmaßnahmen. Bei der zweiten Gruppe, bestehend aus Griechenland, Italien und Portugal erwiesen sich die öffentlichen Finanzen bereits vor dem Ausbruch der Krise als problematisch. Die Staatsverschuldung befand sich hier auf einem höheren Niveau. Zudem wurde über Jahre hinweg ein hoher negativer staatlicher Finanzierungssaldo erzielt.[583]

Um den unterschiedlichen Entwicklungen in den einzelnen Ländern entgegenwirken zu können, wären geldpolitische Maßnahmen hilfreich gewesen. Eine adäquate und länderspezifische Reaktion war jedoch auf Grund der gemeinsamen Währung nicht möglich. Mit dem Ausbruch der globalen Finanzkrise spitzte sich die finanzielle Situation in einigen Euroländern dramatisch zu. Staaten sahen sich gezwungen, den Finanzsektor zu stabilisieren und umfangreiche Maßnahmen zur Stützung der Konjunktur umzusetzen. Die Staatsverschuldung stieg in der Folge sowohl in Ländern der ersten als auch zweiten Gruppe an.[584]

---

[581] Die Abkürzung PIIGS-Staaten steht für die Länder Portugal, Italien, Irland, Griechenland und Spanien. Diese Staaten gelten als besonders schwer betroffen von der globalen Finanzkrise. Teilweise wird im Zusammenhang mit der Staatsschuldenkrise auch die Abkürzung GIPS-Staaten verwendet. Diese Abgrenzung umfasst Griechenland, Irland, Portugal und Spanien. Vgl. Luksic (2011), S. 34.

[582] Vgl. Neubäumer (2011), S. 828 f.

[583] Vgl. Deutsche Bundesbank (2014a), S. 42 und Luksic (2011), S. 34 ff.

[584] Vgl. Schuppan (2011), S. 258.

3.1.4.2 Sonderstellung Griechenlands und die Zuspitzung der Krise

Im Zusammenhang mit den Fehlentwicklungen vor der Staatsschuldenkrise und dem tatsächlichen Ausbruch ist die besondere Stellung Griechenlands hervorzuheben. Das Land hatte über Jahre hinweg seine Verschuldung zu niedrig ausgewiesen, wodurch die Aufnahme in die Währungsunion auf einer falschen Datengrundlage beruhte. Darüber hinaus hatte die griechische Regierung mit Hilfe von Swapgeschäften und der Verpfändung von zukünftigen Einnahmeströmen die Staatsverschuldung gezielt kurzzeitig gesenkt.[585] In der Folge wurde einem Land der Beitritt in die Währungsunion gewährt, welches bei Kenntnis der eigentlichen Zahlenlage nicht hätte beitreten dürfen. Die Aufnahme bewirkte einen deutlichen Rückgang der Risikoaufschläge für griechische Staatsanleihen, die sich fortan an den anderen Mitgliedsstaaten orientierten. Griechenland nutzte die günstigen Finanzierungskonditionen, um die Fremdkapitalbeschaffung auszuweiten, so dass die Verschuldung im Jahr 2010 bei ca. 125% des BIP lag.[586] Abbildung 3.10 zeigt, dass sich das jährliche Staatsdefizit Griechenlands seit dem Jahr 2000 bis zum Ausbruch der Staatsschuldenkrise nahezu kontinuierlich erhöhte.

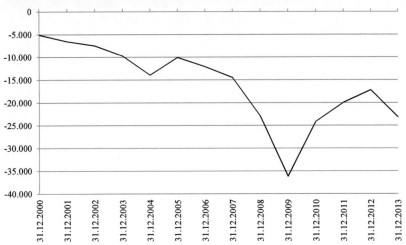

Abbildung 3.10: Staatsdefizit Griechenlands in Mio. Euro[587]

---

[585] Bei Swapgeschäften handelt es sich um unbedingte Termingeschäfte. Grundsätzlich verpflichten sich dabei zwei Parteien zum Austausch von Zahlungsströmen. Vgl. Albrecht/ Maurer (2008), S. 42.

[586] Vgl. Luksic (2011), S. 46 ff. und Neubäumer (2011), S. 831.

[587] Eigene Darstellung (Datastream).

Vor dem Hintergrund langjähriger Defizite, einer kontinuierlich ansteigenden Verschuldung und der mangelnden Glaubwürdigkeit wurden griechische Staatsanleihen von 2009 an von Ratingagenturen sukzessive abgewertet. Das höhere Ausfallrisiko schlug sich in den Renditeforderungen der Investoren nieder. Die Gefahr, die erhöhten Finanzierungskosten nicht fristgerecht bedienen zu können, bewirkte eine Reihe weiterer Abwertungen seitens der Ratingagenturen. Es setzte innerhalb kürzester Zeit eine nicht aufzuhaltende Abwärtsspirale ein. Schließlich hatten die Risikoaufschläge ein derartig hohes Niveau erreicht, dass der griechischen Regierung die Refinanzierung am Kapitalmarkt nicht mehr möglich war.[588]

Der enorme Vertrauensverlust in griechische Staatsanleihen wirkte sich auf die übrigen PIIGS-Staaten aus, deren Verschuldung sich im Zuge der Krise ebenfalls deutlich erhöht hatte. Folglich stiegen die geforderten Renditen der Investoren ebenfalls stark an. Um die Lage an den Kapitalmärkten zu entspannen, wurden im März 2010 milliardenschwere Finanzhilfen für Griechenland unter dem Zusammenwirken der Euro-Mitgliedsländer und des IWF beschlossen. Dies konnte allerdings das fehlende Vertrauen der Investoren in das hochverschuldete Land nicht wiederherstellen, so dass Anleiheemissionen scheiterten und sich die Krise im Mai 2010 vorläufig zuspitzte. Um eine Deeskalation zu bewirken und den erhöhten Kapitalbedarf zu decken, wurden die Stabilisierungsmaßnahmen intensiviert und ausgeweitet. Es wurden u.a. Schulden erlassen, zinsgünstige Hilfskredite gewährt und ein Programm zum Anleihekauf seitens der EZB beschlossen.[589] In der Folge ging das Staatsdefizit Griechenlands zurück.[590]

Nachdem Griechenland, als erster Mitgliedsstaat der Europäischen Währungsunion, erstmalig Mitte 2010 auf Hilfsmaßnahmen angewiesen war,[591] folgten Irland Ende 2010, Portugal im Frühjahr 2011 und Zypern im Frühjahr 2013. Im Jahr 2012 wurde darüber hinaus der spanische Finanzsektor stabilisiert. Die Gewährung der Hilfsprogramme war eng verknüpft mit umfangreichen Reformvorgaben. Neben wirtschaftspolitischen Anpassungen wurde ebenfalls die fiskalische Konsolidierung angestrebt, um die öffentlichen Finanzen nachhaltig zu stabilisieren.[592]

Obwohl die Verwerfungen im öffentlichen Sektor im Fokus der Staatsschuldenkrise standen, gerieten erneut der Finanzsektor und speziell Banken unter Druck, so

---

[588] Vgl. Schuppan (2011), S. 257 ff.
[589] Vgl. Deutsche Bundesbank (2010), S. 22 f. Für weiterführende Informationen zu den Hilfsmaßnahmen siehe Illing (2013b), S. 50 ff.
[590] Siehe Abbildung 3.10.
[591] Es folgten weitere Hilfspakete und ein Schuldenschnitt, um die Staatsverschuldung zu reduzieren. Vgl. Illing (2013a), S. 121 ff.
[592] Vgl. Deutsche Bundesbank (2014a), S. 44.

dass teilweise die Rede ist von der Bankenkrise 2.0.[593] Begründet war die erneute Zuspitzung in der Finanzwirtschaft u.a. in den Eigenkapitalvorschriften von Basel II[594] und der Bedeutung von Staatsanleihen in dem Geschäftsmodell vieler Banken. Basel II regelt seit 2007 die Eigenkapitalanforderungen von Banken innerhalb der EU. Demnach wird die notwendige Eigenkapitalausstattung u.a. durch die Risikostruktur der Forderungen einer Bank bestimmt. Je geringer die eingegangen Risiken sind, desto weniger Eigenkapital wird zur Absicherung benötigt. Darüber hinaus dienen Staatsanleihen mit geringem Risiko bei der Refinanzierung als Sicherheit bei der EZB. Als sich mit dem Einsetzen der Staatsschuldenkrise die Ratingurteile mehrerer Staaten verschlechterten und die Ausfallwahrscheinlichkeiten erhöhten, verloren die entsprechenden Anleihen teilweise ihre Besicherungsfunktion. Banken sahen sich gezwungen in besonderem Maße risikoreiche Forderungen abzubauen, um so die Eigenkapitalanforderungen weiterhin erfüllen zu können.[595]

Dieses unausweichliche Vorgehen traf die Institute in doppelter Hinsicht schwer. Zum einen führten Wertberichtigungen zu enormen Verlusten und zum anderen konnten die jeweiligen Wertpapiere nicht weiter als Sicherheit bei der EZB hinterlegt werden, wodurch die Refinanzierung erschwert wurde. Als Konsequenz kam es im Zuge der Staatsschuldenkrise erneut zu starken Spannungen auf dem Interbankenmarkt.[596] Dies verdeutlicht u.a. die Inanspruchnahme der EZB-Einlagefazilität.[597] Im Zusammenhang mit dem Ausbruch der Bankenkrise Ende 2008 wurde bereits auf einen deutlichen Anstieg verwiesen. Die Einlagen bei der Zentralbank lagen zeitweise bei über 300 Mrd. Euro. Mit der Staatsschuldenkrise wurde jedoch ein neues Niveau erreicht. Die Abkehr von Staatsanleihen sowie der Vertrauensverlust untereinander haben im Wesentlichen dazu geführt, dass das Volumen zwischen Oktober 2011 bis Juli 2012 stark angestiegen ist und zwischenzeitig über 800 Mrd. Euro bei der EZB hinterlegt waren. Eine Entspannung der Lage konnte im Juli mit einer Herabsetzung der Einlagenverzinsung auf null Prozent erzielt werden. Das Zinsniveau blieb fortan bis zum Ende des Betrachtungszeitraums bestehen.[598]

Der Abbau der Anleiheforderungen gegenüber den Krisenländern verschärfte wiederum deren Situation an den Kapitalmärkten. Schließlich entschieden sich die

---

[593] Es ist allerdings festzuhalten, dass während der globalen Finanzkrise des Öfteren deutliche Spannungen im Bankensektor zu beobachten waren. Die Titulierung Bankenkrise 2.0 deutet daher lediglich die Schwere der erneuten Zuspitzung an.

[594] Für weiterführende Informationen zu den Basel II Richtlinien siehe Deutsche Bundesbank (2004), S. 75 ff.

[595] Vgl. Illing (2013b), S. 54. Neben Banken waren auch vermehrt institutionelle Investoren gezwungen, die risikoreichen Staatsanleihen zu verkaufen, um die Satzungsvorgaben einzuhalten.

[596] Vgl. Lindner (2013), S. 6 ff.

[597] Siehe Abbildung 3.6.

[598] Siehe Abbildung 3.7.

EZB und die FED dazu, Staatsanleihen auf dem Sekundärmarkt aufzukaufen, um die Finanzierung krisengeprägter Staaten weiterhin sicherzustellen, Liquidität in die Märkte zu befördern und somit die Situation an den Märkten zu entspannen. Zudem wurden die Anforderungen an die zu leistenden Sicherheiten der Banken gesenkt, um den Kapitalzugang bei der Zentralbank zu erleichtern. Ohne derartige Interventionen wäre der Finanzsektor mit hoher Wahrscheinlichkeit weit schwerwiegender von der Staatsschuldenkrise betroffen gewesen, wodurch sich die Krise abermals verschärft hätte.[599]

Es lässt sich festhalten, dass die meisten krisenbetroffenen Länder seit 2010 erhebliche Anstrengungen unternommen haben, um die gesamtwirtschaftliche Situation zu verbessern, die auferlegten Reformvorhaben umzusetzen und die Konsolidierung voranzutreiben. Nichtsdestotrotz können nach wie vor nicht flächendeckend solide Staatsfinanzen konstatiert werden. Die Ausführungen haben verdeutlicht, dass Fehlentwicklungen teilweise über viele Jahre hinweg zu beobachten waren. Somit scheint es auch nicht verwunderlich, dass es sich bei den notwendigen Reform- und Konsolidierungsbemühungen um einen langwierigen Prozess handelt.[600]

Abschließend kann zum jetzigen Zeitpunkt kein finales Ende der Staatsschuldenkrise ausgewiesen werden. Die Verflechtungen und Auswirkungen der globalen Finanzkrise waren schlichtweg zu weitreichend und komplex. Dennoch haben sich in den Jahren 2012 und 2013 die Anzeichen verdichtet, dass die Höhepunkte der Krise bereits überwunden sind. Obgleich nach wie vor Risiken vom Finanzsektor und einigen angeschlagenen Staaten ausgehen, weisen unterschiedliche Entwicklungen durchaus auf eine Entspannung der Lage hin. Bei Betrachtung der Aktienmärkte fällt bspw. auf, dass die internationalen Leitindices seit 2012 eine nahezu beispiellose positive Entwicklung verzeichnet haben.[601] Zudem gilt, bezugnehmend auf die Wirtschaftsleistung der Eurozone, die Rezession als beendet. Das reale BIP wuchs im letzten Quartal 2013 um 0,3% gegenüber dem Vorquartal. Damit konnte im dritten Quartal in Folge ein positives Wachstum erzielt werden.[602]

---

[599] Vgl. Illing (2013b), S. 54.

[600] Vgl. Deutsche Bundesbank (2014a), S. 44.

[601] Die Entwicklung des DAX, CAC, FTSE MIB, EURO STOXX und Dow Jones kann Anhang 1-5 entnommen werden.

[602] Vgl. EZB (2014b), S. 5.

3.2 Bedeutung der globalen Finanzkrise für die Unternehmensfinanzierung

Nachdem die chronologische Darstellung und Aufarbeitung der globalen Finanzkrise bislang im Vordergrund von Kapitel 3 stand, gilt es im weiteren Verlauf die grundsätzlichen Auswirkungen der Krise auf die Unternehmensfinanzierung zu erarbeiten. Die weitreichenden Verwerfungen im finanzwirtschaftlichen, realwirtschaftlichen und staatlichen Sektor legen die Vermutung nahe, dass auch die Kapitalbeschaffung von nichtfinanziellen Unternehmen nachhaltig von den Krisenereignissen betroffen war bzw. nach wie vor betroffen ist.

Die Zusammenhänge zwischen der globalen Finanzkrise und der Unternehmensfinanzierung aufzuzeigen, erweist sich jedoch als schwierig und ist in Form einer pauschalen, allgemein gültigen Darstellung nicht möglich. Begründet ist dies in den überaus komplexen und heterogenen Rahmenbedingungen und Umwelteinflüssen. Das Finanzierungsverhalten ist u.a. von der Herkunft, der Größe und der Branchenzugehörigkeit eines Unternehmens abhängig.[603] Eine umfassende Analyse kann daher im Rahmen dieses Kapitels nicht geleistet werden. Vielmehr werden Wirkungszusammenhänge zunächst in einer allgemeinen und überblicksartigen Form aufgezeigt. Somit dient dieser Abschnitt als Grundlage und ebenso als Überleitung zur folgenden eigenen empirischen Untersuchung zu den Finanzierungsentscheidungen multinationaler Unternehmen.

Um ein systematisches Vorgehen zu ermöglichen, werden die Einflüsse der Krise auf die Eigen- und Fremdfinanzierung gesondert voneinander ausgearbeitet. Im Hinblick auf die spätere empirische Untersuchung konzentrieren sich die Ausführungen dabei vornehmlich auf die Unternehmensfinanzierung im Euro Währungsgebiet im Zeitraum von 2006 bis 2013.[604] Sofern es die Datenlage zulässt, wird der Untersuchungsgegenstand dahingehend weiter eingegrenzt, dass speziell auf das Finanzierungsverhalten von Kapitalgesellschaften eingegangen wird.

3.2.1 Eigenfinanzierung

Bei der globalen Finanzkrise handelt es sich um einen über mehrere Jahre hinweg andauernden Zeitabschnitt mit unterschiedlichen Krisenausprägungen und Phasen des wirtschaftlichen Aufschwungs. Die Frage nach den Folgen für die Eigenkapitalbeschaffung in der Eurozone kann daher nicht pauschal und allumfassend be-

---

[603] Vgl. Boland (2009), S. 168.

[604] Die empirische Untersuchung dieser Arbeit konzentriert sich auf ausgewählte multinationale Unternehmen aus Deutschland, Frankreich und Italien im Zeitraum von 2006 bis 2013. Daher wird es als zielführend erachtet, zunächst die allgemeine Entwicklung innerhalb der Eurozone darzulegen, um so die Rahmenbedingungen zu umreißen.

antwortet werden. Um dennoch grundlegende Tendenzen ableiten zu können, erweist sich eine Unterteilung der Eigenfinanzierung hinsichtlich der Kapitalherkunft als sinnvoll. Demnach kann Eigenkapital intern in Form der Selbstfinanzierung oder extern durch die Beteiligungsfinanzierung zugeführt werden. Beide Finanzierungsformen unterscheiden sich in ihren Eigenschaften unverkennbar voneinander, weshalb auch Zusammenhänge und Wirkungsweisen andere sind.[605]

3.2.1.1 Selbstfinanzierung

Um erste Rückschlüsse auf die Gewinnsituation von Unternehmen innerhalb der Eurozone ziehen zu können, wird die Entwicklung des BIPs innerhalb der Währungsunion als geeigneter Indikator erachtet.[606] Das BIP drückt die gesamtwirtschaftliche Leistungsfähigkeit aus, indem die Produktion von Waren und Dienstleistungen gemessen wird.[607] Die Wirtschaftsleistung und damit verbunden die Unternehmensgewinne haben sich in der Eurozone seit dem Ausbruch der Finanzkrise verschiedenartig entwickelt. Im Allgemeinen können zwischen 2006 und 2013 fünf Konjunkturzyklen anhand der quartalsweisen Entwicklung des BIPs unterschieden werden, die jeweils auch die Selbstfinanzierung nichtfinanzieller Unternehmen tangiert haben.[608]

Nachdem sich bereits im Jahr 2007 die Subprime-Krise in den USA zuspitzte, waren das Wirtschaftswachstum und die Innenfinanzierung in der Eurozone zunächst nur marginal beeinflusst. Auf Grund der bereits dargestellten internationalen Verflechtung nahmen die Verwerfungen jedoch zügig globale Ausmaße an. Spannungen im Finanzsektor griffen vermehrt auf die Realwirtschaft über, woraufhin das Wirtschaftswachstum in der Eurozone, vom zweiten Quartal 2008 an, deutlich zurückging und der erste Abschnitt des wirtschaftlichen Wachstums endete.[609]

Die folgende zweite Phase des konjunkturellen Abschwungs vollzog sich über insgesamt fünf Quartale hinweg. Das abgeschwächte Wachstum des Realeinkommens, die restriktive Kreditvergabepolitik und die angespannte Situation auf dem Arbeitsmarkt waren nur drei Gründe, die sich negativ auf den Konsum und die Gewinne auswirkten.[610] Der krisenbedingte Anstieg der Arbeitslosenquote (15 Jahre und älter) wird beispielhaft für Deutschland, Frankreich, Italien und Grie-

---

[605] Vgl. Wöhe et al. (2009), S. 22 ff.

[606] Es existieren ebenso andere Parameter, die Rückschlüsse auf die Gewinnentwicklung von Unternehmen zulassen. Jedoch eignet sich das BIP am ehesten auf Grund der länderübergreifenden einheitlichen Berechnung, der sehr guten Datenlage sowie des hohen aggregierten Informationsgehalts. Für weiterführende Informationen zu Wirtschaftsindikatoren siehe Döhrn (2014), S. 63 ff. und Winker (2007), S. 67 ff.

[607] Vgl. Statistisches Bundesamt (2014), S. 6.

[608] Die nachfolgenden Ausführungen zum quartalsweisen Wirtschaftswachstum der Eurozone basieren auf den Daten der EZB-Monatsberichte. Ein Ausweis der jeweiligen Quelle erfolgt an entsprechender Stelle.

[609] Vgl. EZB (2008), S. 69.

[610] Vgl. EZB (2009b), S. 50 ff. und Deutsche Bundesbank (2010), S. 21.

chenland in Abbildung 3.11 dargestellt. Während als direkte Reaktion auf die Krise im Jahr 2008 eine flächendeckende Erhöhung der Arbeitslosenquote beobachtet
werden konnte, wird in den Folgejahren der heterogene Krisenverlauf deutlich.

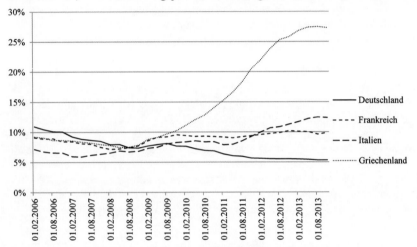

Abbildung 3.11: Arbeitslosenquote (15 Jahre und älter) im Ländervergleich[611]

Nachdem die Intensität des Wachstumsrückganges im zweiten Quartal 2009 bereits abnahm, stellte sich in der zweiten Jahreshälfte wieder eine leicht positive
Wachstumsrate in der Eurozone ein. Die weltweit anhaltende Erholung war u.a.
durch die gestiegene Nachfrage nach Exporten, die weitreichenden Konjunktur-
programme sowie die zunehmende Funktionsfähigkeit des Finanzsektors gestützt.
Unternehmensergebnisse, privater Konsum sowie Investitionsausgaben legten in
dieser dritten Phase spürbar zu.[612]

Der gesamtwirtschaftliche Wachstumskurs im Euro-Währungsgebiet hielt bis zum
Sommer 2011 an. Es verdichteten sich jedoch die Anzeichen eines erneuten realwirtschaftlichen Abschwungs. Die Spannungen auf den Anleihemärkten, gepaart
mit einer langsamer wachsenden globalen Nachfrage, kreierten ein von Unsicherheit geprägtes Umfeld. Schwer kalkulierbare Risiken trübten den Ausblick. In der
Folge reduzierte sich das BIP in der Eurozone im vierten Quartal 2011. Die Wirtschaftsleistung ging während dieser Phase fünf weitere Quartale in Folge zurück,
so dass eine erneute Rezession eintrat. Sowohl geldpolitische als auch konjunkturelle Fördermaßnahmen konnten diese Entwicklung nicht abwenden. Eine Erho-

[611] Eigene Darstellung (Datastream).
[612] Vgl. EZB (2010b), S. 44 ff.

lung, bezogen auf das durchschnittliche Wirtschaftswachstum im gesamten Euro-Währungsgebiet, setzte erst wieder im zweiten Quartal 2013 ein. Damit begann die letzte Phase im Betrachtungszeitraum, die bis Ende 2013 anhielt.[613]

Es ist allerdings zu beachten, dass es sich bei den Daten zum Wirtschaftswachstum in der Eurozone um eine hochaggregierte Betrachtungsweise handelt. Der heterogene Verlauf der Arbeitslosenquote hat bereits angedeutet, dass sich die einzelnen Mitgliedsstaaten teilweise sehr verschieden entwickelt haben.[614] Wohingegen bspw. Griechenland in den Jahren 2008 bis 2013 durchgehend ein negatives Wirtschaftswachstum erzielte, traf dies für Deutschland lediglich 2009 zu. In diesem Jahr war der Rückgang jedoch höher als in Griechenland.[615] Derartig große Abweichungen deuten darauf hin, dass sich auch die Gewinnsituation der Unternehmen innerhalb des Euroraumes durchaus unterschiedlich entwickelte. Eine länderspezifische Analyse der Finanzierungsentscheidungen, wie sie in der eigenen empirischen Untersuchung durchgeführt wird, erweist sich daher als zielführend.

Neben länderspezifischen Einflüssen dürfen zudem branchenspezifische Besonderheiten bei der Selbstfinanzierung nicht außer Acht gelassen werden. Grundsätzlich besteht diesbezüglich eine Divergenz zwischen zyklischen und antizyklischen Branchen.[616] Besonders Unternehmen mit einer hohen Abhängigkeit von der konjunkturellen Entwicklung sahen sich in Phasen des Abschwungs dazu gezwungen, die Produktionskapazitäten zurückzufahren. Teilweise reichte eine Drosselung der Produktion nicht aus, so dass diese über Tage bzw. Wochen hinweg vollständig ausgesetzt werden musste.[617] Der damit einhergehende Umsatzeinbruch führte trotz Kostenreduzierung zu drastischen Gewinnrückgängen, die sich negativ auf die Selbstfinanzierung auswirkten. Die stärksten Einbrüche wurden in der Eurozone zwischen 2008 und 2009 verzeichnet. Der Systemcharakter der Krise führte in jenem Zeitraum dazu, dass die Gewinne in unterschiedlicher Intensität, bezogen auf das Land und die Branche, nahezu flächendeckend einbrachen. In den Jahren darauf waren dagegen durchaus länder- und branchenspezifische Entwicklungen

---

[613] Vgl. EZB (2013c), S. 48 ff. und EZB (2011b), S. 60 ff.

[614] Siehe Abbildung 3.11.

[615] Vgl. IMF (2013), S. 150.

[616] Zyklische Branchen sind dadurch gekennzeichnet, dass die Ertragssituation in hohem Maß von der konjunkturellen Entwicklung abhängig ist. Demnach unterliegt z.B. die Automobilbranche zyklischen Schwankungen, wohingegen u.a. die Gesundheitsbranche und Energieversorger eher unabhängig von gesamtwirtschaftlichen Schwankungen sind und daher als antizyklische Branchen bezeichnet werden.

[617] Vgl. Illing (2013a), S. 64. Die Automobilbranche geriet während der Krise vermehrt in den Fokus der öffentlichen Diskussion. Auf Grund der großen Abhängigkeit von der Konjunktur musste Kurzarbeit eingeführt und die Produktion teilweise sogar ausgesetzt werden. In der Folge wurde in der Automobilindustrie 2009 der schwächste Absatz seit 20 Jahren verbucht.

zu beobachten, so dass die Identifikation genereller Entwicklungen erschwert wird.[618]

3.2.1.2 Finanzierung durch Bargeldeinlagen am Kapitalmarkt

Die Inanspruchnahme der Eigenfinanzierung über die Börse ist von einer Vielzahl von Faktoren abhängig. Neben den fundamentalen Unternehmensdaten sind u.a. das allgemeine Kapitalmarktumfeld sowie die Emissionskosten ausschlaggebend. Grundsätzlich verfolgen Unternehmen mit der Ausgabe von Aktien das Ziel, einen möglichst hohen Kapitalbetrag für eine begrenzte Anzahl von Aktien beschaffen zu können. Da das Emissionsvolumen auch vom Aktienkurs abhängig ist, erweist sich ein hohes Kursniveau als vorteilhaft. Allerdings ist diesbezüglich nicht allein der aktuelle Kurs relevant, sondern auch die potentielle zukünftige Entwicklung. Der Prozess der Aktienausgabe vollzieht sich über viele Monate, so dass auch eine drohende Krise bzw. ein volatiles Marktumfeld die Kapitalmarktaktivitäten eines Unternehmens beeinflussen können.[619] Dies war auch bei der globalen Finanzkrise zu beobachten. Obwohl die Spannungen im Finanzsektor zeitlich versetzt auf die Realwirtschaft übergriffen, tangierte das volatile Kapitalmarktumfeld schon vor dem Ausbruch der Wirtschaftskrise, Ende 2008, die Finanzierungsentscheidungen an der Börse.[620]

Um die Bedeutung der globalen Finanzkrise für die kapitalmarktbasierte Eigenfinanzierung zu erläutern, wird im Folgenden zunächst das allgemeine Kapitalmarktumfeld beleuchtet. Nachdem die Aktienkurse der internationalen Leitindices im Jahr 2007 überwiegend ihr bisheriges Allzeithoch erreicht hatten, war in der zweiten Jahreshälfte, im Zuge der Subprime-Krise, eine leichte Korrektur zu beobachten. Als sich der Zustand des Finanzsektors jedoch zunehmend verschärfte, mündete die Situation, anfangs noch als „leichte Korrektur" tituliert, in einen drastischen Kursverfall. Die Aktienkurse gaben im Jahr 2008 weltweit deutlich nach. Der EURO STOXX verlor bspw. im Vergleich zum Vorjahr ca. 46% an Wert.[621] Eine Stabilisierung und anschließende Erholung konnten erst im Sommer 2009 verzeichnet werden. Die Indices in den USA und dem Euroraum stiegen teilweise über 20% an und konnten auch im Jahr 2010 weiter zulegen. Mit der Zuspitzung der Staatsschuldenkrise fielen die Aktienkurse jedoch in der zweiten Hälfte des

---

[618] Vgl. EZB (2013b), S. 72 ff.

[619] Vgl. Wöhe et al. (2009), S. 81 f.

[620] Ein Beispiel für den großen Einfluss der Marktstimmung auf Kapitalmarktaktivitäten stellt der geplante Börsengang der Deutschen Bahn dar. Der bereits vor dem Ausbruch der globalen Finanzkrise beschlossene Börsengang wurde im Zuge der Verwerfungen an den Finanzmärkten vermehrt verschoben. Ein wesentlicher Grund lag in der Befürchtung, das geplante Emissionsvolumen nicht erreichen zu können. Vgl. Böschen et al. (2008), S. 74 ff.

[621] Vgl. EZB (2009a), S. 54.

Jahres 2011 erneut.[622] Besonders schwer betroffen waren hiervon die Börsen in den Peripherieländern, die bis 2013 regelmäßig unter Druck gerieten. Ein anderes Bild zeigt sich bspw. für den deutschen Aktienmarkt. Nach Kursrückgängen im dritten und vierten Quartal 2011, folgte eine bis zum Ende des Beobachtungszeitraums anhaltende Kursrallye. In der Folge erreichten die großen deutschen Aktienindices allesamt Allzeithöchststände.[623]

Für die Aktienmärkte der Eurozone kann somit festgehalten werden, dass es während der globalen Finanzkrise sowohl in positiver als auch negativer Hinsicht zu extremen Kursschwankungen kam. Die teilweise kontroversen Marktentwicklungen verdeutlichen einmal mehr die ungleichen Rahmenbedingungen und Auswirkungen der Krise innerhalb des Euro-Währungsgebiets. Als besonders weitreichend und schwerwiegend gelten insbesondere die Ausprägungen in den Krisenmonaten des Jahreswechsels von 2008 zu 2009.

Mit dem Übergreifen der Turbulenzen auf die Realwirtschaft und dem Ausbruch der Wirtschaftskrise verschlechterten sich die Konditionen für die Ausgabe börsennotierter Aktien nachhaltig. Wohingegen die realen Kosten von Aktienemissionen für nichtfinanzielle Kapitalgesellschaften im Euroraum vor dem Ausbruch der Krise durchschnittlich noch bei knapp über 5% lagen, erhöhte sich der Wert Ende 2008 auf nahezu 8%.[624] Die anhaltende Unsicherheit an den Finanzmärkten, verknüpft mit den getrübten Zukunftsaussichten, hatte diesen sprunghaften Anstieg bewirkt. Im Zuge der konjunkturellen Aufschwungphase verbesserten sich die Rahmenbedingungen für die Eigenfinanzierung zwischenzeitlich, bevor, eng verbunden mit der Staatsschuldenkrise, eine erneute Verschlechterung der Finanzierungsbedingungen folgte. Analog zu den beschriebenen Entwicklungen des BIP im Euro-Währungsgebiet hellte die Stimmung an den Märkten wieder auf, woraufhin die Kosten im Jahr 2013 auf ca. 6% sanken. Bezogen auf den gesamten Zeitraum von 2007 bis 2013 beliefen sich die Kosten für Aktienemissionen nichtfinanzieller Unternehmen allerdings überwiegend auf 7% bis 8% – einem vergleichsweise sehr hohen Niveau. Nach dem Platzen der „Dotcom-Blase" überschritt der Wert nur kurz die Schwelle von 7%.[625]

Abschließend kann für die Eigenfinanzierung nichtfinanzieller Kapitalgesellschaften in der Eurozone festgehalten werden, dass die Bedingungen im Zuge der glo-

---

[622] Vgl. EZB (2012), S. 47 und EZB (2011a), S. 47 f. Die Entwicklung des DAX, CAC, FTSE MIB, EURO STOXX und Dow Jones kann Anhang 1-5 entnommen werden.

[623] Vgl. EZB (2014a), S. 47. Die Entwicklung des DAX, CAC, FTSE MIB und EURO STOXX kann Anhang 1-4 entnommen werden.

[624] Die realen Grenzkosten der externen Eigenfinanzierung werden mit den Inflationserwartungen deflationiert. Für die Schätzung der Kosten wird auf das dreistufige Dividendendiskontierungsmodell von *Gordon (1959)* zurückgegriffen. Vgl. EZB (2005), S. 39 ff.

[625] Vgl. EZB (2013b), S. 49.

balen Finanzkrise schwierig und teilweise sogar prekär waren. Das volatile Marktumfeld, gepaart mit den zeitweise enorm hohen Finanzierungskosten, hat jene
Form der Kapitalbeschaffung für einen Großteil der Unternehmen unattraktiv gemacht. Unterstrichen wird dies durch die jährliche Wachstumsrate der emittierten
börsennotierten Aktien. Innerhalb des Euro-Währungsgebiets lag diese gewöhnlich nur leicht über null Prozent. Lediglich gegen Ende 2009 und Anfang 2010
konnte eine Zuwachsrate von ca. 2% erzielt werden. Ein derartiger Anstieg ist u.a.
auf die zu dem Zeitpunkt verhältnismäßig günstigen Kosten und das positive
Marktumfeld zurückzuführen. In diesem Zusammenhang scheint es jedoch verwunderlich, dass eine entsprechende Entwicklung im Jahr 2013 ausblieb. Trotz
der positiven Rahmenbedingungen erhöhte sich die Vorjahresrate nur um weniger
als einen Prozentpunkt. Eine Ursache mag darin liegen, dass bei dieser Betrachtungsweise der durchschnittlichen Entwicklung in der gesamten Eurozone, der anhaltende Druck in den Peripherieländern einen wesentlichen Einfluss ausübte. Zudem ist zu berücksichtigen, dass die aggregierte Betrachtungsweise für die Eurozone keine Rückschlüsse auf Finanzierungsentscheidungen gewisser Unternehmensgruppen erlaubt und das Emissionsverhalten von einzelnen multinationalen
Unternehmen folglich abweichen kann.[626]

3.2.2 Fremdfinanzierung

Nachdem bislang ausschließlich die Rahmenbedingungen der Eigenfinanzierung
im Kontext der globalen Finanzkrise diskutiert wurden, zielen die weiteren Erläuterungen auf die Fremdfinanzierung ab. Mit zunehmender Größe und internationaler Ausrichtung verfügen nichtfinanzielle Unternehmen über eine Vielzahl an
Fremdfinanzierungsmöglichkeiten. Der externe Kapitalbedarf kann u.a. durch
Bankkredite und Anleihen gedeckt werden.[627]

Struktur und Entwicklung im Bereich der Fremdfinanzierung unterscheiden sich
dabei im globalen Vergleich deutlich voneinander. Während die Eurozone als
bankenbasiertes Finanzsystem gilt, handelt es sich bspw. bei den USA um ein
marktbasiertes System.[628] Die unterschiedliche Bedeutung des Bankkredits wird
bei Betrachtung des Anteils am gesamten externen Finanzierungsbedarf deutlich
(Stand: September 2012). Dieser beläuft sich in den USA bei nichtfinanziellen
Unternehmen auf unter 10% und liegt damit deutlich unter dem Wert von ca. 40%
in der Eurozone. Bei alleiniger Betrachtung der Zusammensetzung der externen
Fremdfinanzierung in der Eurozone wird die Dominanz des Bankkredits ebenfalls
offensichtlich. In Abhängigkeit vom jeweiligen Mitgliedsstaat liegt der Anteil bei

---

[626] Vgl. EZB (2014b), S. 50 f.
[627] Vgl. Brealey/ Myers/ Allen (2011), S. 379 ff.
[628] Für weiterführende Informationen zur Unterscheidung zwischen einem bank- und marktbasierten Finanzsystem
siehe Schrooten (2008), S. 509.

nichtfinanziellen Unternehmen vorwiegend zwischen 80% und 90%. Allerdings ist an dieser Stelle zu erwähnen, dass die Daten keine differenzierte Analyse nach Unternehmensgröße ermöglichen. Da kleine und mittelständische Unternehmen über keine oder nur äußerst begrenzte Möglichkeiten hinsichtlich einer Kapitalmarktfinanzierung verfügen, ist der Anteil der Kreditfinanzierung demnach bei diesem Unternehmenssektor höher und bei großen multinationalen Unternehmen im Durchschnitt geringer. Dennoch eignet sich die Gegenüberstellung dazu, um grundsätzlich die große Bedeutung des Bankkredits in der Eurozone hervorzuheben.[629]

Im weiteren Verlauf stellt sich die Frage, wie das Finanzierungsverhalten sowie die Entscheidungsfindung bezüglich der Fremdkapitalbeschaffung von den Entwicklungen der globalen Finanzkrise beeinflusst wurden. Da es an dieser Stelle nicht beabsichtigt ist, eine allumfassende Analyse durchzuführen, werden nachstehend, in Form der Kredit- und Anleihefinanzierung, einzelne Aspekte der Fremdfinanzierung in den Vordergrund gestellt.

3.2.2.1 Kreditfinanzierung

Wie bereits angeklungen, nimmt die Kreditfinanzierung für die meisten nichtfinanziellen Unternehmen innerhalb der Eurozone eine herausragende Bedeutung ein. Allerdings haben die globale Finanzkrise sowie Anpassungen der regulatorischen Rahmenbedingungen die Disponibilität von Bankkrediten nachhaltig beeinträchtigt. In der Literatur sowie in der öffentlichen Diskussion findet sich daher, im Zusammenhang mit der Fremdfinanzierung von Unternehmen, vielfach der Begriff „Kreditklemme" wieder.[630] Bei einer Kreditklemme handelt es sich definitionsgemäß um „einen signifikanten negativen Schock des Kreditangebots für Nichtbanken, der nicht durch eine Änderung der Kreditnehmermerkmale ausgelöst wird."[631]

Eine restriktive Kreditvergabe seitens der Banken lässt jedoch nicht zwangsläufig den Schluss zu, dass die Kreditfinanzierung für sämtliche Unternehmen problembehaftet ist. Denn teilweise geht in dieser oftmals sehr pauschal geführten Debatte unter, dass die Kreditvergabe einen wesentlichen Anteil im Geschäftsmodell vieler Banken einnimmt. Der Anteil der vergebenen Kredite an Nichtbanken ist in Deutschland zwar von 60% im Jahr 2002 auf 48% im Jahr 2010 gesunken, jedoch

---

[629] Vgl. Tamura/ Tabakis (2013), S. 10 f. Es ist zu beachten, dass sich die Daten auf den Stand von September 2012 beziehen und keine differenzierte Betrachtung verschiedener Unternehmensgrößen zulassen. Folglich handelt es sich hier um einen allgemeinen Überblick.

[630] Vgl. Illing (2013a), S. 61 ff., Smeets (2011), S. 113 und Boland (2009), S. 173.

[631] Heldt (2014), S. 89.

deutet auch dieser Wert darauf hin, dass das Kreditgeschäft nach wie vor einen hohen Stellenwert für Banken einnimmt.[632]

Die Rahmenbedingungen für das Kreditgeschäft haben sich im Verlauf der globalen Finanzkrise allerdings verändert. Hinsichtlich der Entwicklung der realen langfristigen Zinssätze für Bankkredite an nichtfinanzielle Kapitalgesellschaften innerhalb der Eurozone fällt auf, dass diese im Jahr 2008, trotz der weitreichenden Turbulenzen im Finanzsektor, nach einem temporären leichten Anstieg, gegen Jahresende gesunken sind. Der Rückgang setzte sich in den Jahren 2009 und 2010 weiter fort, so dass ein zwischenzeitliches Allzeittief, seit dem Bestehen der Europäischen Währungsunion, auf dem Niveau von ca. 1,6% erreicht wurde. Bezogen auf die realen Zinssätze für kurzfristige Bankkredite, war ein ähnlicher Trend zu beobachten.[633] Zurückzuführen ist dies im Wesentlichen auf Leitzinsänderungen der EZB zwischen Oktober 2008 und Mai 2009.[634] Nachdem der Referenzzinssatz zwei Jahre lang konstant bei 1% belassen wurde, folgte 2011 eine leichte Erhöhung, die allerdings, auf Grund der Verschärfung der Staatsschuldenkrise, binnen weniger Monate wieder revidiert wurde. Weitere Anpassungen folgten, so dass Ende 2013 das Rekordtief von 0,25% erreicht wurde. In der Konsequenz gingen die Kosten für Bankkredite in der Eurozone, nach einem leichten Anstieg im Jahr 2011, in den beiden darauffolgenden Jahren zurück. Allerdings gilt es festzuhalten, dass es sich hier um eine aggregierte Betrachtung handelt. Innerhalb der einzelnen Mitgliedsstaaten waren die Kreditkonditionen teilweise breit gestreut.[635]

Trotz des grundsätzlich geringen Zinsniveaus im Zuge der EZB-Interventionen und der daraus resultierenden günstigen Kreditkosten, nahm die Kreditnachfrage und –vergabe in den Jahren 2009 und 2010 erheblich ab. Die jährliche Wachstumsrate der vergebenen Bankkredite an nichtfinanzielle Kapitalgesellschaften in der Eurozone stabilisierte sich erst wieder 2011, bevor in den Jahren 2012 und 2013 ein erneuter Rückgang folgte.[636] Für diesen Umstand lassen sich unterschiedliche Gründe aufführen.

Die weitreichenden Verwerfungen im Finanzsektor haben zu einem enormen Vertrauensverlust zwischen sämtlichen Marktteilnehmern geführt. Selbst das Verhältnis unter den Finanzinstituten war von Misstrauen geprägt, so dass der Interbankenmarkt zwischenzeitlich nahezu zum Erliegen kam.[637] Ebenfalls betroffen war

---

[632] Vgl. Schrooten/ Sievert (2010), S. 19.
[633] Vgl. EZB (2011a), S. 51 f. und EZB (2010a), S. 51. Die realen langfristigen Zinsen von Bankkrediten an nichtfinanzielle Kapitalgesellschaften werden mit den Inflationserwartungen deflationiert. Dabei handelt es sich um einen gewichteten Durchschnitt aller Zinssätze mit einer Zinsbindung größer als ein Jahr.
[634] Siehe Abbildung 3.5.
[635] Vgl. EZB (2013a), S. 48 ff.
[636] Vgl. EZB (2014a), S. 52 und EZB (2012), S. 51 f.
[637] Siehe Kapitel 3.1.2.1.

das Kreditvergabeverhalten gegenüber den Unternehmen. Liquiditätsengpässe, eine knappe Eigenkapitalbasis sowie regulatorische Rahmenbedingungen haben dazu geführt, dass die Anforderungen an Unternehmen bei der Kreditvergabe im Zuge der Krise gestiegen sind.[638] Banken müssen auch in wirtschaftlich schwierigen Zeiten weiterhin das Kreditgeschäft betreiben, um Gewinne zu erzielen. Folglich wurde der Selektionsprozess angepasst. In Bezug auf multinationale Unternehmen in der Eurozone gilt, dass diese überwiegend als bonitätsstarke Kreditnehmer angesehen werden. Im Vergleich zu kleinen Unternehmen können große Konzerne, auf Grund der gewachsenen Unternehmensstruktur, üblicherweise mehrere Jahre in Folge rückläufige Gewinne bzw. Verluste verbuchen, ohne eine Zahlungsunfähigkeit befürchten zu müssen. Zudem sind multinationale Unternehmen flexibler und können bei eintretender finanzieller Schieflage weiteres Eigenkapital über die Finanzmärkte beschaffen.[639] All jene Aspekte legen die Vermutung nahe, dass besonders große multinationale Unternehmen auf Grund ihrer Bonität eher weniger eine Kreditklemme zu befürchten haben. Schwierigkeiten könnten jedoch wegen der zum Teil immensen Finanzierungsvolumina aufkommen. Mit ansteigender Kredithöhe steigt für das kreditgewährende Institut die Gefahr von Klumpenrisiken.[640] Die in Krisenzeiten besonders ausgeprägte Risikoaversion von Banken könnte somit dazu geführt haben, dass die Kreditvergabe von sehr hohen Volumina eingeschränkt wurde.

Eine schrumpfende Kreditvergabe an nichtfinanzielle Unternehmen kann jedoch nicht ausschließlich auf die mangelnde Bereitschaft der Banken und das geringere Angebot zurückgeführt werden. Ebenfalls ist die geringere Nachfrage seitens der Unternehmen zu berücksichtigen. Im Zuge der globalen Rezession sahen sich Unternehmen vermehrt dazu gezwungen, Investitionsvorhaben zu verschieben oder gänzlich auszusetzen.[641] Außerdem nimmt das Sicherheitsbestreben bei Finanzierungsentscheidungen einen hohen Stellenwert ein.[642] Die Bankenkrise hat eindrucksvoll veranschaulicht, dass selbst große Finanzinstitute binnen weniger Monate in akute Liquiditätsschwierigkeiten geraten können. Aus diesem Grund liegt es nahe, dass Unternehmen versuchen, sofern die Möglichkeit besteht, die Abhängigkeit von Banken zu reduzieren und Alternativen in Anspruch zu nehmen. Diesen Gedankengang unterstützen die empirischen Ergebnisse von *Edling (2015)*, wonach die Bankensteuerung und das Kontrahenten-Risiko von Bankbeziehungen,

---

[638] Vgl. Kaya/ Meyer (2013), S. 4 ff.

[639] Vgl. Butler (2012), S. 10.

[640] Klumpenrisiken entstehen, „wenn ein Portfolio entweder einzelne Kreditnehmer mit sehr großen Kreditbeträgen oder viele einzelne Schuldner, deren Bonitätsveränderungen tendenziell in die gleiche Richtung weisen,[...] enthält." Hartmann-Wendels/ Pfingsten/ Weber (2015), S. 456.

[641] Vgl. Smeets (2011), S. 113.

[642] Für weiterführende Informationen zu den Zielsetzungen von Finanzierungsentscheidungen siehe Kapitel 2.1.2.1.

im Zuge der globalen Finanzkrise, bei multinationalen Unternehmen stark an Bedeutung gewonnen haben.[643]

3.2.2.2 Anleihefinanzierung

Sowohl die restriktivere Kreditvergabe der Finanzinstitute als auch die gesunkene Kreditnachfrage der Unternehmen auf Grund eines geringeren Kapitalbedarfs sowie erhöhter Skepsis, mögen dazu geführt haben, dass im Verlauf der Krise vermehrt ein Umdenken bei den Fremdfinanzierungsaktivitäten in der Eurozone eingesetzt hat und die Abhängigkeit gegenüber den Kreditinstituten reduziert wurde. Auf Grund der Verwerfungen im Bankensektor hat besonders bei multinationalen Kapitalgesellschaften eine Verschiebung, hin zur Emission von Unternehmensanleihen, stattgefunden. Allerdings zeigen die nachfolgenden Ausführungen zu den durchschnittlichen realen Kosten der marktbasierten Fremdfinanzierung[644] und zu den Volumina der Nettoemissionen von Unternehmensanleihen, dass diese Aussage nicht pauschal für den gesamten Zeitraum von 2006 bis 2013 ihre Gültigkeit hat.

Die realen Kosten für Unternehmensanleihen stiegen bereits mit dem Beginn der Subprime-Krise und erhöhten sich im Jahr 2008 weiter, so dass sich die Kosten innerhalb von zwei Jahren verdoppelten und den historischen Höchststand von durchschnittlich ca. 6% erreichten. Im gleichen Zeitraum verliefen dagegen die Kreditkosten von nichtfinanziellen Kapitalgesellschaften überwiegend konstant. Im Jahr darauf folgte eine deutliche Entspannung auf dem Markt für Unternehmensanleihen.[645] Die Kosten sanken, u.a. wegen der Interventionen der EZB, auf ungefähr 2% und waren damit nur unwesentlich höher als jene der Kreditfinanzierung. Nach einem zwischenzeitlichen leichten Anstieg gingen die Anleihekonditionen im Jahr 2012 weiter zurück und erreichten, nur vier Jahre nach dem Höchststand, ein historisch niedriges Niveau, welches erstmals sogar unter dem Wert der Kreditfinanzierung lag.[646]

Anhand des Verlaufs der realen Finanzierungskosten lässt sich vermuten, dass die Anleihefinanzierung nach dem Krisenhöhepunkt 2008 sukzessive an Bedeutung gewonnen hat und vermehrt in Anspruch genommen wurde. Indessen ist, anhand der Nettoemissionsvolumina langfristiger Anleihen von nichtfinanziellen Kapitalgesellschaften innerhalb der Eurozone kein durchweg einheitlicher Trend zu er-

---

[643] Vgl. Edling (2015), S. 373 ff.

[644] Die realen Kosten der marktbasierten Fremdfinanzierung beziehen sich auf Unternehmensanleihen von nichtfinanziellen Kapitalgesellschaften in der Eurozone. Für weiterführende Informationen zur Ermittlung der Kosten siehe EZB (2005), S. 41.

[645] EZB (2011a), S. 52 f.

[646] EZB (2013a), S. 49 f.

kennen. Demnach kann Abbildung 3.12 entnommen werden, dass die Inanspruchnahme dieses Finanzierungsinstruments besonders seit 2008 erheblich schwankte.

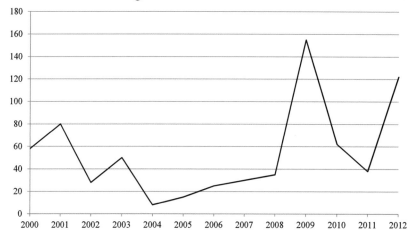

Abbildung 3.12: Emission langfristiger Unternehmensanleihen (Eurozone) in Mrd. Euro[647]

Bei Betrachtung des gesamten Zeitverlaufs von 2000 bis 2012 wird ersichtlich,
dass in den Jahren 2004 bis 2006 ein sehr niedriges Emissionsniveau vorlag. Unternehmen nutzten in dieser Zeit den leichten und günstigen Zugang zu Krediten.
Nachdem sich zwar die Zinsbelastung auf dem Kreditmarkt verbesserte, die Unsicherheit der Marktteilnehmer jedoch stark gestiegen war, wurden Anleihen im
Jahr 2009 substituierend verwendet, so dass sich das Volumen innerhalb eines
Jahres nahezu vervierfachte und ein Rekordniveau erreichte. Ein derartiger Anstieg ist im Wesentlichen auf die wirtschaftliche Erholung innerhalb des Euro-
Währungsgebiets zurückzuführen, da viele Unternehmen die Geschäftstätigkeit
wieder ausweiteten.

Der starke Rückgang der Anleihevolumina in den beiden darauffolgenden Jahren
mag darin begründet sein, dass eine Erholung im Bankensektor stattgefunden hat
und die Kreditfinanzierung in der Folge wieder ausgeweitet wurde. Da die Ausführungen zur Kreditfinanzierung jedoch auf Schwierigkeiten, speziell im Jahr
2010, hingewiesen haben, scheint dies nicht die passende Erklärung zu sein.[648]
Unter Berücksichtigung des enormen Anstiegs im Jahr zuvor ist ebenso eine zu
weiten Teilen gesättigte Nachfrage nach langfristigem Fremdkapital vorstellbar.

---

[647] In Anlehnung an Kaya/ Meyer (2013), S. 4.
[648] Vgl. EZB (2011a), S. 52.

Der erneute Anstieg des Emissionsvolumens im Jahr 2012 ist u.a. auf die stark gesunkenen Finanzierungskosten und die erneuten Turbulenzen vieler Banken zurückzuführen. Letztere gelten jedoch nicht pauschal für die gesamte Eurozone, wie eine differenziertere Betrachtung aufzeigt. Der Finanzsektor erholte sich in den meisten Kernländern zügig von der Bankenkrise. Umfangreiche Stabilisierungsmaßnahmen hatten dazu wesentlich beigetragen. Jedoch gerieten einige Peripherieländer im Zuge der Staatsschuldenkrise in Schwierigkeiten, so dass sich der Bankensektor dort nicht stabilisieren konnte. Angesichts dieser Heterogenität erscheint eine Unterscheidung zwischen ausgewählten Kern- (Deutschland und Niederlande) sowie Peripherieländern (Italien und Spanien) für die Ursachenfindung der Entwicklungen im Jahr 2012 zielführend.

Da die Emissionsvolumina langfristiger Unternehmensanleihen in den wirtschaftlich führenden Regionen der Eurozone, auf Grund der stärkeren Wirtschaftsleistung, tendenziell höher sind, bestimmen diese folglich die aggregierte absolute Darstellung in Abbildung 3.12 in einem höheren Maße. Dies täuscht darüber hinweg, dass, besonders in den von der Staatsschuldenkrise betroffenen Ländern, abweichende Entwicklungen zu verzeichnen sind. Demnach haben die emittierten Unternehmensanleihen in Italien und Spanien im Jahr 2012 ein Rekordhoch erreicht. In Anbetracht dessen, dass der Bankensektor zu diesem Zeitpunkt in beiden Ländern von Instabilität und Unsicherheit geprägt war, erscheint ein solcher Umstand nicht verwunderlich.[649]

Bezugnehmend auf die Emissionsvolumina in Deutschland und den Niederlanden sind dagegen Unterschiede erkennbar. Während die Emissionstätigkeit in den Niederlanden nach dem Hoch im Jahr 2009 stark zurückgegangen ist und ein vergleichbares Niveau nicht mehr erreicht wurde, ist das Volumen in Deutschland, nach einem zwischenzeitlichen Rückgang im Jahr 2012, wieder deutlich angestiegen. Hierfür mag jedoch ein anderer Grund als bei den Unternehmen aus Italien und Spanien ausschlaggebend gewesen sein. Die Unsicherheit in den Peripherieländern hat dazu geführt, dass Staatsanleihen in der Eurozone entweder als verhältnismäßig sicher gelten und eine sehr geringe Rendite versprechen oder sehr risikoreich sind und eine hohe Rendite ermöglichen. Hier hat sich eine Lücke im Angebot aufgetan, die durch Unternehmensanleihen vermeintlich bonitätsstarker Schuldner aus den Kernländern geschlossen wurde. Diese gelten ebenfalls als verhältnismäßig sicher und verbriefen immerhin einen etwas höheren Kupon. In Folge der gestiegenen Anlegernachfrage konnten sich multinationale Unternehmen günstig über den Kapitalmarkt finanzieren. Unternehmen in den Peripherieländern sahen sich auf Grund der deutlich restriktiveren Kreditvergabepolitik dazu gezwungen, alternative Fremdfinanzierungsinstrumente in Anspruch zu nehmen.

---

[649] Vgl. Kaya/ Meyer (2013), S. 7.

Diese Entwicklung lässt erahnen, dass multinationale Konzerne, als die vorherrschenden Emittenten auf dem Anleihemarkt, trotz ihrer international ausgerichteten Geschäftstätigkeit, durchaus von den wirtschaftlichen Gegebenheiten des Heimatmarktes beeinflusst werden.[650]

Abschließend kann, bezugnehmend auf den Zeitraum von 2006 bis 2013, ein Wandel bei den Fremdfinanzierungsaktivitäten konstatiert werden. Europaweit hat die kapitalmarktbasierte Finanzierung an Bedeutung gewonnen. Es bleibt allerdings abzuwarten, ob es sich tatsächlich um eine Zäsur in der Unternehmensfinanzierung oder eher um eine zwischenzeitige Umorientierung auf Grund der krisengeprägten Jahre handelt.

---

[650] Vgl. Kaya/ Meyer (2013), S. 6 f.

4 Empirische Untersuchung von Finanzierungs- entscheidungen multinationaler Unternehmen

Das Ziel der empirischen Untersuchung besteht darin, die Auswirkungen der glo- balen Finanzkrise auf die Kapitalbeschaffung ausgewählter multinationaler Unter- nehmen aus Deutschland, Frankreich und Italien zu analysieren und darauf auf- bauend Rückschlüsse zum Finanzierungsverhalten zu ziehen. Auf Grund komple- xer und tiefreichender Verflechtungen zwischen dem finanzwirtschaftlichen, real- wirtschaftlichen und staatlichen Sektor haben sich die Rahmenbedingungen für die Finanzierung nachhaltig verändert. Entgegen der bisherigen Fokussierung in der Wissenschaft, stützt sich die nachfolgende empirische Untersuchung allerdings nicht ausschließlich auf den Themenkomplex der Kapitalstruktur.[651] Obgleich die- sem Bereich eine hohe Bedeutung zugeschrieben wird, um das Finanzierungsver- halten zu erforschen, ist der Aussagegehalt dennoch begrenzt. Daher wird die Fi- nanzierungsstruktur als komplementärer Bestandteil in das Untersuchungskalkül miteinbezogen. Somit können Rückschlüsse sowohl anhand bilanzbasierter Er- kenntnisse über die Zusammensetzung von Eigen- und Fremdkapital als auch mit- hilfe von Cashflow basierten Einblicken über die Inanspruchnahme der Innen- und Außenfinanzierung gezogen werden. Besonders der auf Cashflow Daten basieren- de Untersuchungsteil eignet sich, u.a. auf Grund des Periodenbezugs von zah- lungswirksamen Finanzierungsvorgängen, um krisenbedingte Einflüsse auf Finan- zierungsentscheidungen stichhaltig zu analysieren.

Einleitend wird im Rahmen von Kapitel 4.1 zunächst ein Überblick zu den bishe- rigen Forschungsarbeiten geboten. Im Sinne der Untergliederung der eigenen em- pirischen Untersuchung in zwei Bestandteile, erfolgt der Literaturüberblick ebenso getrennt für die Kapital- und Finanzierungsstruktur. Darauf aufbauend werden in Kapitel 4.2 die Thesen und Hypothesen für beide Forschungsschwerpunkte ge- trennt voneinander hergeleitet. Kapitel 4.3 beschreibt die methodische Vorge- hensweise. Diesbezüglich werden sowohl die Analysemethodik als auch die unter- suchungsspezifischen Besonderheiten zur Kapital- und Finanzierungsstruktur er- läutert. In Kapitel 4.4 wird die zugrundeliegende Datenbasis vorgestellt. Es folgen die Ergebnisse und die entsprechenden Interpretationen beider Untersuchungsab- schnitte. Dabei werden zunächst in Kapitel 4.5 die Ergebnisse zur Entwicklung und zu den Determinanten der Kapitalstruktur dargestellt und in einem gemeinsa- men Kontext mit den Ausführungen aus Kapitel 2 und Kapitel 3 interpretiert. Ab- schließend wird in gleicher Weise der Fokus auf die Finanzierungsstruktur gelegt,

---

[651] Vgl. Fama/ French (2002), S. 1 ff., Frank/ Goyal (2009), S. 1 ff., Lemmon/ Roberts/ Zender (2008), S. 1575 ff., Hermanns (2006), S. 215 ff. und Rajan/ Zingales (1995), S. 1421 ff.

so dass Kapitel 4.6 die empirischen Ergebnisse und die entsprechende Interpretation beinhaltet.

4.1 Stand der bisherigen Forschung

Die nachfolgenden Ausführungen umreißen den derzeitigen Forschungsstand und dienen zudem als Ausgangsbasis für das eigene Untersuchungsdesign. Das Ziel besteht darin, die in der Wissenschaft üblichen Vorgehensweisen, vorherrschende empirische Ergebnisse sowie eventuellen Forschungsbedarf aufzuzeigen. Im Einklang mit der zweigeteilten empirischen Untersuchung steht zunächst die bisherige Literatur zur Kapitalstruktur im Vordergrund dieses Kapitels, bevor der Fokus anschließend auf bisherige Untersuchungen zur Finanzierungsstruktur gelegt wird.

4.1.1 Studien zur Kapitalstruktur

Forschungsarbeiten konzentrieren sich nunmehr seit über sechzig Jahren auf die Ausgestaltung der Kapitalstruktur. Obgleich die wissenschaftliche Diskussion in den Anfängen ausschließlich theoretisch geprägt war, existiert mittlerweile eine Vielzahl an empirischen Studien. Ein Großteil basiert auf Daten US-amerikanischer Unternehmen.[652] Der Fokus der Untersuchungen liegt üblicherweise auf der Verifizierung von Kapitalstrukturtheorien und der Identifikation relevanter Einflussfaktoren auf den Verschuldungsgrad. Ähnlich wie bei der theoretischen Debatte zur Kapitalstruktur, herrscht auch bei den empirischen Erkenntnissen kein allgemein gültiger Konsens. Dies ist u.a. auf Unterschiede hinsichtlich der Stichprobe, des Untersuchungszeitraums und der Methodik zurückzuführen.[653]

Grundsätzlich lassen sich bei der methodischen Vorgehensweise zwei Ansätze unterscheiden. Zum einen basieren empirische Untersuchungen auf ökonometrischen Modellen und zum anderen auf Fragebogenuntersuchungen. Ökonometrische Modelle, die in diesem Forschungszweig dominieren, eignen sich u.a. zur Identifikation von Zusammenhängen sowie Wirkungsweisen. Allerdings werden dabei nur Teilaspekte des hoch komplexen Themenfelds der Finanzierungsentscheidungen analysiert, da nicht alle qualitativen Fragestellungen einbezogen werden können. Um diese Grenzen zu überwinden und die bisherigen Erkenntnisse zu ergänzen, wurden vereinzelt ebenfalls Fragebogenuntersuchungen durchgeführt.[654] Kritisch kann diesbezüglich jedoch angemerkt werden, dass abschließend nicht mit hinreichender Sicherheit gewährleistet werden kann, ob die befragte Person über ausreichendes Wissen für eine korrekte Beantwortung verfügt und zudem auch wahr-

---

[652] Vgl. Bessler/ Drobetz/ Grüninger (2011), S. 125.
[653] Vgl. Schachtner (2009), S. 68 f.
[654] Vgl. Graham/ Harvey (2001), S. 189.

heitsgetreu antwortet. Somit handelt es sich letztlich um subjektive Einschätzungen.[655]

Sämtliche Forschungsarbeiten sollen im Folgenden nicht aufgeführt werden. Ungeachtet dessen, dass eine allumfassende Darstellung auf Grund der Fülle an Studien nur schwer vorstellbar erscheint, ist ein solches Prozedere insbesondere deshalb nicht zielführend, weil bereits umfangreiche Zusammenfassungen zu den bisherigen Forschungsarbeiten vorliegen. Hervorzuheben sind diesbezüglich die Ausführungen von *Harris/ Raviv (1991)*,[656] *Beattie/ Goodacre/ Thomson (2006)*[657] sowie von *Schachtner (2009)*.[658] Um jedoch auch im Rahmen dieser Arbeit einen Eindruck über die wesentlichen Erkenntnisse bisheriger empirischer Untersuchungen zu erhalten, werden nachstehend ausgewählte Forschungsergebnisse vorgestellt. Für die Auswahl ausschlaggebend sind eine möglichst weit verbreitete wissenschaftliche Akzeptanz der Ergebnisse, die Fokussierung auf börsennotierte Unternehmen sowie, gemessen an Untersuchungsumfang und -zeitraum, ein möglichst hoher Geltungsbereich. In Anlehnung an die übliche Vorgehensweise wird bei den folgenden Ausführungen zwischen ökonometrischen Untersuchungen und Fragebogenuntersuchungen unterschieden.

4.1.1.1 Ökonometrische Studien

Eine zahlreich zitierte Studie zum Finanzierungsverhalten börsennotierter Unternehmen stammt von *Rajan/ Zingales (1995)*. Die Untersuchung umfasst 4.557 Unternehmen aus den G-7 Staaten[659] für einen Zeitraum von 1987 bis 1991, wobei sich einzelne Teilaspekte der Analyse auf unterschiedliche Zeitabschnitte beziehen. Besondere Relevanz kann diesem wissenschaftlichen Beitrag wegen der länderübergreifenden Datenbasis sowie dem umfangreichen Untersuchungsdesign zugeschrieben werden. Auf Basis dessen wird hinterfragt, inwieweit die bis dato bekannten Ergebnisse für US-amerikanische Unternehmen international übertragbar sind. Hierfür werden vier unterschiedliche Abgrenzungsvariationen der Verschuldung eines Unternehmens für das Jahr 1991 länderspezifisch gegenüberge-

---

[655] Vgl. Beattie/ Goodacre/ Thomson (2006), S. 1402 und Drobetz/ Pensa/ Wöhle (2006), S. 256.

[656] Vgl. Harris/ Raviv (1991), S. 297 ff. Die Studie von *Harris/ Raviv (1991)* enthält sowohl einen Überblick zu den Kapitalstrukturtheorien als auch eine umfassende Darstellung der empirischen Untersuchungen bis zum Beginn der neunziger Jahre.

[657] Vgl. Beattie/ Goodacre/ Thomson (2006), S. 1406 ff. Es werden Studien für den Zeitraum von 1961 bis 2004 zusammenfassend dargestellt. Diese Auflistung enthält ergänzende Angaben und Informationen zur Untersuchung von *Harris/ Raviv (1991)*.

[658] Vgl. Schachtner (2009), S. 96 ff. Die Ausführungen von *Schachtner (2009)* schließen zeitlich an die Darstellung von *Harris/ Raviv (1991)* an und umfassen folglich ausgewählte Studien zur Kapitalstruktur seit Anfang der neunziger Jahre. Nach 2009 sind nur vereinzelt empirische Arbeiten erschienen. Die Studie von *Arnold/ Lahmann/ Reinstädt (2011)* wird auf Grund der umfangreichen Datenbasis im Rahmen von Kapitel 4.1.1.1 gesondert hervorgehoben.

[659] Die G-7 Staaten umfassen die USA, Kanada, Japan, Deutschland, Frankreich, Großbritannien und Italien.

stellt. In diesem Zusammenhang wird zusätzlich jeweils zwischen buch- und marktwertbasierter Verschuldung unterschieden. Der am weitesten gefasste Ansatz definiert die Verschuldung als Fremdkapitalquote, indem sämtliche Passivpositionen abzüglich des Eigenkapitals in das Verhältnis zum Gesamtkapital gesetzt werden. Gemäß dieser Abgrenzung zeigt sich für die Betrachtung der Buchwerte, dass Unternehmen aus eher bankbasierten Ländern wie Deutschland (72%), Frankreich (69%), Italien (67%) und Japan (67%) durchschnittlich eine höhere Fremdkapitalquote aufweisen als Unternehmen aus einem eher marktbasierten System wie Großbritannien (57%), Kanada (61%) und den USA (66%).[660]

In einem weiteren Schritt wird anhand eines ökonometrischen Modells für die Jahre 1987 bis 1990 der Einfluss ausgewählter firmenspezifischer Determinanten auf die Verschuldung untersucht.[661] Ergebnisse bisheriger Studien und die Datenverfügbarkeit haben dazu geführt, dass die folgenden vier erklärenden Variablen getestet wurden: Bewertung, Anlageintensität, Unternehmensgröße und Profitabilität.[662]

Demnach weist die Bewertung in den meisten Ländern einen negativen Einfluss auf, wohingegen der Einfluss der Anlageintensität überwiegend positiv ist. Ebenfalls einen positiven Einfluss übt die Unternehmensgröße in den meisten Ländern aus, wobei in Deutschland ein negativer Zusammenhang besteht. Kein signifikanter Zusammenhang kann zwischen der Profitabilität und Verschuldung innerhalb der mittlerweile zur Eurozone gehörenden Länder festgestellt werden. Bei den Unternehmen aus den übrigen Ländern ist diesbezüglich ein negativer Einfluss zu erkennen.[663]

Die Studie von *Baker/ Wurgler (2002)* grenzt sich von der Vorherigen deutlich ab, da hier der Einfluss des Market-Timings auf die Kapitalstruktur untersucht wird. Dieser Schwerpunkt kennzeichnet einen verhältnismäßig jungen Zweig in der empirischen Forschung. Im Vordergrund der Arbeit steht die Fragestellung, inwieweit das Kurs-Buchwert-Verhältnis den Zeitpunkt der externen Eigenkapitalbeschaffung und damit auch die Zusammensetzung der Kapitalstruktur beeinflusst. Hierfür werden in den USA IPOs im Zeitraum von 1968 bis 1999 untersucht. Es zeigt sich, dass gering verschuldete Unternehmen tendenziell eher die externe Eigenkapitalbeschaffung nutzen, wenn das Kurs-Buchwert-Verhältnis möglichst

---

[660] Vgl. Rajan/ Zingales (1995), S. 1428 ff. Das Euro-Währungsgebiet gilt als bankenorientiertes Finanzsystem, wohingegen im angelsächsischen Raum ein marktbasiertes System vorzufinden ist. Vgl. Hummel (2001), S. 73.
[661] Im Rahmen der Regressionsanalyse wird die Verschuldung definiert als das Verhältnis der Finanzschulden zum Gesamtkapital. Bei der Bestimmung des Gesamtkapitals wird der Eigenkapitalanteil zum einen als Buchwert und zum anderen als Marktwert einbezogen.
[662] Vgl. Rajan/ Zingales (1995), S. 1452.
[663] Mit Ausnahme der Betrachtung von Buchwerten in Großbritannien. Hier ist kein signifikanter Zusammenhang erkennbar. Vgl. Rajan/ Zingales (1995), S. 1453.

hoch ist. Bei stark verschuldeten Unternehmen ist dagegen ein entgegengesetzter Trend zu erkennen. Da diese Erkenntnisse nur begrenzt mit den traditionellen Kapitalstrukturtheorien, wie bspw. der statischen Trade-Off Theorie und der Pecking-Order Theorie, erklärt werden können, wird der Market-Timing Theorie ein hoher Erklärungsgehalt zugeschrieben.[664]

Frank/ Goyal (2009) versuchen in ihrer Untersuchung, auf Basis der bisherigen empirischen Erkenntnisse, die wesentlichen Einflussfaktoren auf den Verschuldungsgrad zu identifizieren. Hierfür betrachten sie börsennotierte Unternehmen aus den USA in einem Zeitraum von 1950 bis 2003. Den Ausgangspunkt stellen 25 Kontrollvariablen dar. Die Verschuldung wird zum einen definiert als das Verhältnis der gesamten Finanzschulden zum Gesamtkapital und zum anderen als die Relation der langfristigen Finanzschulden zum Gesamtkapital. Zudem wird beim Gesamtkapital zwischen dem Buch- und Marktwert unterschieden. Obgleich vier Definitionsansätze in der Studie unterschieden werden, liegt der Fokus auf dem Verhältnis der Gesamtfinanzschulden zum Gesamtkapital basierend auf Marktwerten. Im Ergebnis haben die folgenden sechs Kernfaktoren einen signifikanten Einfluss auf den Verschuldungsgrad: Profitabilität, Unternehmensgröße, Wachstum, Anlageintensität, durchschnittlicher Verschuldungsgrad der Branche und erwartete Inflation.[665] Insgesamt wird diesen Determinanten ein Erklärungsgehalt von ca. 27% zugeschrieben. Die verbleibenden 19 Variablen haben dagegen eine untergeordnete Bedeutung. Bezugnehmend auf die Kapitalstrukturtheorien wird der statischen Trade-Off Theorie die größte Bedeutung zugeschrieben.[666]

Eine weitere empirische Forschungsarbeit zur Kapitalstruktur stammt von *Arnold/ Lahmann/ Reinstädt (2011)*. In Anlehnung an die Untersuchung von *Rajan/ Zingales (1995)* umfasst das Sample ebenfalls börsennotierte Unternehmen aus den G-7 Staaten. Der Betrachtungszeitraum reicht von 1999 bis 2009. Die Verschuldung wird als Fremdkapitalquote ausgewiesen. Obgleich frühere Ergebnisse teilweise bestätigt werden können, sind ebenso Abweichungen erkennbar. Unternehmen aus Deutschland weisen, gemeinsam mit jenen aus Kanada, die durchschnittlich geringste Verschuldung auf, wohingegen die Quote in Japan und Italien am höchsten ist.[667] Im Rahmen einer Querschnittsanalyse wird für jedes Jahr neben den vier verwendeten Variablen aus der Studie von *Rajan/ Zingales (1995)* zudem der Einfluss des Steuersatzes auf die Verschuldung getestet. Ein durchweg statistisch sig-

---

[664] Vgl. Baker/ Wurgler (2002), S. 1 ff.

[665] In Abhängigkeit der gewählten Definition des Verschuldungsgrades variieren die Kernfaktoren. Bei Buch- und Marktwerten sind lediglich die Determinanten Profitabilität, Anlageintensität und durchschnittlicher Verschuldungsgrad der Branche statistisch signifikant. Vgl. Frank/ Goyal (2009), S. 18.

[666] Vgl. Frank/ Goyal (2009), S. 3 ff.

[667] Derartige Unterschiede können u.a. auf unterschiedliche Definitionen des Verschuldungsgrades zurückgeführt werden.

nifikanter Einfluss kann bei der länderübergreifenden Untersuchung für die Profitabilität (negativ) und die Unternehmensgröße (positiv) festgestellt werden. Der Einfluss der Bewertung auf die Verschuldung ist grundsätzlich negativ, jedoch phasenweise nicht statistisch signifikant. Der Steuersatz hat zwar ein positives Vorzeichen, jedoch überwiegend keinen statistisch signifikanten Einfluss. Bezogen auf die Anlageintensität hat sich im Zeitverlauf eine Trendumkehr vollzogen. Seit 2004 ist für einzelne Jahre ein signifikant negativer Einfluss feststellbar.[668]

Abschließend kann konstatiert werden, dass die empirischen Untersuchungen teilweise kontroverse Ergebnisse hervorbringen. Dies mag u.a. in den unterschiedlichen Betrachtungszeiträumen und Methoden begründet sein, verdeutlicht aber auch die Komplexität und Heterogenität des Untersuchungsgegenstandes. In der nachfolgenden Tabelle 4.1 werden die Kernaussagen der vorgestellten Studien zusammengefasst.

---

[668] Die Aussagen beziehen sich ausschließlich auf die Querschnittsanalysen je Jahr. Zusätzlich wird eine Regressionsanalyse über den gesamten Untersuchungszeitraum hinweg durchgeführt. Vgl. Arnold/ Lahmann/ Reinstädt (2011), S. 452 ff.

Autor(en) (Jahr)	Zeitraum	Region	Kernaussagen
Rajan/ Zingales (1995)	1987-1991	USA, CA, J, D, F, GB, IT	Länderspezifische Verschuldung schwankt stark in Abhängigkeit von der Definition
			Anlageintensität (+), Bewertung (-) und Unternehmensgröße (+) haben überwiegend einen statistisch signifikanten Einfluss
Baker/ Wurgler (2002)	1968-1999	USA	Einfluss des Market-Timings auf die Kapitalstruktur
Frank/ Goyal (2009)	1950-2003	USA	Identifikation von sechs statistisch signifikanten Einflussfaktoren: Anlageintensität (+), Bewertung (-), Profitabilität (-), Unternehmensgröße (+), durchschnittliche Verschuldung der Branche (+), erwartete Inflation (-)
			Statische Trade-Off Theorie hat den höchsten Erklärungsgehalt
Arnold/ Lahmann/ Reinstädt (2011)	1999-2009	USA, CA, J, D, F, GB, IT	Profitabilität (-) und Unternehmensgröße (+) haben einen signifikanten Einfluss
			Die anderen untersuchten Determinanten sind nicht oder nur teilweise statistisch signifikant

CA = Kanada, J = Japan, D = Deutschland, F = Frankreich, GB = Großbritannien, IT = Italien, (+) = positiver Einfluss, (-) = negativer Einfluss

Tabelle 4.1: Bisherige Studien zur Kapitalstruktur (ökonometrische Modelle)[669]

4.1.1.2 Fragebogenuntersuchungen

Eine umfangreiche Befragung, die den Grundstein für nachfolgende Studien dieser Art legt, stammt von *Graham/ Harvey (2001)*. Die Untersuchung richtet sich an die Finanzvorstände von insgesamt 392 börsennotierten Unternehmen aus den USA und enthält 100 Fragen zu den Themenkomplexen Kapitalkosten, Kapitalbedarf und Kapitalstruktur. Im weiteren Verlauf wird der zuletzt genannte Bereich in den Vordergrund der Ausführungen gestellt. Demnach schreiben lediglich 19% der befragten Unternehmen der Einhaltung einer Zielkapitalstruktur keine Bedeutung zu. Dies wird als unterstützendes Argument für die statische Trade-Off Theorie und die Existenz einer optimalen Kapitalstruktur gewertet. Überdies können der Studie auch Belege für die Gültigkeit der Pecking-Order Theorie entnommen werden, da vorwiegend zunächst Fremdkapital bei Innenfinanzierungsdefiziten

---

[669] Eigene Darstellung.

aufgenommen wird. Speziell hinsichtlich der Fremdkapitalbeschaffung offenbart die Befragung den hohen Stellenwert der finanziellen Flexibilität sowie der Optimierung des Kreditratings. Beide Aspekte haben einen höheren Einfluss auf die Entscheidungsfindung als die Minimierung der Finanzierungskosten. Für die externe Eigenkapitalbeschaffung sind die zentralen Einflussfaktoren eine mögliche Verwässerung des Gewinns je Aktie und die derzeitige Marktbewertung des Unternehmens.[670]

In Anlehnung an die Untersuchung von *Graham/ Harvey (2001)* haben *Drobetz/ Pensa/ Wöhle (2006)* eine Befragung deutscher, österreichischer und schweizerischer Unternehmen durchgeführt. Den 40 Fragen umfassenden Katalog haben insgesamt 80 Vorstandsmitglieder bearbeitet, womit es sich um eine kleinere Erhebung handelt. Die Ergebnisse der Studie stimmen in weiten Teilen mit jenen von *Graham/ Harvey (2001)* überein. So ist die Einhaltung einer Zielkapitalstruktur ebenso von Bedeutung, allerdings in einem geringeren Maße. Darüber hinaus gibt es Anzeichen für eine Finanzierungshierarchie im Sinne der Pecking-Order Theorie. Deckungsgleich sind die große Bedeutung der finanziellen Flexibilität und des Kreditratings bei der Beschaffung von Fremdkapital. Unterschiedlich wird dagegen die Relevanz der Marktbewertung für eine Kapitalerhöhung eingestuft. Eine mögliche Überbewertung nimmt einen geringeren Einfluss ein. Folglich wird der Market-Timing Theorie in Bezug auf die Eigenkapitalbeschaffung eine geringere Relevanz zugeschrieben. Grundsätzlich finden die zur Disposition gestellten Kapitalstrukturtheorien überwiegend geringe Zustimmung.[671]

Zuletzt sei auf die Untersuchung von *Beattie/ Goodacre/ Thomson (2006)* verwiesen, die sich auf börsennotierte Unternehmen aus Großbritannien konzentriert. Ausgehend von 198 verwertbaren Rückläufern zeigt sich in dieser Studie, dass Finanzierungsentscheidungen sehr heterogen sind und pauschale Aussagen nur schwer generiert werden können. Demzufolge stehen nur einzelne Aspekte des Finanzierungsverhaltens im Einklang mit den gängigen Kapitalstrukturtheorien.[672] Andere Beobachtungen widersprechen den Aussagen.[673] Im Vergleich zu den Ergebnissen der vorherigen Studien lässt sich hinsichtlich der Zielkapitalstruktur festhalten, dass diese von ungefähr der Hälfte der befragten Unternehmen angestrebt wird und somit eine geringere Bedeutung einnimmt. Dem Gedanken einer

---

[670] Vgl. Graham/ Harvey (2001), S. 187 ff.

[671] Vgl. Drobetz/ Pensa/ Wöhle (2006), S. 253 ff. Die Studie überprüft die Argumentationen der statischen Trade-Off Theorie, der Pecking-Order Theorie, der Agency Theorie und der Market-Timing Theorie.

[672] Der Fokus liegt speziell auf der Überprüfung der statischen Trade-Off Theorie, der Pecking-Order Theorie und der Agency Theorie.

[673] Im Widerspruch zur statischen Trade-Off Theorie steht bspw. die als gering eingeschätzte Bedeutung des Zusammenhangs von Tax Shield und Insolvenzkosten bei zunehmender Verschuldung. Entgegen den Aussagen der Agency Theorie und der Pecking-Order Theorie geben die Befragten u.a. an, dass einer geplanten Kapitalerhöhung keine negative Signalwirkung am Markt zugeschrieben wird.

Finanzierungshierarchie im Sinne der Pecking-Order Theorie stimmen ca. 60% der Teilnehmer zu.[674]

Schließlich kann festgehalten werden, dass sich Fragebogenuntersuchungen eignen, um die Perspektive zu erweitern und den Untersuchungsgegenstand differenzierter zu analysieren. Eine Gegenüberstellung der vorgestellten Ergebnisse zeigt, dass Teilaussagen ausgewählter Kapitalstrukturtheorien Unterstützung finden. Widersprüche offenbaren die Problematik, dass keine der Theorien allgemein gültig ist. Zudem dürfen bei der Interpretation der Ergebnisse nicht die grundsätzlichen Problematiken, die eingangs in diesem Kapitel angesprochen wurden, außer Acht gelassen werden. So sollten Rückschlüsse, auf Grund der Abhängigkeit von subjektiven Angaben, nicht allein auf derartigen Erkenntnissen beruhen. Vielmehr können Fragebogenuntersuchungen eine Ergänzung zu ökonometrischen Modellen darstellen.[675] Die Kernaussagen werden in Tabelle 4.2 zusammengefasst.

Autor(en) (Jahr)	Region	Kernaussagen
Graham/ Harvey (2001)	USA	81% der befragten Unternehmen verfolgen eine flexible bis fixe Zielkapitalstruktur
		Teilweise Bestätigung einer Finanzierungshierarchie
		Bedeutsame Entscheidungsfaktoren bei Fremdfinanzierung: Finanzielle Flexibilität und Kreditrating
		Bedeutsame Entscheidungsfaktoren bei Eigenfinanzierung: Verwässerung des Gewinns und Bewertung
Drobetz/ Pensa/ Wöhle (2006)	D, A, CH	Ergebnisse decken sich weitestgehend mit der Studie von *Graham/ Harvey (2001)*
		Geringerer Einfluss einer Zielkapitalstruktur und des Market-Timings Verhaltens
Beattie/ Goodacre/ Thomson (2006)	GB	Finanzierungsentscheidungen sind heterogen, weshalb pauschale Aussagen nur schwer getroffen werden können
		Geringere Bedeutung einer Zielkapitalstruktur
		60% der Unternehmen folgen Finanzierungshierarchie

A = Österreich, CH = Schweiz

Tabelle 4.2: Bisherige Studien zur Kapitalstruktur (Fragebogenuntersuchungen)[676]

---

[674] Vgl. Beattie/ Goodacre/ Thomson (2006), S. 1402 ff.
[675] Vgl. Drobetz/ Pensa/ Wöhle (2006), S. 256.
[676] Eigene Darstellung.

4.1.2 Studien zur Finanzierungsstruktur

Bei den Forschungsarbeiten, die sich mit der Zusammensetzung von Innen- und Außenfinanzierung beschäftigen, zeigt sich, im Vergleich zu den Studien zur Kapitalstruktur, ein völlig anderes Bild hinsichtlich der Forschungsintensität. Analog zur ausgeprägten theoretischen Fokussierung auf die Kapitalstruktur im Bereich der Corporate Finance Forschung, konzentrieren sich auch die empirischen Untersuchungen überwiegend auf den Verschuldungsgrad eines Unternehmens. Die Frage nach der Mittelherkunft geht daher in der wissenschaftlichen Diskussion oftmals unter. Zurückzuführen ist dies jedoch nicht auf die mangelnde Relevanz der Thematik, sondern u.a. auf die komplizierte und bis heute nicht einheitliche Herangehensweise bei einem solchen Vorhaben sowie die unzureichende theoretische Fundierung.

Wohingegen es bei Untersuchungen zur Kapitalstruktur außer Frage steht, den Verschuldungsgrad auf Basis der Eigen- und Fremdkapitalbestände heranzuziehen,[677] gestaltet sich die Vorgehensweise bei Bestimmung der Innen- und Außenfinanzierungsvolumina keineswegs eindeutig. Entsprechende Bestände werden, anders als beim Eigen- und Fremdkapital, grundsätzlich nicht kumuliert in der Bilanz ausgewiesen. Zudem existieren unterschiedliche Vorstellungen darüber, was der Innen- und Außenfinanzierung zugeschrieben werden sollte.[678] Bis dato hat sich in der Literatur kein einheitliches Vorgehen durchgesetzt bzw. etabliert.

Der bisherige Literaturstrang zu Fragestellungen hinsichtlich der Finanzierungsstruktur kann grundsätzlich in zwei Richtungen unterteilt werden. Zum einen existieren einzelne wissenschaftliche Fachbeiträge und zum anderen beschäftigen sich Zentralbanken als unabhängige Institutionen mit dieser Thematik. Obgleich sich das Untersuchungsdesign teilweise erheblich voneinander unterscheidet, haben sämtliche Ansätze dennoch eine Cashflow Betrachtung gemein. Somit basieren die Studien, anders als beim Verschuldungsgrad, nicht auf Bestandsgrößen, sondern auf Stromgrößen. Im Folgenden wird zunächst auf die wissenschaftlichen

---

[677] Zwar existieren voneinander abweichende Definitionen des Verschuldungsgrades, jedoch gleichen sich diese dem Grundverständnis nach. Es handelt sich dabei lediglich um unterschiedlich eng gefasste Definitionen des Eigen- bzw. Fremdkapitals. So kann bspw. das gesamte Fremdkapital oder nur das langfristige Fremdkapital einbezogen werden. Grundsätzlich können die Daten zur Kapitalstruktur aus der Bilanz abgelesen bzw. anhand von Marktwerten bestimmt werden. Die unterschiedlichen Ansätze zum Verschuldungsgrad sind eindeutig definierbar und erlauben somit auch die Vergleichbarkeit verschiedener Studien.

[678] In der einfachsten Form wird die Finanzierungsstruktur anhand des operativen Cashflows und des Cashflows aus Finanzierungstätigkeit hergeleitet. Eine solche Vorgehensweise vernachlässigt jedoch bspw. die Berücksichtigung von Desinvestitionen als eine Form der Innenfinanzierung. Zudem existieren weitere Schwierigkeiten, wie bspw. der Umgang mit fehlenden Kapitalflüssen beim Finanzierungsleasing, welches ebenfalls ein Finanzierungsinstrument darstellt. Für weiterführende Informationen zur Abgrenzung der Innen- und Außenfinanzierung siehe Kapitel 4.3.3.

Fachbeiträge eingegangen, bevor die entsprechenden Publikationen der Deutschen Bundesbank, stellvertretend für den Sektor der Zentralbanken, vorgestellt werden.

4.1.2.1 Wissenschaftliche Fachbeiträge

Eine bereits an anderer Stelle aufgeführte Studie, die zumindest teilweise die Finanzierungsstruktur mit in das Kalkül einbezieht, stammt von *Rajan/ Zingales (1995)*. In diesem Forschungsbeitrag wird eine Außenfinanzierungsquote ausgewiesen, allerdings in einer stark vereinfachten Form, wie die methodische Vorgehensweise bei der eigenen empirischen Untersuchung verdeutlichen wird.[679] Die Autoren nutzen in ihrer Untersuchung die Daten aus zwei verschiedenen Datenbanken, die unterschiedlich viele Unternehmensdaten beinhalten. Eine erste Erhebung basiert auf Angaben aus der Kapitalflussrechnung, welche der Global Vantage Datenbank entnommen sind.[680] Diese Berechnung weist eine kumulierte Außenfinanzierungsquote für den Zeitraum von 1984 bis 1991 aus. Demnach ergibt sich die Quote aus der Relation der Nettoaußenfinanzierung im Verhältnis zur Summe aus dem operativen Cashflow und der Nettoaußenfinanzierung.[681] Da die Datenbank jedoch nur Daten aus der Kapitalflussrechnung für ausgewählte börsennotierte Unternehmen aus den USA, Kanada, Japan und Großbritannien enthält, folgte eine zweite Ermittlung der Außenfinanzierungsquote auf Basis der Daten der Organisation for Economic Co-operation and Development (OECD) für den Zeitraum von 1991 bis 1993.[682]

Der Vergleich beider Ergebnisse gestaltet sich schwierig, weil die OECD Daten auch nicht börsennotierte Unternehmen abbilden und somit ein deutlich größeres Sample bereitstellen. Zudem weicht der Untersuchungszeitraum ab. Grundsätzlich fällt bei einer Gegenüberstellung auf, dass die Außenfinanzierungsquoten auf Basis der OECD Daten höher ausfallen als jene aus der Global Vantage Datenbank.[683] Unternehmen aus Deutschland (33%), Frankreich (35%) und Italien (33%) weisen nahezu eine identische Außenfinanzierungsquote auf. In Kanada (42%), Großbritannien (49%) und Japan (56%) ist die Quote deutlich höher, wohingegen sie in den USA bei lediglich (23%) liegt. Die Ergebnisse verdeutlichen, dass keine klare Unterscheidung bzw. Klassifizierung von Unternehmen aus einem marktbasierten bzw. einem bankenbasierten Finanzsystem möglich ist. Au-

---

[679] Siehe Kapitel 4.3.3.

[680] Die Global Vantage Datenbank hatte zum damaligen Zeitpunkt Jahresabschlussdaten und Aktienkurse von ungefähr 8.000 Unternehmen aus 31 Ländern enthalten, weshalb sie für einen internationalen Vergleich von Unternehmen als geeignet erachtet wurde. Vgl. Rajan/ Zingales (1995), S. 1423.

[681] Die Nettoaußenfinanzierung setzt sich zusammen aus der externen Nettofremdfinanzierung und der Nettoeigenfinanzierung, indem jeweils der Saldo aus Ein- und Auszahlungen gebildet wird. Vgl. Rajan/ Zingales (1995), S. 1439.

[682] Vgl. Rajan/ Zingales (1995), S. 1439.

[683] Für Unternehmen aus Großbritannien beläuft sich der Unterschied bspw. auf durchschnittlich 13%.

ßerdem ist zu beachten, dass es sich um eine vereinfachte Abbildung der Außenfinanzierungsquote handelt, da bspw. Desinvestitionen aus dem Cashflow aus Investitionstätigkeit völlig unberücksichtigt bleiben.[684] Dennoch vermittelt die Studie zumindest einen ersten Anhaltspunkt über eine mögliche methodische Herangehensweise sowie einen Eindruck über die Zusammensetzung der Finanzierungsstruktur ausgewählter multinationaler Unternehmen. Darüber hinaus betont die aufgezeigte thematische Zuwendung in einer renommierten Fachzeitschrift, wie dem Journal of Finance, die Bedeutsamkeit der Finanzierungsstruktur als weiterer Analysegegenstand neben der Kapitalstruktur.

Im weiteren Sinne beschäftigen sich ebenfalls die nachfolgenden Studien mit Fragestellungen zur Finanzierungsstruktur. Allerdings weniger direkt, da nicht eine Innen- bzw. Außenfinanzierungsquote hergeleitet wird, sondern das Finanzierungsdefizit als erklärende Determinante für Kapitalstrukturentscheidungen. Das Defizit dient grundsätzlich als Indikator dafür, inwieweit eine Unternehmung die Auszahlungen in einer Periode aus eigener Kraft tätigen kann – also ohne auf externes Kapital angewiesen zu sein. Ein positiver Wert stellt eine Finanzierungslücke dar, die durch externes Eigen- oder Fremdkapital gedeckt werden muss. Im übertragenen Sinn ist die Innenfinanzierungsquote in diesem Fall kleiner als 100%. Bei einem negativen Wert liegt dementsprechend eine Quote über 100% vor. In der Literatur ist jedoch nicht einheitlich definiert, welche Positionen bzw. Zahlungsvorgänge für die Bestimmung des Finanzierungsdefizits relevant sind, so dass auch keine eindeutige Vorgehensweise zur Herleitung der Finanzierungsstruktur existiert.

Eines der ersten Forschungsvorhaben, welches den Einfluss des Finanzierungsdefizits auf Finanzierungsentscheidungen empirisch untersucht, stammt von *Shyam-Sunder/ Myers (1999)*. Passend dazu versucht die Studie den hohen Erklärungsgehalt der Pecking-Order Theorie im Vergleich zur statischen Trade-Off Theorie aufzuzeigen. Hierfür werden Daten von 157 US-amerikanischen börsennotierten Unternehmen im Zeitraum von 1971 bis 1989 ausgewertet. In Anlehnung an die Finanzierungshierarchie wird externes Kapital erst aufgenommen, wenn nicht genügend interne Mittel vorhanden sind. Ein solches Finanzierungsdefizit wird folgendermaßen definiert:[685]

$$DEF_t = DIV_t + I_t + \Delta W_t + LD_t - OCF_t \qquad (4.1)$$

DEF_t Finanzierungsdefizit in Periode t
DIV_t Dividende in Periode t

---

[684] Vgl. Rajan/ Zingales (1995), S. 1439 f.
[685] Vgl. Shyam-Sunder/ Myers (1999), S. 224. In der Formel sind die Abkürzungen für den operativen Cashflow und der Anteil der langfristigen Verbindlichkeiten angepasst worden, so dass diese in der Arbeit konsistent verwendet werden können.

I_t Investitionen in Periode t
ΔW_t Veränderungen des Working Capitals in Periode t
LD_t Anteil der langfristigen Verbindlichkeiten (in Periode t getilgt)
OCF_t Operativer Cashflow in Periode t

Da annahmebedingt zunächst Fremdkapital beschafft wird, um die Finanzierungs-lücke zu schließen, wird der Zusammenhang zwischen der Fremdkapitalemission (ΔD_t) und dem Finanzierungsdefizit wie folgt untersucht:[686]

$$\Delta D_t = a + b_{PO} DEF_t + e_t \qquad (4.2)$$

ΔD_t Nettofremdkapitalemissionen in Periode t
a Konstantes Glied
b_{PO} Pecking-Order Koeffizient
e_i Störterm in Periode t

Es wird erwartet, dass $a = 0$ gilt und der Pecking-Order Koeffizient $b_{PO} = 1$ ist. Bei einer positiven Fremdkapitalemission liegt demnach ein Finanzierungsdefizit vor. Die abhängige Variable wird in unterschiedlichen Variationen getestet.[687] In Ab-hängigkeit des gewählten Ansatzes beläuft sich der Pecking-Order Koeffizient bei Anwendung der Bruttoemission auf maximal $b_{PO} = 0,85$ und mindestens bei $b_{PO} = 0,69$. Obgleich diese Werte kleiner als eins sind, wird das Resultat dennoch als Unterstützung für die Pecking-Order Theorie gewertet.[688]

In einer weiteren Studie beschäftigen sich *Frank/ Goyal (2003)* mit dem Einfluss des Finanzierungsdefizits auf Finanzierungsentscheidungen. Vom Aufbau her äh-nelt die Arbeit jener von *Shyam-Sunder/ Myers (1999)*, ist jedoch umfassender, da 768 US-amerikanische börsennotierte Unternehmen im Zeitraum von 1971 bis 1998 untersucht werden.[689] Zudem wird neben der bereits bekannten Definition des Finanzierungsdefizits eine weitere Variation verwendet. Frank/ Goyal (2003) verweisen darauf, dass der Anteil der langfristigen Verbindlichkeiten, die in Peri-ode t getilgt werden, nicht in der Definition des Finanzierungsdefizits berücksich-tigt werden sollte:[690]

$$DEF_t^{FG} = DIV_t + I_t + \Delta W_t - OCF_t = \Delta D_t + \Delta E_t \qquad (4.3)$$

DEF_t^{FG} Finanzierungsdefizit in Periode t (gemäß *Frank/ Goyal (2003)*)
ΔE_t Nettoeigenkapitalemission in Periode t

---

[686] Vgl. Shyam-Sunder/ Myers (1999), S. 224.

[687] Die abhängige Variable wird u.a. definiert als die Bruttofremdkapitalemission, die Nettofremdkapitalemission oder die Veränderung des Verschuldungsgrades.

[688] Vgl. Shyam-Sunder/ Myers (1999), S. 224 ff.

[689] Das eigentliche Sample ist größer. Jedoch liegen nur für 768 Unternehmen vollständige Daten vor, weshalb sich die Untersuchung überwiegend auf den vollständigen Datensatz konzentriert.

[690] Vgl. Frank/ Goyal (2003), S. 221.

Während des Zeitraums von 1971 bis 1998 liegt ein positives Finanzierungsdefizit vor, so dass die Innenfinanzierungsquote durchweg geringer als 100% ist. Unter Verwendung des Definitionsansatzes nach *Frank/ Goyal (2003)* wird zudem der Zusammenhang zwischen Fremdkapitalemissionen und dem Finanzierungsdefizit für den gleichen Zeitraum der vorherigen Studie (1971-1989), jedoch für ein deutlich größeres Sample, getestet. Bei Verwendung der Nettofremdkapitalemissionen als abhängige Variable werden ähnlich gute Ergebnisse erzielt. Der Koeffizient beläuft sich hier auf $b_{PO} = 0,75$ bei einem $R^2 = 0,71$. Sofern andere Kennzahlen als abhängige Variable verwendet werden, ist der Zusammenhang weiterhin signifikant, nimmt jedoch ab. In einem weiteren Test wird das Sample deutlich vergrößert, indem auch Unternehmen mit unvollständigen Daten Berücksichtigung finden. Hier sinken der Regressionskoeffizient und das R^2 deutlich. Die Autoren der Studie führen dies u.a. auf die Unternehmensgröße zurück. Der vollständige Datensatz enthält durchschnittlich größere Unternehmen, die in einem höheren Maße Fremdkapital aufnehmen und dagegen weniger Anteilsscheine emittieren. Somit hat die Pecking-Order Theorie eher für große Unternehmen Gültigkeit.[691]

Frank/ Goyal (2003) testen zudem den Einfluss des Finanzierungsdefizits auf den Verschuldungsgrad für den Zeitraum von 1971 bis 1993. Neben den vier erklärenden Variablen aus der Arbeit von *Rajan/ Zingales (1995)* wird zudem der Einfluss des Finanzierungsdefizits und des zeitversetzten Verschuldungsgrades untersucht.[692] Die Faktoren haben einen signifikant positiven bzw. negativen Einfluss. Allerdings beläuft sich der zusätzliche Erklärungsgehalt des Finanzierungsdefizits auf lediglich ca. 1%,[693] was im Übrigen die Ergebnisse einer anderen Studie von *Frank/ Goyal (2009)* unterstützt.[694]

Zuletzt sei in diesem Kapitel auf die Forschungsarbeit von *Bessler/ Drobetz/ Grüninger (2011)* verwiesen. Auf Grund der teilweise kontroversen Erkenntnisse vorheriger empirischer Untersuchungen steht auch hier die Verifizierung der Pecking-Order Theorie im Vordergrund. Zudem wird die Wirkungsweise der Informationsasymmetrie auf das Finanzierungsverhalten analysiert. Mit 6.771 Unternehmen aus 42 Ländern basiert die Untersuchung auf einer breiten Datenbasis.[695] Der Betrachtungszeitraum umfasst die Jahre 1995 bis 2005.[696]

---

[691] Vgl. Frank/ Goyal (2003), S. 230 ff.

[692] Für die erklärenden Variablen konnte der folgende signifikante Einfluss nachgewiesen werden: Bewertung (-), Anlageintensität (+), Unternehmensgröße (+) und Profitabilität (-).

[693] Vgl. Frank/ Goyal (2003), S. 239 f.

[694] *Frank/ Goyal (2009)* zeigen in ihrer Untersuchung, dass von den sechs Kernfaktoren ein Erklärungsgehalt von ca. 27% ausgeht und die 19 weiteren Variablen eine untergeordnete Bedeutung haben. Vgl. Frank/ Goyal (2009), S. 3.

[695] Es findet eine Unterscheidung zwischen US-amerikanischen und den restlichen Unternehmen statt.

[696] Vgl. Bessler/ Drobetz/ Grüninger (2011), S. 126.

In einem ersten Bearbeitungsschritt wird die Korrelation zwischen dem Finanzierungsdefizit (Definition nach *Frank/ Goyal (2003)*) und den Nettofremdkapitalemissionen sowie Nettoeigenkapitalemissionen gemessen. Der Mittelwert liegt bei US-amerikanischen Unternehmen bei 0,64 bzw. 0,52. Bei den restlichen Unternehmen wird mit 0,82 bzw. 0,41 ein größerer Unterschied gemessen. Besonders die Ergebnisse bei US-amerikanischen Unternehmen widersprechen dem Gedanken der Pecking-Order Theorie, da der Außenfinanzierungsbedarf nicht in einem deutlich höheren Umfang durch Fremdkapital gedeckt wird. Eine Finanzierungshierarchie ist in diesem Sinne nur schwach zu erkennen. Darauf aufbauend wird der Einfluss diverser Determinanten auf externe Eigenfinanzierungsmaßnahmen untersucht. Neben den üblichen Faktoren, wie bspw. der Profitabilität und Unternehmensgröße, werden auch u.a. das Finanzierungsdefizit sowie die Informationsasymmetrie berücksichtigt.[697] Nur der positive Zusammenhang des Defizits mit der Emission von Eigenkapital ist konsistent mit der Pecking-Order Theorie. Hinsichtlich der Informationsasymmetrie ist ein negativer Zusammenhang erkennbar.[698] Dies scheint nachvollziehbar, da eine geringe Streuung der Analystenmeinungen ein geringeres Risiko für Investoren suggeriert.[699]

Abschließend kann konstatiert werden, dass Cashflow basierte Untersuchungen von Finanzierungsentscheidungen in den vergangenen Jahren zugenommen haben. Nachdem erste Studien sehr allgemein gehalten sind, wird der Untersuchungsgegenstand vermehrt differenzierter hinterfragt. Im Vordergrund steht allerdings nicht die Herleitung einer Innen- und Außenfinanzierungsquote, um die Mittelherkunft zu untersuchen, sondern die Einbeziehung des Finanzierungsdefizits in Forschungsvorhaben zur Eigen- und Fremdfinanzierung, wodurch letztlich wieder die Kapitalstruktur in das Zentrum der Diskussion rückt. Dennoch können auch Erkenntnisse und Rückschlüsse für die eigene empirische Untersuchung zur Finanzierungsstruktur multinationaler Unternehmen gezogen werden. Nachfolgend fasst Tabelle 4.3 die wesentlichen Aspekte der vorgestellten Studien zusammen.

---

[697] Als Proxy für die Informationsasymmetrie wird die Streuung von Analysteneinschätzungen bezüglich des vorausgesagten Gewinns je Aktie herangezogen. Vgl. Bessler/ Drobetz/ Grüninger (2011), S. 134.

[698] Vgl. Bessler/ Drobetz/ Grüninger (2011), S. 136 ff.

[699] Diese Erkenntnis steht im Einklang mit den Ergebnissen von *Autore/ Kovacs (2009)*. Vgl. Autore/ Kovacs (2009), S . 12 ff.

Autor(en) (Jahr)	Zeitraum	Region	Kernaussagen
Rajan/ Zingales (1995)	1984-1991 bzw. 1991-1993	USA, CA, J, D, F, GB, IT	Vereinfachte Herleitung der Außenfinanzierung auf Basis der Kapitalflussrechnung
			Ergebnisse variieren in Abhängigkeit der Datenbasis und des Zeitraums
			Quote schwankt bei OECD-Daten zwischen 23% (USA) und 56% (Japan)
Shyam-Sunder/ Myers (1999)	1971-1989	USA	Herleitung des Finanzierungsdefizits auf Basis der Kapitalflussrechnung
			Hoher Erklärungsgehalt der Pecking-Order Theorie
Frank/ Goyal (2003)	1971-1998	USA	Abgewandelte Herleitung des Defizits
			Teils kontroverse Ergebnisse
			Geringer Einfluss des Finanzierungsdefizits auf den Verschuldungsgrad
Bessler/ Drobetz/ Grüninger (2011)	1995-2005	42 Länder	Fremdkapitalemission korreliert stärker als Eigenkapitalemission mit dem Finanzierungsdefizit
			Unterschied ist jedoch gering

Tabelle 4.3: Bisherige Studien zur Finanzierungsstruktur (Fachbeiträge)[700]

4.1.2.2 Publikationen der Zentralbanken

Neben den aufgezeigten wissenschaftlichen Fachbeiträgen existieren außerdem Studien der Zentralbanken, welche sich mit der Finanzierungsstruktur von nichtfinanziellen Unternehmen beschäftigen. Im weiteren Verlauf wird beispielhaft auf die Veröffentlichungen der Deutschen Bundesbank eingegangen. Methodisch sind vorab zwei Rechenwerke zu unterscheiden, mit deren Hilfe die Finanzierungsstruktur abgebildet werden kann. Zum einen können die Daten auf der volkswirtschaftlichen Gesamtrechnung (VGR) basieren und zum anderen können sie der Unternehmensabschlussstatistik (UAS) entnommen werden. Die Ergebnisse und die Aussagekraft können u.a. auf Grund unterschiedlicher Berichtskreise und verschiedener Methoden deutlich voneinander abweichen.[701] Daher erfolgt nachstehend eine jeweils gesonderte Betrachtung der beiden Zahlenwerke, wobei mit den

---

[700] Eigene Darstellung.
[701] Vgl. Deutsche Bundesbank (2006), S. 58 f.

Finanzierungsverhältnissen von nichtfinanziellen Unternehmen basierend auf der VGR begonnen wird.

Finanzierungsstruktur basierend auf volkswirtschaftlicher Gesamtrechnung

Mit Hilfe der VGR wird das Wirtschaftsgeschehen einer Volkswirtschaft anhand eines aggregierten Rechenwerks beschrieben. Um die Vergleichbarkeit zu gewährleisten, werden Daten einheitlich und systematisch erfasst. Wirtschaftseinheiten werden zu Sektoren subsumiert und Handlungen werden Konten zugewiesen. Das Ziel besteht darin, für verschiedene Zwecke, wie bspw. empirische Analysen, makroökonomische Daten zu sammeln und eine einheitliche statistische Basis bereitzustellen. Einen Teil der VGR stellt die Finanzierungsrechnung dar, welche die finanziellen Transaktionen über eine Periode hinweg sowie die Kapitalbestände stichtagsbezogen abbildet.[702] Im weiteren Verlauf wird speziell auf die Finanzierungsstruktur der nichtfinanziellen Kapitalgesellschaften eingegangen.[703]

Eine Studie der *Deutschen Bundesbank (2012)* zeigt für Deutschland die Entwicklung der Finanzierungsstruktur der nichtfinanziellen Kapitalgesellschaften im Zeitraum von 1991 bis 2010. Eine disaggregierte Betrachtung einzelner Branchen oder Unternehmensgrößenklassen ist nicht möglich. Abbildung 4.1 veranschaulicht, dass sowohl die Finanzierungsvolumen als auch die relativen Anteile der Innen- und Außenfinanzierung deutlichen Schwankungen unterliegen. Die Gesamtfinanzierung beläuft sich im Jahr 1991 auf ca. 280 Mrd. Euro und steigt zur Jahrtausendwende auf ca. 440 Mrd. Euro an, bevor nach der „Dotcom-Blase" ein starker Rückgang folgt. Ein erneuter Anstieg ist im Zuge des konjunkturellen Aufschwungs auf das Niveau von über 450 Mrd. Euro zu beobachten. Mit dem Aus-

---

[702] Da es sich bei der Finanzierungsrechnung um ein Kreislaufsystem handelt, entsprechen die aggregierten Aktivbestände ebenso der Höhe der Passiva. Dem Rechenwerk liegt das Inländerkonzept zu Grunde, so dass die finanziellen Aktivitäten sämtlicher Wirtschaftseinheiten, die ihren Sitz ständig im Inland haben, im Sektor der „inländischen Wirtschaftseinheiten" erfasst werden. Gebietsfremde werden dagegen dem zweiten Hauptsektor „übrige Welt" zugeordnet. Je nach wirtschaftlichem und finanziellem Handeln werden die inländischen Wirtschaftseinheiten zu verschiedenen Untersektoren zusammengefasst. Neben den nichtfinanziellen Kapitalgesellschaften werden so u.a. die finanziellen Kapitalgesellschaften, der Staat und die privaten Haushalte unterschieden. Finanzielle Aktivitäten können sowohl zwischen Wirtschaftseinheiten innerhalb eines Sektors als auch mit Einheiten eines anderen Sektors stattfinden. Werden sämtliche Handlungen im Rechenwerk einbezogen, handelt es sich um eine unkonsolidierte Betrachtung. Sofern intrasektorelle Transaktionen ausgeblendet bleiben, liegt eine konsolidierte Sichtweise vor. Damit werden nur Verflechtungen mit anderen Sektoren gezeigt. Vgl. Deutsche Bundesbank (2011a), S. 8 ff. Bei den Angaben der deutschen Bundesbank zur Finanzierungsstruktur handelt es sich um eine konsolidierte Betrachtung. Vgl. Deutsche Bundesbank (2006), S. 59.

[703] Der Sektor der nichtfinanziellen Kapitalgesellschaften beinhaltet sowohl echte Kapitalgesellschaften (u.a. Aktiengesellschaften und Gesellschaften mit beschränkter Haftung) als auch Quasi-Kapitalgesellschaften (u.a. offene Handelsgesellschaften und Kommanditgesellschaften). Vgl. Deutsche Bundesbank (2011a), S. 10.

bruch der globalen Finanzkrise endet dieser allerdings abrupt. Das Gesamtfinanzierungsvolumen sinkt und liegt 2010 bei ca. 400 Mrd. Euro.[704]

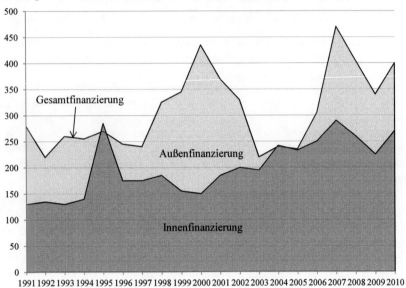

Abbildung 4.1: Finanzierungsstruktur in Deutschland in Mrd. Euro (VGR)[705]

In Hinblick auf die Finanzierungsstruktur kann im Sinne der Pecking-Order Theorie festgestellt werden, dass die Innenfinanzierung fast durchgehend die dominierende Form der Kapitalbeschaffung darstellt und der Anteil im Durchschnitt bei über 65% liegt. Lediglich um die Jahrtausendwende überwiegt die Außenfinanzierung. Auffällig ist der zeitlich versetzte Anstieg der Innenfinanzierungsquote nach Phasen des konjunkturellen Abschwungs, wie bspw. in den Jahren 1995 und 2004. Begründet werden kann ein solches Szenario u.a. mit Absatzrückgängen, die wiederum die Investitionstätigkeit negativ tangieren, wodurch weniger externes Kapital benötigt wird. Außerdem verhält sich der Risikoaufschlag für Außenfinanzierungsinstrumente antizyklisch. Eine entsprechende Entwicklung der Innenfinanzierungsquote ist im Zuge der globalen Finanzkrise anhand von Abbildung 4.1 nur bedingt zu erkennen.[706]

---

[704] Vgl. Deutsche Bundesbank (2012b), S. 17 f.
[705] In Anlehnung an Deutsche Bundesbank (2012b), S. 17.
[706] Vgl. Deutsche Bundesbank (2012b), S. 18 f.

Ein zentraler Vorteil bei der Zugrundelegung der VGR für die Bestimmung der Finanzierungsstruktur liegt darin, dass die Vorgehensweise international konsistent ist und eine einheitliche Datenbasis bereits seit Jahrzehnten vorliegt. Allerdings handelt es sich bei dem Rechenwerk um eine stark aggregierte gesamtwirtschaftliche Betrachtung aller nichtfinanziellen Kapitalgesellschaften und Quasi-Kapitalgesellschaften. Differenzierte Aussagen nach Branchen oder Unternehmensgrößen sind nicht möglich. Daher können die Erkenntnisse auch nicht auf multinationale Unternehmen aus Deutschland übertragen werden. Zudem handelt es sich bei der VGR um eine Sekundärstatistik, die u.a. auf Daten von Wertpapier- und Bankenstatistiken zurückgreift. Verzerrungen können diesbezüglich auftreten, da sowohl Bewertungsgewinne und –verluste als auch außerordentliche Erfolgsfaktoren bei der Ertragsrechnung nicht berücksichtigt werden. Zuletzt sei darauf verwiesen, dass die Angaben zur Finanzierungsstruktur auf konsolidierten Daten basieren. Wirtschaftsbeziehungen innerhalb eines Sektors, wie bspw. dem Sektor der nichtfinanziellen Kapitalgesellschaften, werden ausgeblendet. Folglich bleiben u.a. intrasektorale Kreditforderungen und –verbindlichkeiten, wie bspw. Verbindlichkeiten aus Lieferungen und Leistungen zwischen Unternehmen aus demselben Sektor, außen vor. Diese können jedoch beachtliche Ausmaße annehmen und die Finanzierungsstruktur somit stark beeinflussen.[707]

Finanzierungsstruktur basierend auf der Unternehmensabschlussstatistik

Eine alternative Vorgehensweise stellt die Ermittlung der Finanzierungsstruktur auf Basis der Unternehmensabschlussstatistik dar, welche von der Deutschen Bundesbank jährlich veröffentlicht wird.[708] Mittlerweile deckt die Statistik 70% aller Unternehmen des nichtfinanziellen Sektors mit Sitz in Deutschland ab.[709]

---

[707] Vgl. Deutsche Bundesbank (2013a), S. 5 ff. und Deutsche Bundesbank (2006), S. 58 f.

[708] Die Unternehmensabschlussstatistik greift auf einen Pool aus Jahresabschlussdaten von über 100.000 nichtfinanziellen Unternehmen zurück, die nach Branchen sortiert sind. Dabei handelt es sich um ein gemeinsames Projekt diverser Banken, sonstiger Institute aus der Finanzwirtschaft sowie der Deutschen Bundesbank. Das Projekt zielt darauf ab, Daten der Geschäftsberichte auf freiwilliger Basis für statistische Zwecke bei der Deutschen Bundesbank zentral zu sammeln. Die Übermittlung der Daten erfolgt anonym. Mehrfach vorhandene Jahresabschlüsse werden, unter Gewährung der Anonymität, durch den Abgleich einzelner Positionen identifiziert und aus dem Pool entfernt. Darüber hinaus werden ca. 10% bis 15% der Jahresabschlüsse beseitigt, da u.a. fehlende Daten oder Extremwerte zu Verzerrungen führen können. Vgl. Deutsche Bundesbank (2005), S. 48 ff. Auf Grund der Vielzahl an Daten werden die Ergebnisse für ein Berichtsjahr an drei Terminen veröffentlicht. Ungefähr 12 Monate nach einem Berichtsjahr werden die ersten Ergebnisse anhand von Hochrechnungen ausgewiesen, die auf etwa einem Viertel der Gesamtmenge basieren. Da es sich dabei um vorläufig geschätzte Werte handelt, können die späteren tatsächlichen Ergebnisse deutlich abweichen. Sechs Monate später werden anhand einer breiteren Datenbasis differenziertere Daten ausgewiesen, bevor schließlich ein Jahr darauf die endgültigen Resultate vorliegen, die sich auf den nahezu kompletten Datensatz beziehen. Vgl. Deutsche Bundesbank (2011b), S. 34.

[709] Im Berichtsjahr 2011 kam es sowohl bei der statistischen Basis als auch bei der Methodik zu Anpassungen. Durch die Einbeziehung von Unternehmen weiterer Branchen, wie bspw. der Energie- und Wasserversorgung, der Telekommunikationsbranche und dem Gastgewerbe, wurde die Abdeckung des nichtfinanziellen Sektors

Anders als bei der VGR werden neben den Kapitalgesellschaften und Quasi-Kapitalgesellschaften ebenso Einzelunternehmen berücksichtigt.[710] Das Rechenwerk ermöglicht die aggregierte Betrachtung des Mittelaufkommens und der Mittelverwendung, wobei im Folgenden Ersteres im Fokus steht. Beim Mittelaufkommen werden Jahresabschlussdaten der Innen- und Außenfinanzierung zugeordnet.[711] Die Summe weist das Gesamtfinanzierungsvolumen einer Periode aus.

Nachstehend wird in Tabelle 4.4 in Form einer Matrix die Innenfinanzierungsquote[712] der nichtfinanziellen Unternehmen in Deutschland für den Zeitraum von 2006 bis 2012, basierend auf den Daten der Unternehmensabschlussstatistik, ausgewiesen.[713] Auf Grund der derzeitigen Datenlage liegen für die Jahre 2006 bis 2011 jeweils zwei Werte pro Berichtsjahr vor.[714]

---

und damit verbunden die Aussagekraft der Unternehmensabschlussstatistik verbessert. Zudem konnte die methodische Vorgehensweise weiterentwickelt werden, indem Hochrechnungen seitdem auf Umsatzauswertungen aus dem Unternehmensregister basieren. Somit können Unternehmen anhand ihrer kleinsten rechtlichen Einheit bestimmt werden. Vgl. Deutsche Bundesbank (2011b), S. 34 f.

[710] Auf Grund des veränderten Berichtskreises sind die Ergebnisse der beiden Zahlenwerke zur Finanzierungsstruktur nur eingeschränkt miteinander vergleichbar. Vgl. Deutsche Bundesbank (2006), S. 58.

[711] Die Innenfinanzierung wird in die folgenden drei Positionen untergliedert: 1. Kapitalerhöhung aus Gewinnen sowie Einlagen bei Nichtkapitalgesellschaften, 2. Abschreibungen, 3. Zuführung zu Rückstellungen. Die Außenfinanzierung beinhaltet die Kapitalzuführung bei Kapitalgesellschaften und die Veränderungen der Verbindlichkeiten. Vgl. Deutsche Bundesbank (2013b), S. 54.

[712] Auf Grundlage der Monatsberichte der Deutschen Bundesbank wird die Innenfinanzierungsquote berechnet, indem der absolute Wert der Innenfinanzierung in Relation zum gesamten Finanzierungsvolumen gesetzt wird. Da sich die Summe aus Innen- und Außenfinanzierungsquote auf 100% beläuft, kann die Außenfinanzierungsquote anhand der dargestellten Innenfinanzierungsquote hergeleitet werden.

[713] Dieser Zeitraum deckt sich weitestgehend mit jenem der eigenen empirischen Untersuchung. Siehe Kapitel 4.4. Für 2013 wird kein Wert ausgewiesen, da zum jetzigen Zeitpunkt für das Jahr 2013 lediglich geschätzte Werte vorliegen.

[714] Die Veröffentlichungen der Deutschen Bundesbank erhalten für drei Jahre (t_{-1} bis t_{-3}) rückwirkend Informationen zur Finanzierungsstruktur. Da die Werte für t_{-1} jedoch lediglich grob geschätzt und somit vorläufiger Natur sind, werden sie nicht berücksichtigt. Folglich werden pro Berichtsjahr jeweils zwei Werte angegeben. Die Differenz beider Werte beruht auf der Tatsache, dass es sich um Hochrechnungen handelt und Zahlen gerundet werden. Für das Berichtsjahr 2009 gilt der Sonderfall, dass die Werte auf einem unterschiedlichen Berichtskreis beruhen und die Differenz daher größer ist.

				Berichtsjahr			
Jahr	2006	2007	2008	2009	2010	2011	2012
2014						73,40%	67,88%
2013					56,25%	72,32%	
2012				124,98%	60,01%		
2011			65,49%	134,51%			
2010		57,72%	69,47%				
2010*	70,92%	56,23%					
2009	70,10%						

(Spaltenbeschriftung links: Erscheinungsjahr)

Tabelle 4.4: Innenfinanzierungsquote deutscher Unternehmen (UAS)[715]

Bei Betrachtung der Innenfinanzierungsquote fällt auf, dass diese im Sinne der Pecking-Order Theorie durchgehend die Außenfinanzierungsquote übertrifft. Allerdings kann der Verlauf als sehr volatil charakterisiert werden. Wohingegen der Anteil der Innenfinanzierung vor dem Ausbruch der globalen Finanzkrise zwischen ca. 56% und 71% liegt, ist ein sprunghafter Anstieg im Jahr 2009 auf weit über 100% zu verzeichnen. Begründet werden kann eine solche Entwicklung u.a. damit, dass die globale Finanzkrise bei einem Großteil der nichtfinanziellen Unternehmen starke Umsatz- bzw. Gewinneinbußen bewirkt hat. In Folge der schwachen Wirtschaftsaussichten haben sich Investitionsausgaben und damit verbunden der Kapitalbedarf reduziert.[716] Externes Kapital wurde somit weniger bzw. gar nicht benötigt. Der Kapitaldienst für bestehende Kreditengagements musste vertragsbedingt jedoch weiter geleistet werden, wodurch im oben gezeigten Beispiel de facto eine negative Außenfinanzierung die Folge ist. Bereits ein Jahr darauf ist ein erneuter Wandel auszumachen. Im Zuge der konjunkturellen Erholung hat die Außenfinanzierung stark an Bedeutung gewonnen. Auffällig ist die kurze Reaktionszeit der betrachteten Unternehmen auf die wirtschaftliche Entwicklung. Obgleich die Darstellungen zur globalen Finanzkrise gezeigt haben, dass in der Eurozone kein eindeutiges Ende der Krise ausgewiesen werden kann, trifft dies für die deutsche Wirtschaft nur bedingt zu, da die Wirtschaft seit 2010 kontinuierlich

---

[715] Eigene Darstellung. Der Zeitpunkt der Veröffentlichung hat sich während der Zeitreihe verändert. Die Daten für die Erscheinungsjahre 2010 bis 2014 sind jeweils dem entsprechenden Monatsbericht Dezember der Deutschen Bundesbank entnommen. Die Angaben für 2010* sowie 2009 stammen jeweils aus dem Monatsbericht Januar des entsprechenden Jahres.

[716] Für weiterführende Informationen zu den Auswirkungen der Wirtschaftskrise siehe Kapitel 3.1.3.

wächst. Dementsprechend liegt die Innenfinanzierungsquote in den Berichtsjahren 2011 und 2012 in etwa auf dem Vorkrisenniveau.

Abschließend kann zur Berichterstattung auf Basis der Unternehmensabschlussstatistik konstatiert werden, dass sich diese durchaus eignet, um einen ersten Überblick zur Finanzierungsstruktur nichtfinanzieller Unternehmen in Deutschland zu erhalten.[717] Da sowohl Einzelunternehmen als auch Kapitalgesellschaften aggregiert aufgeführt werden, ist eine weitere Unterscheidung nach Größe und Rechtsform nicht möglich. Aus diesem Grund dienen die Angaben nur sehr bedingt als Benchmark für das Finanzierungsverhalten multinationaler Unternehmen. Zudem werden alle Unternehmen anhand ihrer kleinsten juristischen Einheit bestimmt, weshalb bspw. Verbindlichkeiten gegenüber Unternehmen aus dem Konzernverbund mit in die Berechnung der Außenfinanzierungsvolumina einfließen.[718] Da die eigene empirische Untersuchung jedoch auf Konzernebene und somit anhand konsolidierter Geschäftsberichte erfolgt, gehören Verbindlichkeiten gegenüber verbundenen Unternehmen nicht zur externen Mittelbeschaffung. Bei der Abgrenzung der Innenfinanzierung fällt außerdem auf, dass Desinvestitionen nicht im Zahlenwerk berücksichtigt werden.[719]

Da sowohl die Angaben zur Finanzierungsstruktur aus der VGR als auch aus der Unternehmensabschlussstatistik, bezogen auf die methodische Vorgehensweise sowie den Berichtskreis an ihre Grenzen stoßen, scheint weiterer Forschungsbedarf vorhanden zu sein.

4.2 Hypothesenentwicklung

In Anlehnung an die Ausführungen in Kapitel 3 zu den Auswirkungen der globalen Finanzkrise auf die Rahmenbedingungen der Unternehmensfinanzierung und die Erläuterungen zu den bisherigen Forschungsergebnissen in Kapitel 4.1 werden nachstehend sowohl Thesen als auch Hypothesen zum Finanzierungsverhalten multinationaler Unternehmen entwickelt. Das Ziel besteht darin, die zu Beginn der Arbeit gestellten Forschungsfragen im Rahmen der empirischen Analyse zu überprüfen. Diesbezüglich werden Thesen zur Entwicklung der Kapital- und Finanzie-

---

[717] Es ist zu beachten, dass die Daten auf keiner Totalerhebung basieren, da lediglich ca. 70% des nichtfinanziellen Sektors erfasst werden.

[718] Die Deutsche Bundesbank veröffentlicht seit 2014 ebenfalls eine Konzernabschlussstatistik, die konsolidierte Daten nichtfinanzieller Unternehmen, beginnend mit dem Jahr 2005, enthält. Demnach wird ein solches Zahlenwerk auf Grund zunehmend komplexer und internationaler Unternehmensstrukturen benötigt, um „erweiterte empirische Fragestellungen auf gesamtwirtschaftlicher und makroprudenzieller Ebene" zu untersuchen. Deutsche Bundesbank (2014b), S. 53. Allerdings beinhaltet die Konzernabschlussstatistik lediglich Daten aus der Bilanz und GuV. Cashflow Daten werden bislang nicht erfasst, so dass Informationen zur Finanzierungsstruktur nicht bereitgestellt werden können. Vgl. Deutsche Bundesbank (2014b), S. 53 ff.

[719] Vgl. Deutsche Bundesbank (2013b), S. 53 f. und Deutsche Bundesbank (2011b), S. 34.

rungsstruktur formuliert, bevor anschließend jeweils Hypothesen zu den vermuteten Wirkungszusammenhängen aufgestellt werden.

4.2.1 Thesen und Hypothesen zur Kapitalstruktur

Es wird vermutet, dass sich die Kapitalstruktur multinationaler Unternehmen als Reaktion auf die globale Finanzkrise verändert hat. In diesem Zusammenhang ist für den Zeitraum von 2006 bis 2013 zwischen krisenbehafteten Phasen und Perioden des wirtschaftlichen Aufschwungs zu unterscheiden. Außerdem ist bei der Analyse der Kapitalstruktur zu beachten, ob diese anhand von Buch- oder Marktwerten ausgewiesen wird, da die Wirkungszusammenhänge teilweise andere sind.[720]

Sofern die buchwertbasierte Fremdkapitalquote betrachtet wird, ist davon auszugehen, dass die Kapitalstruktur zeitlich verzögert auf Krisenereignisse bzw. Wachstumsphasen reagiert. Hierfür lassen sich verschiedene Gründe aufführen. Besonders bei großen Konzernen sind Investitions- und Finanzierungsentscheidungen vielschichtig und langfristig ausgelegt. Im Zuge von Krisenereignissen werden Investitionsausgaben auf Grund negativer Aussichten erwartungsgemäß reduziert. Zudem entwickeln sich Fremdkapitalkosten wegen steigender Risikoprämien antizyklisch. Beides führt zu einem Stagnations- bzw. Schrumpfungsprozess und damit verbunden zu einer rückläufigen Fremdfinanzierung.[721] Veränderte wirtschaftliche Rahmenbedingungen wirken sich daher in den Folgeperioden auf die Bilanzen aus.

Bezugnehmend auf die globale Finanzkrise wird erwartet, dass die buchwertbasierte Fremdkapitalquote nach Krisenhochphasen zeitlich verzögert sinkt. Dies betrifft vermutlich die Jahre 2009 und 2010 im Zuge der Banken- und Wirtschaftskrise sowie die Jahre 2012 und 2013 im Zuge der Europäischen Staatsschuldenkrise.[722] Allerdings ist zu beachten, dass die Auswirkungen der ersten Krisenphase als schwerwiegender und weitreichender eingeschätzt werden und somit auch die Anpassungen der Kapitalstruktur umfassender sein sollten. In diesem Zusammenhang haben die Ausführungen in Kapitel 3.2.2 gezeigt, dass die Vergabe von Bankkrediten an nichtfinanzielle Kapitalgesellschaften innerhalb der Eurozone besonders in den Jahren 2009 und 2010 erheblich gesunken ist. Wenngleich das Volumen der Anleiheemission im Jahr 2009 zugenommen hat, ist diese Entwicklung in einem bankbasierten Finanzsystem ein Indiz dafür, dass Unter-

---

[720] In Anlehnung an bisherige Forschungsbeiträge wird bei der marktwertbasierten Kapitalstruktur lediglich das Eigenkapital zu Marktwerten ausgewiesen. Für weiterführende Informationen zur Methodik siehe Kapitel 4.3.2.

[721] Vgl. Deutsche Bundesbank (2012b), S. 19 f.

[722] Im Hinblick auf die weiteren Ausführungen zur empirischen Untersuchung ist zu beachten, dass die Formulierung „im Zuge" stets eine zeitlich verzögerte Reaktion beschreibt.

nehmen weniger Fremdkapital beschafft haben. Analog wird im Zuge wirtschaftlicher Erholungs- bzw. Wachstumsphasen von einem Anstieg der Verschuldung
ausgegangen. Entsprechend lautet die erste These folgendermaßen:

*These T_{KS}-1: Die buchwertbasierte Verschuldung multinationaler Unternehmen
nimmt im Zuge von Krisenereignissen ab und steigt im Zuge einer
gesamtwirtschaftlichen Erholung an.*

Hinsichtlich der Entwicklung der marktwertbasierten Verschuldung ist ein weiterer Aspekt zu beachten. Die Höhe des Eigenkapitals wird durch die Marktkapitalisierung bestimmt und ist abhängig von den Entwicklungen an den Kapitalmärkten.
Somit besteht auf Grund des Konstrukts dieser Kennzahl ein technischer Zusammenhang, der nicht zwingend auf Finanzierungsentscheidungen eines Unternehmens zurückgeführt werden kann. Fallende Aktienkurse führen demnach zu einem
Rückgang des Eigenkapitals, wodurch wiederum die Fremdkapitalquote als direkte Konsequenz ansteigt. Dieser Zusammenhang gilt ebenfalls vice versa. In der
Folge unterscheiden sich Anpassungszeit und –intensität des Eigenkapitals deutlich von der rein buchwertbasierten Betrachtungsweise. Zusätzlich ist der bereits
beschriebene Wirkungszusammenhang des bilanziellen Fremdkapitals zu berücksichtigen, welches zeitlich verzögert auf veränderte Rahmenbedingungen reagiert.
Werden beide Aspekte gemeinsam auf den Untersuchungszeitraum übertragen,
wird im Jahr 2008 ein deutlicher Anstieg der marktwertbasierten Verschuldung als
direkte Reaktion auf die Turbulenzen an den Kapitalmärkten erwartet. Die einsetzende Erholung der Börsen, gepaart mit der verzögerten Reaktion des bilanziellen
Fremdkapitals, führt in den beiden Folgejahren vermutlich zu einem wesentlichen
Rückgang der Verschuldung. Mit der Intensivierung der Europäischen Staatsschuldenkrise wird erneut mit einem Anstieg der Fremdkapitalquote gerechnet,
bevor zum Ende des Untersuchungszeitraums wieder eine Erholung einsetzt. Für
den Verlauf der marktwertbasierten Verschuldung wird somit in Form der zweiten
These der folgende Wirkungszusammenhang unterstellt:

*These T_{KS}-2: Die marktwertbasierte Verschuldung multinationaler Unternehmen
steigt als direkte Reaktion auf Krisenereignisse unmittelbar an und
sinkt entsprechend simultan bei einsetzender gesamtwirtschaftlicher
Erholung.*

Die Auswirkungen der gesamtwirtschaftlichen Entwicklung auf die Geschäftstätigkeit von Unternehmen können sich erwartungsgemäß je nach Region und Branche unterscheiden.[723] In Kapitel 3.1 wurde bereits darauf verwiesen, dass sich
bspw. die Europäische Staatsschuldenkrise in Deutschland und Italien verschiedenartig entwickelt hat. Damit weichen auch die realwirtschaftlichen sowie fi-

---

[723] Vgl. Talberg et al. (2008), S. 181 ff.

nanzwirtschaftlichen Rahmenbedingungen voneinander ab. Obgleich multinationale Unternehmen global ausgerichtet agieren, werden dennoch Einflüsse aus dem Heimatmarkt vermutet. Dies betrifft auch das Finanzmanagement und die damit verbundenen Finanzierungsentscheidungen in der Muttergesellschaft. Länderübergreifende empirische Untersuchungen zu den Einflussfaktoren auf die Kapitalstruktur deuten darauf hin, dass sich sowohl das Verschuldungsniveau als auch die entsprechenden Determinanten unterscheiden können.[724] *Rajan/ Zingales (1995)* zeigen bspw. Divergenzen bei der Verschuldung börsennotierter Unternehmen aus den G7-Staaten. Demnach ist die buchwertbasierte Fremdkapitalquote im Jahr 1991 in Deutschland 15% höher als in Großbritannien. Marktwertbasierte Größen weisen sogar auf deutlich größere Abweichungen hin.[725] Auf Grund des regional voneinander abweichenden Verlaufs der globalen Finanzkrise und der Ergebnisse früherer empirischer Studien wird die dritte These wie folgt formuliert:

These T_{KS}-3: Multinationale Unternehmen weisen länderspezifische Kapitalstrukturen auf.

Hinsichtlich der Branchenzugehörigkeit ist zu beachten, dass zyklische Branchen, wie der Verbrauchsgütersektor, wesentlich sensibler auf konjunkturelle Entwicklungen reagieren als antizyklische Branchen, wie das Gesundheitswesen. Dies äußert sich auch im Finanzierungsverhalten, da sich bspw. die Gewinnsituation oder die Zusammensetzung der Bilanz unterscheiden. Empirische Untersuchungen weisen demzufolge auf branchenspezifische Verschuldungsgrade hin.[726] Außerdem gilt die branchenübliche Verschuldung als Einflussfaktor auf die Verschuldung einzelner branchenangehöriger Unternehmen.[727] Dies impliziert ebenfalls die Existenz einer branchenspezifischen Kapitalstruktur:

These T_{KS}-4: Multinationale Unternehmen weisen branchenspezifische Kapitalstrukturen auf.

Die fünfte und letzte These zielt auf die mögliche Existenz einer Zielkapitalstruktur ab, wie es die statische Trade-Off Theorie postuliert und verschiedene empirische Untersuchungen andeuten. Gemäß dem theoretischen Verständnis existiert eine optimale Zusammensetzung von Eigen- und Fremdkapital, wodurch der Unternehmenswert maximiert werden kann. Das Finanzmanagement ist sich dessen bewusst und versucht daher eine solche optimale Kapitalstruktur zu realisieren.[728] Unterstützt wird dieser Gedankengang durch empirische Studien. *Graham/ Harvey*

---

[724] Vgl. Rajan/ Zingales (1995), S. 1430, Arnold/ Lahmann/ Reinstädt (2011), S. 453 und Schachtner (2009), S. 123 ff.

[725] Vgl. Rajan/ Zingales (1995), S. 1430.

[726] Vgl. Talberg et al. (2008), S. 181 ff. und Lemmon/ Roberts/ Zender (2008), S. 1576 ff.

[727] Vgl. Frank/ Goyal (2009), S. 1 ff.

[728] Für weiterführende Informationen zur statischen Trade-Off Theorie siehe Kapitel 2.3.2.2.

(2001) haben die Finanzvorstände von börsennotierten Unternehmen aus den USA befragt, um das Finanzierungsverhalten zu analysieren. Eine der Kernaussagen beinhaltet, dass 81% der befragten Unternehmen eine flexible bis fixe Zielkapitalstruktur verfolgen.[729] Die weniger umfassende Befragung deutscher, österreichischer und schweizerischer Unternehmen durch *Drobetz/ Pensa/ Wöhle (2006)* liefert ähnliche Erkenntnisse. Demnach streben 71,7% der Unternehmen eine flexible bis fixe Zielkapitalstruktur an.[730] Eine quantitative Auswertung der Veränderung der Kapitalstruktur von *Hermanns (2006)* weist mit 81% ebenfalls einen hohen Wert aus.[731] Entsprechend wird von der Existenz einer flexiblen bis fixen Zielkapitalstruktur ausgegangen:

These T_{KS}-5: Multinationale Unternehmen verfolgen eine flexible bis fixe Zielkapitalstruktur.

Nachfolgend werden die fünf Thesen zur Entwicklung der Kapitalstruktur in Tabelle 4.5 zusammengefasst.

Nr.	These
T_{KS}-1	Die buchwertbasierte Verschuldung multinationaler Unternehmen nimmt im Zuge von Krisenereignissen ab und steigt im Zuge einer gesamtwirtschaftlichen Erholung an.
T_{KS}-2	Die marktwertbasierte Verschuldung multinationaler Unternehmen steigt als direkte Reaktion auf Krisenereignisse unmittelbar an und sinkt entsprechend simultan bei einsetzender gesamtwirtschaftlicher Erholung.
T_{KS}-3	Multinationale Unternehmen weisen länderspezifische Kapitalstrukturen auf.
T_{KS}-4	Multinationale Unternehmen weisen branchenspezifische Kapitalstrukturen auf.
T_{KS}-5	Multinationale Unternehmen verfolgen eine flexible bis fixe Zielkapitalstruktur.

Tabelle 4.5: Thesen zur Entwicklung der Kapitalstruktur[732]

Neben den Thesen werden im Rahmen der empirischen Untersuchung ebenfalls Hypothesen zu möglichen Einflussfaktoren auf die Kapitalstruktur überprüft. Dabei werden im weiteren Verlauf Hypothesen zu firmenspezifischen (H_{KS}-1) und makroökonomischen (H_{KS}-2) Einflussfaktoren unterschieden. Erstere umfassen die

---

[729] Vgl. Graham/ Harvey (2001), S. 218.
[730] Vgl. Drobetz/ Pensa/ Wöhle (2006), S. 253 ff.
[731] Vgl. Hermanns (2006), S. 231 ff. Eine Operationalisierung erfolgt, indem die Schwankung der Eigenkapitalquote im Zeitverlauf betrachtet wird. Je geringer die Differenz zwischen dem minimalen und maximalen Wert, desto stärker sind demnach die Anzeichen für eine fixe Zielkapitalstruktur.
[732] Eigene Darstellung.

Anlageintensität, Bewertung, Profitabilität und Unternehmensgröße. Makroökonomische Determinanten sind das Wirtschaftswachstum und die Inflation.

Anlagevermögen ist im Vergleich zum Umlaufvermögen besser als Kreditsicherheit geeignet, da es dem Unternehmen längerfristig zur Verfügung steht, leichter zu bewerten und liquidieren ist. Gemäß der statischen Trade-Off Theorie wird durch eine hohe Anlageintensität das Insolvenzrisiko reduziert. Folglich wird ein positiver Zusammenhang zwischen der Anlageintensität und der Verschuldung erwartet.[733] Zudem lassen sich die Agency-Kosten durch die Bereitstellung von Kreditsicherheiten reduzieren.[734] Empirische Ergebnisse bestätigen vornehmlich den beschriebenen Zusammenhang,[735] wobei der Koeffizient teilweise nicht statistisch signifikant ist.[736] Die erste Hypothese zu den firmenspezifischen Einflussfaktoren lautet:

Hypothese H_{KS}-1.1: Multinationale Unternehmen mit einer hohen Anlageintensität tendieren zu einer höheren Verschuldung.

Die Bewertung eines Unternehmens gilt als Indiz für vorhandene Wachstumsmöglichkeiten. Je höher die Bewertung, desto ausgiebiger sind c.p. die Wachstumspotentiale. In der Literatur wird Wachstum mit einem Rückgang des freien Cashflows verbunden, wodurch die Fremdkapitalkosten im Zuge finanzieller Anspannung steigen. Die statische Trade-Off Theorie lässt demnach ein negatives Vorzeichen des Koeffizienten vermuten.[737] Obgleich Wachstumsmöglichkeiten den Unternehmenswert positiv beeinflussen, dienen sie zunächst nicht als Sicherheit. Gläubiger können den Erfolg zukünftiger Investitionen nicht zweifelsfrei einschätzen und fordern einen Risikoaufschlag. Zudem wird kein versteuertes Einkommen generiert, weshalb eventuell keine Tax-Shield Vorteile bei einer Fremdkapitalbeschaffung realisiert werden können.[738] Ergänzend lässt sich anführen, dass hoch verschuldete Unternehmen ab einem gewissen Grad an finanzieller Flexibilität einbüßen und keine weiteren Investitionsvorhaben durchführen können.[739] Entgegen dieser Ansicht erhöht sich gemäß der Pecking-Order Theorie die Verschuldung bei zunehmenden Wachstumsmöglichkeiten, da der zusätzliche Kapitalbedarf extern vorzugsweise durch Fremdkapital gedeckt wird.[740] Bisherige empirische Ergebnisse unterstützen den Gedankengang der statischen Trade-Off

---

[733] Vgl. Harris/ Raviv (1991), S. 303, Titman/ Wessels (1988), S. 3 und Rajan/ Zingales (1995), S. 1451.
[734] Vgl. Bevan/ Danbolt (2002), S. 161.
[735] Vgl. Frank/ Goyal (2009), S. 26, Frank/ Goyal (2003), S. 240, Berger (2011), S. 109 und Rajan/ Zingales (1995), S. 1453.
[736] Vgl. Hermanns (2006), S. 267.
[737] Vgl. Frank/ Goyal (2009), S. 8.
[738] Vgl. Titman/ Wessels (1988), S. 4.
[739] Vgl. Rajan/ Zingales (1995), S. 1451.
[740] Vgl. Frank/ Goyal (2009), S. 8.

Theorie und weisen auf einen negativen Zusammenhang zwischen der Bewertung und der Verschuldung hin. Die zweite Hypothese wird entsprechend formuliert:[741]

Hypothese H_{KS}-1.2: Multinationale Unternehmen tendieren bei hoher Bewertung zu einer geringeren Verschuldung.

Eine weitere Hypothese zielt auf den Einfluss der Profitabilität eines Unternehmens auf die Verschuldung ab, wobei in der theoriebasierten Debatte auch hier Uneinigkeit über den Wirkungszusammenhang besteht. In Anlehnung an die statische Trade-Off Theorie ist eine positive Korrelation zu erwarten. Profitablere Unternehmen verfügen demnach über einen höheren Gewinn vor Steuern, der wiederum für die Nutzung des Steuervorteils bei der Fremdkapitalbeschaffung relevant ist. Darüber hinaus wird bei profitablen Unternehmen das Insolvenzrisiko geringer eingestuft.[742] Die Agency Theorie postuliert ebenfalls einen positiven Zusammenhang, da bei profitablen Unternehmen ein erhöhtes Risiko besteht, dass die hohen Innenfinanzierungsspielräume nicht effektiv im Sinne der Anteilseigner genutzt werden. Um verschwenderisches Verhalten des Managements zu verhindern, wird die disziplinierende Wirkung von Fremdkapital als notwendig erachtet.[743] Allerdings ist anzumerken, dass demzufolge ebenso ein negativer Zusammenhang denkbar ist, weil das Management über die zusätzliche Aufnahme von Fremdkapital mitentscheidet und eventuell der disziplinierenden Wirkung entgehen möchte.[744] Wird der Wirkungszusammenhang der Pecking-Order Theorie zugrunde gelegt, ist von einer negativen Korrelation auszugehen. Unternehmen bevorzugen die Innenfinanzierung gegenüber der Außenfinanzierung. Profitablere Unternehmen können folglich eher auf Fremdkapital verzichten.[745] Wohingegen das theoretische Verständnis über den Wirkungszusammenhang der Profitabilität nicht kongruent ist, belegen empirische Studien weitestgehend einen signifikant negativen Zusammenhang.[746] In Anlehnung an das Verständnis der Pecking-Order Theorie und die bisherigen empirischen Ergebnisse wird der folgende Wirkungszusammenhang unterstellt:

Hypothese H_{KS}-1.3: Multinationale Unternehmen mit einer hohen Profitabilität tendieren zu einer geringeren Verschuldung.

Als letzter firmenspezifischer Einflussfaktor wird die Unternehmensgröße getestet. Die Größe eines Unternehmens kann als Indikator für eine möglicherweise

---

[741] Vgl. Lemmon/ Roberts/ Zender (2008), S. 1586 ff., Frank/ Goyal (2009), S. 26, Frank/ Goyal (2003), S. 240, Arnold/ Lahmann/ Reinstädt (2011), S. 454 und Rajan/ Zingales (1995), S. 1453.

[742] Vgl. Fama/ French (2002), S. 20 und Dittmar (2004), S. 30.

[743] Vgl. Wald (1999), S. 172.

[744] Vgl. Rajan/ Zingales (1995), S. 1451.

[745] Vgl. Myers (1984), S. 581 ff.

[746] Vgl. Frank/ Goyal (2009), S. 26, Frank/ Goyal (2003), S. 240, Shyam-Sunder/ Myers (1999), S. 241, Lemmon/ Roberts/ Zender (2008), S. 1586 ff. und Berger (2011), S. 109.

eintretende finanzielle Notlage herangezogen werden. Größere Unternehmen sind i.d.r. besser diversifiziert und weisen ein geringeres Insolvenzrisiko auf. Zudem kann die höhere Reputation größerer Unternehmen die Fremdkapitalbeschaffung erleichtern. Die statische Trade-Off Theorie geht von einem positiven Zusammenhang zwischen der Unternehmensgröße und der Verschuldung aus.[747] Unter Berücksichtigung der Informationsasymmetrie ist allerdings ebenfalls ein negativer Zusammenhang denkbar. Annahmebedingt sehen sich größere Unternehmen höheren Publizitätsanforderungen ausgesetzt und haben ein besseres Berichtswesen. Dies führt dazu, dass Informationsasymmetrien abgebaut werden. Die disziplinierende Wirkung von Fremdkapital ist somit weniger erforderlich (Agency Theorie) und die Kosten für externes Eigenkapital sinken (Pecking-Order Theorie).[748] Bisherige empirische Studien belegen überwiegend einen positiven Zusammenhang.[749] Allerdings werden vereinzelt entgegengesetzte bzw. nicht signifikante Ergebnisse ausgewiesen.[750] Für die vorliegende Untersuchung wird basierend auf der Argumentation der statischen Trade-Off Theorie und den mehrheitlichen empirischen Ergebnissen ein positiver Zusammenhang erwartet:

Hypothese H_{KS}-1.4: Multinationale Unternehmen tendieren mit zunehmender Größe zu einer höheren Verschuldung.

Im Gegensatz zu den firmenspezifischen Einflussfaktoren sind makroökomische Determinanten weit weniger im Fokus der theoretischen und empirischen Debatte.[751] Es existieren dennoch Anzeichen, dass makroökomische Faktoren, wie bspw. die konjunkturelle Entwicklung und die Inflationsrate, einen Einfluss auf die Kapitalstruktur ausüben.[752]

Das Wirtschaftswachstum gilt als Indikator für die konjunkturelle Entwicklung. Im Sinne der statischen Trade-Off Theorie ist zu erwarten, dass wirtschaftliche Wachstumsphasen, u.a. auf Grund eines geringeren Insolvenzrisikos sowie höherer zu versteuernder Gewinne, zu einem Anstieg der Verschuldung führen.[753] Die Pecking-Order Theorie lässt hingegen einen entgegengesetzten Wirkungszusammenhang vermuten. Demnach erhöht sich durch ansteigende Gewinne die Ergiebigkeit der Selbstfinanzierung.[754] Zudem entwickeln sich die Kapitalmärkte in Phasen des wirtschaftlichen Aufschwungs i.d.R. positiv, weshalb die externe Ei-

---

[747] Vgl. Titman/ Wessels (1988), S. 6 und Frank/ Goyal (2003), S. 224.

[748] Vgl. Rajan/ Zingales (1995), S. 1451 und Arnold/ Lahmann/ Reinstädt (2011), S. 452.

[749] Vgl. Frank/ Goyal (2009), S. 26, Frank/ Goyal (2003), S. 240, Fama/ French (2002), S. 21 und Berger (2011), S. 109.

[750] Vgl. Rajan/ Zingales (1995), 1453, Schachtner (2009), S. 158 und Hermanns (2006), S. 320.

[751] Vgl. Hackbarth/ Miao/ Morellec (2006), S. 520.

[752] Vgl. Korajczyk/ Levy (2003), S. 76 ff., Levy/ Hennessy (2007), S. 1546 ff. und Barry et al. (2008), S. 413 ff.

[753] Vgl. Hackbarth et al. (2006), S. 520 und Korajczyk/ Levy (2003), S. 77.

[754] Vgl. Myers (2001), S. 93 und Frank/ Goyal (2009), S. 11.

genkaptalbeschaffung aus Sicht der Market-Timing Theorie vorteilhaft erscheint. Unternehmen handeln prozyklisch und neigen zu einer Kapitalerhöhung, wenn die Anteilsscheine hoch bewertet sind.[755] Das Zinsniveau steigt dagegen bei steigender Wirtschaftsleistung an und erhöht die Konditionen für Fremdkapital.[756] Die empirische Untersuchung von *Frank/ Goyal (2009)* unterstreicht den Gedankengang der Pecking-Order Theorie und der Market-Timing Theorie, indem eine negative Korrelation zwischen dem Wirtschaftswachstum und der Verschuldung aufgezeigt wird.[757] *Korajczyk/ Levy (2003)* und *Levy/ Hennessy (2007)* zeigen im Einklang dazu, dass sich die Verschuldung von finanziell uneingeschränkten Unternehmen, wie es multinationale Konzerne üblicherweise sind, antizyklisch ansteigt.[758] *Schachtner (2009)* weist dagegen uneinheitliche Ergebnisse aus, da für verschiedene Subsamples teilweise ein signifikant positiver bzw. negativer Zusammenhang besteht oder die Werte nicht statistisch signifikant sind.[759] Die Hypothese zum Einfluss des Wirtschaftswachstums wird in Anlehnung an die vorherrschende Meinung in Theorie und Empirie aufgestellt:

Hypothese H_{KS}-2.1: Multinationale Unternehmen tendieren bei steigendem Wirtschaftswachstum zu einer geringeren Verschuldung.

Zuletzt wird der Einfluss der Inflation auf die Verschuldung multinationaler Unternehmen betrachtet. Gemäß *Fisher (1930)* und dem nach ihm benannten Fisher-Effekt korreliert die Inflationsrate positiv mit dem Nominalzins.[760] Eine zunehmende Inflation kann somit als Indikator für einen Anstieg der Kreditmarktkonditionen angesehen werden.[761] In Anlehnung an die statische Trade-Off Theorie erhöht sich die Verschuldung auf Grund des ansteigenden realen Wertes des Steuervorteils.[762] Im Sinne des Market-Timings zeigen *Barry et al. (2008)*, dass die Fremdkapitalbeschaffung ausgeweitet wird, wenn die Konditionen vergleichsweise günstig sind.[763] Sofern das Unternehmen von einer Verschlechterung der Finanzierungskosten im Zuge eines Anstiegs der Inflation ausgeht, wird folglich die Fremdkapitalbeschaffung intensiviert. *Frank/ Goyal (2009)* untersuchen den Zusammenhang zwischen der erwarteten Inflation sowie der Verschuldung und kön-

---

[755] Vgl. Baker/ Wurgler (2002), S. 27 f., Choe/ Masulis/ Nanda (1993), S. 3 ff., Korajczyk/ Lucas/ McDonald (1991), S. 685 ff. und Loughran/ Ritter (1995), S. 48 f.
[756] Vgl. Moles/ Parrino/ Kidwell (2011), S. 61.
[757] Vgl. Frank/ Goyal (2009), S. 16.
[758] Vgl. Korajczyk/ Levy (2003), S. 78 und Levy/ Hennessy (2007), S. 1546 ff.
[759] Vgl. Schachtner (2009), S. 158.
[760] Vgl. Fisher (1965), S. 399 ff.
[761] Vgl. Berger (2011), S. 98.
[762] Vgl. Frank/ Goyal (2009), S. 10, Taggart (1985), S. 37 ff. und Cross (1980), S. 177 ff. Dieser Zusammenhang setzt voraus, dass steigende Zinszahlungen steuerlich geltend gemacht werden können.
[763] Vgl. Barry et al. (2008), S. 413 ff.

nen eine positive Korrelation feststellen.[764] Anhand dieser Erkenntnisse wird der folgende Einfluss der Inflation auf die Kapitalstruktur erwartet:

Hypothese H_{KS}-2.2: Multinationale Unternehmen tendieren bei steigender Inflation zu einer höheren Verschuldung.

Abschließend werden die erarbeiteten Hypothesen zur Kapitalstruktur in Tabelle 4.6 überblicksartig dargestellt.

Nr.	Hypothese
H_{KS}-1	Hypothesen zu firmenspezifischen Einflussfaktoren
H_{KS}-1.1	Multinationale Unternehmen mit einer hohen Anlageintensität tendieren zu einer höheren Verschuldung.
H_{KS}-1.2	Multinationale Unternehmen tendieren bei hoher Bewertung zu einer geringeren Verschuldung.
H_{KS}-1.3	Multinationale Unternehmen mit einer hohen Profitabilität tendieren zu einer geringeren Verschuldung.
H_{KS}-1.4	Multinationale Unternehmen tendieren mit zunehmender Größe zu einer höheren Verschuldung.
H_{KS}-2	Hypothesen zu makroökonomischen Einflussfaktoren
H_{KS}-2.1	Multinationale Unternehmen tendieren bei steigendem Wirtschaftswachstum zu einer geringeren Verschuldung.
H_{KS}-2.2	Multinationale Unternehmen tendieren bei steigender Inflation zu einer höheren Verschuldung.

Tabelle 4.6: Hypothesen zu den Einflussfaktoren auf die Kapitalstruktur[765]

4.2.2 Thesen und Hypothesen zur Finanzierungsstruktur

Da bislang keine empirischen Ergebnisse zur Entwicklung der Finanzierungsstruktur von multinationalen Unternehmen vorliegen, zielt die erste These zunächst in allgemeiner Form darauf ab, die bisherigen Erkenntnisse zum grundsätzlichen Verlauf der Finanzierungsstruktur zu reflektieren und zu prüfen, inwieweit die vorliegenden deskriptiven Ergebnisse im Einklang mit dem ökonomischen Grundverständnis sind. Hierfür wird sowohl auf theoriebasierte Aussagen als auch auf empirische gesamtwirtschaftliche Daten zurückgegriffen. In Anlehnung an die Pecking-Order Theorie ist davon auszugehen, dass die Innenfinanzierung der Außen-

---

[764] Vgl. Frank/ Goyal (2009), S. 26.
[765] Eigene Darstellung.

finanzierung vorgezogen wird. Externes Kapital wird demnach aus Kostengründen erst beschafft, wenn die internen Mittel den Kapitalbedarf nicht mehr decken können. Entsprechend diesem Zusammenhang wird erwartet, dass der Anteil der Innenfinanzierung am Gesamtfinanzierungsaufkommen durchschnittlich höher ist als jener der Außenfinanzierung. Dennoch ist es u.a. auf Grund ausbleibender interner Mittel oder gestiegener Investitionsausgaben durchaus möglich, dass die Außenfinanzierung in Einzelfällen vermehrt benötigt wird und somit dominiert.[766] Empirische Ergebnisse der *Deutschen Bundesbank (2012)* unterstützen den Gedanken der Pecking-Order Theorie. Im Zeitraum zwischen 1991 bis 2010 überwiegt der Anteil der Innenfinanzierung bei in Deutschland ansässigen nichtfinanziellen Kapitalgesellschaften, mit Ausnahme der Jahre 1999 und 2000.[767] Daraus folgt die erste These zur Finanzierungsstruktur multinationaler Unternehmen:

These T_{FS}-1: Die Innenfinanzierung ist die dominierende Finanzierungsform bei multinationalen Unternehmen.

Bezugnehmend auf den Einfluss der globalen Finanzkrise wird davon ausgegangen, dass sowohl bei den Finanzierungsvolumina als auch bei der Finanzierungsstruktur krisenbedingte Reaktionen erkennbar sind. Auf Grund der getrübten wirtschaftlichen Rahmenbedingungen sind Unternehmensgewinne und damit verbunden das Innenfinanzierungsvolumen gesunken. Zudem führen negative Zukunftsaussichten zu rückläufigen Investitionsausgaben. In der Folge reduziert sich der Kapitalbedarf multinationaler Unternehmen. Ein solches Szenario, gepaart mit unbeständigen Finanzmärkten und gestiegenen Risikoprämien, wirkt sich erwartungsgemäß negativ auf die Inanspruchnahme der Außenfinanzierung aus.[768] Sofern die Innen- und Außenfinanzierung sinkt, nimmt auch das Gesamtfinanzierungsvolumen ab. In Zeiten des wirtschaftlichen Aufschwungs und Wachstums ist hingegen von einem entgegengesetzten Zusammenhang auszugehen, so dass sich die Finanzierungsbedingungen verbessern und die Geschäftstätigkeit ausgeweitet wird. Hieraus ergibt sich die zweite These:

These T_{FS}-2: Die Finanzierungsvolumina multinationaler Unternehmen nehmen im Zuge von Krisenereignissen ab und steigen im Zuge einer gesamtwirtschaftlichen Erholung an.

Im Einklang mit den Ausführungen zu These T_{FS}-1 wirkt sich ein krisenbedingter geringerer Kapitalbedarf zunächst auf die Beschaffung externer Mittel aus, die weniger bzw. gar nicht benötigt werden. Obgleich als direkte Folge von Krisenereignissen ebenfalls ein Rückgang der Innenfinanzierung erwartet werden kann,

---

[766] Vgl. Myers/ Majluf (1984), S. 189 ff. und Myers (1984), S. 581.

[767] Vgl. Deutsche Bundesbank (2012b), S. 17 ff.

[768] Für weiterführende Informationen zum Verlauf der globalen Finanzkrise und den Auswirkungen auf die Unternehmensfinanzierung siehe Kapitel 3.

liegt die Vermutung einer ansteigenden Innenfinanzierungsquote nahe. Multinationale Unternehmen verfügen i.d.R. über eine diversifizierte Produktpalette und ein global ausgerichtetes Vertriebsnetz. Zwar schützt dieser Umstand nur bedingt vor realwirtschaftlichen Auswirkungen der Finanzkrise, jedoch wird dennoch erwartet, dass der Mehrzahl der multinationalen Unternehmen, u.a. auf Grund von Abschreibungsgegenwerten und Desinvestitionen, die Generierung eines positiven internen Cashflows gelungen ist. Im Gegensatz dazu erscheint ein phasenweise stark gesunkener bzw. sogar negativer externer Cashflow wegen weiterhin zu leistender Tilgungszahlungen und ausbleibender Neuemissionen durchaus plausibel. Im Umkehrschluss wird eine ansteigende Außenfinanzierungsquote bei einsetzender Erholung erwartet:

These T_{FS}-3: Die Innenfinanzierungsquote multinationaler Unternehmen nimmt im Zuge von Krisenereignissen zu und sinkt im Zuge einer gesamtwirtschaftlichen Erholung.

In Anlehnung an Kapitel 3.1 und die bereits hergeleitete These T_{KS}-2 zur Kapitalstruktur werden auch hinsichtlich der Finanzierungsstruktur länderspezifische Besonderheiten erwartet. Besonders der Verlauf der globalen Finanzkrise während der zweiten Hälfte des Untersuchungszeitraums zwischen 2010 und 2013 unterscheidet sich je nach Region deutlich. Dies offenbart bspw. ein Vergleich der Arbeitslosenquote in Deutschland und Italien. Nachdem die Quote im Jahr 2009 in beiden Ländern bei 8,1% lag, ist sie in den Folgejahren in Deutschland kontinuierlich gesunken (2013: 5,3%) und in Italien gestiegen (2013: 12,4%).[769] Unter der Prämisse, dass multinationale Unternehmen besonders von den Rahmenbedingungen auf dem Heimatmarkt beeinträchtigt werden, lautet die letzte These zur Finanzierungsstruktur wie folgt:

These T_{FS}-4: Multinationale Unternehmen weisen länderspezifische Finanzierungsstrukturen auf.

Die aufgestellten Thesen zur Finanzierungsstruktur werden nachstehend in Tabelle 4.7 zusammengefasst.

---

[769] Siehe Abbildung 3.11.

Nr.	These
T_{FS}-1	Die Innenfinanzierung ist die dominierende Finanzierungsform bei multinationalen Unternehmen.
T_{FS}-2	Die Finanzierungsvolumina multinationaler Unternehmen nehmen im Zuge von Krisenereignissen ab und steigen im Zuge einer gesamtwirtschaftlichen Erholung an.
T_{FS}-3	Die Innenfinanzierungsquote multinationaler Unternehmen nimmt im Zuge von Krisenereignissen zu und sinkt im Zuge einer gesamtwirtschaftlichen Erholung.
T_{FS}-4	Multinationale Unternehmen weisen länderspezifische Finanzierungsstrukturen auf.

Tabelle 4.7: Thesen zur Entwicklung der Finanzierungsstruktur[770]

Analog zur Vorgehensweise in Kapitel 4.2.1 werden im weiteren Verlauf Hypothesen zu verschiedenen möglichen Determinanten der Finanzierungsstruktur entwickelt. Es handelt sich sowohl um Hypothesen zu firmenspezifischen (H_{FS}-1) als auch makroökonomischen (H_{FS}-2) Einflussfaktoren. Da empirische Studien zu Einflussfaktoren nicht vorliegen und der Forschungszweig zur Kapitalstruktur ebenfalls auf die Untersuchung von Finanzierungsentscheidungen abzielt, erfolgt eine erste Auswahl der Determinanten auf Basis der zu prüfenden Einflussfaktoren in Kapitel 4.2.1. Demnach fließen die firmenspezifischen Faktoren Anlageintensität, Bewertung und Profitabilität in die Untersuchung mit ein.[771] Die makroökonomischen Einflussfaktoren lauten BIP und Inflation. Zusätzlich zu diesen Determinanten wird die Wirkungsweise der Investitionsintensität, Finanzmittelfondsquote und Finanzschuldenquote überprüft. Nachstehend werden die erwarteten Zusammenhänge erläutert, wobei mit den firmenspezifischen Größen begonnen wird.

Die Anlageintensität gilt in der Kapitalstrukturforschung als Proxy für vorhandene Kreditsicherheiten. Anlagevermögen ist langfristig im Unternehmen gebunden und kann ggf. liquidiert werden, um Zahlungsverpflichtungen nachzukommen. Eine hohe Anlageintensität reduziert folglich das Insolvenzrisiko und erhöht die Attraktivität bei externen Kapitalgebern.[772] Im Zusammenhang mit der Finanzierungsstruktur ist allerdings ein ebenso wichtiger Aspekt zu berücksichtigen. Eine hohe Anlageintensität wirkt sich positiv auf das Abschreibungsvolumen aus, welches einen zentralen Bestandteil der Innenfinanzierung darstellt. Die *Deutsche*

---

[770] Eigene Darstellung.
[771] Der Faktor Unternehmensgröße findet im weiteren Verlauf keine Berücksichtigung, da erste Voruntersuchungen für den vorliegenden Datensatz durchweg keinen signifikanten Zusammenhang aufzeigen.
[772] Vgl. Harris/ Raviv (1991), S. 303 und Titman/ Wessels (1988), S. 3.

Bundesbank (2012) bestätigt dies für in Deutschland ansässige nichtfinanzielle Kapitalgesellschaften. Da die Innenfinanzierung annahmebedingt einen deutlich höheren Anteil am Gesamtfinanzierungsaufkommen einnimmt, wird der positive Effekt steigender Abschreibungsgegenwerte auf die Innenfinanzierungsquote als schwerwiegender eingestuft als die negative Wirkungsweise zunehmender Kreditsicherheiten:[773]

Hypothese H_{FS}-1.1: Multinationale Unternehmen mit einer hohen Anlageintensität tendieren zu einer höheren Innenfinanzierungsquote.

Einen weiteren möglichen Einflussfaktor auf die Finanzierungsstruktur multinationaler Unternehmen stellt die Bewertung eines Unternehmens dar. Die Wirkungsweise der erwarteten Wachstumspotentiale auf Finanzierungsentscheidungen lässt sich anhand des theoriebasierten Kenntnisstandes nicht eindeutig herleiten. Während entsprechend den Kernaussagen der Pecking-Order Theorie ein Anstieg der Außenfinanzierungsquote bei zunehmenden Wachstumsmöglichkeiten nachvollziehbar erscheint, postuliert die statische Trade-Off Theorie bei höher bewerteten Unternehmen auf Grund von Risikoaufschlägen einen Rückgang der Außenfinanzierungsquote.[774] Empirische Untersuchungen zur Verschuldung zeigen überwiegend eine negative Korrelation mit der Bewertung.[775] Diese Ergebnisse lassen vermuten, dass die Kosten der finanziellen Anspannung einen größeren Einfluss auf Finanzierungsentscheidungen ausüben. Da die externe Eigenkapitalbeschaffung, verglichen mit der Innenfinanzierung und der externen Fremdkapitalbeschaffung, i.d.R. die geringste Bedeutung bei der Kapitalbeschaffung einnimmt, wird auch bei der Außenfinanzierungsquote eine negative Korrelation erwartet.[776] Die Hypothese zum Einfluss der Bewertung auf die Innenfinanzierungsquote wird daher wie folgt formuliert:

Hypothese H_{FS}-1.2: Multinationale Unternehmen tendieren bei hoher Bewertung zu einer höheren Innenfinanzierungsquote.

Die Finanzmittelfondsquote als dritte mögliche Einflussgröße auf die Finanzierungsstruktur ist beim Zusammenwirken der Cashflows aus operativer Tätigkeit, Investitionstätigkeit und Finanzierungstätigkeit zu beachten.[777] Eine positive Veränderung der Zahlungsmittel und Zahlungsmitteläquivalente in einer Periode drückt einen Anstieg der Liquidität aus, wohingegen ein negatives Vorzeichen den Rückgang der Kapitalreserven manifestiert. Es wurde bereits vermehrt im Rahmen

---

[773] Vgl. Deutsche Bundesbank (2012b), S. 18.
[774] Vgl. Frank/ Goyal (2009), S. 8 und Rajan/ Zingales (1995), S. 1455 f.
[775] Vgl. Lemmon/ Roberts/ Zender (2008), S. 1586 ff., Frank/ Goyal (2009), S. 26, Frank/ Goyal (2003), S. 240, Arnold/ Lahmann/ Reinstädt (2011), S. 454 und Rajan/ Zingales (1995), S. 1453.
[776] Die Ausführungen in Kapitel 3.2 zeigen, dass die externe Eigenkapitalbeschaffung im Untersuchungszeitraum zwischen 2006 und 2013 bei Unternehmen aus der Eurozone einen geringen Stellenwert einnahm.
[777] Für weiterführende Informationen zum Aufbau der Kapitalflussrechnung siehe Kapitel 2.4.2.1.

dieser Arbeit darauf hingewiesen, dass multinationale Unternehmen einen hohen Grad an Flexibilität bei der Kapitalbeschaffung aufweisen. Eine rückläufige Finanzmittelfondsquote wird daher als ein Indiz für den bewussten Verzicht auf externes Kapital gewertet. Steigt die Quote hingegen an, wird davon ausgegangen, dass sich die Außenfinanzierungsquote erhöht und zusätzliches Kapital in das Unternehmen fließt:

Hypothese H_{FS}-1.3: Multinationale Unternehmen mit einer hohen Finanzmittelfondsquote tendieren zu einer geringeren Innenfinanzierungsquote.

Eine weitere Quote, der möglichweise ebenfalls ein Wirkungszusammenhang in Bezug auf die Finanzierungsstruktur zugeschrieben werden kann, ist die Finanzschuldenquote eines Unternehmens. Dabei liegt der Gedanke nahe, dass ein relativer Anstieg des Finanzschuldenanteils am Gesamtkapital mit einer erhöhten Inanspruchnahme der Außenfinanzierung einhergeht.[778] Wird jedoch die Finanzschuldenquote der Vorperiode betrachtet, wird ein entgegengesetzter Zusammenhang vermutet. Demnach korreliert die Finanzschuldenquote in t_{-1} positiv mit der Innenfinanzierungsquote in t_0. Diese Vermutung beruht im Wesentlichen auf zwei Gedankengängen. In Anlehnung an die Kapitalstrukturforschung wird davon ausgegangen, dass ein Großteil der untersuchten Unternehmen eine Zielkapitalstruktur verfolgt.[779] Ist der Finanzschuldenanteil in der Vergangenheit gestiegen, wird demzufolge mit einer Gegenbewegung gerechnet, indem in der darauffolgenden Periode weniger externes Fremdkapital beschafft wird. Jedoch ist es möglich, dass stattdessen externes Eigenkapital aufgenommen wird. Diese Argumentation allein lässt daher keine eindeutige Schlussfolgerung zu. Als weiterer Grund für einen Anstieg der Innenfinanzierungsquote können die zunehmenden Tilgungszahlungen aufgeführt werden, die sich negativ auf den externen Cashflow auswirken. Entsprechend wird die Hypothese wie folgt formuliert:

Hypothese H_{FS}-1.4: Multinationale Unternehmen mit einer hohen Finanzschuldenquote in der Vorperiode tendieren zu einer höheren Innenfinanzierungsquote.

Wie im Modell zur optimalen Finanzierungsstruktur in Kapitel 2.4.2 veranschaulicht, erfolgen Finanzierungsentscheidungen eng verbunden mit Investitionsentscheidungen. Höhere Ausgaben für Investitionsprojekte müssen demnach durch zusätzliches Kapital gedeckt werden.[780] Auf Grund begrenzter Innenfinanzie-

---

[778] Es ist allerdings ebenso vorstellbar, dass die Finanzschuldenquote auf Grund einer abnehmenden Bilanzsumme steigt, obwohl der eigentliche Bestand an Finanzschulden gesunken ist.

[779] Vgl. Graham/ Harvey (2001), S. 218, Drobetz/ Pensa/ Wöhle (2006), S. 253 ff. und Hermanns (2006), S. 233.

[780] Für weiterführende Informationen zum Zusammenwirken von Investitions- und Finanzierungsentscheidungen siehe Kapitel 2.4.2.

rungsmöglichkeiten wird von einer negativen Korrelation zwischen der Innenfinanzierungsquote und der Investitionsintensität ausgegangen:

Hypothese H_{FS}-1.5: Multinationale Unternehmen mit einer hohen Investitionsintensität tendieren zu einer geringeren Innenfinanzierungsquote.

Zuletzt wird unter den firmenspezifischen Determinanten der Einfluss der Profitabilität überprüft. Der Finanzierungshierarchie der Pecking-Order Theorie zufolge greifen Unternehmen zunächst auf die Innenfinanzierung zurück.[781] Da sich diese bei profitableren Unternehmen effizienter gestaltet, wird eine positive Korrelation zwischen der Innenfinanzierungsquote und der Profitabilität bei multinationalen Unternehmen erwartet. Empirische Studien zur Kapitalstruktur zeigen zudem, dass profitablere Unternehmen eine geringere Verschuldung aufweisen und somit eher eigenfinanziert sind.[782] Auf Grund der deutlich geringeren Bedeutung der externen Eigenfinanzierung gegenüber der internen Eigenfinanzierung, wird dieser Zusammenhang ebenfalls als Indiz für eine negative Korrelation zwischen der Außenfinanzierungsquote und der Profitabilität gewertet:

Hypothese H_{FS}-1.6: Multinationale Unternehmen mit einer hohen Profitabilität tendieren zu einer höheren Innenfinanzierungsquote.

Bezüglich der makroökonomischen Einflussgrößen wird die Wirkungsweise des BIP und der Inflation auf die Finanzierungsstruktur hinterfragt. Obgleich es sich bei Ersterem um eine stark aggregierte Kennzahl handelt, können dennoch Tendenzen über die durchschnittliche Ertragslage von Unternehmen abgeleitet werden. Demnach gilt eine wachsende Wirtschaft als Indiz für steigende Absatzzahlen und damit verbunden zunehmende Unternehmensgewinne. Nach Auffassung der Pecking-Order Theorie müsste die Innenfinanzierungsquote auf Grund eines ergiebigeren internen Cashflows ansteigen.[783] Bei dieser Betrachtungsweise bleibt allerdings der Umstand unberücksichtigt, dass sich in Wachstumsphasen nicht ausschließlich der interne Cashflow erhöht, sondern üblicherweise auch die Investitionstätigkeit intensiviert wird. Steigen die Investitionsausgaben stärker an als die Innenfinanzierung, erhöht sich c.p. die Inanspruchnahme der Außenfinanzierung. Die Studie der *Deutschen Bundesbank (2012)* zeigt, dass die Außenfinanzierung von der konjunkturellen Entwicklung abhängt und sich prozyklisch verhält. Begründet wird dieser Trend u.a. mit gestiegenen Investitionsausgaben und güns-

---

[781] Vgl. Myers (1984), S. 581 ff.
[782] Vgl. Frank/ Goyal (2009), S. 26, Frank/ Goyal (2003), S. 240, Shyam-Sunder/ Myers (1999), S. 241, Lemmon/ Roberts/ Zender (2008), S. 1586 ff. und Berger (2011), S. 109.
[783] Vgl. Frank/ Goyal (2009), S. 11.

tigeren Konditionen für externes Kapital.[784] Daher wird der folgende Zusammenhang erwartet:

Hypothese H_{FS}-2.1: Multinationale Unternehmen tendieren bei steigendem Wirtschaftswachstum zu einer geringeren Innenfinanzierungsquote.

Abschließend soll der Einfluss der Inflationsrate auf die Finanzierungsstruktur erforscht werden. Im Zusammenhang mit den Ausführungen zur Wirkungsweise der Inflation auf die Kapitalstruktur wurde bereits erwähnt, dass auf Grund der direkten Abhängigkeit zwischen Zinsniveau und Inflation eine positive Korrelation unterstellt wird.[785] Bezugnehmend auf den Einfluss der Inflation auf die externe Fremdfinanzierung ist somit ebenfalls von einem positiven Zusammenhang auszugehen. Um Vermutungen zur externen Eigenfinanzierung aufstellen zu können, werden im Sinne des Market-Timings die Finanzierungskosten als Referenzgröße betrachtet. Demnach wird die externe Eigenkapitalbeschaffung bei steigenden Aktienkursen attraktiver.[786] Eindeutige theoretische und empirische Erkenntnisse zum Zusammenhang zwischen der Inflation und der Performance von Aktienmärkten liegen jedoch nicht vor, weshalb keine Schlussfolgerungen zur Attraktivität der externen Eigenkapitalfinanzierung gezogen werden können.[787] Es wird davon ausgegangen, dass die Fremdkapitalbeschaffung i.d.R. die Außenfinanzierung dominiert und die Inflation somit negativ mit der Innenfinanzierungsquote korreliert:

Hypothese H_{FS}-2.2: Multinationale Unternehmen tendieren bei steigender Inflation zu einer geringeren Innenfinanzierungsquote.

Die entwickelten Hypothesen zu den Einflussfaktoren auf die Finanzierungsstruktur werden in Tabelle 4.8 überblicksartig zusammengefasst.

---

[784] Vgl. Deutsche Bundesbank (2012b), S. 19 f.
[785] Siehe Kapitel 4.2.1.
[786] Vgl. Baker/ Wurgler (2002), S. 1 ff.
[787] Für einen Überblick zu theoriebasierten Ausführungen und empirischen Ergebnissen zum Zusammenhang zwischen der Inflation und der Aktienperformance siehe Kim/ No (2013), S. 39 ff.

Nr.	Hypothese
H_{FS}-1	Hypothesen zu firmenspezifischen Einflussfaktoren
H_{FS}-1.1	Multinationale Unternehmen mit einer hohen Anlageintensität tendieren zu einer höheren Innenfinanzierungsquote.
H_{FS}-1.2	Multinationale Unternehmen tendieren bei hoher Bewertung zu einer höheren Innenfinanzierungsquote.
H_{FS}-1.3	Multinationale Unternehmen mit einer hohen Finanzmittelfondsquote tendieren zu einer geringeren Innenfinanzierungsquote.
H_{FS}-1.4	Multinationale Unternehmen mit einer hohen Finanzschuldenquote in der Vorperiode tendieren zu einer höheren Innenfinanzierungsquote.
H_{FS}-1.5	Multinationale Unternehmen mit einer hohen Investitionsintensität tendieren zu einer geringeren Innenfinanzierungsquote.
H_{FS}-1.6	Multinationale Unternehmen mit einer hohen Profitabilität tendieren zu einer höheren Innenfinanzierungsquote.
H_{FS}-2	Hypothesen zu makroökonomischen Einflussfaktoren
H_{FS}-2.1	Multinationale Unternehmen tendieren bei steigendem Wirtschaftswachstum zu einer geringeren Innenfinanzierungsquote.
H_{FS}-2.2	Multinationale Unternehmen tendieren bei steigender Inflation zu einer geringeren Innenfinanzierungsquote.

Tabelle 4.8: Hypothesen zu den Einflussfaktoren auf die Finanzierungsstruktur[788]

4.3 Methodik

Die Ausführungen zum bisherigen Forschungsstand in Kapital 4.1 haben verdeutlicht, dass verschiedene Möglichkeiten existieren, um Finanzierungsentscheidungen multinationaler Unternehmen zu analysieren. Neben der deskriptiven Statistik wird im Rahmen dieser empirischen Untersuchung auf ökonometrische Modelle für Paneldaten zurückgegriffen. Da sowohl die Kapital- als auch die Finanzierungsstruktur in das Untersuchungskalkül einbezogen werden, sind im Anschluss an die Darstellung der Analysemethodik die jeweiligen Besonderheiten der beiden Teilbereiche zu erläutern. In diesem Zusammenhang erfolgt die Definition der relevanten Zielgrößen sowie der zu prüfenden Determinanten.

---

[788] Eigene Darstellung.

4.3.1 Analysemethodik

Für die Analyse der Kapital- und Finanzierungsstruktur werden zunächst jeweils die Entwicklungen im Zeitverlauf anhand der deskriptiven Statistik betrachtet. Der Verlauf der Kapitalstruktur wird dabei länder- und branchenspezifisch ausgewertet. Zudem wird die Varianz der individuellen Kapitalstruktur untersucht. Bezüglich der Finanzierungsstruktur wird der Fokus außerdem auf die Bestimmung der Finanzierungsvolumina gelegt. Finanzierungsquoten werden entsprechend nicht nur gleichgewichtet, sondern auch volumengewichtet ausgewiesen, indem die Quoten anhand der aggregierten Volumina gebildet werden und nicht wie bei der Kapitalstruktur üblich, anhand der gemittelten unternehmensspezifischen Quoten.

Im Anschluss folgt jeweils eine Panelanalyse, um den Zusammenhang zwischen der Verschuldung bzw. Innenfinanzierungsquote als abhängige (endogene) Variable und verschiedenen unabhängigen (exogenen) Variablen zu überprüfen.[789] Bevor auf die Besonderheiten bei der Verwendung von Paneldaten näher eingegangen wird, werden zunächst die methodischen Grundlagen geschaffen, indem die lineare Regressionsanalyse im Allgemeinen erläutert wird.

4.3.1.1 Verfahren der linearen Regressionsanalyse

Die lineare Regressionsanalyse zielt auf die quantitative Analyse von Zusammenhängen zwischen Variablen ab.[790] Eine derart unterstellte Kausalbeziehung stellt zunächst eine Hypothese dar, welche hinsichtlich ihrer Plausibilität zu prüfen ist. Sofern die empirische Gültigkeit des Modells als gegeben erscheint, können anhand aufgezeigter Wirkungszusammenhänge ebenfalls Prognosen abgegeben werden. Die übliche Vorgehensweise bei der Regressionsanalyse lässt sich in fünf Ablaufschritte untergliedern:[791]

1) Modellformulierung
2) Schätzung der Regressionsfunktion
3) Prüfung der Regressionsfunktion
4) Prüfung der Regressionskoeffizienten
5) Prüfung der Modellprämissen

---

[789] Die zu prüfenden Einflussfaktoren auf die Kapital- bzw. Finanzierungsstruktur richten sich nach den in Kapitel 4.2.1 und 4.2.2 aufgestellten Hypothesen. Die Definition der einzelnen Variablen erfolgt in Kapitel 4.3.2 und 4.3.3.

[790] Neben der linearen Form existiert zudem u.a. die quadratische, die logarithmische sowie die inverse Form, die jedoch allesamt für die vorliegende Untersuchung nicht von Relevanz sind. Für weiterführende Informationen siehe Auer/ Rottmann (2011), S. 426 ff.

[791] Vgl. Backhaus et al. (2011), S. 61 ff.

1) Modellformulierung

Zu Beginn der Analyse sind Vorüberlegungen anzustellen, die rein fachlicher Natur sind. Es ist ein Modell zu wählen, welches möglichst sämtliche Aspekte der zu untersuchenden Kausalbeziehung enthält. Dieser erste Arbeitsschritt stützt sich zunächst auf Vermutungen.[792]

2) Schätzung der Regressionsfunktion

Basierend auf dem formulierten Ursache-Wirkungs-Modell wird eine Regressionsfunktion geschätzt, welche die abhängige Variable und die vermuteten unabhängigen Variablen enthält. Bei einer multivariaten Regressionsanalyse nimmt die Gleichung die nachfolgende Form an:[793]

$$y_i = \alpha + \beta_1 x_{1i} + \beta_2 x_{2i} + \ldots + \beta_J x_{Ji} + \varepsilon_i \qquad (4.4)$$

$$\varepsilon_i = y_i - \hat{y}_i \qquad (4.5)$$

y_i	Wert der abhängigen Variable ($i=1,\ldots,I$)
$\hat{y}_i$	Ermittelter Schätzwert der abhängigen Variablen ($i=1,\ldots,I$)
α	Konstantes Glied
β_j	Regressionskoeffizient ($j=1,\ldots, J$)
x_{ji}	Wert der unabhängigen Variable ($j=1,\ldots, J;\ i=1,\ldots,I$)
ε_i	Residuum ($i=1,\ldots,I$)
J	Zahl der unabhängigen Variablen

Bezugnehmend auf die bevorstehende Untersuchung handelt es sich bei y_i um die Fremdkapitalquote bzw. die Innenfinanzierungsquote für die Beobachtung i. X_{ji} ist die unabhängige Variable j zum Beobachtungspunkt i. Der entsprechende Regressionskoeffizient drückt aus, inwiefern sich die abhängige Variable verändert, wenn die unabhängige Variable um eine Einheit angepasst wird. Zuletzt drückt der Störterm ε_i die Differenz zwischen dem tatsächlichen beobachteten Wert y_i und dem geschätzten Wert $\hat{y}_i$ aus. Diese Residualgröße kann durch das geschätzte Modell nicht erklärt werden. Das Ziel der Schätzung besteht in der Minimierung der Störgröße. Bei dieser Form der Schätzung handelt es sich um die Methode der kleinsten Quadrate (Ordinary Least Squares, kurz: OLS).[794] Letztlich soll das Modell den Ursache-Wirkungs-Zusammenhang möglichst genau beschreiben und dabei Informationen über die Richtung und Stärke des Einflusses der Determinanten liefern.[795]

---

[792] Vgl. Backhaus et al. (2011), S. 61.

[793] Vgl. Wooldridge (2010), S. 53 und Auer/ Rottmann (2011), S. 442 f.

[794] Es existieren ebenso weitere Schätzverfahren, wie bspw. die Maximum-Likelihood-Methode. Für weiterführende Informationen zur Maximum-Likelihood-Methode siehe Bleymüller/ Gehlert/ Gülicher (2004), S. 98 f.

[795] Vgl. Schira (2009), S. 108 f. und Poddig/ Dichtl/ Petersmeier (2008), S. 224 ff.

3) Prüfung der Regressionsfunktion

Anschließend ist die Güte des geschätzten Modells zu überprüfen. Hier ist zwischen der globalen Prüfung der Regressionsfunktion und der Prüfung der Regressionskoeffizienten zu unterscheiden. Globale Gütemaße prüfen inwieweit sich das Modell grundsätzlich dazu eignet, die abhängige Variable zu erklären. Gilt die Güte als hinreichend hoch, wird in einem weiteren Schritt getestet, ob und in welchem Ausmaß sich einzelne exogene Variablen dazu eignen, die endogene Variable zu erklären.[796]

Die globale Güte kann u.a. durch das Bestimmtheitsmaß und die F-Statistik überprüft werden.[797] Das Bestimmtheitsmaß R^2 bestimmt das Ausmaß der Variabilität von y, indem die durch das Modell erklärte Streuung der abhängigen Variable in das Verhältnis zur Gesamtstreuung gesetzt wird. Somit handelt es sich um eine normierte Größe im Wertebereich zwischen null und eins. Je größer der Wert für R^2 ist, desto höher ist der Anteil der erklärten Streuung an der Gesamtstreuung. Das Bestimmtheitsmaß wird folgendermaßen definiert:[798]

$$R^2 = \frac{\sum_{i=1}^{I}(\hat{y}_i - \overline{y})^2}{\sum_{i=1}^{I}(y_i - \overline{y})^2} = \frac{\text{erklärte Streuung}}{\text{Gesamtstreuung}} \quad (4.6)$$

R^2 Bestimmtheitsmaß

$\overline{y}_i$ Mittelwert der abhängigen Variable ($i=1,\ldots, I$)

Allerdings ist zu beachten, dass die Einbeziehung zusätzlicher erklärender Variablen den Wert des Bestimmtheitsmaßes auch dann erhöhen kann, wenn der Erklärungsanteil nur zufällig begründet ist. In der Folge kann ein Anstieg des Bestimmtheitsmaßes durch die Berücksichtigung irrelevanter exogener Variablen hervorgerufen werden. Diesem Umstand wird mittels des angepassten Bestimmtheitsmaßes Rechnung getragen, indem R^2 um eine Korrekturgröße verringert wird. Als Konsequenz kann das korrigierte Bestimmtheitsmaß durch das Einbeziehen weiterer Regressoren ebenfalls sinken:[799]

$$R^2_{korr} = R^2 - \frac{j(1-R^2)}{i-j-1} \quad (4.7)$$

R^2_{korr} Korrigiertes Bestimmtheitsmaß

---

[796] Vgl. Backhaus et al. (2011), S. 72 f.
[797] Zudem kann die globale Güte anhand des Standardfehlers der Schätzung überprüft werden. Für weiterführende Informationen siehe Poddig/ Dichtl/ Petersmeier (2008), S. 249 ff.
[798] Vgl. Fahrmeir et al. (2011), S. 498 und Eckstein (2012), S. 189 f.
[799] Vgl. Backhaus et al. (2011), S. 76.

Ein weiteres globales Gütemaß stellt die F-Statistik dar, welche zur Überprüfung der Signifikanz des geschätzten Modells dient. Die zu testende Nullhypothese besagt, dass zwischen der abhängigen Variable und der Grundgesamtheit der unabhängigen Variablen kein Zusammenhang besteht. Zur Prüfung der Nullhypothese wird ein F-Wert ermittelt, der mit einem kritischen Wert aus der F-Statistik verglichen wird. Sofern der berechnete F-Wert ungleich null ist und den kritischen F-Wert aus der Tabelle übersteigt, kann die Nullhypothese auf Basis eines vorab festgelegten Signifikanzniveaus verworfen werden:[800]

$$F = \frac{\dfrac{R^2}{j}}{\dfrac{(1-R^2)}{(i-j-1)}} \tag{4.8}$$

4) Prüfung der Regressionskoeffizienten
Hat sich das Modell, basierend auf den globalen Gütemaßen, als geeignet erwiesen, werden im weiteren Verlauf die einzelnen Regressoren hinsichtlich ihres Erklärungsgehalts überprüft. Analog zur F-Statistik wird für jede einzelne exogene Variable die Nullhypothese getestet, die es erneut zu verwerfen gilt. Als Referenzmaßstab dient jedoch die t-Statistik. Der t-Wert berechnet sich indem der Regressionskoeffizient einer unabhängigen Variable durch dessen Standardfehler dividiert wird. Übersteigt der ermittelte t-Wert jenen kritischen Wert aus der t-Statistik, kann die Nullhypothese zu dem vorher festgelegten Signifikanzniveau verworfen werden. Die exogene Variable ist folglich ungleich null und hat einen signifikanten Einfluss auf die endogene Variable.[801]

5) Prüfung der Modellprämissen
In einem letzten Arbeitsschritt ist zu überprüfen, ob die Modellprämissen der Regressionsanalyse erfüllt sind.[802] Zunächst ist sicherzustellen, dass das Modell richtig spezifiziert ist, indem die Linearität der Regressionsparameter überprüft wird. Sofern Nichtlinearität, bspw. durch Betrachtung eines Punktdiagramms, nachgewiesen wird, kann die Beziehung der Parameter durch Transformation der Variablen linearisiert werden. Des Weiteren unterstellt das Regressionsmodell einen Erwartungswert des Störterms von null, so dass sich die Schwankungen im Mittel aufheben. Ein systematischer Messfehler schlägt sich bei der Methode der kleinsten Quadrate in dem konstanten Glied nieder. Eine solche Verzerrung ist für die

---

[800] Vgl. Fahrmeir et al. (2011), S. 500 und Poddig/ Dichtl/ Petersmeier (2008), S. 302 ff.

[801] Vgl. Auer/ Rottmann (2011), S. 461 ff.

[802] Es werden die nachfolgenden sieben Annahmen unterschieden. 1) Das Modell ist richtig spezifiziert. 2) Die Störgrößen haben den Erwartungswert null. 3) Es besteht keine Korrelation zwischen den erklärenden Variablen und der Störgröße. 4) Die Störgrößen haben eine konstante Varianz. 5) Die Störgrößen sind unkorreliert. 6) Zwischen den erklärenden Variablen besteht keine lineare Abhängigkeit. 7) Die Störgrößen sind normalverteilt. Die Annahmen sind entnommen aus Backhaus et al. (2011), S. 85 f.

geplante Untersuchung zu vernachlässigen, da die Regressionskoeffizienten nicht betroffen sind.[803]

Es ist i.d.R. nicht möglich alle relevanten erklärenden Variablen zu berücksichtigen, da eventuell nicht alle Einflussgrößen erfasst und operationalisiert werden können. Somit bleibt das Modell unvollständig. Allerdings kann diese Problematik vernachlässigt werden, wenn zwischen den Regressoren sowie der Störgröße keine Korrelation besteht und sich der Messfehler nur im konstanten Glied ausdrückt. Korrelieren die Residuen miteinander, liegt Autokorrelation vor und es kommt zu Verzerrungen bei den Regressionskoeffizienten.[804]

Eine vierte Annahme verlangt, dass die Varianzen der Störgröße homogen sind. Ist die Streuung nicht konstant, liegt Heteroskedastizität vor, wodurch die Schätzung verfälscht wird. Eine solche Verletzung der Annahme kann sowohl visuell anhand eines Diagramms als auch durch verschiedene Tests aufgedeckt werden.[805] Analog zur Vorgehensweise bei Nichtlinearität kann versucht werden, Homoskedastizität durch die Transformation der Variablen zu erreichen. Außerdem verlangt das lineare Regressionsmodell die Nicht-Korrelation der Residuen.[806] Wie bereits zuvor dargestellt, existieren auch hier visuelle und mathematische Tests.[807]

Eine weitere Prämisse des Modells besteht darin, dass die exogenen Variablen nicht linear voneinander abhängig sind. Kann eine Variable als lineare Funktion der übrigen Variablen abgebildet werden, liegt perfekte Multikollinearität vor. Ein gewisser Grad an Multikollinearität ist bei empirischen Untersuchungen üblich und kann daher bis zu einem bestimmten Niveau vernachlässigt werden. Mit zunehmender Intensität werden die Schätzungen unbrauchbar. Um Multikollinearität aufzudecken, empfiehlt sich die Berechnung des Variance Inflation Factors (VIF). Wird ein kritischer Wert überschritten, ist die jeweilige Determinante aus dem Modell zu entfernen.[808]

Die letzte Annahme der linearen Regression fordert eine Normalverteilung der Störgrößen. Allerdings wird diese Prämisse für die Methode der kleinsten Quadrate nicht benötigt, so dass die Schätzer auch ohne diese Annahme die Blue Eigen-

---

[803] Vgl. Wooldridge (2010), S. 53 ff.

[804] Vgl. Poddig/ Dichtl/ Petersmeier (2008), S. 308 ff. und Backhaus et al. (2011), S. 86 ff.

[805] Bei einem der bekanntesten Tests zur Aufdeckung von Heteroskedastizität handelt es sich um den Goldfeld/ Quandt-Test. Hierbei werden zwei Unterstichproben gebildet und die Varianzen der Störgrößen verglichen. Liegt perfekte Homoskedastizität vor, gleichen sich beide Werte. Je weiter beide Werte voneinander abweichen, desto eher ist die Annahme verletzt. Vgl. Greene (2003), S. 222 ff.

[806] Vgl. Auer/ Rottmann (2011), S. 448 ff.

[807] Ein möglicher Test auf Autokorrelation stellt der Durbin/ Watson-Test dar. Im Fokus steht hier die Reihenfolge der Störgrößen der verschiedenen Beobachtungswerte. Für weiterführende Informationen siehe Hsiao (2003), S. 57 f. und Baltagi (2008), S. 25 ff.

[808] Vgl. Backhaus et al. (2011), S. 93 ff. Als kritisch gilt ein VIF größer als 10. Vgl. Kennedy (2008), S. 99.

schaften erfüllen können.[809] Relevant ist diese Annahme jedoch für die Durchführung von Signifikanztests (bspw. F-Statistik), wenn die Anzahl der Beobachtungen kleiner 40 ist.[810]

4.3.1.2 Modelle zur Analyse von Paneldaten

Bei der Datenanalyse wird üblicherweise zwischen Querschnittsdaten und Zeitreihendaten unterschieden. Erstere enthalten Ausprägungen von verschiedenen ökonomischen Einheiten zum gleichen Zeitpunkt. Werden dagegen unterschiedliche Zeitpunkte derselben ökonomischen Einheit abgebildet, handelt es sich um Zeitreihendaten.[811] Beide Formen lassen sich kombinieren, so dass der Datensatz der bevorstehenden empirischen Untersuchung beide Dimensionen beinhaltet. Ein solcher Paneldatensatz enthält Beobachtungen verschiedener ökonomischer Einheiten zu verschiedenen Zeitpunkten. Die zweidimensionale Struktur der Daten führt dazu, dass eine höhere Anzahl an Beobachtungen ermöglicht wird, wodurch wiederum die Freiheitsgrade erhöht werden und Multikollinearität reduziert wird.[812] Je nach Vollständigkeit der Daten wird zwischen dem unbalanced und dem balanced Panel unterschieden. Wohingegen ein unbalanced Panel auch ökonomische Einheiten bzw. Zeitpunkte mit fehlenden Beobachtungen enthält, liegen beim balanced Panel für sämtliche Objekte alle Beobachtungswerte vor.[813]

Bei der Wahl des Schätzverfahrens für die Regressionsanalyse ist dem Umstand Rechnung zu tragen, dass nicht sämtliche relevanten exogenen Variablen im Modell berücksichtigt werden können. Derart nicht zu beobachtende Effekte fließen in die Störgröße ein. Je nachdem ob über den Zeitverlauf hinweg fixe oder zufällige Effekte für die einzelnen Einheiten unterstellt werden, wird zwischen dem Fixed-Effects-Modell und dem Random-Effects-Modell unterschieden.[814] Das Random-Effects-Modell kann auf Grund der Berücksichtigung von einheitenspezifischen Effekten eine bessere Schätzung ermöglichen. Allerdings unterstellt dieser Ansatz, dass ein nicht zu beobachtender Effekt und das Residuum nicht korrelieren. Ist dies jedoch der Fall, führt die Random-Effects-Regression zu verzerrten Schätzern. Das Fixed-Effects-Modell ist dagegen das

---

[809] Die Blue Eigenschaften (best linear unbiased estimators) rechtfertigen den Einsatz der Regressionsanalyse und gelten als Indiz, dass die Schätzung linear, effizient, konsistent und unverzerrt ist. Diese Aussage basiert auf dem Gauß-Markov Theorem. Vgl. Poddig/ Dichtl/ Petersmeier (2008), S. 243 ff.
[810] Vgl. Backhaus et al. (2011), S. 96.
[811] Vgl. Backhaus et al. (2011), S.120.
[812] Vgl. Hsiao (2003), S. 3 und Baltagi (2008), S. 1 ff.
[813] Vgl. Frees (2004), S. 4 und Wooldridge (2010), S. 284.
[814] Sofern keine Individualeffekte berücksichtigt werden, wird eine gepoolte Regression geschätzt. Die Nullhypothese, dass keine Individualeffekte vorliegen, kann für die empirische Untersuchung anhand des F-Tests (Fixed-Effects-Modell) und des Breusch-Pagan-Tests (Random-Effects-Modell) auf dem 1%-Signifikanzniveau verworfen werden. Folglich ist zwischen dem Fixed-Effects-Modell und dem Random-Effects-Modell zu wählen. Vgl. Berger (2011), S. 87.

robustere Modell und kann dennoch angewandt werden.[815] Welches der beiden Verfahren für den Sachverhalt geeigneter ist, kann u.a. mit dem Hausmann-Test entschieden werden. Es wird die nachstehende Nullhypothese getestet: Die Residuen korrelieren nicht mit den Regressoren. Deckt der Test eine Korrelation zwischen den nicht zu beobachteten Effekten und den Regressoren auf, kann die Nullhypothese verworfen werden. Folglich ist das Fixed-Effects-Modell anzuwenden. Wird hingegen kein Zusammenhang nachgewiesen, können grundsätzlich beide Verfahren genutzt werden.[816] Da für die Analyse der Kapitalstruktur und der Finanzierungsstruktur jeweils robuste Standardfehler verwendet werden, wird anstelle des Hausmann-Tests der Sargan-Hansen-Test angewendet.[817] Auf Basis des Sargan-Hansen-Tests kann die Nullhypothese für sämtliche Datensätze auf dem 1%-Signifikanzniveau verworfen werden.[818] Somit wird im weiteren Verlauf auf das Fixed-Effects-Modell zurückgegriffen.

4.3.2 Spezifikation der Untersuchung zur Kapitalstruktur

Die Untersuchung der Kapitalstruktur erfordert zunächst die eindeutige Abgrenzung der Untersuchungsvariablen. Gemäß einer Metastudie von *Schneider (2010)*, wird in 69 von 90 ausgewerteten Studien die Kapitalstruktur anhand der Gesamtverschuldung gemessen, wohingegen eine Minderheit den Fokus auf die kurzfristige bzw. langfristige Verschuldung legt. Die Auswertung zeigt, dass 27 unterschiedliche Kennzahlen verwendet wurden, um die Gesamtverschuldung abzubilden. Am häufigsten werden die Finanzschulden bzw. das Fremdkapital in das Verhältnis zum Gesamtkapital gesetzt.[819] Bei der Durchsicht einzelner Studien fällt auf, dass US-amerikanische Untersuchungen vermehrt die Finanzschulden im Zähler ausweisen,[820] wohingegen deutschsprachige Untersuchungen überwiegend auf das gesamte Fremdkapital zurückgreifen.[821]

Für die empirische Untersuchung zur Kapitalstruktur wird dem im deutschsprachigen Raum gängigen Definitionsansatz gefolgt, so dass das Fremdkapital in das Verhältnis zum Gesamtkapital gesetzt wird.[822] Somit zählen neben den Finanzverbindlichkeiten auch Lieferantenverbindlichkeiten und sonstige Verbindlichkeiten

---

[815] Vgl. Wooldridge (2010), S. 285 ff. und Giesselmann/ Windzio (2012), S. 99 ff.
[816] Vgl. Hsiao (2003), S. 49 ff. und Frees (2004), S. 247 ff.
[817] Robuste Standardfehler werden auf Grund von Heteroskedastizität verwendet. Siehe Kapitel 4.5.3 und 4.6.3.
[818] Für weiterführende Informationen zur Anwendung des Sargan-Hansen-Tests siehe Arellano (1993), S. 87 ff. und Heij et al. (2004), S. 413 ff.
[819] Die Meta-Analyse von *Schneider (2010)* vergleicht 90 empirische Studien hinsichtlich des Untersuchungsdesigns. Dabei werden neben der Methodik, dem Stichprobenumfangs und der Modellgüte ebenfalls die Definitionen der abhängigen und unabhängigen Variablen betrachtet. Vgl. Schneider (2010), S. 168 ff.
[820] Vgl. Frank/ Goyal (2009), S. 11 f., Korajczyk/ Levy (2003), S. 92 und Rajan/ Zingales (1995), S. S. 1429.
[821] Vgl. Arnold/ Lahmann/ Reinstädt (2011), S. 453, Schachtner (2009), S. 123, Hermanns (2006), S. 253 und Drobetz/ Fix (2003), S. 20.
[822] Im weiteren Verlauf werden die Begriffe Fremdkapitalquote und Verschuldung synonym verwendet.

zur Verschuldung. Gemäß einer Negativdefinition umfasst das Fremdkapital sämtliche Bilanzpositionen, die nicht durch Eigenkapital finanziert sind.[823] Bei der Festlegung der Definition ist ein weiterer Aspekt zu beachten. Die Verschuldung kann anhand von Buch- und Marktwerten ausgewiesen werden. Beide Ansätze sind in der Literatur weit verbreitet und führen teilweise zu deutlich unterschiedlichen Ergebnissen. Aus diesem Grund wird die Fremdkapitalquote im weiteren Verlauf durch Buch- und Marktwerte ausgedrückt. In diesem Zusammenhang ist zu beachten, dass bisherige Studien nahezu ausschließlich von einer streng marktbasierten Definition absehen und lediglich das Eigenkapital anhand von Marktwerten ausweisen.[824] Der Fremdkapitalanteil wird weiterhin buchwertbasiert berücksichtigt.[825]

Ausgehend von den bisherigen Ausführungen wird die Verschuldung anhand zwei verschiedener Definitionsansätze untersucht. Demnach kann die Fremdkapitalquote auf Basis von Buchwerten (BW) und Marktwerten (MW) abgebildet werden:

$$Fremdkapitalquote(BW) = \frac{Fremdkapital}{Fremdkapital + Eigenkapital(BW)} \qquad (4.9)$$

$$Fremdkapitalquote(MW) = \frac{Fremdkapital}{Fremdkapital + Eigenkapital(MW)} \qquad (4.10)$$

In Anlehnung an die formulierten Hypothesen zur Kapitalstruktur fließen die folgenden sechs exogenen Variablen in das Regressionsmodell ein: Anlageintensität, Bewertung, Profitabilität, Unternehmensgröße, Wirtschaftswachstum und Inflation. Nachstehend werden die entsprechenden Definitionen für das ökonometrische Modell vorgestellt:[826]

Die Anlageintensität gilt u.a. als Maß für die Höhe der Kreditsicherheiten und wird definiert als das Sachanlagevermögen im Verhältnis zur Bilanzsumme:

$$Anlageintensität = \frac{Sachanlagevermögen}{Bilanzsumme} \qquad (4.11)$$

---

[823] Vgl. Hermanns (2006), S. 253.

[824] Vgl. Schneider (2010), S. 169 f.

[825] Gemäß einer Studie von *Bowman (1980)* unterscheiden sich marktwertbasierte und buchwertbasierte Fremdkapitalbeträge nur geringfügig, so dass der Ausweis des Fremdkapitals anhand von Buchwerten i.d.R. als unproblematisch angesehen wird. Demnach bietet sich bspw. nur bei etwa 40% des gesamten Fremdkapitals eine Schätzung des Marktwertes an. Allerdings gilt es zu beachten, dass die Stichprobe der Untersuchung auf 92 Unternehmen begrenzt war, weshalb nicht von einer allgemeinen Gültigkeit ausgegangen werden kann. Vgl. Bowman (1980), S. 252 f.

[826] Für die Bestimmung der erklärenden Variablen wird jeweils die Definition zu Grunde gelegt, die sich in der umfangreichen Metastudie von *Schneider (2010)* als am weitesten verbreitet und anerkannt herausgestellt hat. Vgl. Schneider (2010), S. 172. Für die beiden makroökonomischen Einflussgrößen wird auf die Untersuchung von *Frank/ Goyal (2009)* zurückgegriffen. Vgl. Frank/ Goyal (2009), S. 10 f.

Die Bewertung eines Unternehmens wird als Indikator für die vorhandenen Wachstumsmöglichkeiten angesehen. Diese Kennziffer wird als das Markt-Buchwert-Verhältnis ausgedrückt:

$$Bewertung = \frac{Gesamtkapital\ (MW)}{Gesamtkapital\ (BW)} \qquad (4.12)$$

Ein weiterer Einflussfaktor auf den Verschuldungsgrad stellt die Profitabilität dar. Eine übliche Messgröße hierfür ist das Verhältnis des EBITDA zur Bilanzsumme:

$$Profitabilität = \frac{EBITDA}{Bilanzsumme} \qquad (4.13)$$

Die Unternehmensgröße als letzte firmenspezifische Determinante wird definiert als der logarithmierte Umsatz:

$$Unternehmensgröße = Ln(Umsatz) \qquad (4.14)$$

Als makroökomische Variable wird das nationale Wirtschaftswachstum der untersuchten Unternehmen berücksichtigt. Hierfür dient die jährliche Wachstumsrate des BIPs:

$$Wirtschaftswachstum = jährliche\ Wachstumsrate\ des\ BIPs\ (national) \qquad (4.15)$$

Die Inflation stellt die zweite makroökomische Einflussgröße dar. Analog zum Wirtschaftswachstum fließt jeweils die jährliche Inflationsrate im Heimatland der Unternehmen in das Modell ein:

$$Inflation = jährliche\ Inflationsrate\ (national) \qquad (4.16)$$

Entsprechend lauten die beiden Regressionsgleichungen für das Fixed-Effects-Modell wie folgt:[827]

$$Fremdkapitalquote(\ BW\ )_{it} = \alpha_i + \beta_1 Anlageintensität_{it} + \beta_2 Bewertung_{it} +$$
$$\beta_3 Profitabilität_{it} + \beta_4 Unternehmensgröße_{it} + \qquad (4.17)$$
$$\beta_5 BIP_t + \beta_6 Inflation_t + u_{it}$$

$$Fremdkapitalquote(\ MW\ )_{it} = \alpha_i + \beta_1 Anlageintensität_{it} + \beta_2 Bewertung_{it} +$$
$$\beta_3 Profitabilität_{it} + \beta_4 Unternehmensgröße + \qquad (4.18)$$
$$\beta_5 BIP_t + \beta_6 Inflation_t + u_{it}$$

4.3.3 Spezifikation der Untersuchung zur Finanzierungsstruktur

Um die Finanzierungsstruktur multinationaler Unternehmen abzubilden und empirisch zu untersuchen, werden Cashflow Daten aus der Kapitalflussrechnung her-

---

[827] Vgl. Wooldridge (2010), S. 300 ff. und Berger (2011), S. 85. Die Variable u_{it} beschreibt den allgemeinen Störterm im Fixed-Effects-Modell.

angezogen. Diese ermöglichen die Herleitung der Innen- und Außenfinanzierungs-ströme einer Periode.[828]

Grundsätzlich basiert das Innenfinanzierungsvolumen eines Geschäftsjahres auf dem operativen Cashflow, der sämtliche Zahlungsströme aus betrieblicher Tätigkeit ausweist.[829] Neben dem Periodenergebnis werden so die Abschreibungs- und Rückstellungsgegenwerte als Bestandteile der Innenfinanzierung erfasst.[830] Zu beachten ist allerdings, dass ebenso die Veränderung der Verbindlichkeiten aus Lieferungen und Leistungen in den operativen Cashflow einfließt.[831] Dabei handelt es sich jedoch aus finanzwirtschaftlicher Sicht um ein Außenfinanzierungsinstrument.[832] Die Herleitung des Innenfinanzierungsvolumens erfordert folglich eine erste Anpassung, indem der ausgewiesene Wert vom operativen Cashflow subtrahiert wird.[833] In einem weiteren Bearbeitungsschritt sind Desinvestitionen aus dem Cashflow aus Investitionstätigkeit zum operativen Cashflow hinzuzufügen, da diese im Sinne der Vermögensumschichtung der Innenfinanzierung angehören.[834] Die Herleitung des Innenfinanzierungsaufkommens einer Periode lässt sich wie folgt zusammenfassen:

$$IF = OCF - \Delta VLL + DES \qquad (4.19)$$

IF   Innenfinanzierung
ΔVLL   Veränderung der Verbindlichkeiten aus Lieferungen und Leistungen
DES   Desinvestitionen

Für die Herleitung des Außenfinanzierungsvolumens stellt der Cashflow aus Finanzierungstätigkeit die Ausgangsbasis dar, wobei ebenfalls Anpassungen not-

---

[828] Vgl. Küting/ Weber (2012), S. 193. Der Datensatz basiert vollständig auf Werten aus IFRS-Geschäftsberichten. Allerdings ist zu beachten, dass die Zuordnung einzelner Positionen in der Kapitalflussrechnung den US-GAAP-Vorgaben entspricht. Diese Vorgehensweise in der Datenbank Worldscope ist von großem Vorteil, da die IFRS-Regelungen umfangreiche Wahlrechte hinsichtlich der Zuordnung von Dividenden, Ertragssteuern und Zinsen beinhalten. Gezahlte Dividenden können bspw. im operativen Cashflow oder im Cashflow aus Investitionstätigkeit aufgeführt werden. Derartige Wahlrechte sind bei den US-GAAP-Regelungen nicht vorgesehen. Folglich beruht der komplette Datensatz auf einem einheitlichen Schema. Für weiterführende Informationen zu den unterschiedlichen Vorgaben bei der Kapitalflussrechnung siehe Meyer (2006), S. 186.

[829] Vgl. Sonnabend/ Raab (2008), S. 86.

[830] Für weiterführende Informationen zu den Bestandteil des operativen Cashflows siehe Küting/ Weber (2010), S. 606 f. und Eiselt/ Müller (2008), S. 31 f.

[831] Vgl. Küting/ Weber (2012), S. 171 und Meyer (2006), S. 215 f.

[832] Vgl. Perridon/ Steiner/ Rathgeber (2012), S. 455, Wöhe et al. (2009), S. 329 und Ordelheide/ Leuz (1998), S. 183.

[833] Da die Veränderung der Verbindlichkeiten aus Lieferungen und Leistungen in den Geschäftsberichten teilweise mit anderen Größen, wie bspw. der Veränderung der Forderungen aus Lieferungen und Leistungen, im Nettoumlaufvermögen bzw. Net Working Capital zusammengefasst wird, können der Kapitalflussrechnung in diesen Fällen keine Werte entnommen werden. Vgl. Meyer (2006), S. 199. Alternativ wird für die einzelnen Untersuchungsjahre jeweils die Differenz des Bilanzbestands der Verbindlichkeiten aus Lieferungen und Leistungen aus dem Betrachtungsjahr und dem Vorjahr ermittelt.

[834] Vgl. Sonnabend/ Raab (2008), S. 103, Lachnit (1973), S. 59 und Meyer (2006), S. 524 f.

wendig sind. Zunächst ist die Veränderung der Verbindlichkeiten aus Lieferungen und Leistungen zum Cashflow aus Finanzierungstätigkeit hinzuzufügen. Des Weiteren sind Korrekturen auf Grund des Finanzierungsleasings erforderlich, weil den Tilgungszahlungen keine Kapitalzugänge in der Kapitalflussrechnung gegenüberstehen.[835] Diesem Umstand wird entgegengewirkt, indem der Gegenwert des aufgenommen Finanzierungsleasings einer Periode simuliert und zum Cashflow aus Finanzierungstätigkeit addiert wird.[836] In einem dritten und letzten Bearbeitungsschritt wird die gezahlte Dividende aus dem Cashflow herausgerechnet. Dividendenzahlungen haben keinen verpflichtenden Charakter und werden, anders als bspw. Tilgungszahlungen, freiwillig vom Unternehmen gewährt. Dementsprechend wird die Dividende nicht der Finanzierungstätigkeit zugeordnet.[837] Wie im Modell zur optimalen Finanzierungsstruktur gezeigt, haben Unternehmen die Möglichkeit, zur Verfügung stehendes Kapital u.a. selbst zu investieren oder in Form einer Dividende auszuschütten.[838] Das Außenfinanzierungsvolumen wird somit folgendermaßen bestimmt:

$$AF = CFF + \Delta VLL + \Delta FL + DIV \qquad (4.20)$$

AF	Außenfinanzierung
CFF	Cashflow aus Finanzierungstätigkeit
ΔFL	Veränderung der Verbindlichkeiten aus Finanzierungsleasing
DIV	Dividende

Die Innen- und Außenfinanzierungvolumina stellen in der Summe das Gesamtfinanzierungsaufkommen einer Periode dar. Auf Basis dieser absoluten Werte kann die Innen- und Außenfinanzierungsquote ermittelt werden:

$$Innenfinanzierungsquote = \frac{Innenfinanzierung}{Gesamtfinanzierung} \qquad (4.21)$$

---

[835] Vgl. Meyer (2006), S. 209 ff.

[836] Beim Finanzierungsleasing werden der Vermögensgegenstand sowie die damit einhergehende Verbindlichkeit bei Erstbewertung immer in gleicher Höhe in der Bilanz ausgewiesen. Im Laufe der Folgebewertung können sich beide Werte jedoch u.a. auf Grund von außerordentlichen Abschreibungen des Vermögensgegenstandes oder Restwertgarantien unterscheiden. Vgl. Pferdehirt (2007), S. 92 f. und Althoff (2012), S. 88 f. Um die Leasingneuaufnahme zu schätzen, wird für die einzelnen Untersuchungsjahre die Differenz des Bilanzbestands der Verbindlichkeiten aus Finanzierungsleasing aus dem Betrachtungsjahr und dem Wert der langfristigen Verbindlichkeiten aus Finanzierungsleasing aus dem Vorjahr gebildet. Annahmebedingt werden kurzfristige Verbindlichkeiten aus der Vorperiode im Betrachtungsjahr getilgt, so dass diese nicht berücksichtigt werden. Obgleich es sich bei dem ermittelten Wert lediglich um eine Schätzung handelt, wird ein solches Vorgehen als zielführender erachtet als diesen Aspekt völlig auszublenden. Zudem zeigt eine eigens durchgeführte Untersuchung des DAX-Datensatzes, dass dem Finanzierungsleasing im Zeitraum von 2006 bis 2013 überwiegend eine untergeordnete Bedeutung zugeschrieben werden kann. Demnach nehmen 23,3% der untersuchten Unternehmen kein Finanzierungsleasing in Anspruch. Bei weiteren 60,0% der Unternehmen ist der Anteil der Verbindlichkeiten aus Finanzierungsleasings an der Bilanzsumme kleiner als 1,0%.

[837] Vgl. Rajan/ Zingales (1995), S. 1439.

[838] Siehe Kapitel 2.4.2.

$$Au\beta enfinanzierungsquote = \frac{Au\beta enfinanzierung}{Gesamtfinanzierung} \qquad (4.22)$$

Die Entwicklung der Finanzierungsstruktur wird sowohl anhand der Volumina als auch anhand der entsprechen Quoten untersucht. Im Anschluss an die deskriptive Statistik folgt die Regressionsanalyse zur Identifizierung relevanter Einflussfaktoren auf die Innenfinanzierungsquote. Neben der Anlageintensität, der Bewertung, der Profitabilität, dem Wirtschaftswachstum und der Inflation fließen zudem die Finanzmittelfondsquote, die Finanzschuldenquote (Vorjahr) sowie die Investitionsintensität in das ökonometrische Modell mit ein. Die drei zuletzt genannten erklärenden Variablen werden nachstehend definiert.

Die Finanzmittelfondquote setzt die jährliche Veränderung der Zahlungsmittel und Zahlungsmitteläquivalente ins Verhältnis zur Bilanzsumme. Nimmt die Kennzahl einen positiven Wert an, so ist die Liquidität im Unternehmen gestiegen. Ein negativer Wert drückt einen Rückgang der Kapitalreserven aus:

$$Finanzmittelfondsquote = \frac{\Delta\ Zahlungsmittel\ und\ Zahlungsmitteläquivalente}{Bilanzsumme} \qquad (4.23)$$

Die Finanzschulden (Englisch: „Total debt") umfassen sämtliche verzinsliche Verbindlichkeiten sowie die Verbindlichkeiten aus Finanzierungsleasing.[839] Es werden jeweils die Finanzschulden der Vorperiode ins Verhältnis zur Bilanzsumme der Vorperiode gesetzt, um die Finanzschuldenquote der Vorperiode zu ermitteln:

$$Finanzschuldenquote\ (Vorperiode) = \frac{Finanzschulden_{t-1}}{Bilanzsumme_{t-1}} \qquad (4.24)$$

Die Investitionsintensität bezieht sich auf die betrieblich bedingten Investitionen in Sachanlagen, die in der Kapitalflussrechnung als Capital Expenditures (CAPEX) ausgewiesen werden.[840] Derartige Investitionsausgaben werden in Relation zur Bilanzsumme im Modell berücksichtigt:

$$Investitionsintensität = \frac{CAPEX}{Bilanzsumme} \qquad (4.25)$$

---

[839] Diese Abgrenzung entspricht der Definition der Datenbank Worldscope.
[840] Vgl. Meyer (2006), S. 211 f.

Das Regressionsmodell für den zweiten Teil der empirischen Untersuchung nimmt entsprechend der bisherigen Ausführungen die folgende Form an:

$$
\begin{aligned}
Innenfinanzierungsquote_{it} = \alpha_i &+ \beta_1 Anlageintensität_{it} + \beta_2 Bewertung_{it} + \\
&+ \beta_3 Finanzmittelfondquote_{it} + \beta_4 Finanzschuldenquote_{it-1} + \\
&+ \beta_5 Investitionsintensität_{it} + \beta_6 Profitabilität_{it} + \beta_7 BIP_t + \\
&+ \beta_8 Inflation_t + u_{it}
\end{aligned}
\tag{4.26}
$$

4.4 Datenbasis

Die empirische Untersuchung konzentriert sich auf multinationale Unternehmen aus Deutschland, Frankreich und Italien. Bei diesen Ländern handelt es sich um die drei größten Volkswirtschaften der Eurozone. Obgleich diese hinsichtlich der Wirtschaftsleistung im Rang direkt aufeinander folgen, haben die Ausführungen in Kapitel 3 verdeutlicht, dass die gesamtwirtschaftlichen Entwicklungen im Zuge der globalen Finanzkrise deutlich voneinander abweichen.

Um eine zielgerichtete Analyse durchführen zu können, wird der Untersuchungsgegenstand dahingehend konkretisiert, dass jeweils die größten börsennotierten Unternehmen aus Deutschland, Frankreich und Italien im Fokus der Analyse stehen. Entsprechend der üblichen Vorgehensweise wird hierfür als Abgrenzungskriterium die Zugehörigkeit zum Leitindex formuliert.[841] Die Untersuchung basiert somit auf Unternehmen aus dem DAX, dem CAC und dem FTSE MIB.[842] Für die Selektion der Unternehmen ist die Leitindexzugehörigkeit zu einem beliebigen Zeitpunkt während des Untersuchungszeitraums ausschlaggebend. Somit wird sichergestellt, dass das Auswahlkriterium der Indexzugehörigkeit für den gesamten Betrachtungszeitraum seine Gültigkeit hat und einzelne Unternehmen auf Grund einer Momentaufnahme nicht außen vor gelassen werden.[843]

Der Zeitraum der Untersuchung umfasst die Jahre 2006 bis 2013, so dass ebenfalls Perioden vor dem Ausbruch der globalen Finanzkrise analysiert werden können. Von einem weiter in der Vergangenheit liegenden Beginn der Untersuchung wird auf Grund von weitreichenden Veränderungen der Rechnungslegungsvorschriften abgesehen. Seit 2007 sind Konzernabschlüsse kapitalmarktorientierter Unternehmen in der EU verpflichtend nach den Vorgaben der IFRS aufzustellen, weshalb auch für das Jahr 2006 entsprechende Werte rückwirkend ausgewiesen werden

---

[841] Vgl. Schachtner (2009), S. 118.
[842] Der FTSE MIB existierte bis zum 31. Mai 2009 unter dem Namen Standard & Poor's Milano Italia Borsa.
[843] Vgl. Berger (2011), S. 59 f.

mussten.[844] Somit basiert die komplette Datenbasis auf einheitlichen Rechnungslegungsstandards. Die Einbeziehung früherer Perioden würde einen Bruch in der
Rechnungslegung bedeuten und die Aussagekraft der Ergebnisse deutlich schmälern bzw. eventuell in Frage stellen.

Zur Generierung der erforderlichen unternehmensspezifischen und makroökonomischen Daten wird auf verschiedene Datenbanken von Thomson Reuters zurückgegriffen.[845] Ein Großteil der erforderlichen Bilanz-, GuV- und Kapitalflussrech-
nungsdaten sind in der Datenbank Worldscope enthalten. Da jedoch einzelne Werte fehlen oder lediglich gemeinsam mit anderen Größen aggregiert ausgewiesen
werden, hat die Vervollständigung der Datenbasis händisch anhand der publizierten Geschäftsberichte zu erfolgen. Makroökonomische Daten werden aus der Datenbank Datastream generiert.

Unternehmen aus der Finanzbranche, wie bspw. Banken und Versicherungen,
werden von der Untersuchung ausgeschlossen. Begründet ist dies u.a. in den deutlich unterschiedlichen regulatorischen Rahmenbedingungen und den starken Abweichungen hinsichtlich der Finanzierungstätigkeit.[846] Zudem werden jene Unternehmen nicht berücksichtigt, deren Firmensitz nicht mit dem Land des Börsenlistings übereinstimmt. Dies betrifft vereinzelt Unternehmen aus dem französischen
und italienischen Leitindex, die auf Grund anderer steuerlicher und regulatorischer
Rahmenbedingungen den Firmensitz nach Luxemburg oder in die Niederlande
verlegt haben. In der Folge kann das Finanzierungsverhalten dieser Unternehmen
deutlich abweichen. Zuletzt werden jene Beobachtungszeiträume ausgeschlossen,
für die keine IFRS-Jahresabschlussdaten verfügbar sind. Dieser Umstand, gepaart
mit stattgefundenen Fusionen und Börsengängen, führt dazu, dass die Anzahl der
Beobachtungszeitpunkte über die Jahre hinweg nicht konstant ist. Daher sind für
jedes Jahr zwei Datensätze zu unterscheiden. Das unbalanced Panel enthält auch
solche Unternehmen, die nicht über den gesamten Zeitraum hinweg Daten vorweisen, wohingegen das balanced Panel nur jene Unternehmen mit einem vollständigen Datensatz beinhaltet.

Insgesamt umfasst der Datensatz 100 multinationale Unternehmen.[847] Tabelle 4.9
veranschaulicht die Anzahl der Unternehmen im unbalanced und im balanced Panel, sortiert nach der Indexzugehörigkeit.

---

[844] Ursprünglich ist die Anwendung der IFRS bereits seit 2005 verpflichtend. Jedoch wurde jenen Unternehmen
eine Übergangsfrist bis 2007 gebilligt, die auf Grund des Börsenlistings in den USA ebenfalls einen Jahresab-
schluss nach US-GAAP aufstellen mussten. Vgl. Pellens et al. (2011), S. 86 ff.

[845] Der Zugang zu Datenbanken wurde von dem Sonderforschungsbereich 649: „Ökonomisches Risiko" der Humboldt-Universität zu Berlin bereitgestellt.

[846] Vgl. Rajan/ Zingales (1995), S. 1424.

[847] Es sei darauf verwiesen, dass die Ergebnisse dieser empirischen Untersuchung nicht zwangsläufig für weitere
Unternehmen repräsentativ sind. Aus diesem Grund beziehen sich die Ergebnisse und Schlussfolgerungen zu

Datensatz	Unbalanced Panel	Balanced Panel
Deutschland (DAX)	30	25
Frankreich (CAC)	35	35
Italien (FTSE MIB)	35	28
Gesamt	100	88

Tabelle 4.9: Datenbasis[848]

4.5 Analyse der Kapitalstruktur

Im ersten Teil der empirischen Untersuchung von Finanzierungsentscheidungen werden die Entwicklung der Kapitalstruktur sowie mögliche Wirkungszusammenhänge hinsichtlich der Verschuldung multinationaler Unternehmen im Zeitraum von 2006 bis 2013 analysiert. Die Ausführungen zielen grundsätzlich darauf ab, den bisherigen Forschungsstand zur Kapitalstruktur anhand des vorliegenden Datensatzes empirisch zu überprüfen und zu erweitern. Dabei stehen im Besonderen die Auswirkungen der globalen Finanzkrise, als die größte und folgenschwerste Wirtschaftskrise der Nachkriegszeit, im Blickpunkt der Untersuchung.[849] Es gilt zu erforschen, ob und in welchem Ausmaß die Kapitalstruktur multinationaler Unternehmen aus Deutschland, Frankreich und Italien von den in Kapitel 3 erläuterten umfangreichen Veränderungen der ökonomischen Rahmenbedingungen betroffen ist. Zudem werden firmenspezifische und makroökonomische Einflussfaktoren auf die Kapitalstruktur überprüft. Speziell letztere finden bislang nur vereinzelt Berücksichtigung in wissenschaftlichen Arbeiten. Der erste Teil der empirischen Untersuchung schließt mit der Interpretation und Einordnung der erzielten Ergebnisse ab.

4.5.1 Entwicklung der Kapitalstruktur

Die Verschuldung wird durch die Fremdkapitalquote sowohl zu Buch- als auch zu Marktwerten ausgewiesen. Dabei konzentrieren sich die Ausführungen jeweils auf das unbalanced Panel. Eine explizite Erläuterung der Ergebnisse der balanced Pa-

---

multinationalen Unternehmen im weiteren Verlauf ausschließlich auf den untersuchten Datensatz. Die einzelnen Unternehmen im jeweiligen Datensatz können Anhang 6 (DAX), Anhang 7 (CAC) und Anhang 8 (FTSE MIB) entnommen werden.

[848] Eigene Darstellung.

[849] Vgl. Deutsche Bundesbank (2010), S. 18.

nels erfolgt an entsprechender Stelle lediglich bei größeren Abweichungen zum unbalanced Panel.[850]

Zunächst wird die aggregierte Kapitalstruktur der DAX-, CAC- und FTSE MIB-Unternehmen länderspezifisch betrachtet. Im Anschluss folgt eine länderübergreifende Analyse, indem ein Teil der Unternehmen anhand der Branchenzugehörigkeit kategorisiert wird. Letztlich wird auf Unternehmensebene, unabhängig von der Länder- und Branchenzugehörigkeit, überprüft, ob und in welchem Maße die Kapitalstruktur im Zeitverlauf Schwankungen unterliegt. Eine geringe Variation der Verschuldung kann demnach als Indiz für eine Zielkapitalstruktur verstanden werden, wie sie die statische Trade-Off Theorie erwarten lässt.[851]

4.5.1.1 Kapitalstruktur im Ländervergleich

In Tabelle 4.10 wird die Kapitalstruktur der DAX-Unternehmen anhand von Buchwerten ausgewiesen. Die durchschnittliche Fremdkapitalquote liegt im Untersuchungszeitraum zwischen 63,0% (2006) und 66,9% (2008).[852] Wird der Wert aus dem Jahr 2008 außenvorgelassen, schwankt der Mittelwert lediglich zwischen 63,0% und 64,3%, so dass eine geringe Schwankung konstatiert werden kann. Der Median weist ebenfalls im Jahr 2008 mit 68,4% den höchsten Wert auf, verläuft ansonsten jedoch volatiler als der Mittelwert. Hinsichtlich der Standardabweichung fällt auf, dass diese beim unbalanced Panel auf einem vergleichsweise hohen Niveau liegt. Das balanced Panel weist hingegen durchgehend eine geringere Streuung der Fremdkapitalquote auf.[853] Daraus lässt sich schließen, dass besonders die Unternehmen mit einem vollständigen Datensatz einen höheren Homogenitätsgrad vorweisen als jene, die bspw. auf Grund von Fusionen nicht über den gesamten Untersuchungszeitraum hinweg miteinbezogen werden können.

---

[850] Die Ergebnisse zu den balanced Panels finden sich im Anhang 9-14.

[851] Es sei darauf verwiesen, dass die Varianz der Kapitalstruktur auf Unternehmensebene nicht mit hinreichender Sicherheit die Existenz einer fixen bzw. flexiblen Kapitalstruktur ausweisen kann. Derartige Entwicklungen können bspw. auch ungewollt und zufällig im Unternehmen aufgetreten sein. Vgl. Hermanns (2006), S. 232.

[852] Die Veränderung der Fremdkapitalquote kann grundsätzlich auf Anpassungen des Zählers, des Nenners oder beider Bestandteile der Fremdkapitalquote zurückgeführt werden. Bei Betrachtung der absoluten Werte fällt auf, dass im Jahr 2008 sowohl die durchschnittliche Höhe des Fremdkapitals als auch der Mittelwert des Gesamtkapitals angestiegen sind. Allerdings hat sich das Fremdkapital im Verhältnis deutlich stärker erhöht.

[853] Siehe Anhang 9.

FKQ(BW)	2006	2007	2008	2009	2010	2011	2012	2013
M	63,0%	64,3%	66,9%	64,0%	64,2%	63,2%	63,4%	63,9%
MD	64,8%	66,8%	68,4%	65,8%	64,1%	67,0%	64,4%	67,3%
Min	9,0%	33,2%	32,3%	30,7%	41,8%	40,1%	35,8%	32,1%
Max	93,6%	94,1%	96,2%	85,0%	85,3%	83,2%	87,7%	92,5%
SD	17,7%	14,6%	14,8%	15,1%	11,7%	12,6%	13,8%	15,4%
N	27	28	27	29	28	28	28	28

FKQ = Fremdkapitalquote, BW = Buchwert, M = Mittelwert, MD = Median, Min = Minimum, Max = Maximum, SD = Standardabweichung, N = Anzahl der Unternehmen

Tabelle 4.10: Fremdkapitalquote (Buchwerte) der DAX-Unternehmen.[854]

Bei Betrachtung der Kapitalstruktur anhand von Marktwerten werden wesentliche Unterschiede zu der vorherigen Datenlage ersichtlich (siehe Tabelle 4.11). Die Gegenüberstellung der Fremdkapitalquote in den einzelnen Perioden macht deutlich, dass diese durchgehend geringer ausfällt. Die marktwertbasierte Quote ist demnach zwischen 5,0% (2008) und 17,9% (2007) niedriger. Da beiden Berechnungen der identische Zähler zu Grunde liegt, ist zu schlussfolgern, dass die Marktkapitalisierung den Buchwert des Eigenkapitals teilweise deutlich übersteigt. Zudem verdeutlicht der schwankende Verlauf der Verschuldung, dass die Marktkapitalisierung wesentlich volatiler ist als das bilanzielle Eigenkapital. Während die Fremdkapitalquote in den Jahren 2006 und 2007 lediglich bei 46,8% und 46,4% liegt, steigt sie 2008 auf 61,9% an. In den folgenden Jahren kann ein Rückgang verzeichnet werden, so dass der Wert zwischen 49,0% (2013) und 56,0% (2011) variiert. Obgleich die Schwankungen, im Vergleich zu der auf Buchwert basierenden Darstellung, stärker ausfallen, wird der besondere Stellenwert des Jahres 2008 ersichtlich. Der anschließende Rückgang der Verschuldung wird durch den zwischenzeitigen Anstieg im Jahr 2011 unterbrochen und im darauffolgenden Jahr fortgesetzt. Die vergleichsweise hohe Streubreite der aggregierten Fremdkapitalquote im Bereich zwischen 18,2% (2010) und 22,2% (2013) deutet auf teils voneinander abweichende Entwicklungen innerhalb des DAX-Datensatzes hin. Beim balanced Panel ist die Standardabweichung auf einem geringeren Niveau.[855] Folglich erhöhen besonders die Unternehmen mit unvollständigen Daten die Variation der Fremdkapitalquote.

---

[854] Eigene Darstellung.
[855] Siehe Anhang 10.

FKQ(MW)	2006	2007	2008	2009	2010	2011	2012	2013
M	46,8%	46,4%	61,9%	53,1%	51,6%	56,0%	52,1%	49,0%
MD	47,4%	45,3%	64,7%	55,3%	54,8%	60,6%	51,3%	51,1%
Min	8,2%	12,7%	17,1%	10,2%	18,2%	17,1%	13,5%	11,9%
Max	87,0%	87,7%	93,9%	84,2%	84,1%	91,4%	87,1%	82,9%
SD	20,6%	18,9%	20,7%	20,4%	18,2%	20,5%	21,2%	22,2%
N	27	28	27	29	28	28	28	28

MW = Marktwert

Tabelle 4.11: Fremdkapitalquote (Marktwerte) der DAX-Unternehmen[856]

Die Kapitalstruktur zu Buchwerten ist bei den Unternehmen aus Frankreich durch eine vergleichsweise geringe Volatilität gekennzeichnet. Tabelle 4.12 kann entnommen werden, dass die Verschuldung im Untersuchungszeitraum, abgebildet durch das arithmetische Mittel, lediglich zwischen 62,4% (2010) und 65,7% (2008) schwankt und die gerundeten Werte in den Jahren 2011 bis 2013 sogar identisch sind. Eine ähnlich geringe Volatilität weist der Median auf. Für beide Lageparameter gilt, dass der höchste Wert im Jahr 2008 auftritt. Jedoch fallen die Unterschiede zu den vorherigen und späteren Perioden marginal aus. Die Datenlage legt den Gedanken nahe, dass während der krisengeprägten Perioden lediglich geringe Anpassungen der Kapitalstruktur stattgefunden haben. Eine geringe Schwankung kann auch bei der Standardabweichung festgestellt werden, die zwischen 13,1% (2007, 2008) und 14,9% (2009, 2013) liegt.

---

[856] Eigene Darstellung.

FKQ(BW)	2006	2007	2008	2009	2010	2011	2012	2013
M	65,5%	64,4%	65,7%	64,0%	62,4%	63,4%	63,4%	63,4%
MD	64,9%	64,7%	65,4%	63,9%	61,4%	60,9%	63,1%	64,1%
Min	38,3%	35,2%	34,7%	33,1%	35,2%	32,7%	27,3%	26,1%
Max	89,3%	87,7%	88,9%	87,6%	84,5%	85,4%	87,6%	90,8%
SD	13,5%	13,1%	13,1%	14,9%	14,4%	13,7%	14,8%	14,9%
N	35	35	35	35	35	35	35	35

Tabelle 4.12: Fremdkapitalquote (Buchwerte) der CAC-Unternehmen[857]

Werden der Analyse Marktwerte zu Grunde gelegt, fällt die Fremdkapitalquote durchgehend geringer aus (siehe Tabelle 4.13). Teilweise unterscheiden sich die Werte für dasselbe Jahr um nahezu 20%. Der Verlauf der Fremdkapitalquote zu Marktwerten ist mit dem Einsetzen der globalen Finanzkrise durch eine hohe Volatilität gekennzeichnet. Nachdem die Quote in den Jahren 2006 und 2007 bei 46,7% bzw. 46,0% liegt, ist ein Anstieg auf 59,0% (2008) zu verzeichnen. Der Median steigt von 46,9% (2007) auf 65,1% (2008) an. Folglich ist der Einfluss der Krise unverkennbar. Auffällig ist ebenfalls der erneute Anstieg der durchschnittlichen Verschuldung in Zeiten der Europäischen Staatsschuldenkrise. Die höchsten Maximalwerte der Fremdkapitalquote treten konsequenterweise in den Jahren 2008, 2011 und 2012 auf. Eine erhöhte Standardabweichung in den Jahren 2011 bis 2013 weist darauf hin, dass sich die Kapitalstrukturen der einzelnen Unternehmen heterogener entwickelt haben als in den vorherigen Perioden. Dies mag u.a. in spezifischen Kriseneinflüssen begründet sein. Eine abschließende Einschätzung erlaubt die Datenlage allerdings nicht.

---

[857] Eigene Darstellung.

FKQ(MW)	2006	2007	2008	2009	2010	2011	2012	2013
M	46,7%	46,0%	59,0%	54,1%	52,5%	58,4%	55,9%	51,4%
MD	48,6%	46,9%	65,1%	55,3%	54,9%	61,4%	56,4%	51,9%
Min	12,4%	12,5%	19,2%	13,5%	14,9%	15,1%	11,1%	9,4%
Max	82,1%	81,6%	94,3%	91,7%	88,6%	94,3%	95,4%	92,5%
SD	17,0%	15,9%	18,2%	19,3%	19,7%	20,7%	22,3%	20,5%
N	35	35	35	35	35	35	35	35

Tabelle 4.13: Fremdkapitalquote (Marktwerte) der CAC-Unternehmen[858]

Zuletzt wird im Rahmen der länderspezifischen Betrachtung die Entwicklung der durchschnittlichen Verschuldung der FTSE MIB-Unternehmen thematisiert. Tabelle 4.14 fasst die Kapitalstruktur zu Buchwerten zusammen. Demzufolge schwankt die durchschnittliche Fremdkapitalquote zwischen 60,9% (2010) und 64,6% (2008 und 2009), wobei die höchsten Werte in den Jahren 2012 (66,3%) und 2013 (68,1%) auftreten. In den Jahren 2009 und 2010 sinken sowohl der Mittelwert als auch der Median. Beide Parameter weisen im Zuge der Krise im Jahr 2010 mit 60,9% (Mittelwert) und 63,5% (Median) die geringsten Werte auf. Mit dem Einsetzten der Europäischen Staatsschuldenkrise steigt der Fremdkapitalanteil an, bevor er im Jahr 2013 wieder sinkt.[859]

---

[858] Eigene Darstellung.
[859] In den Jahren 2011 bis 2013 wurden die Werte des Unternehmens Seat Pagine Gialle S.p.A. nicht berücksichtigt, da es sich um Ausreißer auf Grund eines negativen Eigenkapitalbestands handelt. Die Werte zwischen 119,1% und 267,6% würden ansonsten zu Verzerrungen führen.

FKQ(BW)	2006	2007	2008	2009	2010	2011	2012	2013
M	63,8%	64,6%	64,6%	62,6%	60,9%	61,8%	62,5%	61,4%
MD	65,0%	68,9%	68,9%	68,7%	63,5%	66,9%	67,5%	64,9%
Min	24,6%	24,7%	23,4%	20,0%	22,6%	21,4%	25,7%	18,1%
Max	94,2%	89,3%	87,1%	86,3%	90,0%	85,6%	87,3%	86,8%
SD	17,2%	17,1%	16,9%	17,2%	17,9%	17,7%	17,0%	17,7%
N	31	31	32	32	33	31	31	30

Tabelle 4.14: Fremdkapitalquote (Buchwerte) der FTSE MIB-Unternehmen[860]

Analog zur bisherigen Vorgehensweise zeigt Tabelle 4.15 den Verlauf der Fremd-kapitalquote der MIB-Unternehmen basierend auf Marktwerten.[861] Sowohl die Be-trachtung des Mittelwertes als auch des Medians offenbart einen schwankenden Verlauf der Kapitalstruktur. Zwar weichen die Werte in den Jahren 2006 und 2007 nur um wenige Prozentpunkte voneinander ab, jedoch steigen im Jahr 2008 der Mittelwert auf 57,0% und der Median auf 59,2% deutlich an. Nach einem zwi-schenzeitigen Rückgang erhöhen sich beide Werte im Jahr 2011 erneut. Obgleich der prozentuale Anstieg schwächer ausfällt als im Jahr 2008, weisen sowohl Mit-telwert (57,7%) als auch Median (64,1%) den höchsten Wert im Untersuchungs-zeitraum aus. In den Jahren 2012 und 2013 ist nochmals eine Minderung der Ver-schuldung zu erkennen. Allerdings wird mit 51,8% (Mittelwert) und 52,2% (Me-dian) das niedrigere Vorkrisenniveau nicht erreicht. Dies wird auch bei Zugrunde-legung der Extremwerte und der Standardabweichung ersichtlich. Vor dem Aus-bruch der globalen Finanzkrise befinden sich diese Maße auf einem geringeren Niveau als in den Folgeperioden.

---

[860] Eigene Darstellung.
[861] Die Anzahl der Unternehmen weicht in den Jahren 2008, 2009 und 2010 von Tabelle 4.14 ab, da die Unterneh-men Enel Green Power S.p.A. (2006-2009) und Salvatore Ferragamo Italia S.p.A. (2008-2010) nicht an der Börse gelistet waren. Somit existieren keine Marktwerte für das Eigenkapital.

FKQ(MW)	2006	2007	2008	2009	2010	2011	2012	2013
M	41,7%	45,2%	57,0%	52,0%	52,1%	57,7%	56,7%	51,8%
MD	45,9%	48,3%	59,2%	56,2%	54,5%	64,1%	58,5%	52,2%
Min	3,8%	4,8%	11,4%	6,8%	5,9%	8,9%	7,7%	4,7%
Max	70,9%	74,2%	88,4%	91,2%	95,0%	98,3%	95,4%	97,8%
SD	18,0%	17,8%	20,4%	21,0%	21,9%	22,6%	23,2%	23,9%
N	31	31	30	30	32	32	32	31

Tabelle 4.15: Fremdkapitalquote (Marktwerte) der FTSE MIB-Unternehmen[862]

Abschließend werden die bisherigen länderspezifischen Ausführungen zur Entwicklung der durchschnittlichen Kapitalstruktur in einem gemeinsamen Kontext betrachtet. Es kann zunächst festgehalten werden, dass sich sowohl der Verlauf als auch das Niveau der Fremdkapitalquote, bei Zugrundelegung von Buch- und Marktwerten, bei den multinationalen Unternehmen aus Deutschland, Frankreich und Italien weitestgehend ähneln. Allerdings finden sich bei der Untersuchung der Kapitalstruktur vereinzelt länderspezifische Besonderheiten.

Die Berechnungen zu Buchwerten zeigen, dass die Fremdkapitalquote länderübergreifend in den Jahren 2009 und 2010 im Zuge der Banken- und Wirtschaftskrise sinkt. Eine entsprechende Entwicklung kann als Reaktion auf die Europäische Staatsschuldenkrise nur für Unternehmen aus Italien festgestellt werden. Hinsichtlich der einzelnen Datensätze fällt auf, dass sich die Verläufe der durchschnittlichen Fremdkapitalquoten bei den DAX-Unternehmen und CAC-Unternehmen stark ähneln (siehe Abbildung 4.2). Eine Abweichung kann dagegen bei den FTSE MIB-Unternehmen registriert werden. Wohingegen die durchschnittliche Kapitalstruktur der deutschen und französischen Unternehmen während des Untersuchungszeitraums wenig schwankt, weisen die Unternehmen aus Italien einen deutlich volatileren Verlauf auf.

---

[862] Eigene Darstellung.

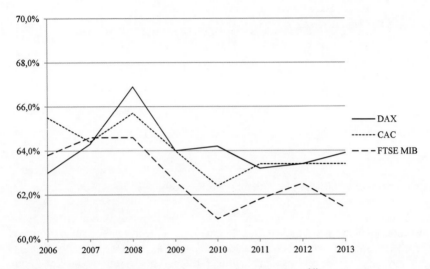

Abbildung 4.2: Fremdkapitalquote (Buchwerte) im Ländervergleich[863]

Werden die Fremdkapitalquoten basierend auf Marktwerten verglichen, lässt sich die vorherige länderspezifische Unterteilung nicht aufrechterhalten. Demnach ähneln sich besonders die Kapitalstrukturen der CAC-Unternehmen und der FTSE MIB-Unternehmen, wobei letztere im Durchschnitt erst 2011 die höchste Fremdkapitalquote aufweisen. Die Verschuldung der DAX-Unternehmen steigt dagegen im Jahr 2008 stärker an und verläuft von 2010 an auf einem geringeren Niveau (siehe Abbildung 4.3). Hinsichtlich der Krisenhöhepunkte wird in den Jahren 2008 und 2011 länderübergreifend der deutliche Anstieg der marktwertbasierten Verschuldung ersichtlich. In den weiteren Jahren liegt die Verschuldung durchgehend auf einem wesentlich geringeren Niveau.

---

[863] Eigene Darstellung.

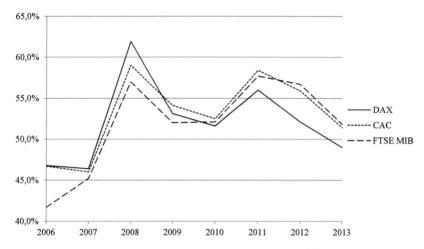

Abbildung 4.3: Fremdkapitalquote (Marktwerte) im Ländervergleich[864]

4.5.1.2 Kapitalstruktur im Branchenvergleich

Bislang wurden multinationale Unternehmen entsprechend ihrer Länderzugehörigkeit gruppiert. Um einzelne Branchen zu untersuchen, wird auf die Industrial Classification Benchmark (ICB) zurückgegriffen.[865] Demnach können Unternehmen zehn Wirtschaftszweigen zugeordnet werden, wobei der Finanzsektor im vorliegenden Datensatz nicht vertreten ist.[866] Dies hat zur Folge, dass einzelne Branchen teilweise durch wenige Unternehmen repräsentiert sind. Mit abnehmender Zahl sinkt die Aussagekraft. Aus diesem Grund werden im weiteren Verlauf jene drei Wirtschaftszweige analysiert, denen die meisten Unternehmen angehören. Es handelt sich dabei um die folgenden Bereiche: Industrieunternehmen (24 Unternehmen), Verbrauchsgüter (23 Unternehmen) und Verbraucherservice (17 Unternehmen). Analog zur bisherigen Vorgehensweise konzentriert sich die Darstellung auf das unbalanced Panel.[867] Die Fremdkapitalquote wird weiterhin basierend auf Buch- und Marktwerten ausgewiesen.

---

[864] Eigene Darstellung.

[865] Der ICB Index unterscheidet die folgenden zehn Wirtschaftszweige: Erdöl und Erdgas, Grundstoffe, Industrieunternehmen, Verbrauchsgüter, Gesundheitswesen, Verbraucherservice, Telekommunikation, Versorger, Finanzdienstleistungen und Technologie. Jeder dieser Bereiche untergliedert sich in Untersektoren, die allerdings für die Durchführung der empirischen Untersuchung nicht von Bedeutung sind.

[866] Die Systematisierung der untersuchten Unternehmen nach Wirtschaftszweigen kann Anhang 6 (DAX), Anhang 7 (CAC) und Anhang 8 (FTSE MIB) entnommen werden.

[867] Ein expliziter Ausweis des balanced Panels im Anhang erfolgt aus zweierlei Gründen nicht. Zum einen hat die länderspezifische Untersuchung verdeutlicht, dass sich die Ergebnisse beider Panels stark ähneln. Zum anderen

Für die untersuchten Industrieunternehmen gilt, dass sich die buchwertbasierte Fremdkapitalquote, ausgedrückt durch Mittelwert und Median, im Untersuchungszeitraum auf einem vergleichsweise hohen Niveau befindet (siehe Tabelle 4.16). Das arithmetische Mittel schwankt demnach zwischen 66,5% (2010) und 71,4% (2008). Wohingegen der Wert in den ersten drei Jahren bei ca. 71,0% liegt, ist im Jahr 2009 ein Rückgang um ca. vier Prozentpunkte zu beobachten. Fortan variiert der Mittelwert nur unwesentlich und liegt bei 66,5% (2010) bis 68,3% (2013). Dieser geringe Bruch im Zeitverlauf weist darauf hin, dass sich die Verschuldung der multinationalen Industrieunternehmen im Zuge der globalen Finanzkrise nachhaltig verändert hat. Zurückzuführen ist dies auf zwei entgegenwirkende Effekte. Zum einen sind die durchschnittlichen Fremdkapital- und Gesamtkapitalbestände der Industrieunternehmen im Jahr 2009 erheblich gesunken und zum anderen wurde die Eigenkapitalbasis seit 2009 fortwährend ausgebaut. Beide Entwicklungen deuten auf eine gestiegene Skepsis gegenüber den Finanzmärkten und einem erhöhten Sicherheitsdenken der Konzerne hin. Diese Ergebnisse decken sich mit den jüngsten Erkenntnissen von *Edling (2015)*, wonach multinationale Unternehmen ihre Geschäftsbeziehungen zu externen Kapitalgebern, wie bspw. Banken, mit dem Einsetzen der globalen Finanzkrise zunehmend kritisch überprüfen.[868]

FKQ(BW)	2006	2007	2008	2009	2010	2011	2012	2013
M	71,1%	70,7%	71,4%	67,6%	66,5%	68,2%	67,9%	68,3%
MD	73,2%	72,3%	72,1%	71,1%	70,6%	70,8%	70,1%	71,0%
Min	50,3%	43,0%	43,6%	33,1%	35,6%	42,5%	42,3%	45,3%
Max	94,2%	94,1%	96,2%	87,6%	84,4%	85,6%	87,7%	92,5%
SD	13,9%	12,9%	12,4%	12,8%	13,0%	12,8%	13,5%	13,1%
N	23	23	23	23	23	24	24	23

Tabelle 4.16: Fremdkapitalquote (Buchwerte) der Industrieunternehmen[869]

Sofern Marktwerte zu Grunde gelegt werden, wird ebenfalls der vergleichsweise hohe Fremdkapitalanteil deutlich. Analog zu den länderspezifischen Ausführungen zeigt Tabelle 4.17 für Industrieunternehmen aus Deutschland, Frankreich und Italien eine starke Reaktion der Verschuldung während der Krisenjahre 2008, 2011 und 2012. Die durchschnittliche Verschuldung fällt zu diesen Betrachtungs-

---

würde der Stichprobenumfang der einzelnen Gruppierungen weiter gesenkt werden, wodurch die Aussagekraft verringert wird.
[868] Vgl. Edling (2015), S. 424.
[869] Eigene Darstellung.

zeitpunkten mit 65,1% (2008), 64,8% (2011) und 61,7% (2012) deutlich höher aus. Die geringe Standardabweichung zwischen 13,0% (2011) und 15,1% (2006) verdeutlicht den hohen Homogenitätsgrad innerhalb der Gruppe der Industrieunternehmen.

FKQ(MW)	2006	2007	2008	2009	2010	2011	2012	2013
M	51,8%	51,6%	65,1%	57,5%	57,9%	64,8%	61,7%	56,4%
MD	52,3%	51,4%	68,6%	57,1%	60,5%	67,1%	60,8%	55,1%
Min	16,6%	17,7%	36,1%	21,3%	21,9%	35,6%	29,0%	24,4%
Max	87,0%	87,7%	93,9%	77,8%	81,8%	92,7%	90,1%	87,4%
SD	15,1%	14,4%	13,9%	13,1%	15,0%	13,0%	14,3%	14,8%
N	23	23	23	23	23	24	24	23

Tabelle 4.17: Fremdkapitalquote (Marktwerte) der Industrieunternehmen[870]

Als weiterer Wirtschaftszweig steht die Verbrauchsgüterbranche im Fokus der Untersuchung. Tabelle 4.18 beinhaltet die deskriptive Statistik zur Entwicklung der Verschuldung anhand von Buchwerten. Im Vergleich zu den Industrieunternehmen weisen die Verbrauchsgüterunternehmen eine deutlich geringere durchschnittliche Fremdkapitalquote aus, die im gesamten Zeitraum lediglich zwischen 55,6% (2013) und 59,5% (2008) schwankt. Zwischen den Jahren 2008 und 2009 ist, sowohl anhand des Mittelwerts als auch auf Basis des Medians, ein leichter Bruch im Zeitverlauf zu erkennen, da die Verschuldung seitdem durchgängig geringer ausfällt.

---

[870] Eigene Darstellung.

FKQ(BW)	2006	2007	2008	2009	2010	2011	2012	2013
M	57,7%	58,4%	59,5%	57,8%	56,0%	56,4%	56,1%	55,6%
MD	58,8%	62,1%	63,0%	58,6%	56,3%	56,9%	57,3%	54,4%
Min	24,6%	24,7%	23,4%	20,0%	22,6%	21,4%	25,7%	24,2%
Max	82,2%	80,6%	81,3%	82,8%	82,6%	84,4%	83,6%	86,8%
SD	17,0%	16,5%	16,8%	19,2%	17,2%	17,2%	17,2%	17,7%
N	20	21	22	22	23	22	22	22

Tabelle 4.18: Fremdkapitalquote (Buchwerte) der Verbrauchsgüterunternehmen[871]

Die Berechnungen zu Marktwerten ähneln den bisher festgestellten Entwicklungen. Das durchschnittliche Verschuldungsniveau fällt demnach wesentlich geringer aus als zu Buchwerten (siehe Tabelle 4.19).[872] Im Jahr 2008 wird mit 55,0% der höchste Mittelwert ausgewiesen. Ein erneuter Anstieg der Quote äußert sich im Zuge der Europäischen Staatsschuldenkrise verhaltener. Hervorzuheben bleibt das hohe Niveau der Standardabweichung, welches zwischen 23,0% (2007) und 27,0% (2009) liegt und auf eine höhere Streubreite der Fremdkapitalquote hinweist.[873]

FKQ(MW)	2006	2007	2008	2009	2010	2011	2012	2013
M	39,4%	40,8%	55,0%	48,1%	42,9%	46,8%	42,9%	38,9%
MD	31,4%	37,9%	48,0%	38,3%	34,8%	34,6%	36,4%	34,5%
Min	3,8%	4,8%	15,3%	9,4%	10,5%	14,0%	8,2%	6,4%
Max	82,7%	81,6%	94,3%	90,3%	88,6%	94,2%	95,4%	92,5%
SD	24,6%	23,0%	26,8%	27,0%	23,8%	26,0%	26,3%	25,9%
N	20	21	21	21	22	22	22	22

Tabelle 4.19: Fremdkapitalquote (Marktwerte) der Verbrauchsgüterunternehmen[874]

---

[871] Eigene Darstellung.
[872] Der Stichprobenumfang weicht in den Jahren 2008, 2009 und 2010 von Tabelle 4.18 ab, da das Verbrauchsgüterunternehmen Salvatore Ferragamo Italia S.p.A. zu dieser Zeit nicht an der Börse gelistet war.
[873] Eine weitere Ursache könnte der geringe Stichprobenumfang darstellen, da bereits einzelne Extremwerte zu einem starken Anstieg der Standardabweichung führen.
[874] Eigene Darstellung.

Zuletzt werden die Unternehmen des Verbraucherservicesektors betrachtet. Tabelle 4.20 veranschaulicht die Kapitalstruktur basierend auf Buchwerten. Das arithmetische Mittel der Fremdkapitalquote liegt zwischen 68,1% (2011) und 71,4% (2009) auf einem verhältnismäßig hohen Niveau.[875] In diesem Zusammenhang ist erkennbar, dass die Werte in der zweiten Hälfte des Untersuchungszeitraums durchgängig niedriger sind als in der ersten Hälfte. Die Standardabweichung ist bei einem Niveau zwischen 10,6% (2009) und 13,5% (2008) gering und kann als Anzeichen für eine branchenspezifische Verschuldung angesehen werden.

FKQ(BW)	2006	2007	2008	2009	2010	2011	2012	2013
M	70,8%	71,0%	71,2%	71,4%	69,3%	68,1%	69,5%	70,1%
MD	76,8%	69,5%	70,5%	74,0%	69,9%	67,3%	70,8%	69,8%
Min	47,4%	49,1%	51,1%	53,8%	49,6%	51,8%	50,9%	49,5%
Max	81,6%	89,3%	88,2%	86,3%	90,0%	83,8%	86,5%	90,8%
SD	10,9%	11,1%	11,3%	10,6%	13,5%	11,5%	11,1%	13,4%
N	17	17	16	16	16	15	15	15

Tabelle 4.20: Fremdkapitalquote (Buchwerte) der Verbraucherserviceunternehmen[876]

Die marktwertbasierte Darstellung der Fremdkapitalquote offenbart ein niedrigeres Niveau (siehe Tabelle 4.21). Dabei unterscheiden sich die Jahre 2006 und 2007 mit einer durchschnittlichen Verschuldung von 51,4% und 54,0% eminent von den darauffolgenden Beobachtungszeitpunkten. Im Jahr 2008 ist ein Anstieg auf 67,4% zu verzeichnen. Nach einem zwischenzeitlichen leichten Rückgang wird 2011 mit 70,1% der höchste Wert erreicht, so dass, besonders auf Grund der Turbulenzen auf den Kapitalmärkten, ein krisenbedingter Anstieg konstatiert werden kann. Die für eine Marktwertbetrachtung ebenfalls geringe Standardabweichung unterstreicht den Grundgedanken einer branchenspezifischen Fremdkapitalquote.

---

[875] In den Jahren 2011 bis 2013 wurden die Werte des Unternehmens Seat Pagine Gialle S.p.A. nicht berücksichtigt, da es sich um Ausreißer auf Grund eines negativen Eigenkapitalbestands handelt. Die Werte zwischen 119,1% und 267,6% würden ansonsten zu Verzerrungen führen.
[876] Eigene Darstellung.

FKQ(MW)	2006	2007	2008	2009	2010	2011	2012	2013
M	51,4%	54,0%	67,4%	63,9%	62,4%	70,1%	67,8%	61,3%
MD	51,9%	54,1%	68,0%	64,1%	62,0%	66,7%	66,2%	58,0%
Min	22,6%	28,5%	39,2%	32,7%	36,1%	46,1%	40,4%	34,1%
Max	77,9%	74,2%	88,4%	91,7%	95,0%	98,3%	95,4%	97,8%
SD	15,5%	13,3%	13,4%	16,2%	17,0%	15,8%	16,3%	19,4%
N	17	17	16	16	16	16	16	16

Tabelle 4.21: Fremdkapitalquote (Marktwerte) der Verbraucherserviceunternehmen[877]

Schließlich lässt sich zusammenfassend festhalten, dass die empirischen Ergebnisse das Vorgehen einer branchenspezifischen Analyse stützen und diese eine geeignete Ergänzung zur länderspezifischen Untersuchung, wie sie in der Literatur verbreitet ist, darstellt. Da die Standardabweichung ein Maß für die Homogenität der Gruppierungen ist und sich diese bei beiden Untersuchungsabschnitten überwiegend auf einem ähnlichen Niveau befindet, kann auf dieser Basis grundsätzlich keine der beiden Vorgehensweisen als mehr oder minder geeignet bezeichnet werden. Vielmehr ergänzen sich beide Betrachtungsweisen, wodurch der Informationsgehalt der Untersuchung erhöht wird.

Ein Vergleich der drei untersuchten Wirtschaftszweige offenbart branchenspezifische Kapitalstrukturen. Abbildung 4.4 fasst die durchschnittliche Fremdkapitalquote basierend auf Buchwerten zusammen. Demzufolge befindet sich die Verschuldung bei Industrie- und Verbraucherserviceunternehmen durchgehend auf einem höheren Niveau. Ungeachtet dessen ähnelt sich der Verlauf der Kapitalstruktur länderübergreifend. So kann bspw. im Jahr 2010 bei allen drei Datensätzen ein Rückgang der Verschuldung im Zuge der Krise beobachtet werden. Ebenfalls hervorzuheben ist die verhältnismäßig geringe Standardabweichung bei Industrieunternehmen und im Verbraucherservicebereich.

---

[877] Eigene Darstellung.

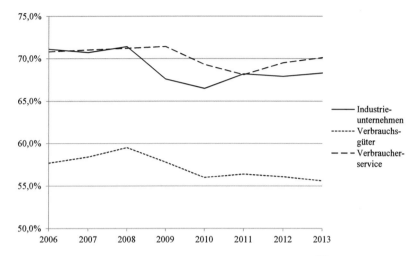

Abbildung 4.4: Fremdkapitalquote (Buchwerte) im Branchenvergleich[878]

Die Verläufe der Kapitalstruktur zu Marktwerten können Abbildung 4.5 entnommen werden. Analog zu den vorherigen Ausführungen befindet sich die Verschuldung in der Verbrauchsgüterbranche durchgehend auf einem geringeren Niveau. Auffällig ist jedoch die zu weiten Teilen simultane Entwicklung der durchschnittlichen Fremdkapitalquote mit den anderen Branchen. Nachweisbar steigt die Quote mit dem Einsetzen der globalen Finanzkrise im Jahr 2008 erheblich an, bevor sie unmittelbar darauf wieder zurückgeht. Begründet werden kann dieser Umstand u.a. mit den Kursverlusten an den Aktienmärkten. Ein erneuter Anstieg kann 2011 verzeichnet werden. Dieser ist besonders ausgeprägt bei den Industrieunternehmen und der Verbraucherservicebranche. Anscheinend ist die Kapitalstruktur bei beiden Unternehmensgruppen in größerem Umfang von der Europäischen Staatsschuldenkrise beeinflusst.

---

[878] Eigene Darstellung.

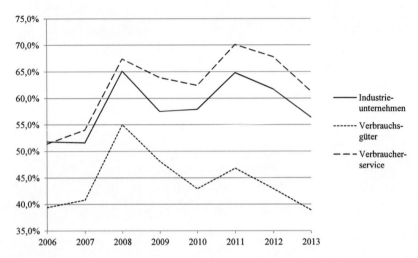

Abbildung 4.5: Fremdkapitalquote (Marktwerte) im Branchenvergleich[879]

4.5.1.3 Schwankung der individuellen Kapitalstruktur

In einem weiteren Bearbeitungsschritt wird nachfolgend überprüft, inwieweit die Kapitalstruktur multinationaler Unternehmen im Zeitverlauf Schwankungen unterliegt und ob ggf. eine Zielkapitalstruktur, wie es die statische Trade-Off Theorie postuliert, verfolgt wird. Um die Veränderung der Kapitalstruktur während des gesamten Untersuchungszeitraums auf Unternehmensebene zu ermitteln, wird für jedes Unternehmen die Differenz zwischen der minimalen und maximalen Fremdkapitalquote gebildet.[880] Es wird somit die Frage aufgegriffen, ob das Finanzmanagement die ausgewiesene Kapitalstruktur zielgerichtet steuert. Aus diesem Grund wird die Fremdkapitalquote in diesem Untersuchungsabschnitt ausschließlich anhand von Buchwerten betrachtet. Je geringer die Differenz und somit die Schwankung der Kapitalstruktur ausfällt, desto größer sind die Anzeichen für das Vorliegen einer Zielkapitalstruktur.[881]

---

[879] Eigene Darstellung.

[880] Die minimale und maximale Fremdkapitalquote im Zeitraum von 2006 bis 2013 sowie die Differenz beider Größen können Anhang 15-17 entnommen werden.

[881] Es ist jedoch zu beachten, dass eine geringe Differenz nicht zwangsläufig auf das Vorliegen einer bewusst gesteuerten Zielkapitalstruktur seitens des Finanzmanagements schließen lässt. Es ist ebenso möglich, dass die Fremdkapitalquote ein zufälliges Ereignis verschiedener Entscheidungen ist oder eine angestrebte Quote nicht erreicht werden konnte. Vgl. Hermanns (2006), S. 232.

Hermanns (2006) schlägt vor, die folgenden vier Stadien einer Zielkapitalstruktur mit den entsprechenden Spannweiten zu unterscheiden:[882] Fixe Kapitalstruktur (0,0%-4,9%), fixer Korridor einer Zielkapitalstruktur (5,0%-14,9%), flexible Zielkapitalstruktur (15,0%-19,9%) und keine Zielkapitalstruktur (≥20,0%). Die Klassifizierungen ‚fixer Korridor einer Zielkapitalstruktur' sowie ‚flexible Zielkapitalstruktur' wirken inhaltlich schwer voneinander abgrenzbar. Allerdings findet sich eine entsprechende Terminologie ebenfalls in der umfangreichen Fragebogenuntersuchung von *Graham/ Harvey (2001)*, welche in der Literatur auf große Akzeptanz stößt.[883] Somit kommt die vorgestellte Disposition auch in der nachstehenden Auswertung zur Anwendung.

In Abbildung 4.6 werden die unterschiedlichen Ausprägungsformen einer Zielkapitalstruktur für den gesamten Datensatz sowie für die Unternehmen aus Deutschland, Frankreich und Italien ausgewiesen.[884] Den Ergebnissen kann entnommen werden, dass die Kapitalstruktur bei einem Großteil der multinationalen Unternehmen im Zeitverlauf nur geringen Schwankungen unterliegt und demnach 70,0% der Konzerne eine fixe Zielkapitalstruktur bzw. einen fixen Zielkorridor verfolgen. Wird die Entwicklung entsprechend der Indices einzeln betrachtet, fällt besonders bei den CAC-Unternehmen der hohe Anteil von insgesamt 77,2% auf. Die Ergebnisse der DAX-Unternehmen und FTSE MIB-Unternehmen unterscheiden sich nur geringfügig. Sofern der Anteil der flexiblen Zielkapitalstruktur berücksichtigt wird, steigt der Wert länderübergreifend sogar auf 85,0%.

---

[882] Die Kapitalstruktur wird hier anhand der Eigenkapitalquote über den Zeitraum von acht Jahren abgebildet. Vgl. Hermanns (2006), S. 231.

[883] Vgl. Graham/ Harvey (2001), S. 211.

[884] Die Ergebnisse beziehen sich, in Anlehnung an die bisherige Vorgehensweise, auf das unbalanced Panel. Eine entsprechende Darstellung des balanced Panels findet sich in Anhang 18.

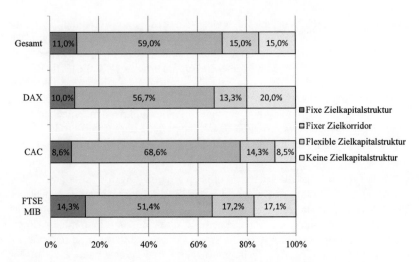

Abbildung 4.6: Schwankung der buchwertbasierten Kapitalstruktur[885]

4.5.2 Einflussfaktoren auf die Kapitalstruktur

Im Rahmen dieses Kapitels werden Einflussfaktoren auf die Verschuldung von multinationalen Unternehmen aus Deutschland, Frankreich und Italien für den Zeitraum von 2006-2013 untersucht. Für die Schätzung der Panelregression wird auf das Fixed-Effects-Modell zurückgegriffen.[886] Die abhängige Variable fließt zum einen zu Buchwerten und zum anderen zu Marktwerten in das Modell ein. Tabelle 4.22 veranschaulicht die Ergebnisse der marktwertbasierten Schätzung.[887] Grundsätzlich kann festgehalten werden, dass sowohl firmenspezifische als auch makroökonomische Faktoren einen Einfluss auf die marktwertbasierte Fremdkapitalquote ausüben. Dies gilt im besonderen Maße für die folgenden Variablen: Bewertung, Profitabilität, BIP und Inflation.

Bezogen auf die Anlageintensität sind die Ergebnisse nicht eindeutig. Zwar ist länderübergreifend ein negativer Zusammenhang erkennbar, jedoch ist dieser nur in Frankreich auf dem 5%-Niveau und Italien auf dem 10%-Niveau statistisch signifikant. Die Ausprägung des Regressionskoeffizienten ist dabei bei den CAC-

---

[885] Eigene Darstellung.
[886] Für weiterführende Informationen zur methodischen Vorgehensweise siehe Kapitel 4.3.1.
[887] In Anlehnung an aktuelle Studien wird der Erklärungsgehalt der marktwertbasierten Schätzung als höher eingestuft. Vgl. Campello/ Giambona (2013), S. 1340, Frank/ Goyal (2009), S. 2 f. und Schachtner (2009), S. 158. Aus diesem Grund konzentrieren sich die weiteren Ausführungen auf die marktwertbasierte Fremdkapitalquote. Die Ergebnisse der buchwertbasierten Schätzung können Anhang 19 entnommen werden.

Unternehmen am höchsten. Allerdings fällt bei diesem Datensatz ebenfalls der Standardfehler am höchsten aus.

Die Variable Bewertung hat länderübergreifend einen negativen Einfluss auf die Verschuldung. Der Koeffizient ist für Unternehmen aus Deutschland und Frankreich auf dem 1%-Niveau statistisch signifikant und ähnelt sich zudem hinsichtlich der Höhe und des Standardfehlers. Für den FTSE MIB-Datensatz fallen die Werte auf dem 10%-Signifikanzniveau geringer aus.

Ähnlich eindeutige Ergebnisse resultieren bei der Schätzung des Einflusses der Profitabilität. Demnach existiert bei allen Datensätzen ein signifikant negativer Zusammenhang zwischen der marktwertbasierten Fremdkapitalquote und der Profitabilität (1%-Signifikanzniveau in Deutschland und Italien, 10%-Signifikanzniveau in Frankreich). Der Regressionskoeffizient liegt zwischen -0,31 (CAC) und -0,49 (DAX).

Als vierte und letzte firmenspezifische Variable fließt die Unternehmensgröße in das Modell ein. Es können jedoch keine eindeutigen Rückschlüsse gezogen werden, da der Koeffizient zweimal positiv und einmal negativ ist. Zudem sind die Ergebnisse durchgängig nicht statistisch signifikant.

Das BIP, als makroökonomische Einflussgröße, wirkt sich bei Unternehmen aus Deutschland und Italien negativ auf die Verschuldung aus. Die Ergebnisse sind auf dem 5%- bzw. 1%-Niveau statistisch signifikant. Für Unternehmen aus Frankreich kann ein solcher Zusammenhang, auf Grund des positiven Vorzeichens des Koeffizienten, nicht bestätigt werden.

Zuletzt sei auf den länderübergreifend hochsignifikant positiven Zusammenhang zwischen der Inflation und der Verschuldung verwiesen (1%-Signifikanzniveau). Der Regressionskoeffizient ist bei der FTSE MIB-Schätzung am höchsten und weist gleichzeitig den geringsten Standardfehler auf.

FKQ(MW)	DAX	CAC	FTSE MIB
Anlageintensität	-0,1087 (0,3053)	-0,4606** (0,2119)	-0,1693* (0,0840)
Bewertung	-0,2151*** (0,0416)	-0,2445*** (0,0448)	-0,0398* (0,0227)
Profitabilität	-0,4863*** (0,1539)	-0,3135* (0,1617)	-0,3869*** (0,1413)
Unternehmensgröße	-0,0038 (0,0449)	0,0498 (0,0358)	0,0220 (0,0516)
BIP	-0,4274** (0,1696)	0,0498 (0,0358)	-0,9760*** (0,1855)
Inflation	2,6082*** (0,7379)	1,8517*** (0,4823)	2,9598*** (0,4632)
R^2	0,5521	0,6240	0,4174
R^2 adjustiert	0,5397	0,6157	0,4029
F-Test	9,72***	22,98***	21,91***
Beobachtungen	223	280	249
Anzahl Unternehmen	30	35	35

*** Signifikanz auf 1%-Niveau, ** Signifikanz auf 5%-Niveau, * Signif. auf 10%-Niveau

Die abhängige Variable ist die marktwertbasierte Fremdkapitalquote, ausgedrückt durch das Verhältnis von Fremdkapital (BW) zur Summe aus Eigenkapital (MW) und Fremdkapital (BW). Die unabhängigen Variablen sind folgendermaßen definiert: Anlageintensität = Sachanlagevermögen / Bilanzsumme, Bewertung = Gesamtkapital (MW) / Gesamtkapital (BW), Profitabilität = EBITDA / Bilanzsumme, Unternehmensgröße = Ln (Umsatz), BIP = jährliches Wirtschaftswachstum in Deutschland, Frankreich bzw. Italien, Inflation = jährliche Inflationsraten in Deutschland, Frankreich bzw. Italien. Die Konstante der Regressionsgleichung ist nicht aufgeführt. Die robusten Standardfehler sind in den Klammern ausgewiesen.

Tabelle 4.22: Regression zur marktbasierten Kapitalstruktur[888]

Da bislang ausschließlich die Ergebnisse der Panelregression gezeigt wurden, sollen nachstehend die Güte der Regressionsfunktion und die Einhaltung der Modell-

---

[888] Eigene Darstellung.

prämissen überprüft werden.[889] Das Bestimmtheitsmaß R^2 nimmt mit 0,55 (DAX), 0,62 (CAC) und 0,42 (FTSE MIB) durchaus zufriedenstellende Ergebnisse ein. Dies gilt auch für das adjustierte R^2 (DAX: 0,54; CAC: 0,62; FTSE MIB: 0,40).[890] Bezugnehmend auf den F-Test ist festzuhalten, dass die Nullhypothese mit einer Irrtumswahrscheinlichkeit von 1% verworfen werden kann. Die Regressionskoeffizienten sind demnach in der Gesamtheit ungleich null, weshalb der postulierte Wirkungszusammenhang der Regressionsgleichung als signifikant erachtet wird.[891]

Zur Prüfung der Modellprämissen werden die Eigenschaften der Schätzung betrachtet und zudem verschiedene Tests durchgeführt. Das Regressionsmodell wird mit dem konstanten Glied spezifiziert, um systematische Messfehler bei den Regressionskoeffizienten zu vermeiden.[892] Dem modifizierten Wald-Test kann für das Fixed-Effects-Modell entnommen werden, dass Heteroskedastizität vorliegt. Aus diesem Grund werden die Standardfehler nach *White (1980)* geclustert. Dieses Vorgehen macht die Standardfehler auch robust gegen Autokorrelation unbestimmter Ordnung.[893] Als weitere Prämisse darf bei der Schätzung keine perfekte Multikollinearität vorliegen. Um dies zu überprüfen, wird jede unabhängige Variable auf die übrigen unabhängigen Variablen regressiert und jeweils der VIF berechnet. Ein Faktor größer 10 deutet auf einen problembehafteten Grad an Multikollinearität hin.[894] Die maximalen VIFs der durchgeführten Schätzung sind mit 1.98 (DAX), 1,91 (CAC) und 1,64 (FTSE MIB) jedoch durchgehend akzeptabel.[895]

4.5.3 Interpretation der Ergebnisse

Das Ziel des ersten Teils der empirischen Untersuchung besteht darin, die Entwicklung der Kapitalstruktur multinationaler Unternehmen im Zuge der globalen Finanzkrise zu analysieren und Wirkungszusammenhänge zwischen firmenspezifischen- sowie makroökonomischen Einflussfaktoren und der Verschuldung aufzuzeigen.

---

[889] Für weiterführende Information zur Prüfung der Güte der Regressionsfunktion und der Modellprämissen siehe Kapitel 4.3.1 und 4.3.2.

[890] Das Bestimmtheitsmaß als globales Gütemaß nimmt bei der Überprüfung der buchwertbasierten Regressionsfunktion ab, weshalb der Erklärungsgehalt als geringer eingestuft wird. Die Ergebnisse des F-Tests sind jedoch durchweg statistisch signifikant.

[891] Vgl. Auer/ Rottmann (2011), S. 470.

[892] Vgl. Backhaus et al. (2011), S. 88.

[893] Vgl. Wooldridge (2010), S. 60 ff., S. 310 f. und Baltagi (2008), S. 16.

[894] Vgl. Kennedy (2008), S. 99.

[895] Die Ausführungen können analog auf die Regression der buchwertbasierten Verschuldung als abhängige Variable übertragen werden. Die Modellprämissen gelten hier ebenfalls als erfüllt.

Im Rahmen von Kapitel 3 ist bereits deutlich geworden, dass der Untersuchungs-zeitraum zwischen 2006 und 2013 durch eine sehr heterogene real- sowie finanz-wirtschaftliche Entwicklung gekennzeichnet war. Dies gilt sowohl in zeitlicher als auch geografischer Hinsicht. So gab es Phasen des Aufschwungs und Zeiten kon-junktureller Einbrüche, die wiederum im europaweiten bzw. weltweiten Vergleich unterschiedlich ausgeprägt zu beobachten waren.

Die Ausführungen zur buchwertbasierten Fremdkapitalquote verdeutlichen, dass diese bei multinationalen Unternehmen aus Deutschland, Frankreich und Italien über den gesamten Untersuchungszeitraum im Durchschnitt nur um wenige Pro-zentpunkte schwankt. Im Zuge der Intensivierung der Banken- und Wirtschaftskri-se ist länderübergreifend im Jahr 2009 ein Rückgang der Verschuldung zu ver-zeichnen. Unternehmen aus Frankreich und Italien weisen im Jahr darauf sogar die geringste durchschnittliche Fremdkapitalquote im gesamten Untersuchungszeit-raum auf. Eine ähnliche Entwicklung ist im Zuge der Europäischen Staatsschul-denkrise partiell zu beobachten. Die Kapitalstruktur der multinationalen Unter-nehmen aus Deutschland und Frankreich schwankt in den Jahren 2011 bis 2013 nur geringfügig bzw. gar nicht. In Italien sinkt die Fremdkapitalquote im Jahr 2013 im Zuge der Krise. Folglich kann die in der ersten These vermutete Entwick-lung der buchwertbasierten Kapitalstruktur nur teilweise bestätigt werden.[896] Es zeigt sich, dass die buchwertbasierte Darstellung der Fremdkapitalquote nur be-dingt geeignet ist, um periodenspezifische Effekte bzw. Reaktionen zu identifizie-ren. Dies ist in den Eigenschaften von Bilanzdaten begründet. Die Bilanzen der multinationalen Unternehmen unterliegen i.d.R. einem über viele Jahre andauern-den Entwicklungsprozess. In der Folge handelt es sich bei der Bilanz um ein ge-wachsenes Konstrukt, welches teilweise milliardenschwere Kapitalbestände ver-gangener Perioden beinhaltet. Periodenspezifische Aktivitäten lassen sich nur be-dingt in der bilanziellen Entwicklung wiederfinden. Zudem eignen sich bilanzpoli-tische Maßnahmen, um einen vom Unternehmen gewünschten Eindruck beim Bi-lanzleser zu erwecken.

Bei der marktwertbasierten Betrachtung der Verschuldung zeigt sich ein anderes Bild. Das durchschnittliche Niveau der Fremdkapitalquote zu Marktwerten ist demnach durchgehend geringer als zu Buchwerten. Daraus lässt sich schlussfol-gern, dass die Marktkapitalisierung der untersuchten Konzerne aus Deutschland, Frankreich und Italien teilweise erheblich das bilanzielle Eigenkapital übersteigt. Auf Grund der hohen Abhängigkeit von den Kapitalmärkten reagiert die markt-wertbasierte Kapitalstruktur deutlich stärker im Zuge von Krisenereignissen. Wo-hingegen der Fremdkapitalanteil in den Jahren 2006 und 2007 länderübergreifend

---

[896] Es bleibt allerdings zu beachten, dass es sich bei den vorliegenden Daten um aggregierte Werte handelt, wodurch sich möglicherweise entgegengesetzte krisenbedingte Effekte einzelner Unternehmen neutralisieren und daher keine Beachtung finden.

bei ungefähr 45,0% liegt, erhöht sich der Wert mit Zuspitzung der Krise an den Kapitalmärkten um ungefähr ein Drittel, so dass die Verschuldung 2008 zwischen 57,0% (Italien) und 61,9% (Deutschland) beträgt. Damit handelt es sich in Deutschland und Italien um das höchste Niveau im gesamten Untersuchungszeitraum. In den Jahren 2009 und 2010 führt die zwischenzeitliche gesamtwirtschaftliche Erholung zu einem allgemeinen Anstieg der Marktkapitalisierung. Allerdings sinkt der durchschnittliche Marktwert des Eigenkapitals wegen der Intensivierung der Europäischen Staatsschuldenkrise 2011 erneut, wodurch die Fremdkapitalquote krisenbedingt ansteigt. Obgleich der Anstieg verglichen mit 2008 geringer ausfällt, scheint besonders die Kapitalstruktur der italienischen Unternehmen von den Krisenereignissen betroffen zu sein. Mit 57,7% (2011) wird der höchste Wert im gesamten Untersuchungszeitraum erreicht. Ähnliches gilt für die Unternehmen aus Frankreich. Die Erkenntnisse sind konsistent mit den Ausführungen zur Wirkungsweise der Europäischen Staatsschuldenkrise. These T_{KS}-2 gilt somit als bestätigt. Hierbei bleibt jedoch zu beachten, dass diese Entwicklungen auf die rein technische Abhängigkeit vom Verlauf der Aktienmärkte zurückzuführen sind und somit nur ein begrenzter Erklärungsgehalt von Finanzierungsentscheidungen besteht.

Die dritte These wurde bereits indirekt thematisiert. Es hat sich gezeigt, dass sich die Kapitalstruktur multinationaler Unternehmen in Deutschland, Frankreich und Italien ähnlich entwickelt. Darin inbegriffen sind sowohl die allgemeinen Entwicklungstrends als auch das durchschnittliche Verschuldungsniveau. Obwohl leichte Unterschiede bei den Reaktionen auf die globale Finanzkrise erkennbar sind, werden diese nicht als hinreichend erachtet, um These T_{KS}-3 zu bestätigen.[897] Einen Grund hierfür mag der hohe Homogenitätsgrad darstellen. Die untersuchten multinationalen Unternehmen agieren grenzüberschreitend in einem stark harmonisierten europäischen Binnenmarkt, weshalb nationale Einflüsse auf die Kapitalstruktur scheinbar weniger ausschlaggebend sind. Allerdings ist auch an dieser Stelle zu beachten, dass voneinander abweichende nationale Reaktionen auf die globale Finanzkrise, auf Basis von Bilanzdaten, nur begrenzt aufgedeckt werden können. In diesem Zusammenhang wird sich zeigen, inwieweit die Cashflow basierte Untersuchung in Kapitel 4.6 eher geeignet ist.

Bezugnehmend auf die Existenz branchenspezifischer Kapitalstrukturen verdeutlichen die Ergebnisse in Kapitel 4.5.1.2, dass besonders hinsichtlich des durchschnittlichen Verschuldungsniveaus Unterschiede vorhanden sind. Demnach ist der durchschnittliche Fremdkapitalanteil bei den untersuchten Unternehmen der Verbrauchsgüterbranche, gemessen anhand von Buch- und Marktwerten, deutlich geringer als bei den Unternehmen aus den Bereichen Industrie und Verbraucher-

---

[897] Siehe Abbildung 4.3.

service. Offenbar erfordern die ökonomischen Rahmenbedingungen von Verbrauchsgüterunternehmen und das damit verbundene Geschäftsmodell einen erhöhten Eigenkapitaleinsatz, so dass hier Branchenspezifika bestehen. Geringere Unterschiede hinsichtlich des Fremdkapitalanteils existieren zwischen Industrieunternehmen und Unternehmen aus der Verbraucherservicebranche. Anders als bei den durchschnittlichen Verschuldungsniveaus verhält es sich bei dem Entwicklungsverlauf der Kapitalstruktur, der sich bei allen Unternehmen sehr ähnelt. Bei der buchwertbasierten Betrachtungsweise ist zu erkennen, dass die Verschuldung im Zuge der Krise branchenübergreifend sinkt und das Vorkrisenniveau nicht mehr erreicht wird. Die marktwertbasierte Verschuldung steigt in allen Wirtschaftsbereichen 2008 und 2011 deutlich an und geht nach den Krisenhochphasen jeweils wieder zurück. Eine derartig gleichverlaufende Entwicklung erscheint allerdings keineswegs verwunderlich, da es sich nicht um eine branchenspezifische Krise in der Realwirtschaft handelt. Im Hinblick auf die vierte These sind jedoch die aufgezeigten branchenspezifischen Niveauunterschiede bei der Verschuldung von Bedeutung, weshalb These T_{KS}-4 bestätigt werden kann. Es ist allerdings zu berücksichtigen, dass auf Grund des begrenzten Stichprobenumfanges lediglich drei Branchen untersucht wurden und die Aussagekraft daher begrenzt ist.

Die Ausführungen haben bereits gezeigt, dass sich die aggregierte, buchwertbasierte Fremdkapitalquote multinationaler Unternehmen im Untersuchungszeitraum nur geringfügig verändert. Schlussfolgerungen zu einer möglichen Zielkapitalstruktur sind allerdings basierend auf diesem Informationsstand nicht tragfähig. Kapitalstrukturen einzelner Unternehmen können im Zeitverlauf stark schwanken und sich im Mittel ausgleichen. Aus diesem Grund ist die Schwankung der individuellen Zusammensetzung von Eigen- und Fremdkapital ausschlaggebend. Die entsprechenden Ergebnisse sind eindeutig. Insgesamt 70% der untersuchten multinationalen Unternehmen verfolgen eine fixe Zielkapitalstruktur bzw. einen fixen Zielkorridor. Auf Grundlage dieses Wertes kann These T_{KS}-5 bestätigt werden. Scheinbar haben multinationale Unternehmen vornehmlich eine Zielvorstellung über die anteilige Zusammensetzung von Eigen- und Fremdkapital. Die Datenlage lässt jedoch keine Schlüsse zu, inwieweit die Anpassung bewusst oder unbewusst durch das Finanzmanagement erfolgt ist. Hierfür wäre eine Befragung der verantwortlichen Entscheidungsträger erforderlich.

Die Ergebnisse zur Entwicklung der Kapitalstruktur können anhand der fünf entwickelten Thesen in Tabelle 4.23 zusammengefasst werden.

Nr.	These	Ergebnis
T_{KS}-1	Die buchwertbasierte Verschuldung multinationaler Unternehmen nimmt im Zuge von Krisenereignissen ab und steigt im Zuge einer gesamtwirtschaftlichen Erholung an.	teils bestätigt
T_{KS}-2	Die marktwertbasierte Verschuldung multinationaler Unternehmen steigt als direkte Reaktion auf Krisenereignisse unmittelbar an und sinkt entsprechend simultan bei einsetzender gesamtwirtschaftlicher Erholung.	bestätigt
T_{KS}-3	Multinationale Unternehmen weisen länderspezifische Kapitalstrukturen auf.	nicht bestätigt
T_{KS}-4	Multinationale Unternehmen weisen branchenspezifische Kapitalstrukturen auf.	bestätigt
T_{KS}-5	Multinationale Unternehmen verfolgen eine flexible bis fixe Zielkapitalstruktur.	bestätigt

Tabelle 4.23: Ergebnisse zur Entwicklung der Kapitalstruktur[898]

Im Rahmen der durchgeführten Panelregression zeigt sich, dass die Kapitalstruktur sowohl durch firmenspezifische als auch makroökonomische Determinanten beeinflusst wird.[899] Die nachfolgende Interpretation konzentriert sich, wie bereits die Ausführungen zu den Ergebnissen, auf die marktwertbasierte Fremdkapitalquote.

Für die Anlageintensität gilt, dass sie sich bei den Unternehmen aus Deutschland, Frankreich und Italien negativ auf die Verschuldung auswirkt. Damit ist Hypothese H_{KS}-1.1 abzulehnen. Eine negative Korrelation zwischen Anlageintensität und Verschuldung wird von der Pecking-Order Theorie unterstützt. Unternehmen mit einem hohen Sachanlagevermögensanteil weisen geringere Informationsasymmetrien auf. Externe Eigenkapitalgeber fordern bei der Ausgabe von Anteilsscheinen in der Folge einen geringeren Preisabschlag.[900] Eine weitere Erklärung für eine negative Korrelation beider Variablen liefern *DeAngelo/ Masulis (1980)*. Demnach führt eine Erhöhung der Anlageintensität zu einem relativen Anstieg der buchhalterischen Abschreibungen, die sich wiederum positiv auf die Eigenfinanzierung auswirken.[901] Scheinbar ist in dem von verschiedenen Krisenphasen ge-

---

[898] Eigene Darstellung.

[899] Bei den weiteren Ausführungen bezieht sich die Interpretation der Ergebnisse der Regressionsanalyse grundsätzlich auf statistisch signifikante Zusammenhänge, sofern nicht explizit ein Hinweis erfolgt, dass keine statistische Signifikanz besteht.

[900] Vgl. Gaud et al. (2005), S. 55 und Harris/ Raviv (1991), S. 346.

[901] Vgl. DeAngelo/ Masulis (1980), S. 3 ff.

prägten Untersuchungszeitraum der Aspekt der Eigenkapitalbeschaffung schwerwiegender als die Wirkung der Anlageintensität auf die Fremdfinanzierung.

Bei dem negativen Regressionskoeffizient der Bewertung handelt es sich um ein eindeutiges und zu erwartendes Ergebnis. Im Einklang mit der statischen Trade-Off Theorie tendieren multinationale Unternehmen bei hoher Marktbewertung zu einer geringeren Verschuldung. Hypothese H_{KS}-1.2 kann somit bestätigt werden. Zwar wirken sich Wachstumspotentiale positiv auf den Wert eines Unternehmens aus, indem in der Zukunft Erträge generiert werden können, jedoch sind diese in der Gegenwart teilweise schwer quantifizierbar. Fremdkapitalgeber streben besonders in Krisenzeiten, wie bspw. der globalen Finanzkrise, nach Sicherheit. Im Vordergrund steht die Zahlungsfähigkeit des Schuldners während eines zeitlich befristeten Kreditengagements. Investitionen in das Wachstum sind allerdings risikobehaftet und reduzieren den freien Cashflow. Folglich hat sich die Fremdkapitalquote bei wachstumsstarken Unternehmen reduziert. Ein weiterer Aspekt kommt besonders in den letzten Jahren des Untersuchungszeitraums zum Tragen. Die erhöhte Geldmenge durch die expansive Geldpolitik der Zentralbanken hat dazu geführt, dass die Aktienkurse und damit die Marktbewertung stark angestiegen sind. Im Sinne des Market-Timings nutzen Unternehmen eine derartige Überbewertung, um externes Eigenkapital verhältnismäßig kostengünstig zu beschaffen.[902]

Ebenso besteht ein negativer Zusammenhang zwischen der Profitabilität und der Verschuldung. Eine mögliche Begründung liefert die Pecking-Order Theorie. Unternehmen mit einer höheren Profitabilität verfügen, relativ betrachtet, über mehr interne Mittel um Ausgaben zu decken. Da externes Kapital, wie beim Modell zur optimalen Finanzierungsstruktur verdeutlicht,[903] üblicherweise nur bei zusätzlichem Kapitalbedarf in Anspruch genommen wird und dieser bei einem profitableren Unternehmen c.p. geringer ist, reduziert sich auch der Anteil der Fremdfinanzierung. Dieser Zusammenhang ist bei den Unternehmen aus Deutschland, Frankreich und Italien erkennbar, weshalb Hypothese H_{KS}-1.3 als bestätigt gilt.

Anders als erwartet, kann kein statistisch signifikanter Zusammenhang zwischen der Unternehmensgröße und der marktbasierten Fremdkapitalquote nachgewiesen werden. Postulierte Wirkungsweisen verschiedener theoretischer Ansätze zum Einfluss der Unternehmensgröße sowie die Mehrheit der empirischen Ergebnisse können daher nicht bestätigt werden.[904] Hypothese H_{KS}-1.4 ist abzulehnen.

---

[902] Vgl. Frank/ Goyal (2009), S. 8.
[903] Siehe Kapitel 2.4.2.
[904] Vgl. Frank/ Goyal (2009), S. 26, Frank/ Goyal (2003), S. 240, Fama/ French (2002), S. 21 und Berger (2011), S. 109.

Die makroökonomische Einflussgröße Wirtschaftswachstum hat nachgewiesenermaßen eine negative Auswirkung auf die Verschuldung. Ein solcher Zusammenhang ist im Einklang mit den Vorstellungen der Pecking-Order Theorie und der Market-Timing Theorie. Im Zuge der wirtschaftlichen Wachstumsphasen verbessert sich die Selbstfinanzierung aus Gewinnen, wodurch die Eigenkapitalbasis gestärkt wird. Als weitere Ursache für den Rückgang der Verschuldung können die prozyklische externe Eigenfinanzierung und die antizyklische externe Fremdfinanzierung aufgeführt werden.[905] In der Folge hat sich im Untersuchungszeitraum die Eigenkapitalquote der multinationalen Unternehmen in Wachstumsphasen erhöht. Hypothese H_{KS}-2.1 wird demnach bestätigt.

Zuletzt zeigt sich, dass die Inflation länderübergreifend einen positiven Einfluss auf die Verschuldung ausübt. Eine mögliche Ursache mag darin begründet sein, dass Unternehmen, in Erwartung steigender Finanzierungskosten, die Fremdfinanzierung ausweiten. Damit werden sowohl die Ausführungen der statischen Trade-Off Theorie und der Market-Timing Theorie unterstützt. Zudem knüpfen diese Ergebnisse an die bisherigen empirischen Untersuchungen an.[906] Im Einklang dazu wird Hypothese H_{KS}-2.2. bestätigt.

Abschließend werden die Ergebnisse zu den Einflussfaktoren der Kapitalstruktur in Tabelle 4.24 überblicksartig dargestellt.

---

[905] Vgl. Korajczyk/ Levy (2003), S. 78 und Levy/ Hennessy (2007), S. 1546 ff.
[906] Vgl. Frank/ Goyal (2009), S. 26 und Barry et al. (2008), S. 413 ff.

Nr.	Hypothese	Ergebnis
H_{KS}-1	Hypothesen zu firmenspezifischen Einflussfaktoren	
H_{KS}-1.1	Multinationale Unternehmen mit einer hohen Anlageintensität tendieren zu einer höheren Verschuldung.	nicht bestätigt
H_{KS}-1.2	Multinationale Unternehmen tendieren bei hoher Bewertung zu einer geringeren Verschuldung.	bestätigt
H_{KS}-1.3	Multinationale Unternehmen mit einer hohen Profitabilität tendieren zu einer geringeren Verschuldung.	bestätigt
H_{KS}-1.4	Multinationale Unternehmen tendieren mit zunehmender Größe zu einer höheren Verschuldung.	nicht bestätigt
H_{KS}-2	Hypothesen zu makroökonomischen Einflussfaktoren	
H_{KS}-2.1	Multinationale Unternehmen tendieren bei steigendem Wirtschaftswachstum zu einer geringeren Verschuldung.	bestätigt
H_{KS}-2.2	Multinationale Unternehmen tendieren bei steigender Inflation zu einer höheren Verschuldung.	bestätigt

Tabelle 4.24: Ergebnisse zu den Einflussfaktoren auf die Kapitalstruktur[907]

4.6 Analyse der Finanzierungsstruktur

Der zweite Teil der empirischen Untersuchung zielt auf die Analyse der Finanzierungsstruktur ab. Die Rahmenbedingungen unterscheiden sich dabei deutlich vom vorherigen Abschnitt. Auf Grund lediglich vereinzelter wissenschaftlicher Studien ist eine Einordnung der Ergebnisse in den bisherigen theoretischen und empirischen Forschungsstrang nur bedingt möglich. Diesem Umstand wurde durch die Entwicklung eines theoretischen Bezugsrahmens, in Form des Modells zur optimalen Finanzierungsstruktur, in Kapitel 2.4 Rechnung getragen. Zudem orientiert sich das Untersuchungsdesign auf bereits bewährte und wissenschaftlich anerkannte Vorgehensweisen aus der Kapitalstrukturforschung.

Bevor eine tiefergehende Analyse der Finanzierungsstruktur erfolgt, erscheint es zunächst angebracht, ein grundsätzliches Verständnis über die Finanzierungsvolumina und –quoten multinationaler Unternehmen aus Deutschland, Frankreich und Italien zu erhalten. Damit treten im Bereich der Unternehmensfinanzierung, neben der bereits üblichen Fokussierung auf Verhältniszahlen, ebenfalls absolute Werte zur Höhe des Mittelaufkommens in den Vordergrund. Analog zum bisheri-

---

[907] Eigene Darstellung.

gen Vorgehen werden die Ergebnisse auch in diesem Kapitel hinsichtlich der Auswirkungen der globalen Finanzkrise reflektiert. In einem weiteren Bearbeitungsschritt werden im Rahmen einer Panelregression die Wirkungsweisen ausgewählter Determinanten auf die Finanzierungsstruktur untersucht. Abschließend folgt die Interpretation der Ergebnisse, wobei die gewonnenen Erkenntnisse aus Kapitel 2 und Kapitel 3 in die Diskussion einbezogen werden.

4.6.1 Entwicklung der Finanzierungsstruktur

Die Ausführungen zur Entwicklung der Finanzierungsstruktur konzentrieren sich sowohl auf die absoluten Werte der Finanzierungsvolumina als auch auf die Finanzierungsquoten.[908] Da die Herleitung der Finanzierungsstruktur nahezu ausschließlich auf Cashflow Daten und ergänzend auf Werten aus der Bilanz basiert, werden nur Buchwerte ausgewiesen. Des Weiteren bezieht sich die Analyse der Finanzierungsstruktur auf das unbalanced Panel.[909]

Kongruent zur bisherigen Vorgehensweise in Kapitel 4.5.1 wird die Finanzierungsstruktur zunächst länderspezifisch für die DAX-, CAC- und FTSE MIB-Unternehmen gesondert untersucht, bevor die Ergebnisse in einen gemeinsamen Kontext gesetzt werden.[910] Begonnen wird mit der Analyse der durchschnittlichen Finanzierungsvolumina. Dies schließt die Betrachtung der absoluten Werte und

---

[908] Um die Finanzierungsstruktur zielführend untersuchen zu können, sind zunächst vereinzelte Anpassungen des Datensatzes vorzunehmen. Anders als bei der Kapitalstruktur, beschränkt sich der Geltungsbereich nicht auf das Intervall zwischen null und kleiner eins, sofern ein positiver Eigenkapitalbestand unterstellt wird. Sowohl die Innen- als auch die Außenfinanzierung sind periodenbezogene Größen, die positive wie negative Werte annehmen können und in ihrer Höhe grundsätzlich nicht beschränkt sind. Dies hat zur Folge, dass die Quoten negativ bzw. größer als eins sein können. Je größer der Geltungsbereich, desto höher der mögliche Heterogenitätsgrad des Datensatzes. Aus diesem Grund sind die beiden folgenden Anpassungen notwendig. Erstens sind jene Beobachtungen auszuschließen, die ein negatives Gesamtfinanzierungsvolumen aufweisen, da die Berechnung der Quote hier nicht korrekt wäre. Eine negative Gesamtfinanzierung ist bspw. denkbar, wenn ein Unternehmen in einer Periode Verluste erzielt hat und zudem externes Kapital in höherem Maße tilgt als neu beschafft. Folglich können Innen- und Außenfinanzierung negativ sein. Das Unternehmen muss den bestehenden Mittelbedarf durch Kapitalreserven aus vergangenen Perioden decken. Die vorliegende Untersuchung konzentriert sich auf die periodenbezogene Kapitalbeschaffung und grenzt somit Kapitalreserven aus früheren Jahren aus. Als Konsequenz müssen insgesamt 20 Beobachtungspunkte mit einer negativen Gesamtfinanzierung ausgeschlossen werden. Außerdem werden in einem weiteren Bearbeitungsschritt extreme Ausreißer entfernt, die ansonsten zu starken Verzerrungen führen würden. Zur Identifikation dient der Box-Whisker-Plot. Übersteigt die Innen- oder Außenfinanzierungsquote eines Unternehmens den dreifachen Interquartilabstand, wird der Wert aus dem Datensatz eliminiert. Dies betrifft insgesamt 40 Beobachtungspunkte.

[909] Die Analyse der Kapitalstruktur hat gezeigt, dass sich die Ergebnisse des unbalanced Panels nur geringfügig von denen des balanced Panels unterscheiden. Zudem erfordert die höhere Streubreite der durchschnittlichen Finanzierungsstruktur die Eliminierung von Ausreißern. Die weitere Reduktion der Beobachtungszeitpunkte beim balanced Panel würde die Aussagekraft der Ergebnisse schmälern.

[910] Eine branchenspezifische Untersuchung der Finanzierungsstruktur erfolgt nicht. Wie bereits erläutert, beinhaltet der Datensatz zur Finanzierungsstruktur weniger Beobachtungspunkte als jener zur Kapitalstruktur. In der Folge würde die Aussagekraft bei einer branchenspezifischen Untersuchung, wie sie in Kapitel 4.5.1.2 zur Kapitalstruktur durchgeführt wurde, zu stark abnehmen.

der entsprechenden volumengewichteten Innen- und Außenfinanzierungsquoten mit ein. Allerdings ist zu berücksichtigen, dass Unternehmen mit höheren Finanzierungsvolumina bei einem solchen Vorgehen einen größeren Einfluss auf die Ergebnisse ausüben und somit zunächst ein Marktüberblick geschaffen wird. In einem weiteren Bearbeitungsschritt wird die gleichgewichtete Finanzierungsstruktur untersucht, indem die unternehmensindividuellen Innenfinanzierungsquoten gemittelt werden. Somit üben alle berücksichtigten Unternehmen zu gleichen Teilen einen Einfluss auf die Finanzierungsquote aus. Die gleichgewichtete Innenfinanzierungsquote stellt auch die endogene Variable für die Regressionsanalyse dar.[911]

4.6.1.1 Volumengewichtete Finanzierungsstruktur im Ländervergleich

Die durchschnittlichen Finanzierungsvolumina eines DAX-Unternehmens können Abbildung 4.7 entnommen werden. Demzufolge sind die Innen-, Außen- sowie Gesamtfinanzierungsvolumina während des Untersuchungszeitraums durch eine beträchtliche Dynamik geprägt. Das gesamte Mittelaufkommen schwankt zwischen 4,7 Mrd. Euro (2010) und 6,6 Mrd. Euro (2008). In den Vorkrisenjahren ist bis 2008 ein kontinuierlicher Anstieg der Gesamtfinanzierung zu erkennen, bevor im Zuge der Krisenintensivierung in den Jahren 2009 sowie 2010 ein deutlicher Rückgang folgt, so dass sogar das Anfangsniveau von 2006 unterschritten wird. Wohingegen im Jahr 2008 ein DAX-Unternehmen durchschnittlich 1,6 Mrd. Euro in Form der Außenfinanzierung beschafft hat, sinkt der Wert im Jahr 2010 auf lediglich 50 Mio. Euro um ein Vielfaches. Seit 2011 ist vor allem bei der externen Kapitalbeschaffung eine Erholung zu verzeichnen. So steigt sowohl die Außenfinanzierung als auch die Gesamtfinanzierung an, wobei das Vorkrisenniveau bis 2013 nicht erreicht wird. Die Innenfinanzierung erhöht sich nach einem zwischenzeitigen Rückgang erst zum Ende des Untersuchungszeitraums.

---

[911] Die unternehmensspezifischen Finanzierungsvolumina und –quoten der DAX-, CAC- und FTSE MIB-Unternehmen können Anhang 20-22 entnommen werden.

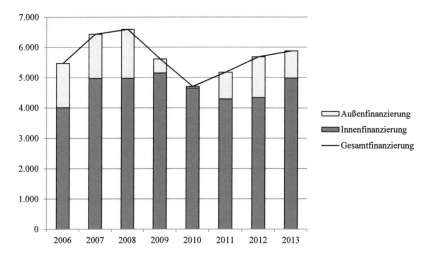

Abbildung 4.7: Finanzierungsvolumina der DAX-Unternehmen in Mio. Euro[912]

Anhand der volumengewichteten Innen- und Außenfinanzierungsquote wird die beschriebene Entwicklung ebenfalls ersichtlich (siehe Tabelle 4.25). Der Anteil der Außenfinanzierung schwankt in den ersten drei Jahren nur geringfügig zwischen 22,7% (2007) und 26,8% (2006). Krisenauswirkungen werden erst im Jahr 2009 unverkennbar ersichtlich. Die Innenfinanzierungsquote steigt hier um ungefähr ein Fünftel auf das Niveau von 91,7% an. Dieser Trend setzt sich in der darauffolgenden Periode weiter fort, so dass die Netto-Außenfinanzierung nahezu zum Erliegen kommt.[913] Eine Stabilisierung kann erst seit 2011 festgestellt werden, wobei die Finanzierungsstruktur fortan volatiler ist als in den Vorkrisenjahren.

---

[912] Eigene Darstellung.
[913] Die Netto-Außenfinanzierung drückt den Saldo zwischen der externen Mittelbeschaffung und der Tilgung bzw. Rückzahlung aus.

	2006	2007	2008	2009	2010	2011	2012	2013
IFQ(VG)	73,2%	77,3%	75,5%	91,7%	98,9%	83,0%	76,4%	84,8%
AFQ(VG)	26,8%	22,7%	24,5%	8,3%	1,1%	17,0%	23,6%	15,2%

IFQ = Innenfinanzierungsquote, AFQ = Außenfinanzierungsquote, VG = volumengewichtet

Tabelle 4.25: Finanzierungsstruktur der DAX-Unternehmen (volumengewichtet)[914]

Ein Marktüberblick zur Finanzierungsstruktur der CAC-Unternehmen offenbart wesentliche Unterschiede gegenüber den DAX-Unternehmen, wie Abbildung 4.8 veranschaulicht. Das Gesamtfinanzierungsaufkommen variiert durchschnittlich zwischen 4,2 Mrd. Euro (2006, 2013) und 5,0 Mrd. Euro (2011) auf einem geringeren Niveau. Gleichwohl ist ebenso bis 2008 ein Anstieg des Finanzierungsaufkommens ersichtlich, welches auch ein Jahr darauf noch bei knapp 5,0 Mrd. Euro liegt. Nach einem Rückgang im Jahr 2010 nimmt das Gesamtfinanzierungsvolumen 2011 zwischenzeitlich zu, bevor es 2012 und 2013 erneut zurückgeht. Damit unterscheidet sich die Entwicklung im Vergleich zu den DAX-Unternehmen. Zurückzuführen ist die rückläufige Gesamtfinanzierung auf die geringe Inanspruchnahme externen Kapitals. Das grundsätzlich geringe Außenfinanzierungsvolumen liegt 2012 und 2013 auf dem niedrigsten Niveau.

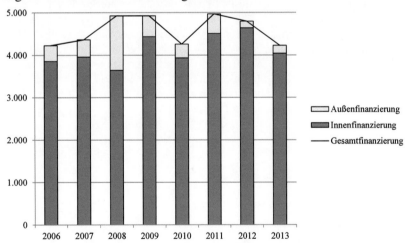

Abbildung 4.8: Finanzierungsvolumina der CAC-Unternehmen in Mio. Euro[915]

---

[914] Eigene Darstellung.

Tabelle 4.26 fasst die volumengewichteten Finanzierungsquoten zusammen. Die durchschnittliche Innenfinanzierungsquote liegt demnach zwischen 90,0% (2009) und 96,7% (2012) auf einem vergleichsweise hohen Niveau. Eine Ausnahme stellt das Jahr 2008 mit 73,9% dar. Auf Grund der relativ geringen Samplegröße wird hier der Einfluss von Extremwerten deutlich. Die niedrige Quote ist u.a. auf das französische Unternehmen EDF S.A. zurückzuführen, welches allein im Jahr 2008 15,4 Mrd. Euro extern beschafft hat. Bei sonstigen Durchschnittswerten von unter 1,0 Mrd. Euro wirken sich derartige Größen stark auf die gemittelte Quote aus. Auffällig ist zudem der geringe Außenfinanzierungsanteil in 2012 und 2013. Demnach werden Finanzierungsentscheidungen multinationaler Unternehmen aus Frankreich scheinbar in höherem Maße von den Folgen der Europäischen Staatsschuldenkrise beeinflusst.

	2006	2007	2008	2009	2010	2011	2012	2013
IFQ(VG)	91,2%	90,7%	73,9%	90,0%	92,4%	90,7%	96,7%	95,6%
AFQ(VG)	8,8%	9,3%	26,1%	10,0%	7,6%	9,3%	3,3%	4,4%

Tabelle 4.26: Finanzierungsstruktur der CAC-Unternehmen (volumengewichtet)[916]

Zuletzt wird die Entwicklung der durchschnittlichen Finanzierungsstruktur von Unternehmen aus Italien basierend auf den Volumina erläutert. Abbildung 4.9 kann entnommen werden, dass das Gesamtfinanzierungsaufkommen je Periode zwischen 2,0 Mrd. Euro (2006) und 2,7 Mrd. Euro (2012) liegt und damit wesentlich jenes der DAX- und CAC-Unternehmen unterschreitet. Das streng monotone Wachstum bis 2009 und der darauffolgende geringe Rückgang in 2010 legen die Vermutung nahe, dass sich die Banken- und Wirtschaftskrise nur begrenzt auf das Finanzierungsverhalten multinationaler Unternehmen aus Italien auswirkt. Anders gestaltet es sich scheinbar bei den Folgen der Europäischen Staatsschuldenkrise. Nachdem das Gesamtfinanzierungsvolumen 2011 und 2012 leicht angestiegen ist, sinkt der Wert im darauffolgenden Jahr deutlich. Die Veränderung zum Vorjahr ist in dieser Periode, bezugnehmend auf den gesamten Untersuchungszeitraum, am höchsten.

Werden mit der Innen- und Außenfinanzierung die einzelnen Bestandteile des gesamten Mittelaufkommens betrachtet, wird erneut der geringere Stellenwert der externen Kapitalbeschaffung ersichtlich. Demnach schwankt die interne Finanzierung weitestgehend um das Niveau von 2,0 Mrd. Euro, wobei 2010 und 2013 mit ca. 2,3 Mrd. Euro das Maximum erreicht wird. Auffällig ist in beiden Perioden der

---

[915] Eigene Darstellung.
[916] Eigene Darstellung.

damit einhergehende starke Rückgang der Außenfinanzierung, die 2013 sogar negativ ausfällt.

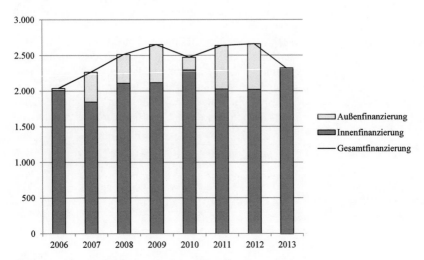

Abbildung 4.9: Finanzierungsvolumina der FTSE MIB-Unternehmen in Mio. Euro[917]

Zuletzt sei auf die volumengewichtete Innen- und Außenfinanzierungsquote verwiesen (siehe Tabelle 4.27). Im Vergleich zu den deutschen und französischen Unternehmen fällt die scheinbar verzögerte Reaktion auf die Anfänge der globalen Finanzkrise auf. Ein Anstieg der Innenfinanzierungsquote erfolgt demnach erst 2010 auf 92,8%. Nach einem zwischenzeitigen Rückgang ist der Wert 2013 sogar auf 100,2% angestiegen. Die Außenfinanzierung hat in dieser Periode folglich stark an Bedeutung verloren. Ein derart ausgeprägter Anstieg konnte bei den Unternehmen aus Deutschland und Frankreich nicht festgestellt werden.

Wohingegen die Entwicklung im Jahr 2013 auf die Mehrzahl der untersuchten Unternehmen zurückzuführen ist, hat der geringe Wert der Außenfinanzierungsquote zu Beginn des Untersuchungszeitraums andere Ursachen. Eine Durchsicht des Datensatzes zeigt, dass die Telecom Italia S.p.A. im Jahr 2006 eine Außenfinanzierung von -4,8 Mrd. Euro aufweist. Zurückzuführen ist dieser Wert u.a. auf die Tilgung von Finanzverbindlichkeiten in Höhe von knapp 10,0 Mrd. Euro. Als eines der größten Unternehmen in Italien übt die Telecom Italia S.p.A. somit einen überproportionalen Einfluss auf die volumengewichteten Ergebnisse aus. Aus die-

---

[917] Eigene Darstellung.

sem Grund erfolgt in Kapitel 4.6.1.2 eine Auswertung anhand gleichgewichteter Berechnungen.

	2006	2007	2008	2009	2010	2011	2012	2013
IFQ(VG)	98,5%	81,6%	83,9%	79,8%	92,8%	76,8%	75,9%	100,2%
AFQ(VG)	1,5%	18,4%	16,1%	20,2%	7,2%	23,2%	24,1%	-0,2%

Tabelle 4.27: Finanzierungsstruktur der FTSE MIB-Unternehmen (volumengewichtet)[918]

Abschließend kann für diesen Untersuchungsabschnitt konstatiert werden, dass sich die Finanzierungsstruktur sowohl bei der Betrachtung nominaler Volumina als auch entsprechender relativer Quoten zwischen den Unternehmen aus Deutschland, Frankreich und Italien teilweise erheblich voneinander unterscheidet. Das durchschnittliche Gesamtmittelaufkommen befindet sich demnach bei den DAX-Konzernen auf dem höchsten Niveau und ist teilweise fast dreimal so groß wie jenes der italienischen Unternehmen.

Bezugnehmend auf die Inanspruchnahme externer Finanzierungsmöglichkeiten fällt auf, dass besonders französische Unternehmen im Durchschnitt nur sehr verhalten neues Kapital außerhalb des betrieblichen Umsatzprozesses beschaffen. Bei den Unternehmen aus Deutschland und Italien hat die Außenfinanzierung zumindest zeitweise mit ca. 25% einen vergleichsweise großen Beitrag zur Kapitalbeschaffung geleistet.

Die grundsätzlichen Unterschiede der Finanzierungsstruktur werden ebenfalls bei den Auswirkungen der krisengeprägten Jahre ersichtlich. Ein Kriseneinfluss kann bei deutschen Unternehmen, besonders im Zuge der Banken- und Wirtschaftskrise, ausfindig gemacht werden. Folgen der Europäischen Staatsschuldenkrise können anhand der vorliegenden Daten in Deutschland bislang nur geringfügig identifiziert werden. Anders dagegen bei den CAC- und FTSE MIB-Unternehmen. Beide Gruppierungen zeigen sowohl nach 2008/2009 als auch 2011/2012 unverkennbare Anzeichen für krisenbedingte Anpassungen bei Finanzierungsentscheidungen, indem die Innenfinanzierungsquote ansteigt. Dabei ähneln sich die Ausprägungen nach beiden Krisenphasen bei den französischen Unternehmen, wohingegen die Reaktionen bei den Unternehmen aus Italien nach der Europäischen Staatsschuldenkrise scheinbar markanter und weniger verzögert sind.[919]

Es ist bereits vereinzelt angeklungen, dass die Zugrundelegung absoluter Werte durchaus interessante Ergebnisse liefert, jedoch auch Schwachstellen aufweist.

---

[918] Eigene Darstellung.
[919] Siehe Anhang 23.

Eine volumengewichtete Betrachtungsweise berücksichtigt die Finanzierungsentscheidungen einzelner Unternehmen nicht zu gleichen Teilen. Größere Konzerne beeinflussen die gewonnenen Erkenntnisse somit überproportional, wodurch Verzerrungen möglich sind.[920] Daher wird die Finanzierungsstruktur im nachfolgenden Abschnitt zusätzlich gleichgewichtet abgebildet.

4.6.1.2 Gleichgewichtete Finanzierungsstruktur im Ländervergleich

Die Darstellung der gleichgewichteten Finanzierungsstruktur konzentriert sich im weiteren Verlauf auf die Entwicklung der Innenfinanzierungsquote. Tabelle 4.28 zeigt die deskriptive Statistik zu den DAX-Konzernen. Ein Vergleich mit den volumengewichteten Daten offenbart wesentliche Unterschiede hinsichtlich der Reaktionszeit und Ausprägungsintensität. Die gleichgewichtete Innenfinanzierungsquote befindet sich in den Jahren 2006 bis 2009 auf einem höheren Niveau. Daraus kann geschlussfolgert werden, dass jene multinationalen Unternehmen mit niedrigeren Finanzierungsvolumina in dieser Phase in geringem Maß auf externe Finanzierungsmöglichkeiten zurückgegriffen haben. Hervorzuheben sind die Entwicklungen im Jahr 2009. Im Zuge der Krisenintensivierung ist das arithmetische Mittel auf 101,3% angestiegen. Der Median liegt sogar bei 104,4%. Die zeitnahe Erholung im Jahr 2010 unterscheidet sich deutlich von der beobachteten Entwicklung der volumengewichteten Finanzierungsstruktur in Kapitel 4.6.1.2. Wohingegen der Anteil der gleichgewichteten Außenfinanzierung auf 9,4% angestiegen ist, hat sich der Wert beim volumengewichteten Pendant weiter reduziert. Diese Divergenzen lassen die Schlussfolgerung zu, dass größere Unternehmen tendenziell später auf die Krise reagiert haben und der relative Anteil der internen Finanzierung somit erst 2010 das Maximum erreicht hat.[921] Gründe hierfür könnten die komplexeren und langfristiger angelegten Investitionsvorhaben sein. In der Konsequenz verzögert sich die Reaktion auf makroökonomische Entwicklungen.

Nachdem sich die durchschnittliche Finanzierungsstruktur der deutschen Unternehmen in den Jahren 2010 bis 2012 ungefähr auf dem Vorkrisenniveau befindet, ist für das Jahr 2013 erneut ein deutlicher Anstieg der Innenfinanzierungsquote auf 102,8% zu verzeichnen. Dabei handelt es sich um die größte prozentuale Veränderung zum Vorjahr im gesamten Untersuchungszeitraum. Der Einfluss der Europäischen Staatsschuldenkrise auf das Finanzierungsverhalten ist somit zeitlich versetzt spürbar. Eine entsprechende Entwicklung kann jedoch anhand der volumen-

---

[920] Die Eliminierung sämtlicher Ausreißer wäre in diesem Zusammenhang nicht zielführend, da ansonsten zu viele Beobachtungspunkte verloren gehen würden. Dies ist in dem deutlich größeren Geltungsbereich der Finanzierungsstruktur im Vergleich zur Kapitalstruktur begründet.

[921] Diese Erkenntnisse decken sich mit den Ergebnissen der *Deutschen Bundesbank (2012)*, wonach die Finanzierungsstruktur zeitlich verzögert auf konjunkturelle Entwicklungen reagiert. Vgl. Deutsche Bundesbank (2012b), S. 20.

gewichteten Quoten nicht ausfindig gemacht werden, da der Anteil der internen Mittelbeschaffung hier nur um wenige Prozentpunkte zunimmt. Es gilt folglich auch für die letzte Phase der globalen Finanzkrise, dass die kleineren Unternehmen des Samples zeitnaher und ausgeprägter auf das Einsetzen makroökonomischer Veränderungen reagieren. Erwartungsgemäß müsste die volumengewichtete Innenfinanzierungsquote in den Folgeperioden, d.h. ab 2014, einen weiteren Anstieg verzeichnen.

Für den gesamten Untersuchungszeitraum ist zudem festzuhalten, dass die Standardabweichung höher ist als bei der Fremdkapitalquote. Allerdings war dies zu erwarten. Die stromgrößenbasierte Berechnung der Finanzierungsstruktur liefert Quoten, die den Geltungsbereich zwischen null und eins deutlich übersteigen können. Dies wird u.a. anhand der Minimum- und Maximum-Werte der einzelnen Perioden offensichtlich.

IFQ(GG)	2006	2007	2008	2009	2010	2011	2012	2013
M	88,0%	94,0%	88,6%	101,3%	90,6%	89,3%	86,4%	102,8%
MD	91,8%	91,4%	93,6%	104,4%	93,3%	92,9%	78,9%	103,2%
Min	20,9%	11,5%	13,7%	-4,3%	3,1%	14,9%	13,0%	35,3%
Max	175,2%	230,0%	180,2%	205,6%	154,3%	223,0%	206,0%	240,0%
SD	41,0%	52,5%	36,6%	49,3%	40,7%	44,3%	42,7%	46,5%
N	27	24	25	29	28	26	26	27

GG = gleichgewichtet

Tabelle 4.28: Innenfinanzierungsquote der DAX-Unternehmen (gleichgewichtet)[922]

Im Anschluss an die deutschen Unternehmen wird nun die gleichgewichtete Finanzierungsstruktur der multinationalen Konzerne mit Sitz in Frankreich betrachtet. Tabelle 4.29 fasst die deskriptive Statistik zur Innenfinanzierungsquote zusammen. Analog zur volumengewichteten Betrachtungsweise wird nachfolgend ebenfalls der immense Stellenwert der internen Kapitalbeschaffung in Frankreich deutlich. Die Quote liegt bereits in den ersten drei Jahren des Untersuchungszeitraums zwischen 89,2% (2008) und 95,7% (2006) auf einem sehr hohen Niveau. Der Median weicht in dieser Phase nur unwesentlich vom arithmetischen Mittel ab, was für eine symmetrische Verteilung spricht. Bezugnehmend auf das arithmetische Mittel scheint die Innenfinanzierung im Jahr 2009 (118,3%) enorm an Be-

---

[922] Eigene Darstellung.

252   EMPIRIE ZU FINANZIERUNGSENTSCHEIDUNGEN

deutung gewonnen zu haben, da ein Anstieg zum Vorjahr von knapp 30 Prozentpunkten zu verzeichnen ist. Die Einbeziehung des Medians (95,8%) zeigt jedoch, dass in dieser Periode scheinbar Ausreißer zu einer Verzerrung führen. Dieser Gedanke wird durch den außerordentlich hohen Maximalwert (333,2%) und die Standardabweichung (72,9%) bekräftigt.

Der Vergleich mit der volumengewichteten Innenfinanzierungsquote veranschaulicht den bereits bei deutschen Unternehmen beschriebenen Effekt. Sofern den größeren Unternehmen bei der Bestimmung der Innenfinanzierungsquote volumenbedingt eine größere Bedeutung zugeschrieben wird, steigt die Kennzahl zeitlich verzögert an, so dass erst 2010 das Maximum erreicht wird, bevor sich 2011 wieder ein Rückgang einstellt. Die gleichgewichtete Außenfinanzierungsquote steigt bereits 2010 auf 5,2%, der Median sogar auf 12,8%. Trotz der scheinbaren Entspannung im Jahr 2010 nimmt die durchschnittliche externe Mittelbeschaffung mit 4,6% (2011) und 1,7% (2012) einen sehr geringen Stellenwert ein. Eine weitere Zunahme der Innenfinanzierungsquote ist für 2013 zu beobachten. Sowohl das arithmetische Mittel (100,1%) als auch der Median (97,7%) befinden sich auf einem der höchsten Stände im gesamten Zeitraum.

IFQ(GG)	2006	2007	2008	2009	2010	2011	2012	2013
M	95,7%	94,9%	89,2%	118,3%	94,8%	95,4%	98,3%	100,1%
MD	95,2%	95,3%	89,9%	95,8%	87,2%	87,7%	94,8%	97,7%
Min	33,8%	8,3%	-12,2%	27,0%	-32,8%	-9,9%	43,1%	-5,0%
Max	198,0%	165,8%	208,9%	333,2%	204,9%	198,7%	157,4%	244,2%
SD	43,2%	39,1%	43,4%	72,9%	50,4%	51,6%	33,4%	51,0%
N	33	33	33	33	34	29	31	32

Tabelle 4.29: Innenfinanzierungsquote der CAC-Unternehmen (gleichgewichtet)[923]

Zuletzt wird die Entwicklung der gleichgewichteten Innenfinanzierungsquote der italienischen Unternehmen untersucht. Die entsprechenden Ergebnisse können Tabelle 4.30 entnommen werden. Die gemittelte Innenfinanzierungsquote weist in den Jahren 2006 bis 2013 eine hohe Dynamik auf und schwankt zwischen 79,8% (2008) und 126,6% (2013). Damit übersteigt die Spannweite jene der Unternehmen aus Deutschland und Frankreich erheblich. In den ersten drei Jahren des Beobachtungszeitraums variiert das arithmetische Mittel bei den italienischen Unternehmen nur begrenzt zwischen 79,8% (2008) und 87,7% (2006). Der Median

[923] Eigene Darstellung.

weicht zwar um mehrere Prozentpunkte ab, befindet sich aber dennoch auf einem ähnlichen Niveau, so dass durchaus eine vergleichsweise hohe Inanspruchnahme der Außenfinanzierung konstatiert werden kann.

Wie bereits zuvor beobachtet, ändert sich die Finanzierungsstruktur im Jahr 2009 schlagartig. Die durchschnittliche Innenfinanzierungsquote erhöht sich auf 113,3%. Der geringere Median (101,3%) sowie der vergleichsweise hohe Maximalwert (310,4%) weisen auf eine rechtsschiefe Verteilung hin. Die krisengeprägten Rahmenbedingungen haben somit vereinzelt zu besonders hohen Innenfinanzierungsquoten geführt und das Finanzierungsverhalten folglich in extremer Weise beeinflusst. Erstaunlich ist in diesem Zusammenhang die volumengewichtete Außenfinanzierungsquote von 20,2% im Jahr 2009.[924] Es lässt sich daraus schließen, dass Großkonzerne mit einem hohen Kapitalbedarf die Außenfinanzierung intensiviert haben, wohingegen die Mehrzahl der multinationalen Unternehmen eine Nettotilgung verzeichnete. Die Reaktionszeit auf die Auswirkungen der globalen Krise scheint demnach auch hier größenabhängig zu sein.

Im Jahr 2010 setzt bereits wieder eine Diversifizierung der Finanzierungsstruktur ein, indem durchschnittlich 7,1% des Kapitals extern beschafft werden. Der Wert erhöht sich in den beiden darauffolgenden Perioden auf 11,8%. Der Median, als weiterer Lageparameter, stützt ebenfalls diesen Trend, indem der Wert von 10,6% (2010) auf 17,9% (2012) ansteigt. Zum Ende des Untersuchungszeitraums wird erneut der Kriseneinfluss auf das Finanzierungsverhalten multinationaler Unternehmen ersichtlich. Sowohl der Mittelwert (126,6%) als auch der Median (122,7%) steigen im Zuge der Europäischen Staatsschuldenkrise im Jahr 2013 drastisch an. Dabei handelt es sich, bezugnehmend auf die drei Samplegruppierungen und den gesamten Untersuchungszeitraum, um die höchsten Ausprägungen. Beide Lageparameter haben jeweils um ca. 40 Prozentpunkte zugelegt. Dabei kann es sich unverkennbar nicht um übliche Schwankungen handeln, sondern vielmehr um eine schwerwiegende Reaktion auf die Wirkungen der Europäischen Staatsschuldenkrise. Auffällig ist diesbezüglich der hohe Minimalwert der gewichteten Innenfinanzierungsquote von 58,1%. Die Außenfinanzierung war 2013 folglich für keines der untersuchten Unternehmen aus Italien die dominierende Form der Mittelbeschaffung. Bei diesem Umstand handelt es sich ebenfalls um ein Novum, bezogen auf die deskriptiven Ergebnisse der kompletten Untersuchung, so dass in Deutschland und Frankreich je Periode zumindest ein Unternehmen mehr Kapital extern beschafft hat. Die vorliegenden Werte in Italien für 2013 legen den Gedanken nahe, dass die Anreize für die Inanspruchnahme der Außenfinanzierung drastisch gesunken sind. Eine entsprechende Entwicklung ist ebenfalls bei den vo-

---

[924] Siehe Tabelle 4.27.

lumengewichteten Daten ersichtlich.[925] Somit haben auch die größeren Unternehmen 2013 mit einem Anstieg der Innenfinanzierungsquote reagiert.

IFQ(GG)	2006	2007	2008	2009	2010	2011	2012	2013
M	87,7%	82,7%	79,8%	113,3%	92,9%	92,6%	88,2%	126,6%
MD	94,0%	77,8%	86,2%	101,3%	89,4%	87,4%	82,1%	122,7%
Min	-19,8%	15,8%	-21,5%	19,8%	4,2%	-19,3%	11,2%	58,1%
Max	181,6%	164,0%	175,5%	310,4%	261,0%	199,2%	209,3%	279,6%
SD	49,0%	40,6%	47,0%	67,1%	53,2%	51,2%	49,2%	51,8%
N	29	26	30	31	27	29	29	26

Tabelle 4.30: Innenfinanzierungsquote der FTSE MIB-Unternehmen (gleichgewichtet)[926]

Wird die gleichgewichtete Finanzierungsstruktur der multinationalen Unternehmen aus Deutschland, Frankreich und Italien abschließend miteinander verglichen, werden sowohl gleichläufige Trends als auch spezifische Unterschiede offensichtlich (siehe Abbildung 4.10). Wohingegen die Innenfinanzierungsquote der französischen und italienischen Unternehmen während des Untersuchungszeitraums von einer hohen Dynamik geprägt ist, verläuft der relative Anteil an internem Kapital bei den Unternehmen aus Deutschland weniger volatil. Trotz dieses grundsätzlichen Unterschieds gleicht sich die Finanzierungsstruktur in den Jahren 2006 bis 2008 nahezu bei den deutschen und französischen Konzernen. Im Zuge der Banken- und Wirtschaftskrise ändert sich dieser Sachverhalt, da die CAC- und FTSE MIB-Unternehmen 2009 wesentlich sensibler mit einem Anstieg der Innenfinanzierungsquote reagieren. Ein Jahr später ist bei allen drei Samplegruppierungen wieder ein Rückgang zu beobachten. Bei der volumengewichteten Betrachtung findet die krisenbedingte Erhöhung der Innenfinanzierungsquote länderübergreifend erst im Jahr 2010 ihr Maximum. Daraus lässt sich schlussfolgern, dass größere Unternehmen verzögerter auf Krisenereignisse reagieren.

Nach dem Höhepunkt der Banken- und Wirtschaftskrise hat der Anteil der Außenfinanzierung im Zeitraum von 2010 bis 2012 im Durchschnitt in allen Ländern zugenommen, wobei die deutschen und teilweise italienischen Unternehmen an das Vorkrisenniveau anknüpfen können. Mit der Zuspitzung der Europäischen Staatsschuldenkrise in den Jahren 2011 und 2012 gehen zeitlich verzögert erneut weitreichende Auswirkungen auf das Finanzierungsverhalten im Jahr 2013 einher.

---

[925] Siehe Tabelle 4.27.
[926] Eigene Darstellung.

Demnach zeigt sich flächendeckend ein starker Anstieg der Innenfinanzierungs-quote. Die Höhe der Quote ähnelt sich bei den Unternehmen aus Deutschland und Frankreich, die in abgeschwächter Form reagierten.

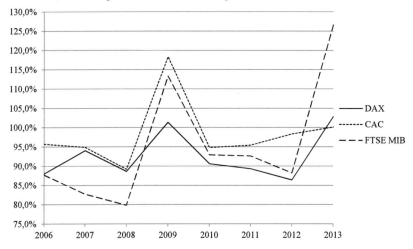

Abbildung 4.10: Gleichgewichtete Innenfinanzierungsquote im Ländervergleich[927]

4.6.2 Einflussfaktoren auf die Finanzierungsstruktur

Das Ziel dieses Untersuchungsabschnittes besteht darin, Wirkungszusammenhän-ge zwischen möglichen firmenspezifischen sowie makroökonomischen Faktoren und der Innenfinanzierungsquote multinationaler Unternehmen zu identifizieren bzw. zu operationalisieren. Anders als bei der Analyse der Kapitalstruktur existie-ren in diesem Forschungsbereich keine Referenzwerte aus früheren Studien. Die entsprechenden Ergebnisse der Panelregression können Tabelle 4.31 entnommen werden. Es ist hervorzuheben, dass für sämtliche getesteten Determinanten, mit Ausnahme der Profitabilität, statistisch signifikante Ergebnisse zumindest für ein-zelne Datensätze vorliegen.

Bei den Unternehmen aus Frankreich und Italien geht ein positiver Einfluss von der Anlageintensität auf die Innenfinanzierungsquote aus (10%- bzw. 5%-Signifikanzniveau). Der wesentlich höhere Regressionskoeffizient beim CAC-Datensatz deutet darauf hin, dass die Anlageintensität hier eine stärkere Wirkung auf die Höhe der Innenfinanzierungsquote ausübt. Allerdings ist ebenfalls der hö-here Standardfehler, trotz des größeren Stichprobenumfangs, zu beachten. Die Gü-

---

[927] Eigene Darstellung.

te des geschätzten Koeffizienten ist somit geringer. Für die DAX-Unternehmen ist der Koeffizient negativ und statistisch nicht signifikant.

Die Variable Bewertung weist sowohl für deutsche als auch für französische Unternehmen ein positives Vorzeichen aus. Der Einfluss ist in beiden Fällen auf dem 10%-Niveau statistisch signifikant, wobei der Regressionskoeffizient für den CAC-Datensatz einen höheren Wert einnimmt. Ein entsprechender Zusammenhang kann für Unternehmen aus Italien nicht bestätigt werden.

Der Koeffizient der Finanzmittelfondsquote hat durchgängig ein negatives Vorzeichen. Jedoch sind die Ergebnisse nur für Unternehmen aus Frankreich und Italien statistisch signifikant (1%-Signifikanzniveau in Frankreich, 10%-Signifikanzniveau in Italien). Eine Zunahme des Finanzmittelbestandes im Verhältnis zur Bilanzsumme bewirkt demnach einen Rückgang der Innenfinanzierungsquote.

Für die gelaggte Finanzschuldenquote ergibt sich hingegen ein signifikant positiver Wirkungszusammenhang in Deutschland und Frankreich. Auffällig ist die verhältnismäßig hohe Güte des geschätzten Koeffizienten beim DAX-Datensatz. Der Regressionskoeffizient fällt am höchsten aus und weist gleichzeitig die geringste Streuung auf. Das Ergebnis der FTSE MIB-Schätzung ist nicht statistisch signifikant.

Die Investitionsintensität übt bei allen drei Datensätzen einen statistisch signifikant negativen Einfluss auf die Innenfinanzierungsquote aus (5%-Signifikanzniveau in Italien, 10%-Signifikanzniveau in Deutschland und Frankreich). Auf Grund des höheren Koeffizienten kann der Investitionsintensität bei den untersuchten Unternehmen aus Frankreich und Italien ein größerer Einfluss auf die Finanzierungsstruktur zugeschrieben werden. Allerdings ist ebenfalls die höhere Standardabweichung bei der Interpretation des Regressionskoeffizienten zu berücksichtigen.

Die Profitabilität weist durchgehend einen positiven Koeffizienten auf. Es kann jedoch keine statistische Signifikanz festgestellt werden. Damit handelt es sich um die einzige Größe, der weder in Deutschland, Frankreich noch Italien eine signifikante Wirkung auf die Finanzierungsstruktur zugeschrieben werden kann.

Anders als bei der Profitabilität gestaltet es sich bei den makroökonomischen Determinanten BIP und Inflation, die beide zumindest teilweise statistisch signifikant sind. Ein Anstieg des Wirtschaftswachstums führt bei allen drei Unternehmensgruppierungen zu einem Rückgang des Innenfinanzierungsanteils. Der Zusammenhang ist in Deutschland und Frankreich auf dem 10%-Niveau statistisch signifikant. Der höhere Regressionskoeffizient im CAC-Datensatz geht mit einem ebenfalls höheren Standardfehler einher. Für italienische Unternehmen sind die Ergebnisse nicht signifikant.

Die Schätzung des Einflusses der Inflation offenbart eine negative Wirkungsweise auf die Innenfinanzierungsquote für Unternehmen aus Frankreich und Italien. Allerdings ist nur der Regressionskoeffizient für italienische Unternehmen auf dem 5%-Niveau statistisch signifikant. In Deutschland lässt sich bei einem positiven Vorzeichen kein signifikanter Zusammenhang erkennen.

IFQ(GG)	DAX	CAC	FTSE MIB
Anlageintensität	-0,6354 (0,7812)	2,7391* (1,4879)	0,8662** (0,4198)
Bewertung	0,1913* (0,1141)	0,3280* (0,1867)	-0,5492 (0,0523)
Finanzmittelfondsquote	-0,0851 (0,1466)	-1,1382*** (0,3597)	-2,3723* (1,2799)
Finanzschuldenquote (Vorperiode)	3,3393*** (0,5967)	1,3136* (0,8851)	-0,2468 (1,6768)
Investitionsintensität	-3,7051* (1,9676)	-5,1337* (2,9322)	-5,2241** (2,4260)
Profitabilität	1,8383 (1,2327)	1,0265 (1,3826)	0,8584 (0,9332)
BIP	-2,4622* (1,3701)	-4,6040* (2,7140)	-2,5409 (2,1186)
Inflation	4.8158 (4,9668)	-2,4678 (6,0338)	-12,3470** (5,5619)
R^2	0,2984	0,1720	0,1640
R^2 adjustiert	0,2644	0,1399	0,1250
F-Test	10,84***	3,96***	2,66**
Beobachtungen	174	210	176
Anzahl Unternehmen	29	35	34

*** Signifikanz auf 1%-Niveau, ** Signifikanz auf 5%-Niveau, * Signif. auf 10%-Niveau

Die unabhängigen Variablen sind folgendermaßen definiert: Anlageintensität = Sachanlagevermögen / Bilanzsumme, Bewertung = Gesamtkapital (MW) / Gesamtkapital (BW), Finanzmittelfondsquote = Veränderung der Zahlungsmittel und Zahlungsmitteläquivalente / Bilanzsumme, Finanzschuldenquote (Vorperiode) = Finanzschulden $_{t-1}$ / Bilanzsumme $_{t-1}$, Investitionsintensität = CAPEX / Bilanzsumme, Profitabilität = EBITDA / Bilanzsumme, BIP = jährliches Wirtschaftswachstum in Deutschland, Frankreich bzw. Italien, Inflation = jährliche Inflationsraten in Deutschland, Frankreich bzw. Italien. Die Konstante der Regression ist nicht aufgeführt. Die robusten Standardfehler sind in den Klammern ausgewiesen.

Tabelle 4.31: Regression zur Finanzierungsstruktur[928]

---

[928] Eigene Darstellung.

Das Bestimmtheitsmaß R^2 fällt geringer aus als bei der empirischen Untersuchung zur Kapitalstruktur, wobei beim DAX-Datensatz 30% der Streuung durch die exogenen Variablen erklärt werden kann (DAX: 0,30; CAC: 0,17; FTSE MIB: 0,16).[929] Davon war auszugehen, da es sich um eine explorative Datenanalyse handelt. Im Gegensatz zur über Jahrzehnte andauernden empirischen Erforschung der Kapitalstruktur liegen keine Ergebnisse über relevante Einflussfaktoren auf die Finanzierungsstruktur vor.

Dem F-Test kann entnommen werden, dass die Nullhypothese verworfen werden kann. Somit hat die Signifikanzprüfung des geschätzten Modells für alle drei Datensätze ergeben, dass alle Regressionskoeffizienten in der Summe ungleich null sind. Da der modifizierte Wald-Test für das Fixed-Effects-Modell darauf hindeutet, dass Heteroskedastizität vorliegt, werden die Standardfehler nach White (1980) geclustert. Somit sind die Standardfehler der Regressionskoeffizienten ebenso robust gegen Autokorrelation unbestimmter Ordnung.[930] Die Prüfung auf Multikollinearität zeigt, dass die höchsten VIFs je Datensatz deutlich unter dem kritischen Wert von 10 liegen (DAX: 2,40; CAC: 1,82; FTSE MIB: 1,91). Maßnahmen auf Grund zu hoher Multikollinearität sind folglich nicht notwendig.[931]

4.6.3 Interpretation der Ergebnisse

Grundsätzlich kann festgehalten werden, dass die Innenfinanzierung, im Einklang mit der Theorie und den bisherigen empirischen gesamtwirtschaftlichen Erkenntnissen, die dominierende Finanzierungsform bei den untersuchten multinationalen Unternehmen darstellt. Allerdings unterscheidet sich die Finanzierungsstruktur hinsichtlich der Volumina und Quoten bei den Unternehmen aus Deutschland, Frankreich und Italien teilweise erheblich. Zudem verdeutlicht der Vergleich der volumengewichteten und gleichgewichteten deskriptiven Ergebnisse, dass größenbedingte Unterschiede hinsichtlich der Reaktionszeit bei Finanzierungsentscheidungen vorliegen. Die durchgeführte Panelregression hat sowohl relevante firmenspezifische als auch makroökonomische Einflussfaktoren auf die Innenfinanzierungsquote aufgezeigt. Obgleich nicht für sämtliche erklärenden Variablen durchweg ein statistisch signifikanter Zusammenhang vorhanden ist, fällt dennoch auf, dass sich die statistisch signifikanten Ergebnisse hinsichtlich des Vorzeichens bei keiner der untersuchten Variablen gegenseitig widersprechen.

Wie einleitend bereits angemerkt, nimmt die Innenfinanzierung eine herausragende Bedeutung bei der Kapitalbeschaffung ein. Der durchschnittliche Anteil der internen Mittel liegt bei den Unternehmen aus Deutschland, Frankreich und Italien

---

[929] Das adjustierte Bestimmtheitsmaß weist die folgenden Werte auf: DAX: 0,26; CAC: 0,14; FTSE MIB: 0,13.
[930] Vgl. Wooldridge (2010), S. 60 ff., S. 310 f. und Baltagi (2008), S. 16.
[931] Vgl. Kennedy (2008), S. 99.

während des gesamten Untersuchungszeitraums durchgängig bei über fünfzig Prozent und im Zuge von Krisenereignissen teilweise sogar über einhundert Prozent. Eine derartige Entwicklung stimmt mit der Kernaussage der Pecking-Order Theorie sowie den gesamtwirtschaftlichen Untersuchungen der Deutschen Bundesbank überein und ist ebenso konsistent mit den Ausführungen zum Modell zur optimalen Finanzierungsstruktur. Demnach werden Ausgaben zunächst durch die Innenfinanzierung gedeckt. Reichen diese nicht aus, wird Kapital darüber hinaus extern beschafft. These T_{FS}-1 kann somit uneingeschränkt bestätigt werden.

Bezugnehmend auf die durchschnittlichen Finanzierungsvolumina wird ersichtlich, dass sich das Niveau in Deutschland, Frankreich und Italien wesentlich voneinander unterscheidet. Wohingegen das gesamte durchschnittliche Finanzierungsaufkommen in Deutschland zwischen 4,7 Mrd. Euro und 6,6 Mrd. Euro schwankt, liegt es in Frankreich zwischen 4,2 Mrd. Euro und 5,0 Mrd. Euro und in Italien zwischen 2,0 Mrd. Euro und 2,7 Mrd. Euro. Es bestehen gemessen am Finanzierungsvolumen folglich deutliche Größenunterschiede. Gemeinsamkeiten können hingegen bei der Entwicklung der Volumina in den Jahren 2006 bis 2008 identifiziert werden. Sowohl Innen- als auch Außenfinanzierung steigen in diesem Zeitraum nahezu flächendeckend an. Im Zuge der Krisenintensivierung sind in den beiden darauffolgenden Jahren länderspezifische Entwicklungen erkennbar. Die Gesamtfinanzierung ist bei deutschen Unternehmen binnen zweier Jahre schrittweise zurückgegangen und hat 2010 den minimalsten Wert im gesamten Untersuchungszeitraum verzeichnet. In Frankreich und Italien stagniert bzw. steigt der Wert im Jahr 2009, bevor ein Rückgang erst 2010 einsetzt. Der prozentuale Rückgang auf Grund der Krise ist bei beiden Unternehmensgruppierungen jedoch deutlich geringer als in Deutschland. Dies ist im Einklang mit den Ausführungen in Kapitel 3.1.2 und 3.1.3, wonach Deutschland besonders schwer von der Banken- und Wirtschaftskrise betroffen war.

Bemerkenswert erscheint allerdings der Umstand, dass das minimale Finanzierungsniveau erst 2010 erreicht wird, in einer Periode, welche keineswegs als Hochphase der Krise gilt. Unter Berücksichtigung des engen Zusammenwirkens von Investitions- und Finanzierungsentscheidungen verwundert diese Entwicklung jedoch keineswegs. Besonders große, multinationale Konzerne verfügen über ein hochkomplexes Investitionsprogramm, welches langfristig in die Zukunft ausgelegt ist. Im Rahmen von Kapitel 3 wurde vermehrt darauf hingewiesen, dass Investitionen mit der Zuspitzung der Krise umfangreich reduziert bzw. komplett ausgesetzt wurden. Dieser Aspekt wirkt jedoch nicht zeitgleich auf die Kapitalbeschaffung, sondern vielmehr zeitlich versetzt.[932] Zudem tangieren geringere Investitionsausgaben besonders die Inanspruchnahme der Außenfinanzierung. Zwar

---

[932] Vgl. Deutsche Bundesbank (2012b), S. 20.

sinkt auch das Innenfinanzierungsniveau, u.a. auf Grund von Gewinnrückgängen, jedoch ist die externe Kapitalbeschaffung in deutlich höherem Maße geschrumpft. Somit kann konstatiert werden, dass die Auswirkungen der Krisenhochphase 2008/2009 zeitlich versetzt bei den Finanzierungsentscheidungen spürbar sind.

Im weiteren Verlauf zeigt sich, dass das Gesamtfinanzierungsvolumen bei deutschen Unternehmen seit 2011 konstant angestiegen ist, das Vorkrisenniveau allerdings nicht wieder erreicht. Für französische und italienische Unternehmen gilt dies nur für 2011 und bedingt für 2012. Im Jahr 2013 sind die Auswirkungen der Europäischen Staatsschuldenkrise bei beiden Unternehmensgruppierungen spürbar. In Frankreich sinkt die Gesamtfinanzierung bei stagnierender und sehr schwach ausgeprägter Außenfinanzierung. Italienische Unternehmen weisen im Durchschnitt eine negative Außenfinanzierung auf und ebenfalls ein gesunkenes Gesamtfinanzierungsaufkommen. Banken haben demnach, besonders in wirtschaftlich angeschlagenen Regionen der EU, die Kreditversorgung von Unternehmen stark reduziert. Skepsis und schwer kalkulierbare Risiken haben Kreditinstitute dazu veranlasst, Kapital möglichst risikolos bei der EZB anzulegen und weniger das risikoreichere Kreditgeschäft zu betreiben. Allerdings kann nicht eindeutig festgestellt werden, ob die rückläufige Außenfinanzierung ausschließlich das Resultat fehlender Finanzierungsmöglichkeiten oder auch rückläufiger Investitionsvorhaben ist. Wahrscheinlich werden beide Faktoren das Finanzierungsverhalten nachhaltig beeinflusst haben.

Für DAX-Unternehmen fällt die Reaktion auf die Banken- und Wirtschaftskrise sehr stark aus, wohingegen eine Wirkung der Europäischen Staatsschuldenkrise auf Basis der volumengewichteten Werte scheinbar ausbleibt. Da es sich beim Euro-Währungsgebiet keineswegs um zahlreiche segmentierte Märkte, sondern um eine weitestgehend integrierte Binnenregion handelt, wirken sich die Krisenerscheinungen in den Peripherieländern vermutlich auch auf multinationale Unternehmen mit Sitz in Deutschland aus. Ob eine Reaktion zeitlich versetzt in den Folgeperioden auftritt, kann allein auf Basis dieser Datenlage nicht beantwortet werden. Jüngste Leitzinssenkungen der EZB im Juni und September 2014 auf das Niveau von 0,05% weisen darauf hin, dass die Auswirkungen der Krise noch nicht überstanden sind und die Kreditvergabe weiterhin gefördert werden soll.[933] Die Ergebnisse zur absoluten Entwicklung der Finanzierungsstruktur lassen zumindest für den Zeitraum von 2006 bis 2013 krisenbedingte bzw. wachstumsbedingte Einflüsse erkennen. Folglich kann These T_{FS}-2 bestätigt werden.

Die empirischen Ergebnisse geben neben der Entwicklung der Finanzierungsvolumina ebenfalls Aufschluss über die relative Veränderung der Finanzierungsquo-

---

[933] Vgl. EZB (2014c), S. 5.

ten. In diesem Kontext ist zwischen den volumengewichteten und gleichgewichteten Kennzahlen zu unterscheiden. Sofern volumengewichtete Werte Zugrunde gelegt werden, ist beim DAX- und CAC-Datensatz im Jahr 2009 ein deutlicher Anstieg der Innenfinanzierungsquote zu verzeichnen, wobei im Jahr darauf eine weitere Erhöhung folgt. Unternehmen aus Italien haben erst 2010 mit einem Anstieg der volumengewichteten Innenfinanzierungsquote reagiert. Damit verzeichnen alle drei Unternehmensgruppierungen im Jahr 2010 den bis dahin höchsten relativen Anteil an internen Mitteln, der im Jahr darauf wieder sinkt.[934] Basierend auf der gleichgewichteten Innenfinanzierungsquote ergibt sich ein anderes Bild. Die Kennzahl erreicht flächendeckend bereits 2009 den höchsten Durchschnittswert, so dass die Außenfinanzierungsquote in dieser Periode, abgebildet durch das arithmetische Mittel, in Deutschland, Frankreich und Italien negativ ausfällt. Im Jahr 2010 wird wieder ungefähr das Vorkrisenniveau erreicht. Das Einsetzen der Rezession hat sich somit zügiger auf die Finanzierung ausgewirkt als die volumengewichteten Ergebnisse es vermuten lassen. Der Rückgang der Investitionstätigkeit hat die Nachfrage nach externem Kapital spürbar reduziert. Zudem wird in Zeiten des wirtschaftlichen Abschwungs die Einkommens- und Vermögenslage überwiegend kritischer gesehen, weshalb Risikoaufschläge gefordert werden.[935] Der starke Anstieg der durchschnittlichen Innenfinanzierungsquote erscheint somit nachvollziehbar. Die zügige Erholung deckt sich mit den umfangreichen und zeitnahen geldpolitischen Handlungen der EZB und den wirtschaftspolitischen Fördermaßnahmen vieler Staaten.[936] Daraus lässt sich schlussfolgern, dass sich die Reaktionszeit auf gesamtwirtschaftliche Veränderungen größenbedingt unterscheidet. Kleinere und damit vermeintlich flexiblere Unternehmen können schneller auf veränderte Rahmenbedingungen reagieren. Außerdem fällt die gleichgewichtete Innenfinanzierungsquote länderübergreifend meistens größer aus als das volumengewichtete Pendant. Dies lässt den Schluss zu, dass größere Unternehmen in größerem Maße auf externes Kapital zurückgreifen als vergleichsweise kleinere Unternehmen.

Im weiteren Verlauf ist ebenfalls ein Einfluss der Europäischen Staatsschuldenkrise auf die gleichgewichtete Finanzierungsstruktur erkennbar. Nachdem der Anteil der Außenfinanzierung 2010 länderübergreifend ansteigt, vollzieht sich diese Entwicklung bei den deutschen und italienischen Unternehmen weiter bis 2012. Unternehmen aus Frankreich reagieren im Durchschnitt bereits seit 2011 mit einem erneuten Rückgang der Außenfinanzierung, so dass diese im Jahr 2013 zum

---

[934] Der Wert bei den Italienischen Unternehmen für das Jahr 2006 wird auf Grund des extremen Ausreißers bei dieser Schlussfolgerung ausgeblendet. Siehe dazu die Ausführungen in Kapitel 4.6.1.1.

[935] Vgl. Deutsche Bundesbank (2012b), S. 19 f.

[936] Für weiterführende Informationen zu den Reaktionen der Zentralbanken und Staatengemeinschaften auf den Ausbruch der globalen Finanzkrise siehe Kapitel 3.1.

zweiten Mal im Untersuchungszeitraum negativ ausfällt. Gleiches gilt für Unternehmen mit Sitz in Deutschland und Italien. Letztere weisen im Jahr 2013 eine durchschnittliche Innenfinanzierungsquote in Höhe von 126,6% aus. Ausschlaggebend sind scheinbar eine erneute Intensivierung der globalen Finanzkrise und eine verzögerte Wirkung auf die Kapitalbeschaffung. Es zeigt sich, dass Unternehmen auf Krisenereignisse mit einer Erhöhung der Innenfinanzierungsquote reagieren. Im Gegensatz reduziert sich die Quote im Zuge von wirtschaftlichen Wachstumsphasen. These T_{FS}-3 gilt damit als bestätigt.

Werden abschließend die Ergebnisse der deskriptiven Statistik zur Entwicklung der Finanzierungsstruktur länderspezifisch gegenübergestellt, ist zwischen verschiedenen Aspekten zu differenzieren. Zunächst fällt auf, dass sich die Unternehmen aus den drei Ländern hinsichtlich der Finanzierungsvolumina deutlich voneinander unterscheiden. DAX-Unternehmen weisen demnach im Durchschnitt das höchste Gesamtfinanzierungsvorkommen auf, gefolgt von den CAC- und FTSE MIB-Unternehmen. Hinsichtlich der relativen Verteilung der internen und externen Mittel fällt auf, dass deutsche Unternehmen am meisten auf die Außenfinanzierung zurückgreifen – in wirtschaftlichen Wachstumsphasen volumengewichtet ca. zu einem Viertel. Multinationale Unternehmen mit Sitz in Italien weisen durchschnittlich etwas geringere Werte auf. Weniger zu erwarten war hingegen der verhältnismäßig hohe Stellenwert der Innenfinanzierung bei französischen Unternehmen. Die vierte und letzte These T_{FS}-4 kann somit auf Grund länderspezifischer Finanzierungsvolumina und -strukturen bestätigt werden.

Die Ergebnisse zur Entwicklung der Finanzierungsstruktur werden in Tabelle 4.32 überblicksartig veranschaulicht.

Nr.	These	Ergebnis
T_{FS}-1	Die Innenfinanzierung ist die dominierende Finanzierungsform bei multinationalen Unternehmen.	bestätigt
T_{FS}-2	Die Finanzierungsvolumina multinationaler Unternehmen nehmen im Zuge von Krisenereignissen ab und steigen im Zuge einer gesamtwirtschaftlichen Erholung an.	bestätigt
T_{FS}-3	Die Innenfinanzierungsquote multinationaler Unternehmen nimmt im Zuge von Krisenereignissen zu und sinkt im Zuge einer gesamtwirtschaftlichen Erholung.	bestätigt
T_{FS}-4	Multinationale Unternehmen weisen länderspezifische Finanzierungsstrukturen auf.	bestätigt

Tabelle 4.32: Ergebnisse zur Entwicklung der Finanzierungsstruktur[937]

Ein weiteres Ziel der empirischen Untersuchung zur Finanzierungsstruktur besteht darin, relevante Einflussfaktoren zu identifizieren. Es wird im Rahmen einer Panelregression die Wirkungsweise von insgesamt acht exogenen Variablen überprüft, von denen in sieben Fällen bei mindestens einem der Datensätze ein statistisch signifikanter Zusammenhang festgestellt wird.[938]

Die Anlageintensität wirkt sich bei Unternehmen aus Frankreich und Italien positiv auf die Innenfinanzierungsquote aus.[939] Ein entsprechender positiver Zusammenhang ist auf Grund der hohen Relevanz der Abschreibungsgegenwerte für die Innenfinanzierung naheliegend.[940] Zudem haben die deskriptiven Ergebnisse zur Entwicklung der Finanzierungsstruktur verdeutlicht, dass die Innenfinanzierung, u.a. auf Grund der unterschiedlichen Krisenphasen zwischen 2006 und 2013, einen weitaus größeren Anteil am Gesamtfinanzierungsvolumen einnimmt. In der Konsequenz wird der positiv wirkende Besicherungseffekt einer zunehmenden Anlageintensität für die externe Kapitalbeschaffung als geringer eingestuft und Hypothese H_{FS}-1.1 bestätigt.

Die Bewertung als Wachstumsindikator übt bei multinationalen Unternehmen aus Deutschland und Frankreich einen positiven Einfluss auf die Innenfinanzierungsquote aus, weshalb Hypothese H_{FS}-1.2 bestätigt werden kann. Begründet wird dieser Zusammenhang damit, dass potentielle externe Kapitalgeber bei wachstumsstarken Unternehmen den zukünftigen Erfolg nur erschwert einschätzen können.

---

[937] Eigene Darstellung.
[938] Wie bereits in Kapitel 4.5.3 angemerkt, basieren die folgenden Ausführungen grundsätzlich auf den statistisch signifikanten Zusammenhängen. Andernfalls erfolgt ein expliziter Hinweis.
[939] Die Ergebnisse für DAX-Unternehmen sind nicht statistisch signifikant.
[940] Vgl. Deutsche Bundesbank (2012b), S. 18.

Die Finanzierungskonditionen verschlechtern sich in der Folge.[941] Das Modell zur optimalen Finanzierungsstruktur verdeutlicht in diesem Kontext, dass ein Anstieg der Kapitalkosten zu einem Rückgang der rentablen Investitionsmöglichkeiten führt und der Bedarf an externem Kapital sinkt.[942] Für den FTSE MIB-Datensatz sind die Ergebnisse nicht signifikant.

Außerdem hat die durchgeführte Regressionsanalyse ergeben, dass die Finanzmittelfondsquote länderübergreifend ein negatives Vorzeichen hat. Allerdings ist die Variable nur für CAC- und FTSE MIB-Unternehmen statistisch signifikant. Unter der Prämisse, dass multinationale Unternehmen über eine hinreichende Flexibilität bei der Finanzierung verfügen, kann somit geschlussfolgert werden, dass es sich bei einem Rückgang der Kapitalreserven um einen bewussten Verzicht auf externe Mittel handelt. Folglich erhöhen multinationale Unternehmen die Kapitalreserven im Zuge einer Intensivierung der Außenfinanzierung. Hypothese H_{FS}-1.3 kann auf Grund der negativen Korrelation zwischen der Veränderung der Zahlungsmittel sowie der Zahlungsmitteläquivalente und der Innenfinanzierungsquote bestätigt werden.

Eine weitere Einflussgröße stellt die Finanzschuldenquote der Vorperiode dar. Die Schätzung weist für multinationale Unternehmen aus Deutschland und Frankreich eine positive Korrelation aus, weshalb Hypothese H_{FS}-1.4 bestätigt wird. Erwartungsgemäß führt eine Erhöhung der Finanzschulden in der vergangenen Periode somit zu einem Anstieg der Innenfinanzierung in der Folgeperiode. Begründet werden kann ein solcher Wirkungszusammenhang u.a. mit einer Gegenbewegung im Sinne einer Einhaltung der Zielkapitalstruktur und gestiegener Tilgungszahlungen im Zuge höherer finanzieller Verbindlichkeiten.

Die Erhöhung der Investitionsintensität führt länderübergreifend zu einem signifikanten Anstieg der Außenfinanzierungsquote. Investitionsausgaben können auf Grund begrenzter interner Finanzierungsquellen nicht endlos ohne zusätzliches externes Kapital gedeckt werden. Dieser Zusammenhang wird in Kapitel 2.4.2.2 beim Basismodell zur optimalen Finanzierungsstruktur für das Szenario IC_{100} aufgegriffen. Da die Grenzrendite weiterer Investitionen bei einem Cashflow in Höhe von 100 Geldeinheiten die Finanzierungskosten übersteigt, nimmt das Unternehmen externes Kapital auf, um das Investitionsvolumen zu erhöhen.[943] Im Einklang mit der Theorie kann Hypothese H_{FS}-1.5 bestätigt werden.

Die Profitabilität weist für Unternehmen aus Deutschland, Frankreich und Italien positive Koeffizienten auf. Demnach sind profitablere Unternehmen in geringerem Maß auf die Außenfinanzierung angewiesen. Zwar stimmt das positive Vorzei-

---

[941] Vgl. Rajan/ Zingales (1995), S. 1455.
[942] Siehe die Ausführungen zum Basismodell zur optimalen Finanzierungsstruktur in Kapitel 2.4.2.2.
[943] Siehe Kapitel 2.4.2.2.

chen mit der vermuteten Wirkungsweise überein, jedoch sind die Ergebnisse nicht statistisch signifikant. In der Folge kann Hypothese H_{FS}-1.6 nicht bestätigt werden.

Hinsichtlich der getesteten makroökonomischen Determinanten BIP zeigt sich, dass ein Anstieg des Wirtschaftswachstums länderübergreifend einen Rückgang der Innenfinanzierungsquote multinationaler Unternehmen bewirkt und Hypothese H_{FS}-2.1 bestätigt werden kann.[944] Somit wird in Phasen des Aufschwungs die Beschaffung externer Mittel ausgeweitet und in rezessiven Phasen externes Kapital vermehrt zurückgeführt. Begründet ist der aufgezeigte Zusammenhang u.a. in veränderten Rahmenbedingungen für Investitionsvorhaben und im antizyklischen Anstieg der Finanzierungskosten.[945]

Für die Inflation als zweite makroökonomische Größe können hingegen keine eindeutigen Schlüsse gezogen werden. Das Vorzeichen ist für CAC- und FTSE MIB-Unternehmen negativ, wobei die Ergebnisse nur für letzteren Datensatz statistisch signifikant sind. Somit kann zumindest für einen Teil der untersuchten Unternehmen davon ausgegangen werden, dass Unternehmen bei steigender Inflation mit einer Erhöhung der Außenfinanzierung reagieren. Hypothese H_{FS}-2.2 wird somit teils bestätigt.

Sämtliche Ergebnisse zu den Determinanten der Finanzierungsstruktur werden in Tabelle 4.33 zusammengefasst.

---

[944] Der aufgezeigte Zusammenhang ist für Unternehmen aus Deutschland und Frankreich statistisch signifikant.
[945] Vgl. Korajczyk/ Levy (2003), S. 75 ff. und Deutsche Bundesbank (2012b), S. 19.

Nr.	Hypothese	Ergebnis
H_{FS}-1	Hypothesen zu firmenspezifischen Einflussfaktoren	
H_{FS}-1.1	Multinationale Unternehmen mit einer hohen Anlageintensität tendieren zu einer höheren Innenfinanzierungsquote.	bestätigt
H_{FS}-1.2	Multinationale Unternehmen tendieren bei hoher Bewertung zu einer höheren Innenfinanzierungsquote.	bestätigt
H_{FS}-1.3	Multinationale Unternehmen mit einer hohen Finanzmittelfondsquote tendieren zu einer geringeren Innenfinanzierungsquote.	bestätigt
H_{FS}-1.4	Multinationale Unternehmen mit einer hohen Finanzschuldenquote in der Vorperiode tendieren zu einer höheren Innenfinanzierungsquote.	bestätigt
H_{FS}-1.5	Multinationale Unternehmen mit einer hohen Investitionsintensität tendieren zu einer geringeren Innenfinanzierungsquote.	bestätigt
H_{FS}-1.6	Multinationale Unternehmen mit einer hohen Profitabilität tendieren zu einer höheren Innenfinanzierungsquote.	nicht bestätigt
H_{FS}-2	Hypothesen zu makroökonomischen Einflussfaktoren	
H_{FS}-2.1	Multinationale Unternehmen tendieren bei steigendem Wirtschaftswachstum zu einer geringeren Innenfinanzierungsquote.	bestätigt
H_{FS}-2.2	Multinationale Unternehmen tendieren bei steigender Inflation zu einer geringeren Innenfinanzierungsquote.	teils bestätigt

Tabelle 4.33: Ergebnisse zu den Einflussfaktoren auf die Finanzierungsstruktur[946]

---

[946] Eigene Darstellung.

5 Fazit

Das Ziel der Arbeit war es, den Forschungszweig zur Unternehmensfinanzierung sowohl in theoretischer als auch empirischer Hinsicht zu erweitern, um so Rückschlüsse zu Finanzierungsentscheidungen multinationaler Unternehmen ziehen zu können. In diesem Zusammenhang wurden im Besonderen die Auswirkungen der globalen Finanzkrise auf börsennotierte Unternehmen aus Deutschland, Frankreich und Italien untersucht. Dem begrenzten Erklärungsgehalt zahlreicher bisheriger Arbeiten in diesem Forschungsbereich wurde entgegengewirkt, indem sich die Analyse nicht ausschließlich auf die Kapitalstruktur, sondern ebenfalls auf die Finanzierungsstruktur, konzentrierte. Anhand des komplexen Untersuchungsdesigns ist es gelungen, sowohl den bisherigen Forschungsstrang fortzuführen als auch das Themenfeld durch die Einbeziehung der Finanzierungsstruktur zu erweitern und so periodenspezifische Schlussfolgerungen generieren zu können. Dabei hat sich gezeigt, dass die Folgen der globalen Finanzkrise für die Kapitalbeschaffung multinationaler Unternehmen, zunächst allein auf Basis der Kapitalstruktur als gering eingestuft, unter Berücksichtigung der Finanzierungsstruktur weitreichend und deutlich spürbar waren. Die Erweiterung des Forschungszweigs lässt demnach Schlussfolgerungen zu, die allein durch die Untersuchung der Kapitalstruktur nicht hätten hervorgebracht werden können.

Im weiteren Verlauf werden in Kapitel 5.1 die wesentlichen Erkenntnisse dieser Arbeit zusammengefasst und kritisch reflektiert. In Anlehnung an die dreigeteilte Struktur und das damit verbundene deduktive Vorgehen stehen zunächst die theoretischen Rahmenbedingungen und Erklärungsklärungsansätze zum Finanzierungsverhalten im Vordergrund. Überleitend folgen die Ausführungen zur globalen Finanzkrise, um darauf aufbauend die Ergebnisse der eigenen empirischen Untersuchung aufzugreifen. Abschließend werden in Kapital 5.2 weitere Forschungsmöglichkeiten zu Finanzierungsentscheidungen multinationaler Unternehmen aufgezeigt.

5.1 Zusammenfassung und Einordnung der Ergebnisse

Einführend erfolgte die Darstellung der begrifflichen sowie theoretischen Grundlagen, indem zunächst multinationale Unternehmen und Finanzierungsentscheidungen fundiert erläutert wurden. Die Ausführungen haben verdeutlicht, dass für beide Termini in der Literatur kein einheitliches Begriffsverständnis vorliegt. Aus diesem Grund wurde jeweils eine Arbeitsdefinition aufgestellt.

Im Anschluss folgten die Ausführungen zur Finanzierungstheorie. Neben den Erklärungsansätzen zur Kapital- und Finanzierungsstruktur, wurde ebenfalls die Bestimmung der Kapitalkosten berücksichtigt. Die Erläuterung der in der Wissenschaft verbreiteten Kapitalkostenansätze diente der Hinführung zu den relevanten Finanzierungstheorien dieser Untersuchung. Dabei zeigte sich, dass multinationale Unternehmen, u.a. auf Grund von Diversifikationseffekten, üblicherweise von günstigeren Finanzierungskonditionen profitieren als national ausgerichtete Unternehmen. Bei den Ansätzen zur Ermittlung der Kapitalkosten wurde ersichtlich, dass sich besonders die Bestimmung der Eigenkapitalkosten schwierig erweist. Im Gegensatz zu Fremdkapitalkosten erfolgt hier kein expliziter Ausweis, weshalb Schätzverfahren für eine Operationalisierung herangezogen werden. Obgleich dieser Problemstellung mittlerweile seit Jahrzehnten eine große Aufmerksamkeit zuteilwird und zahlreiche Verfahren zur Bestimmung von Eigenkapitalkosten entwickelt wurden, gilt bis heute keine Herangehensweise als unumstritten. Grundsätzlich werden mit den Kapitalmarkt- und Barwertmodellen zwei Ansätze unterschieden. Im Rahmen der kritischen Auseinandersetzung mit beiden Herangehensweisen wurde deutlich, dass Kapitalmarktmodelle vermehrt in der Praxis auf Akzeptanz stoßen, wohingegen Barwertmodelle überwiegend in der Wissenschaft Zustimmung finden. Für den großen Zuspruch in der Praxis ist jedoch scheinbar weniger die Güte der Kapitalmarktmodelle ausschlaggebend, sondern vielmehr die verhältnismäßig einfache Anwendung sowie die gute Datenverfügbarkeit, speziell für multinationale Unternehmen. Somit besteht die Herausforderung für die Wissenschaft weiterhin darin, anwendungsorientierte Ansätze hervorzubringen.

Ausgehend von den Erläuterungen zu den Kapitalkosten wurde der Fokus im Anschluss auf die Kapitalstruktur, als den zentralen Untersuchungsgegenstand bisheriger Forschungsarbeiten zur Unternehmensfinanzierung, gelegt. Obgleich bereits ältere Modellansätze existieren, gilt das Irrelevanztheorem von *Modigliani/ Miller (1958)* als Ausgangspunkt für eine bis heute anhaltende Debatte über die Gestaltung und mögliche Optimierung der Kapitalstruktur. Die erste These, wonach der Marktwert eines Unternehmens unabhängig ist von dessen Kapitalstruktur, gilt allerdings lediglich unter Annahme eines vollkommenen Kapitalmarktes als zutreffend. In einer Modellerweiterung berücksichtigen *Modigliani/ Miller (1963)* die Wirkung einer Unternehmensgewinnbesteuerung. Demnach sinken die Gesamtkapitalkosten bei steigender Verschuldung auf Grund des Tax Shields. *Kraus/ Litzenberger (1973)* greifen mit der statischen Trade-Off Theorie diese Gedankengänge auf, indem neben Steuern außerdem Insolvenzkosten einen Einzug in die Modellwelt erhalten. Bei ansteigender Verschuldung wirkt sich der Steuervorteil demnach positiv auf den Unternehmenswert aus, wohingegen vom zunehmenden Insolvenzrisiko eine negative Wirkung ausgeht. Gleichen sich beide Effekte aus, indem der marginale Steuervorteil den marginalen Insolvenzkosten entspricht, verfügt das Unternehmen demnach über eine optimale Kapitalstruktur. Obwohl die Wirkungsweise beider Effekte nachvollziehbar erscheint, ist die statische Trade-Off Theorie nicht frei von Kritik. Dabei gilt es bspw. als zu vereinfachend, Kapitalstrukturentscheidungen allein mit dem Tax Shield und dem Insolvenzrisiko zu begründen. Zudem zeigen Studien, dass dem Tax Shield ein weitaus größerer Einfluss zugeschrieben wird und es sich folglich bei dem Insolvenzrisiko um kein adäquates Gegengewicht handelt.

Als wesentliche Zäsur gelten im weiteren Entwicklungsverlauf die Überlegungen der neoinstitutionalistischen Finanzierungstheorie. Es wird eine deutlich realitätsnähere Modellwelt geschaffen, indem u.a. Finanzintermediäre und Kooperationen zwischen den Marktteilnehmern Berücksichtigung im theoretischen Bezugsrahmen finden. Die Ausgangsbasis stellt die Agency Theorie von *Jensen/ Meckling (1976)* dar. Im Vordergrund dieser Theorie steht das Handeln von Vertragspartnern und damit verbundene Interessenskonflikte und Informationsasymmetrien. Prinzipal-Agenten-Konflikte existieren in verschiedenen Formen bei Finanzierungsentscheidungen. So liegen Interessenskonflikte u.a. zwischen Anteilseignern und dem Management vor. Damit einhergehende Informationsasymmetrien und eigennütziges Handeln des Agenten führen, bspw. auf Grund von Ausgaben für die Überwachung des Agenten, zu Agency-Kosten. *Myers/ Majluf (1984)* greifen diesen Ansatz in Form der Pecking-Order Theorie auf. Allerdings wird im Gegensatz zur Agency Theorie unterstellt, dass das Management im Sinne der Altaktionäre handelt. Gemäß der Pecking-Order Theorie existiert keine optimale Kapitalstruktur, sondern eine Finanzierungshierarchie. Auf Grund der Informationsasymmetrie zwischen Management und externen Eigen- und Fremdkapitalgebern entstehen Informationskosten. Mit dem Ziel der Kostenminimierung wird zunächst die Innenfinanzierung in Anspruch genommen, da keine Informationskosten entstehen. Sind die internen Mittel ausgeschöpft, wird das externe Fremdkapital gegenüber dem Eigenkapital bevorzugt. Begründet wird dies mit der Erwartungshaltung der Neuaktionäre, die von einer Überbewertung des Unternehmens ausgehen und daher einen Preisabschlag fordern. Die Informationskosten sind daher bei der externen Eigenfinanzierung am höchsten.

Beide Erklärungsansätze liefern einen wesentlichen Beitrag zum Verständnis von Kapitalstrukturentscheidungen, indem die Wirkungsweise von Interessenskonflikten und Informationsasymmetrien thematisiert wird. Allerdings unterscheiden sich beide Modelle hinsichtlich ihrer Kernaussagen. Dies ist im Wesentlichen darin begründet, dass die Agency Theorie Interessenskonflikte zwischen Anteilseignern und dem Management annimmt und die Pecking-Order Theorie davon ausgeht, dass diese nicht existieren.

Zuletzt wurde auf die Market-Timing Theorie eingegangen, die einen weiteren Aspekt von Kapitalstrukturentscheidungen berücksichtigt. Entgegen bisheriger Ansätze wird unterstellt, dass Unternehmen sowohl Eigen- als auch Fremdkapitalmärkte fortlaufend analysieren, um Kapital zu möglichst günstigen Konditionen zu beschaffen. Dieses Kostenbewusstsein reicht soweit, dass günstiges Kapital auch dann aufgenommen wird, wenn kein vollumfänglicher Bedarf besteht. Obgleich der Gedanke des Market-Timings in der Wissenschaft auf verhältnismäßig breite Akzeptanz stößt, bleiben vereinzelt Fragen offen. So ist u.a. nicht geklärt, wann Finanzierungskonditionen als günstig gelten und welcher Zeithorizont für eine Einordnung dienen sollte. Zudem existiert keine Priorisierung für den Fall, dass sowohl Eigen- als auch Fremdkapital preiswert beschafft werden können.

Abschließend lässt sich hinsichtlich der aufgeführten Kapitalstrukturtheorien festhalten, dass bis heute eine intensive wissenschaftliche Debatte über die Wahl von Eigen- und Fremdkapital geführt wird. Es zeigt sich, dass keiner Theorie ein universaler Erklärungsgehalt zugeschrieben werden kann, sondern lediglich Teilaspekte auf Akzeptanz stoßen. Hervorzuheben bleibt, dass sich Forschungsbeiträge zu Finanzierungsentscheidungen nach wie vor im Wesentlichen auf die Verifizierung von Kapitalstrukturtheorien aus den siebziger und achtziger Jahren des 20. Jahrhunderts konzentrieren. Um diesem Umstand entgegenzuwirken, wurde der Untersuchungsgegenstand in dieser Arbeit weiter gefasst und die Frage nach der Mittelherkunft aufgegriffen.

Finanzierungsvorgänge können demnach der Innen- oder der Außenfinanzierung zugeordnet werden. In Anlehnung an die Kapitalstruktur bildet die Finanzierungsstruktur die Zusammensetzung beider Formen ab. Auf Grund der unzureichenden theoretischen Auseinandersetzung wurde ein Erklärungsansatz für die Ausgestaltung der Finanzierungsstruktur entwickelt. Das Modell zur optimalen Finanzierungsstruktur greift Erkenntnisse aus angrenzenden Forschungsfeldern auf und betrachtet Finanzierungsentscheidungen in direkter Abhängigkeit von Investitionsentscheidungen. Somit wird mit dem Ziel einer effizienten Kapitalallokation ein optimales Verhältnis aus Innen- und Außenfinanzierung bestimmt.

Beim Basismodell zur optimalen Finanzierungsstruktur werden anhand der Zusammensetzung der Innen- und Außenfinanzierung drei verschiedene Finanzierungsszenarien unterschieden. In Abhängigkeit von der Investitionsrendite erweist sich die externe Kapitalbeschaffung bei begrenzter Innenfinanzierung solange als vorteilhaft, bis die Grenzrendite der Investition unter den Kapitalkostensatz fällt. Sofern die Außenfinanzierung in Anspruch genommen wird, hängt die Höhe des Investitionsvolumens von der gewählten Finanzierungsform bzw. der Zusammensetzung ab, da sich die Kapitalkosten für externes Eigen- und Fremdkapital unterscheiden. Dabei ist zu beachten, dass bspw. die Aufnahme von kostengünstigerem externen Fremdkapital sinnvoll sein kein, während gleichzeitig die externe Eigen-kapitalbeschaffung zu kostenintensiv ist. Gleichen sich Investitionsrendite und Kapitalkostensatz, bleibt die Außenfinanzierung im zweiten Szenario aus und das Investitionsvolumen entspricht der Innenfinanzierung. Im dritten Finanzierungs-szenario wird die Ausschüttung an die Aktionäre einbezogen. Auf Grund einer abnehmenden Grenzrendite der Investition sinkt diese ab einer gewissen Schwelle unter den Zinssatz der Investitionsalternative der Anteileigner. Ein Teil des Innen-finanzierungsvolumens wird daher an die Anteilseigner ausgeschüttet.

Mit dem Ziel eine möglichst umfassende und realitätsnahe Modellwelt zu konstru-ieren, wurden weitere Finanzierungsszenarien durch verschiedene Ergänzungen bzw. Erweiterungen berücksichtigt. Im Sinne der Übersichtlichkeit und Nachvoll-ziehbarkeit wurde bewusst von der Entwicklung eines einzigen, möglichst allum-fassenden, Modellansatzes abgesehen. Zunächst wurde der Einfluss des Tax Shields beachtet. Infolgedessen erhöht sich das Innenfinanzierungsvolumen. In einem weiteren Entwicklungsschritt wurde dem Umstand Rechnung getragen, dass Dividendenzahlungen nicht ausschließlich von Investitions- und Finanzierungs-entscheidungen abhängig sind. Dividendenpolitische Ziele, wie bspw. die kontinu-ierliche Ausschüttung, sind ebenso zu berücksichtigen. Aus diesem Grund wurde in einer 1. Modellerweiterung eine Ausschüttung, trotz rentabler Investitionsmög-lichkeiten, ausgewiesen. Mit der 2. Modellerweiterung wurde außerdem der Ge-danke einer negativen Außenfinanzierung aufgegriffen. Tilgungszahlungen und Aktienrückkäufe können dazu führen, dass ein Finanzierungsdefizit entsteht, wel-ches durch die Innenfinanzierung gedeckt wird. Entsprechend sinkt das Investiti-onsvolumen.

Mit den Modellüberlegungen zur Finanzierungsstruktur ist es gelungen, basierend auf der Verknüpfung von Mittelherkunft und Mittelverwendung, einen theoreti-schen Bezugsrahmen zu entwickeln, welcher Grundsatzentscheidungen des strate-gischen Managements, wie bspw. Aspekte der leistungswirtschaftlichen Portfolio-gestaltung, und die entsprechende Finanzierung vereint. Wirkungszusammenhän-ge beim Finanzierungsverhalten konnten so nachvollziehbar aufgezeigt werden. Annahmebedingte Einschränkungen, wie bspw. die Fokussierung auf eine Periode, erweisen sich letztlich als zielführend, um diesen hochkomplexen Untersuchungs-gegenstand erfassen zu können.

Im Anschluss an die Aufarbeitung der theoretischen Rahmenbedingungen wurden zum einen die Entstehung sowie der Verlauf der globalen Finanzkrise erläutert und zum anderen grundlegende Auswirkungen auf die Unternehmensfinanzierung erarbeitet. Das Ziel dieses Abschnitts bestand darin, eine Ausgangsbasis für die eigene empirische Untersuchung zu schaffen, indem relevante Frage- und Prob-lemstellungen identifiziert wurden.

Die Ausführungen im Rahmen des dritten Kapitels haben gezeigt, dass die Ursachen und Entstehungshintergründe der globalen Finanzkrise vielschichtig sind und teilweise über viele Jahre hinweg zurückreichen. Das Zusammenwirken zahlreicher Faktoren, wie bspw. die expansive Kreditvergabepolitik in den USA, der stetig wachsende Verbriefungsmarkt und die damit voranschreitende internationale Verflechtung haben letztlich ein höchst labiles, allein auf Rendite ausgerichtetes Konstrukt geschaffen, welches im Sommer 2007 zum Ausbruch der Subprime-Krise führte.

Im Zuge des hohen Abschreibungsbedarfs gerieten sowohl US-amerikanische als auch internationale Finanzinstitute enorm unter Druck, so dass letztlich das gesamte Finanzsystem nahezu kollabierte. Die internationale Bankenkrise erreichte ihren Höhepunkt, als die Investment Bank Lehman Brothers Inc. im September 2008 zahlungsunfähig wurde. Selbst große Finanzinstitute galten damit fortan nicht zwangsläufig als krisenresistent. Die Auswirkungen auf den Interbankenmarkt waren verheerend. Verunsicherung und Panik führten dazu, dass eines der zentralen Refinanzierungsinstrumente beinahe zum Erliegen kam. Zentralbanken und staatliche Institutionen sahen sich innerhalb kürzester Zeit gezwungen, Rettungsmaßnahmen auszuweiten und Soforthilfe zu leisten, um einen vollständigen Kollaps des Finanzsystems abzuwenden.

Obgleich sich die weitreichenden Interventionen durchaus krisenhemmend auswirkten, konnten die Folgen für die Realwirtschaft nicht vollends abgewendet werden. Das Wirtschaftswachstum brach im Jahr 2009 in weiten Teilen der Welt ein, so dass die Bankenkrise in eine globale Wirtschaftskrise mündete. Die weiteren Krisenausprägungen unterschieden sich in den Folgejahren innerhalb der Eurozone deutlich. Wohingegen bspw. Deutschland seit 2010 bis zum Ende des Betrachtungszeitraums 2013 durchgehend ein positives Wirtschaftswachstum realisieren konnte, gerieten andere Volkswirtschaften, wie z.B. Italien, nach einer zwischenzeitigen Erholung, im Jahr 2011 erneut in eine Rezession.

Auf Grund von äußerst kostenintensiven Rettungsmaßnahmen und krisenbedingten steuerlichen Mindereinnahmen stieg die Verschuldung vieler Staaten in der Eurozone dramatisch an. Darüber hinaus ist zu erwähnen, dass vereinzelte Peripheriestaaten, wie bspw. Griechenland, bereits vor dem Ausbruch der globalen Finanzkrise fundamentale Missstände in der Haushaltspolitik und eine sehr hohe Staatsverschuldung aufwiesen. Die Ratingagenturen reagierten allerdings verspätet im Zuge der Krise mit sukzessiven Herabstufungen, so dass sich die Refinanzierungsbedingungen einzelner Staaten erheblich verschlechterten. Nachdem im März 2010 bereits umfangreiche Garantien verschiedener Institutionen für Griechenland zugesagt wurden, scheiterte dennoch eine geplante Anleiheemission im Mai desselben Jahres. Das Vertrauen in den stark verschuldeten Staat war nachhaltig beschädigt. Um eine weitere Eskalation zu vermeiden, wurden die Stabilisierungsmaßnahmen umgehend, u.a. in Form zinsgünstiger Hilfskredite und eines Schuldenschnitts, intensiviert. Es folgten Maßnahmen für weitere hilfsbedürftige Staaten, wie u.a. Portugal und Zypern.

Abschließend kann hinsichtlich der Staatsschuldenkrise konstatiert werden, dass ein Großteil der betroffenen Staaten bislang immense Anstrengungen unternommen hat, um den notwendigen Konsolidierungsprozess voranzutreiben. Auf Grund der teilweise über viele Jahre andauernden Fehlentwicklungen, erweist sich die Umsetzung der Reformen jedoch als langwierig. In Anbetracht der Überwindung der zweiten Rezession in der Eurozone nach dem Beginn der globalen Finanzkrise und den derzeitigen Rekordständen an den internationalen Kapitalmärkten deutet vieles auf ein Ende der Krise hin. Allerdings zeigen andere Indikatoren, wie bspw. die anhaltende Niedrigzinspolitik der Zentralbanken sowie politische Spannungen in der Eurozone, dass nach wie vor Risiken bestehen und ein finales Ende der Krise daher zum jetzigen Zeitpunkt nicht ausgewiesen werden kann.

Aufbauend auf den Darstellungen zur Entstehung und dem Verlauf der globalen Finanzkrise haben die weiteren Ausführungen verdeutlicht, dass die erheblichen Verwerfungen im finanzwirtschaftlichen, realwirtschaftlichen und staatlichen Sektor sich erwartungsgemäß auch auf die Rahmenbedingungen für die Kapitalbeschaffung nichtfinanzieller Unternehmen in der Eurozone ausgewirkt haben. Mit der Ausarbeitung der grundsätzlichen Folgen für die Unternehmensfinanzierung im Zeitraum von 2006 bis 2013 wurde bewusst nicht der Versuch unternommen, eine allumfassende Darstellung anzustreben, die auf Grund der Komplexität und Heterogenität ohnehin im Rahmen dieser Arbeit nicht hätte geleistet werden können. Vielmehr wurden allgemeine Wirkungszusammenhänge zunächst überblicksartig erarbeitet, um eine Überleitung zur empirischen Untersuchung zu schaffen und eine Einordung der Ergebnisse zu ermöglichen.

Grundsätzlich hat sich gezeigt, dass sich die Krise auf die Bedingungen der Eigen- und Fremdfinanzierung ausgewirkt hat. Bei der Eigenkapitalbeschaffung wurden die Folgen für die interne und externe Finanzierung gesondert betrachtet. Rückschlüsse zur Selbstfinanzierung können u.a. anhand der Entwicklung des realen Wirtschaftswachstums gezogen werden. Demnach schwankte das BIP innerhalb der Eurozone, auf Grund von zwischenzeitigen Krisen- und Wachstumsphasen, deutlich. Mit der Intensivierung der Bankenkrise und dem Übergang zur Wirtschaftskrise brach die Wirtschaftsleistung bereits Ende 2008 länderübergreifend ein. Entsprechend verschlechterte sich auch die Gewinnsituation im realwirtschaftlichen Sektor. In der Folge wurden Kosten reduziert und Investitionen zurückgefahren, wodurch bei vielen Unternehmen ein Schrumpfungsprozess einsetzte. Eine Verbesserung der gesamtwirtschaftlichen Situation konnte erst Ende 2009 festgestellt werden. Allerdings ist diesbezüglich zu beachten, dass sich die weiteren Folgeerscheinungen der globalen Finanzierungskrise bei den einzelnen Mitgliedsstaaten der Eurozone heterogen entwickelten. Wohingegen leistungsstarke Volkswirtschaften ein konstant positives Wirtschaftswachstum vorweisen konnten, gerieten andere Nationen im Zuge der Staatsschuldenkrise erneut in eine Rezession.

Die externe Eigenfinanzierung ist hingegen von anderen Faktoren, wie z.B. der Kursentwicklung an den Aktienmärkten, abhängig. In der Folge wurde die Kapitalbeschaffung bereits im Zuge des Beginns der Subprime-Krise im Jahr 2007 tangiert. Anfänglich leichte Kursrückgänge endeten mit der Intensivierung der Banken- und Wirtschaftskrise in einem Kursverfall, so dass erst im Frühjahr 2009 der Tiefpunkt erreicht wurde. Die Rahmenbedingungen für die externe Eigenkapitalbeschaffung erwiesen sich somit als äußerst ungünstig. Obgleich die Kurse an den internationalen Börsen in der zweiten Jahreshälfte deutlich anstiegen, wirkte das erhöhte Risikobewusstsein dennoch hemmend. Mit der Zuspitzung der Staatsschuldenkrise gaben die Kurse erneut nach. Umfassende Stabilisierungsmaßnahmen führten allerdings letztlich dazu, dass zahlreiche internationale Leitindices, wie u.a. der DAX, bis zum Ende des Betrachtungszeitraums deutlich zulegten.

Ein weiteres entscheidendes Kriterium für die externe Eigenfinanzierung stellen die Emissionskosten dar, die sich überwiegend auf einem vergleichsweise hohen Niveau in der Eurozone befanden. Insgesamt kann somit festgehalten werden, dass die Bedingungen für die Eigenfinanzierung im Zeitraum zwischen 2006 und 2013 größtenteils schwierig waren. Das volatile Marktumfeld sowie die hohen Finanzierungskosten haben diese Form der Finanzierung negativ beeinträchtigt. Eine entsprechende Entwicklung zeigte sich für die Eurozone ebenfalls in den jährlichen Wachstumsraten von Aktienemissionen, die weitestgehend bei nahe null Prozent lagen.

Die Ausführungen zu den krisenbedingten Folgen für die Fremdfinanzierung haben gezeigt, dass von der globalen Finanzkrise eine wesentliche Beeinträchtigung ausging. Dabei fiel auf, dass die Kreditfinanzierung, als wichtigste Fremdkapitalquelle in der Eurozone, besonders in den Jahren 2009 und 2010 sowie 2012 und 2013 deutlich abgenommen hat. Dies ist u.a. auf das enorm gestiegene Risikobewusstsein der Banken zurückzuführen. Mehrere Leitzinssenkungen und damit einhergehende günstigere Finanzierungskosten konnten demnach nicht verhindern, dass sich die Kreditvergabe an nichtfinanzielle Unternehmen in der Eurozone phasenweise zurückentwickelte. Allerdings konnte auf Basis dieser Datenlage nicht festgestellt werden, inwieweit dies speziell für die Kreditfinanzierung von multinationalen Unternehmen gilt. Auf Grund der überwiegend sehr guten Bonitäten mag hier die gesunkene Kapitalnachfrage im Zuge rückläufiger Investitionen ausschlaggebender gewesen sein. Außerdem zeigt der aktuelle Forschungsbeitrag von

Edling (2015), dass multinationale Unternehmen im Zuge der globalen Finanzkrise die Geschäftsbeziehungen zu Banken vermehrt kritisch überprüfen.

Die gestiegene Skepsis gegenüber Finanzinstituten sowie die Verwerfungen im Staatssektor äußerten sich außerdem darin, dass die kapitalmarktbasierte Fremdfinanzierung im Verlauf des Untersuchungszeitraums an Bedeutung gewonnen hat. Nachdem die realen Kosten für Unternehmensanleihen in der Eurozone im Jahr 2008 zwischenzeitig auf ein Rekordniveau angestiegen waren, konnte seit 2009 ein sukzessiver Rückgang beobachtet werden. Im Jahr 2012 waren die Kosten sogar geringer als jene für die Kreditfinanzierung. Der Verlauf der Nettoemissionsvolumina langfristiger Anleihen in der Eurozone offenbart zudem, dass besonders in den Jahren 2009 und 2012 ein enormer Anstieg zu verzeichnen war. Somit ist ein direkter Zusammenhang mit den Krisenhochphasen erkennbar.

Abschließend kann konstatiert werden, dass Kapitalmarktfinanzierungen im Zuge der globalen Finanzkrise in dem bankbasierten Finanzsystem der Eurozone an Bedeutung gewonnen haben. Die Ursachen und Beweggründe können allerdings nicht pauschalisiert werden, so dass nicht zwangsläufig von einer nachhaltigen Substitution gegenüber der Kreditfinanzierung ausgegangen werden kann. Es bleibt demnach abzuwarten, ob es sich tatsächlich um eine Zäsur oder eher eine krisenbedingte Anpassung bei der Unternehmensfinanzierung handelt.

Im Rahmen der empirischen Untersuchung wurden sowohl die Kapitalstruktur als auch die Finanzierungsstruktur ausgewählter multinationaler Unternehmen aus Deutschland, Frankreich und Italien im Zeitraum von 2006 bis 2013 analysiert, um Rückschlüsse auf das Finanzierungsverhalten ziehen zu können. Ein entsprechend differenzierter Untersuchungsansatz liegt bislang nicht vor. Die Erkenntnisse basieren nicht ausschließlich auf Bilanzdaten, sondern ebenfalls auf Cashflow Daten aus der Kapitalflussrechnung. Damit konnten erstmals periodenspezifische Reaktionen multinationaler Unternehmen im Zuge der globalen Finanzkrise untersucht werden.

Im ersten Abschnitt der Empirie zur Kapitalstruktur wurde anhand der deskriptiven Statistik festgestellt, dass die durchschnittliche buchwertbasierte Verschuldung im Untersuchungszeitraum weitestgehend geringen Schwankungen unterlag. Im Zuge der Krisenintensivierung war im Jahr 2009 länderübergreifend ein Rückgang der Fremdkapitalquote zu erkennen. Diese Entwicklung lässt auf einen krisenbedingten Schrumpfungsprozess und eine Verschlechterung der Fremdfinanzierungsbedingungen schließen. Allerdings ist zu beachten, dass eine Anpassung lediglich um wenige Prozentpunkte stattgefunden hat. Ein entsprechender Rückgang der Verschuldung, als Reaktion auf die Staatsschuldenkrise, konnte nur bei Unternehmen aus Italien festgestellt werden. Dies ist bei Betrachtung des Krisenverlaufs plausibel, da bspw. die deutsche Wirtschaft seit 2010 durchgängig gewachsen ist und sich Italien seit 2011 erneut in einer Rezession befand. Obwohl, bezugnehmend auf die Wirkung der globalen Finanzkrise, marginale Anpassungen der buchwertbasierten Verschuldung erkennbar waren, zeigte sich dennoch, dass diese Kennzahl nur bedingt für die Identifikation und Interpretation periodenspezifischer Entwicklungen geeignet ist. Bilanzbestände sind üblicherweise das Abbild zahlreicher und langwieriger Unternehmensentscheidungen und -aktivitäten. Zudem existiert eine Vielzahl an bilanzpolitischen Maßnahmen, um einzelne Bilanzpositionen seitens der Unternehmensführung gezielt zu beeinflussen.

Sofern der Verlauf der marktwertbasierten Kapitalstruktur betrachtet wurde, fiel der deutlich höhere Volatilitätsgrad auf. Die Schwankungen basierten allerdings größtenteils auf kapitalmarktbedingten Preisschwankungen und sind somit auf das grundsätzliche Konstrukt der Kennzahl zurückzuführen. Rückschlüsse zum Finanzierungsverhalten sind nur begrenzt möglich. Die Verschuldung war bei den Unternehmen aus Deutschland, Frankreich und Italien, auf Grund der enormen Kurseinbrüche im Jahr 2008, deutlich gestiegen. Obwohl die internationalen Aktienmärkte erst 2009 den Tiefpunkt erreicht hatten, war in diesem Jahr bereits ein deutlicher Rückgang der Fremdkapitalquote durch die gestiegene Marktkapitalisierung zu erkennen. Dies offenbarte eine weitere Schwäche der allein auf Bilanzdaten basierenden Analyse. Die Kapitalstruktur wird jeweils stichtagsbezogen zum Geschäftsjahresende ausgewiesen, welches üblicherweise auf den 31. Dezember datiert ist. Zu diesem Zeitpunkt hatten sich die Kapitalmärkte bereits wieder spürbar erholt, wodurch die ausgewiesene Kapitalstruktur den Anschein erweckte, die Krise wäre im Jahr 2009 weniger folgenreich gewesen. Auf Grund erneuter Turbulenzen an den Finanzmärkten stieg die Quote im Jahr 2011 wieder an, bevor sie in den beiden darauffolgenden Jahren länderübergreifend sank.

Hinsichtlich der vermuteten länderspezifischen Kapitalstruktur hat sich gezeigt, dass sich diese bei den multinationalen Unternehmen aus Deutschland, Frankreich und Italien hinsichtlich des Niveaus und des Verlaufs im Durchschnitt ähnelte. Größere Unterschiede wurden bei einem Branchenvergleich ersichtlich. Allerdings waren diese vielmehr im unterschiedlichen Niveau der Fremdkapitalquote als in voneinander abweichenden Verläufen im Zuge der globalen Finanzkrise begründet. Auffällig war der verhältnismäßig geringe Fremdkapitalanteil bei Unternehmen aus der Verbrauchsgüterbranche. Scheinbar erfordern branchenspezifische Rahmenbedingungen hier einen erhöhten Eigenkapitaleinsatz.

Trotz der festgestellten geringen Schwankung der gemittelten buchwertbasierten Fremdkapitalquote im Zeitverlauf, sind Schlussfolgerungen zur Existenz einer Zielkapitalstruktur allein auf dieser Basis nicht tragfähig. Da sich stark schwankende Kapitalstrukturen einzelner Unternehmen im Durchschnitt ausgleichen können, wurde der Volatilitätsgrad der unternehmensspezifischen Kapitalstruktur herangezogen. Anhand dieser Ergebnisse zeigte sich, dass insgesamt 70% der untersuchten multinationalen Unternehmen eine fixe Zielkapitalstruktur bzw. einen fixen Zielkorridor aufwiesen. Bei der länderspezifischen Klassifizierung fiel der Wert mit 77,2% bei den Unternehmen aus Frankreich am höchsten aus. Scheinbar hatte ein Großteil der untersuchten Unternehmen eine Zielvorstellung hinsichtlich der Ausgestaltung der Kapitalstruktur. Allerdings sind auch die Grenzen bei diesem Vorgehen zu beachten, da nicht final geklärt werden kann, inwieweit eine Anpassung bewusst oder nur zufällig durch das Finanzmanagement erfolgte.

Neben der Entwicklung der Kapitalstruktur stand zudem die Untersuchung möglicher Determinanten im Fokus der empirischen Analyse. Dabei wurden sowohl firmenspezifische als auch makroökonomische Einflussfaktoren überprüft. Wohingegen erstere den Schwerpunkt zahlreicher Studien darstellen, existieren bislang lediglich vereinzelt Erkenntnisse zur Wirkung makroökonomischer Einflüsse – insbesondere im europäischen Raum. Außerdem hob sich die vorliegende Untersuchung in diesem Forschungsbereich insofern von vielen bisherigen Arbeiten ab, als dass die Schätzung auf Paneldaten basierte und somit Beobachtungen verschiedener ökonomischer Einheiten zu verschiedenen Zeitpunkten Einzug in das Modell erhielten.

Die Zugrundelegung der buchwertbasierten und marktwertbasierten Fremdkapitalquote offenbarte, dass das Fixed-Effects-Modell anhand von Marktwerten einen wesentlich höheren Erklärungsgehalt hat. Demnach wiesen hier die Variablen Bewertung (-), Profitabilität (-) und Inflation (+) länderübergreifend einen statistisch signifikanten Einfluss auf. Zudem konnte für die Anlageintensität (-), für Unternehmen aus Frankreich und Italien, sowie für das Wirtschaftswachstum (-), für deutsche und italienische Unternehmen, ein signifikanter Zusammenhang nachgewiesen werden. Entgegen zahlreicher früherer Studien, glichen sich sämtliche statistisch signifikanten Koeffizienten länderübergreifend hinsichtlich des Vorzeichens. Dies gilt zum einen als Indiz für einen verhältnismäßig hohen Homogenitätsgrad des Samples und zum anderen als Hinweis für die hohe Güte der Schätzung.

Im zweiten Teil der empirischen Untersuchung lag der Schwerpunkt auf der Finanzierungsstruktur multinationaler Unternehmen. Obgleich die grundsätzliche Herangehensweise im vorherigen Abschnitt ähnlich war, indem die Entwicklung sowie mögliche Determinanten untersucht wurden, unterschieden sich dennoch die Rahmenbedingungen in diesem Forschungsbereich. Zum einen basierte die Analyse auf Cashflows und zum anderen findet bislang nur vereinzelt eine theoretische bzw. empirische Auseinandersetzung mit diesem stromgrößenbasierten Untersuchungsgegenstand statt. Diesem Umstand wurde dahingehend entgegengewirkt, dass ein theoretischer Bezugsrahmen geschaffen wurde.

Entgegen den Ausführungen zur Kapitalstruktur konzentrierte sich die Untersuchung der Finanzierungsstruktur sowohl auf absolute Werte zu den periodenspezifischen Finanzierungsvolumina als auch auf die entsprechenden Quoten. Im Zuge der Aufarbeitung des bisherigen Forschungsstrangs wurde bereits aufgezeigt, dass bisweilen derartige Erkenntnisse, speziell zu multinationalen Unternehmen, nicht vorliegen. Ausschlaggebend hierfür sind mitunter das Fehlen einer einheitlichen Methodik zur Herleitung sowie die diffizile und aufwendige Datenerhebung auf Unternehmensebene. Die Problematik wird u.a. dadurch veranschaulicht, dass die Deutsche Bundesbank zur Abbildung der Finanzierungsstruktur auf zwei unterschiedliche Rechenwerke zurückgreift und sich die Ergebnisse teilweise deutlich unterscheiden.

Der auf Cashflow Daten basierende Untersuchungsansatz liefert erstmalig ein differenziertes Verständnis zu Finanzierungsvolumina und Finanzierungsquoten multinationaler Unternehmen aus Deutschland, Frankreich und Italien. Grundsätzlich konnte länderübergreifend festgestellt werden, dass die Innenfinanzierung, im Einklang mit der Theorie und der empirischen Datenlage, die dominierende Finanzierungsform darstellte. Neben dieser Gemeinsamkeit wiesen die Unternehmen in den einzelnen Ländern jedoch hinsichtlich der durchschnittlichen Volumina und Quoten beachtliche Unterschiede auf.

So schwankte das durchschnittliche Gesamtfinanzierungsaufkommen eines Unternehmens mit Sitz in Deutschland im Untersuchungszeitraum zwischen 4,7 Mrd. Euro und 6,6 Mrd. Euro. In Frankreich bzw. Italien lagen die Volumina mit 4,2 Mrd. Euro bis 5,0 Mrd. Euro bzw. 2,0 Mrd. Euro bis 2,7 Mrd. Euro auf einem wesentlich geringeren Niveau. Anhand dieser Größenunterschiede wurden fundamentale Divergenzen beim Kapitalbedarf ersichtlich. Nachdem sowohl die Innen- als auch die Außenfinanzierungsbestände in den Jahren 2006 bis 2008 nahezu durchgehend gestiegen waren, veränderte sich dieser Umstand im Zuge der Krisenintensivierung. Bei den Unternehmen aus Deutschland sank das gesamte Finanzierungsaufkommen in den beiden darauffolgenden Jahren erheblich und erreichte damit im Jahr 2010 den Tiefpunkt im Untersuchungszeitraum. Ein derartig heftiger Rückgang blieb bei den Unternehmen aus Frankreich und Italien 2009 zunächst aus und war erst im Jahr 2010 zu erkennen. In diesem Zusammenhang gilt es hervorzuheben, dass der Tiefpunkt jeweils in einem Jahr erreicht wurde, welches keineswegs als Krisenjahr galt. Damit wurde das nachgelagerte Reaktionsverhalten deutlich, welches im engen Zusammenwirken von Investitions- und Finanzierungsentscheidungen begründet ist. Besonders multinationale Unternehmen verfügen über komplexe und langfristig ausgelegte Investitionsprogramme. Eine sofortige Anpassung ist hier i.d.R. nur begrenzt möglich. Folglich äußerte sich der geringere Kapitalbedarf zeitlich versetzt.

Bereits im Jahr 2011 stieg das Gesamtfinanzierungsvolumen länderübergreifend wieder an. Ursächlich hierfür war u.a. die seit Ende 2009 partiell einsetzende gesamtwirtschaftliche Erholung. Wohingegen sich dieser Trend bei deutschen Unternehmen bis 2013 fortsetzte, reduzierte sich das Gesamtvolumen bei Unternehmen aus Frankreich und Italien im Zuge der Staatsschuldenkrise erneut.

Sofern die Zusammensetzung des gesamten Finanzierungsaufkommens in Form der Innen- und Außenfinanzierungsquote betrachtet wurde, verdichteten sich die Hinweise für länderspezifische Finanzierungsstrukturen. Dabei ist zwischen den volumengewichteten und gleichgewichteten Quoten zu unterscheiden. Bei ersteren werden die durchschnittlichen Finanzierungsvolumina ins Verhältnis gesetzt, so dass ein Marktüberblick geschaffen wird und größere Unternehmen einen stärkeren Einfluss auf die Quote ausüben. Bei der gleichgewichteten Betrachtungsweise kommt allen Unternehmen die gleiche Bedeutung zu, indem die unternehmensindividuellen Quoten gemittelt werden.

Bei einem Vergleich fiel zunächst auf, dass die gleichgewichtete Innenfinanzierungsquote fast durchgehend höher ausfiel als das volumengewichtete Pendant. Folglich kann konstatiert werden, dass größere Unternehmen in einem höheren Maß auf die Außenfinanzierung zurückgegriffen haben. Außerdem zeigte sich, dass die Anpassungszeiten ungleich waren. So fiel die Reaktion auf die Banken- und Wirtschaftskrise bei der volumengewichteten Innenfinanzierungsquote im Jahr 2010 am stärksten aus, indem die Kennzahl länderübergreifend auf fast einhundert Prozent anstieg. Auf Basis der gleichgewichteten Finanzierungsstruktur offenbarte sich allerdings ein anderes Szenario. Die Innenfinanzierungsquote erreichte demnach bereits im Jahr 2009 das Maximum und überschritt in Deutschland, Frankreich und Italien die Schwelle von einhundert Prozent. Die Rezession hatte sich somit zügiger auf die Kapitalbeschaffung der Unternehmen ausgewirkt, als es die volumengewichtete Betrachtungsweise zunächst vermuten ließ. Im Jahr darauf sank der durchschnittliche Anteil der Innenfinanzierung in Folge umfangreicher geldpolitischer sowie wirtschaftspolitischer Interventionen. Daraus lässt sich ableiten, dass die Reaktionszeit auf gesamtwirtschaftliche Veränderungen von der Unternehmensgröße abhängt. Kleinere Unternehmen können folglich flexibler auf veränderte Rahmenbedingungen reagieren, da der Grad an Komplexität und langfristiger strategischer Ausrichtung mit zunehmender Unternehmensgröße üblicherweise ansteigt.

Die empirischen Ergebnisse veranschaulichten neben einem grundsätzlichen Größeneffekt ebenfalls Länderspezifika bei der Kapitalbeschaffung. Demnach war die Außenfinanzierungsquote im Betrachtungszeitraum weitestgehend bei Unternehmen aus Deutschland am höchsten. Französische Unternehmen wiesen hingegen durchschnittlich die geringste Außenfinanzierungsquote auf. Außerdem zeigte sich, dass nicht nur Niveauunterschiede existierten, sondern außerdem voneinander abweichende Entwicklungen im Zeitverlauf zu beobachten waren. Auf Basis der volumengewichteten Innenfinanzierungsquote fiel die Reaktion auf die Banken- und Wirtschaftskrise im Jahr 2010 bei deutschen Unternehmen am intensivsten aus. Hingegen blieb eine Reaktion auf die Staatsschuldenkrise, in Form eines erneuten Rückgangs der Außenfinanzierungsquote, scheinbar aus. Bei Unternehmen aus Frankreich und besonders aus Italien offenbarte sich eine andere Entwicklung, indem die Innenfinanzierungsquote zum Ende des Untersuchungszeitraums anstieg.

Analog zum ersten Teil der empirischen Untersuchung konzentrierte sich das Forschungsvorhaben ebenso auf die Überprüfung relevanter Einflussfaktoren auf die Finanzierungsstruktur. Allerdings existierten auf Grund fehlender empirischer Studien keine Erkenntnisse zu möglichen Determinanten. Daher wurden im Rahmen eines explorativen Ansatzes mögliche firmenspezifische und makroökonomische Einflussfaktoren getestet. Grundsätzlich erfolgte die Auswahl der Variablen in Anlehnung an die Kapitalstrukturforschung. Ergänzend wurden weitere Faktoren einbezogen, die erwartungsgemäß einen Einfluss auf die Finanzierungsstruktur ausüben. Für die Schätzung der Regression kam erneut das Fixed-Effects-Modell zur Anwendung. Obgleich der Erklärungsgehalt des Modells geringer ausfiel als beim ersten Untersuchungsteil, konnte dennoch für sieben der acht exogenen Variablen ein statistisch signifikanter Einfluss auf die Innenfinanzierungsquote festgestellt werden. Die Vorzeichen der einzelnen signifikanten Koeffizienten glichen sich dabei länderübergreifend.

Hervorzuheben ist der durchgehend statistisch signifikant negative Einfluss der Investitionsintensität. Steigende Investitionsausgaben können demnach nur begrenzt durch interne Mittel gedeckt werden. Ein entsprechender Zusammenhang wurde im Modell zur optimalen Finanzierungsstruktur bereits theoretisch umrissen und verdeutlicht die enge Koppelung des strategischen Managements mit dem Finanzmanagement. Außerdem wiesen die Faktoren Bewertung (+), Finanzschuldenquote (Vorperiode) (+) und Wirtschaftswachstum (-) für Unternehmen aus Deutschland und Frankreich einen signifikanten Einfluss auf. Dies galt auch für die Anlageintensität (-) in Frankreich und Italien. Zuletzt sei auf die Inflation verwiesen, der lediglich beim italienischen Datensatz ein signifikant negativer Zusammenhang zugeschrieben werden konnte.

Abschließend kann konstatiert werden, dass die globale Finanzkrise weitreichende Auswirkungen auf die Kapitalbeschaffung multinationaler Unternehmen hatte. Erste Anzeichen hierfür resultierten bereits aus der Analyse der Kapitalstruktur. Im weiteren Verlauf wurde ersichtlich, dass periodenspezifische Anpassungen von Finanzierungsentscheidungen weit besser anhand der stromgrößenbasierten Analyse von Cashflows erkannt und interpretiert werden können. Demnach waren deutliche Reaktionen im Zeitverlauf erkennbar. Ein Paradigmenwechsel bzw. eine Zäsur konnte bei der Unternehmensfinanzierung im Zuge der globalen Finanzkrise jedoch nicht festgestellt werden. Hierfür sind weiterführende Forschungen nötig.

5.2 Ansätze zur weiteren Forschung

Im Rahmen dieser Arbeit wurde das Forschungsgebiet zur Unternehmensfinanzierung in theoretischer wie auch empirischer Hinsicht erweitert. Besonders die Einbeziehung der Finanzierungsstruktur brachte neue Erkenntnisse über das Finanzierungsverhalten multinationaler Unternehmen. Allerdings haben auch die Ausführungen zur Kapitalstruktur verdeutlicht, dass durchaus weiterer Forschungsbedarf besteht. Aus diesem Grund scheint es angebracht, die Forschungsbemühungen in den folgenden Bereichen zu intensivieren.

Eine zentrale Problemstellung in der wissenschaftlichen Debatte stellt die Entwicklung eines möglichst allumfassenden theoretischen Bezugsrahmens zur Kapitalstruktur dar. Mit den neoinstitutionellen Ansätzen wurde bereits ein wichtiger Schritt unternommen, um die Annahmen zu lockern und eine möglichst realitätsnahe Modellwelt zu schaffen. Da eine universale Kapitalstrukturtheorie bis heute nicht hervorgebracht wurde, werden auch zahlreiche weitere Forschungsvorhaben versuchen, einen möglichst optimalen Lösungsvorschlag zu liefern.

Bezugnehmend auf die Finanzierungsstruktur hat sich gezeigt, dass die theoretischen Modellüberlegungen die empirischen Ergebnisse stützen. Aus diesem Grund wäre es wünschenswert, wenn das Modell zur optimalen Finanzierungsstruktur weitere Aufmerksamkeit in der Wissenschaft erfährt und gegebenenfalls weiterentwickelt wird. Eine mögliche Erweiterung könnte bspw. in der Überführung in ein mathematisches Modell bestehen. Dies wäre in Form eines Gleichgewichtsmodells vorstellbar, indem ein Equilibrium für die Kapitalbeschaffung und Kapitalverwendung geschaffen wird. Damit ließe sich die Operationalisierung eines theoretischen Optimums erreichen.

Die empirischen Ergebnisse haben verdeutlicht, dass die Analyse der Finanzierungsstruktur interessante und aufschlussreiche Erkenntnisse zum periodenspezifischen Finanzierungsverhalten liefert. In Anbetracht dessen erscheint die Erweiterung der Datenbasis angebracht. Dies gilt sowohl für die Samplezusammenstellung als auch für den Untersuchungszeitraum. Da sich die vorliegende Untersuchung auf multinationale Unternehmen aus der Eurozone in einem bankbasierten Finanzsystem konzentriert, wäre bspw. die Untersuchung US-amerikanischer Unternehmen in einem marktbasierten Finanzsystem interessant. Allerdings sind dabei die unterschiedlichen Rechnungslegungsstandards zu beachten. Zudem ist der

Frage nachzugehen, inwieweit die Unternehmensgröße ausschlaggebend für Finanzierungsentscheidungen ist. Der Vergleich der volumengewichteten und gleichgewichteten Finanzierungsstruktur hat bereits Hinweise geliefert, dass insbesondere große Unternehmen langsamer auf veränderte Rahmenbedingungen reagieren. Diesbezüglich besteht weiterer Forschungsbedarf bei kleineren Unternehmen. Hier könnte jedoch die begrenzte Datenverfügbarkeit hindernd wirken. In diesem Zusammenhang ist kritisch zu erwähnen, dass selbst für multinationale Unternehmen mit einem Börsenlisting in einem der führenden Leitindices in der Eurozone, nicht sämtliche notwendigen Daten mittels einer Datenbank beschafft werden konnten. Sofern beachtet wird, dass die Kapitalflussrechnung neben der Bilanz und GuV einen zentralen Bestandteil eines Geschäftsberichts darstellt, wirkt dieser Umstand verwunderlich.

Schließlich scheint es erstrebenswert, die einzelnen Bestandteile der Innen- und Außenfinanzierung aufzuschlüsseln, um so einen differenzierten Einblick in die Finanzierungsstruktur zu erhalten. Demnach ist es grundsätzlich möglich, die Außenfinanzierung in Eigen- und Fremdkapitalbestandteile zu untergliedern. Allerdings ist auch hierbei die in Teilen unzulängliche Datenverfügbarkeit zu beachten. In Anbetracht des derzeitig begrenzten Informationsgehalts der Datenbanken wäre eine in Teilen manuelle Datenerfassung unvermeidbar.

Anhang

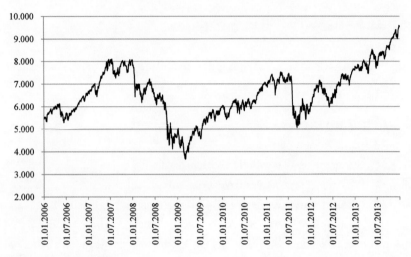

Anhang 1: DAX-Chart[947]

---

[947] Eigene Darstellung (Datastream).

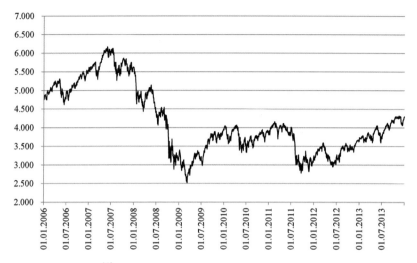

Anhang 2: CAC-Chart[948]

---

[948] Eigene Darstellung (Datastream).

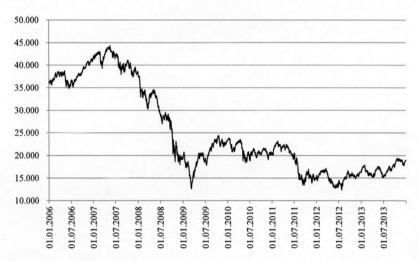

Anhang 3: FTSE MIB-Chart[949]

---

[949] Eigene Darstellung (Datastream).

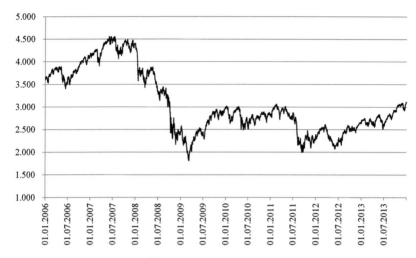

Anhang 4: EURO STOXX-Chart[950]

---

[950] Eigene Darstellung (Datastream).

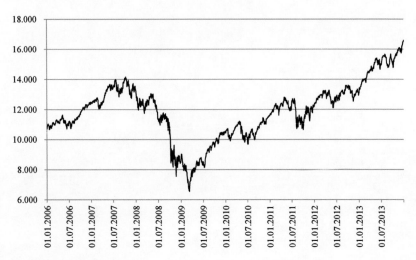

Anhang 5: Dow Jones-Chart[951]

---

[951] Eigene Darstellung (Datastream).

Unternehmen	ISIN	Branche
Adidas AG	DE000A1EWWW0	Verbrauchsgüter
Altana AG	DE0007600801	Grundstoffe
BASF SE	DE000BASF111	Grundstoffe
Bayer AG	DE000BAY0017	Grundstoffe
Beiersdorf AG	DE0005200000	Verbrauchsgüter
BMW AG	DE0005190003	Verbrauchsgüter
Continental AG	DE0005439004	Verbrauchsgüter
Daimler AG	DE0007100000	Verbrauchsgüter
Deutsche Lufthansa AG	DE0008232125	Verbraucherservice
Dt. Post AG	DE0005552004	Industrieunternehmen
Dt. Telekom AG	DE0005557508	Telekommunikation
E.ON SE	DE000ENAG999	Versorger
Fresenius SE & Co. KGaA	DE0005785604	Gesundheitswesen
HeidelbergCement AG	DE0006047004	Industrieunternehmen
Henkel AG & Co. KGaA	DE0006048432	Verbrauchsgüter
Infineon AG	DE0006231004	Technologie
K+S AG	DE000KSAG888	Grundstoffe
Lanxess AG	DE0005470405	Grundstoffe
Linde AG	DE0006483001	Grundstoffe
MAN SE	DE0005937007	Industrieunternehmen
Merck KGaA	DE0006599905	Gesundheitswesen
Metro AG	DE0007257503	Verbraucherservice
RWE AG	DE0007037129	Versorger
Salzgitter AG	DE0006202005	Grundstoffe
SAP AG	DE0007164600	Technologie
Schering AG	DE0007172009	Gesundheitswesen
Siemens AG	DE0007236101	Industrieunternehmen
ThyssenKrupp AG	DE0007500001	Industrieunternehmen
TUI AG	DE000TUAG000	Verbraucherservice
Volkswagen AG	DE0007664039	Verbrauchsgüter

Anhang 6: Zusammensetzung des DAX-Datensatzes[952]

---

[952] Eigene Darstellung.

Unternehmen	ISIN	Branche
Accor S.A.	FR0000120404	Verbraucherservice
Air France-KLM S.A.	FR0000031122	Verbraucherservice
Air Liquide S.A.	FR0000120073	Grundstoffe
Alcatel-Lucent S.A.	FR0000130007	Technologie
Alstom S.A.	FR0010220475	Industrieunternehmen
Bouygues S.A.	FR0000120503	Industrieunternehmen
Capgemini S.A.	FR0000125338	Technologie
Carrefour S.A.	FR0000120172	Verbraucherservice
Compagnie de Saint-Gobain S.A.	FR0000125007	Industrieunternehmen
Danone S.A.	FR0000120644	Verbrauchsgüter
EDF S.A.	FR0010242511	Versorger
Essilor International S.A.	FR0000121667	Gesundheitswesen
GDF Suez S.A.	FR0010208488	Versorger
Kering S.A.	FR0000121485	Verbraucherservice
L'Oréal S.A.	FR0000120321	Verbrauchsgüter
Lafarge S.A.	FR0000120537	Industrieunternehmen
Lagardère S.C.A	FR0000130213	Verbraucherservice
Legrand S.A.	FR0010307819	Industrieunternehmen
LVMH Moët H.-Louis Vuitton S.A.	FR0000121014	Verbrauchsgüter
Michelin S.C.A.	FR0000121261	Verbrauchsgüter
Orange S.A.	FR0000133308	Telekommunikation
Pernod Ricard S.A.	FR0000120693	Verbrauchsgüter
PSA Peugeot Citroën S.A.	FR0000121501	Verbrauchsgüter
Publicis Groupe S.A.	FR0000130577	Verbraucherservice
Renault S.A.	FR0000131906	Verbrauchsgüter
Safran S.A.	FR0000073272	Industrieunternehmen
Sanofi S.A.	FR0000120578	Gesundheitswesen
Schneider Electric S.A.	FR0000121972	Industrieunternehmen
Technip S.A.	FR0000131708	Erdöl und Erdgas
Thales S.A.	FR0000121329	Industrieunternehmen
Total S.A.	FR0000120271	Erdöl und Erdgas
Vallourec S.A.	FR0000120354	Industrieunternehmen
Veolia Environnement S.A.	FR0000124141	Versorger
Vinci S.A.	FR0000125486	Industrieunternehmen
Vivendi S.A.	FR0000127771	Verbraucherservice

Anhang 7: Zusammensetzung des CAC-Datensatzes[953]

---

[953] Eigene Darstellung.

Unternehmen	ISIN	Branche
A2A S.p.A.	IT0001233417	Versorger
Alitalia S.p.A.	IT0003918577	Verbraucherservice
Ansaldo STS S.p.A.	IT0003977540	Industrieunternehmen
Arnoldo Mondadori Editore S.p.A.	IT0001469383	Verbraucherservice
Atlantia S.p.A.	IT0003506190	Industrieunternehmen
Autogrill S.p.A.	IT0001137345	Verbraucherservice
Bulgari S.p.A.	IT0001119087	Verbrauchsgüter
Buzzi Unicem S.p.A.	IT0001347308	Industrieunternehmen
CIR S.p.A.	IT0000080447	Industrieunternehmen
Davide Campari-Milano S.p.A.	IT0003849244	Verbrauchsgüter
DiaSorin S.p.A.	IT0003492391	Gesundheitswesen
Enel S.p.A.	IT0003128367	Versorger
Enel Green Power S.p.A.	IT0004618465	Versorger
Eni S.p.A.	IT0003132476	Erdöl und Erdgas
FASTWEB S.p.A.	IT0001423562	Telekommunikation
Fiat S.p.A.	IT0001976403	Verbrauchsgüter
Fiat Industrial S.p.A.	IT0004644743	Industrieunternehmen
Finmeccanica S.p.A.	IT0003856405	Industrieunternehmen
Geox S.p.A.	IT0003697080	Verbrauchsgüter
Gruppo Editoriale L'Espresso S.p.A.	IT0001398541	Verbraucherservice
GTECH S.p.A.	IT0003990402	Verbraucherservice
Italcementi S.p.A.	IT0001465159	Industrieunternehmen
Luxottica Group S.p.A.	IT0001479374	Verbrauchsgüter
MEDIASET S.p.A.	IT0001063210	Verbraucherservice
Parmalat S.p.A.	IT0003826473	Verbrauchsgüter
Pirelli & C. S.p.A.	IT0004623051	Verbrauchsgüter
Prysmian S.p.A.	IT0004176001	Industrieunternehmen
Saipem S.p.A.	IT0000068525	Erdöl und Erdgas
Salini Impregilo S.p.A.	IT0003865570	Industrieunternehmen
Salvatore Ferragamo S.p.A.	IT0004712375	Verbrauchsgüter
Seat Pagine Gialle S.p.A.	IT0004458094	Verbraucherservice
Snam S.p.A.	IT0003153415	Versorger
Telecom Italia S.p.A.	IT0003497168	Telekommunikation
Terna S.p.A.	IT0003242622	Versorger
Tod's S.p.A.	IT0003007728	Verbrauchsgüter

Anhang 8: Zusammensetzung des FTSE MIB-Datensatzes[954]

---

[954] Eigene Darstellung.

FKQ(BW)	2006	2007	2008	2009	2010	2011	2012	2013
M	66,7%	66,4%	68,0%	66,9%	65,2%	64,5%	64,8%	65,7%
MD	65,1%	66,7%	68,4%	65,8%	64,9%	67,9%	65,8%	70,5%
Min	48,3%	39,9%	36,9%	41,2%	41,8%	41,9%	39,9%	39,9%
Max	93,6%	94,1%	96,2%	85,0%	85,3%	83,2%	87,7%	92,5%
SD	12,0%	12,4%	13,6%	12,4%	11,3%	11,6%	12,8%	13,9%
N	25	25	25	25	25	25	25	25

Anhang 9: Fremdkapitalquote (BW) der DAX-Unternehmen (bal. Panel)[955]

---

[955] Eigene Darstellung.

FKQ(MW)	2006	2007	2008	2009	2010	2011	2012	2013
M	49,8%	48,3%	62,7%	56,3%	53,4%	58,0%	53,8%	51,1%
MD	49,8%	46,8%	64,7%	59,8%	59,0%	64,2%	52,1%	53,6%
Min	13,1%	12,9%	17,1%	15,4%	18,2%	17,9%	13,5%	11,9%
Max	87,0%	87,7%	93,9%	84,2%	84,1%	91,3%	87,1%	82,9%
SD	18,1%	17,8%	19,8%	17,8%	17,1%	18,9%	20,0%	21,1%
N	25	25	25	25	25	25	25	25

Anhang 10: Fremdkapitalquote (MW) der DAX-Unternehmen (bal. Panel)[956]

---

[956] Eigene Darstellung.

FKQ(BW)	2006	2007	2008	2009	2010	2011	2012	2013
M	65,5%	64,4%	65,7%	64,0%	62,4%	63,4%	63,4%	63,4%
MD	64,9%	64,7%	65,4%	63,9%	61,4%	60,9%	63,1%	64,1%
Min	38,3%	35,2%	34,7%	33,1%	35,2%	32,7%	27,3%	26,1%
Max	89,3%	87,7%	88,9%	87,6%	84,5%	85,4%	87,6%	90,8%
SD	13,5%	13,1%	13,1%	14,9%	14,4%	13,7%	14,8%	14,9%
N	35	35	35	35	35	35	35	35

Anhang 11: Fremdkapitalquote (BW) der CAC-Unternehmen (bal. Panel)[957]

---

[957] Eigene Darstellung.

FKQ(MW)	2006	2007	2008	2009	2010	2011	2012	2013
M	46,7%	46,0%	59,0%	54,1%	52,5%	58,4%	55,9%	51,4%
MD	48,6%	46,9%	65,1%	55,3%	54,9%	61,4%	56,4%	51,9%
Min	12,4%	12,5%	19,2%	13,5%	14,9%	15,1%	11,1%	9,4%
Max	82,1%	81,6%	94,3%	91,7%	88,6%	94,3%	95,4%	92,5%
SD	17,0%	15,9%	18,2%	19,3%	19,7%	20,7%	22,3%	20,5%
N	35	35	35	35	35	35	35	35

Anhang 12: Fremdkapitalquote (MW) der CAC-Unternehmen (bal. Panel)[958]

---

[958] Eigene Darstellung.

FKQ(BW)	2006	2007	2008	2009	2010	2011	2012	2013
M	64,9%	64,5%	64,9%	62,9%	62,1%	61,8%	62,8%	62,9%
MD	66,1%	68,1%	68,9%	68,7%	66,0%	67,3%	67,7%	66,5%
Min	24,6%	24,7%	23,4%	20,0%	22,6%	21,4%	25,7%	18,1%
Max	94,2%	84,7%	87,1%	86,3%	90,0%	84,4%	87,3%	86,8%
SD	16,5%	16,5%	17,4%	17,6%	18,1%	18,2%	17,4%	18,1%
N	27	27	27	27	27	27	27	27

Anhang 13: Fremdkapitalquote (BW) der FTSE MIB-Unternehmen (bal. Panel)[959]

---

[959] Eigene Darstellung. Die Anzahl der Unternehmen weicht zum marktwertbasierten Datensatz ab, da das Unternehmen Seat Pagine Gialle S.p.A. auf Grund von Ausreißern aus dem Datensatz entfernt wurde.

FKQ(MW)	2006	2007	2008	2009	2010	2011	2012	2013
M	42,3%	45,1%	58,0%	52,8%	54,1%	59,9%	59,1%	54,9%
MD	46,3%	48,2%	60,1%	56,2%	55,3%	64,3%	59,0%	55,9%
Min	3,8%	4,8%	11,4%	6,8%	5,9%	8,9%	7,7%	4,7%
Max	70,9%	67,3%	88,4%	91,3%	95,0%	98,3%	95,4%	97,8%
SD	16,9%	16,8%	20,4%	20,8%	21,6%	21,7%	21,9%	22,4%
N	28	28	28	28	28	28	28	28

Anhang 14: Fremdkapitalquote (MW) der FTSE MIB-Unternehmen (bal. Panel)[960]

---

[960] Eigene Darstellung.

Unternehmen	2006	2007	2008	2009	2010	2011	2012	2013	Min	Max	Diff.
Adidas AG	64,8%	62,1%	63,0%	55,4%	54,3%	51,0%	52,4%	50,7%	50,7%	64,8%	**14,1%**
Altana AG	9,0%	33,6%	32,3%	30,7%					9,0%	33,6%	**24,6%**
BASF SE	58,7%	56,8%	62,7%	63,2%	61,5%	58,1%	59,3%	56,2%	56,2%	63,2%	**7,1%**
Bayer AG	76,5%	66,7%	68,2%	62,2%	62,3%	62,4%	62,7%	58,2%	58,2%	76,5%	**18,3%**
Beiersdorf AG	48,3%	46,2%	44,4%	41,9%	41,8%	41,9%	39,9%	39,9%	39,9%	48,3%	**8,4%**
BMW AG	75,5%	75,3%	79,5%	80,0%	78,3%	77,5%	76,6%	73,9%	73,9%	80,0%	**6,1%**
Continental AG	56,1%	75,2%	77,3%	81,8%	73,9%	70,4%	65,8%	64,0%	56,1%	81,8%	**25,8%**
Daimler AG		71,3%	74,7%	74,9%	71,5%	71,6%	71,7%	74,0%	71,3%	74,9%	**3,6%**
Dt. Lufthansa AG	74,6%	69,1%	69,1%	76,5%	71,5%	71,3%	70,8%	78,5%	69,1%	78,5%	**9,5%**
Dt. Post AG	93,6%	94,1%	96,2%	75,8%	71,0%	69,9%	63,0%	70,6%	63,0%	96,2%	**33,3%**
Dt. Telekom AG	59,0%	60,3%	63,1%	65,8%	64,9%	66,2%	70,4%	71,7%	59,0%	71,7%	**12,7%**
E.ON SE	57,8%	57,2%	72,9%	68,5%	67,8%	71,4%	69,5%	70,5%	57,2%	72,9%	**15,7%**
Fresenius SE & Co. KGaA	60,4%	59,2%	64,6%	61,9%	60,1%	56,9%	55,8%	57,9%	55,8%	64,6%	**8,7%**
HeidelbergCement AG	52,2%	74,2%	68,4%	56,4%	52,3%	52,6%	50,2%	52,4%	50,2%	74,2%	**23,9%**
Henkel AG & Co. KGaA	57,3%	55,4%	58,6%	57,8%	53,7%	51,6%	49,8%	45,8%	45,8%	58,6%	**12,8%**
Infineon AG				44,4%	43,9%	40,1%	35,8%	32,1%	32,1%	44,4%	**12,3%**
K+S AG	59,5%	67,8%	49,9%	59,6%	51,9%	48,6%	47,2%	54,5%	47,2%	67,8%	**20,6%**
Lanxess AG	65,3%	61,5%	68,8%	70,5%	66,5%	67,9%	68,1%	71,0%	61,5%	71,0%	**9,6%**
Linde AG	70,4%	62,9%	65,0%	61,9%	57,3%	57,5%	58,6%	58,1%	57,3%	70,4%	**13,1%**
MAN SE	74,0%	66,9%	66,4%	65,8%	63,2%	68,2%	69,8%	76,2%	63,2%	76,2%	**13,0%**
Merck KGaA	51,4%	39,9%	36,9%	41,2%	52,4%	50,9%	49,7%	44,8%	36,9%	52,4%	**15,5%**
Metro AG	80,4%	80,2%	81,5%	81,6%	81,0%	80,5%	82,1%	81,4%	80,2%	82,1%	**1,8%**
RWE AG	84,3%	81,6%	85,7%	85,0%	82,7%	83,0%	83,8%	84,4%	81,6%	85,7%	**4,1%**
Salzgitter AG	50,1%	49,4%	50,0%	50,7%	54,7%	53,2%	58,0%	59,3%	49,4%	59,3%	**9,9%**
SAP AG				34,6%	51,1%	44,2%	45,9%	40,1%	34,6%	51,1%	**16,6%**
Schering AG	24,9%	33,2%							24,9%	33,2%	**8,3%**
Siemens AG	65,1%	66,7%	70,1%	70,2%	70,6%	68,2%	70,0%	71,0%	65,1%	71,0%	**5,9%**
ThyssenKrupp AG	74,5%	72,3%	72,1%	76,2%	75,9%	75,7%	87,7%	92,5%	72,1%	92,5%	**20,4%**
TUI AG	78,7%	82,4%	88,2%	84,3%	85,3%	83,2%	86,5%	86,9%	78,7%	88,2%	**9,5%**
Volkswagen AG	79,8%	77,5%	77,3%	78,5%	75,0%	74,4%	72,9%	72,4%	72,4%	79,8%	**7,4%**

Anhang 15: Fremdkapitalquoten (BW) der einzelnen DAX-Unternehmen[961]

---

[961] Eigene Darstellung.

Unternehmen	2006	2007	2008	2009	2010	2011	2012	2013	Min	Max	Diff.
Accor S.A.	61,6%	64,7%	68,2%	71,6%	53,2%	52,0%	59,7%	60,1%	52,0%	71,6%	19,6%
Air France-KLM S.A.	70,3%	68,4%	65,4%	79,7%	79,8%	76,7%	81,1%	90,8%	65,4%	90,8%	25,5%
Air Liquide S.A.	58,7%	63,6%	64,9%	61,3%	58,6%	57,7%	57,6%	56,1%	56,1%	64,9%	8,8%
Alcatel-Lucent S.A.	59,7%	64,0%	80,3%	81,3%	82,4%	79,3%	86,8%	82,5%	59,7%	86,8%	27,1%
Alstom S.A.	89,3%	87,7%	88,9%	87,6%	83,6%	85,4%	85,0%	82,9%	82,9%	89,3%	6,3%
Bouygues S.A.	78,0%	75,3%	75,1%	71,1%	70,0%	72,1%	72,4%	74,5%	70,0%	78,0%	8,1%
Capgemini S.A.	52,7%	53,2%	50,7%	50,3%	52,6%	57,1%	52,8%	50,9%	50,3%	57,1%	6,8%
Carrefour S.A.	77,5%	76,9%	78,7%	78,1%	80,0%	83,8%	81,5%	79,8%	76,9%	83,8%	6,9%
Compagnie de S.-G. S.A.	64,9%	62,6%	66,1%	61,7%	57,9%	59,8%	61,4%	59,9%	57,9%	66,1%	8,2%
Danone S.A.	63,2%	66,2%	66,8%	49,3%	56,3%	56,0%	57,5%	64,5%	49,3%	66,8%	17,5%
EDF S.A.	86,0%	84,4%	87,4%	86,3%	84,5%	84,8%	87,5%	84,7%	84,4%	87,5%	3,2%
Essilor Internat. S.A.	38,3%	37,6%	41,1%	33,4%	40,5%	42,9%	42,3%	45,9%	33,4%	45,9%	12,5%
GDF Suez S.A.	61,1%	59,9%	62,3%	61,5%	61,4%	62,1%	65,1%	66,3%	59,9%	66,3%	6,5%
Kering S.A.	57,9%	61,2%	59,5%	53,8%	51,7%	51,8%	50,8%	49,5%	49,5%	61,2%	11,8%
L'Oréal S.A.	39,9%	40,2%	47,5%	40,2%	36,5%	32,6%	27,3%	26,1%	26,1%	47,5%	21,4%
Lafarge S.A.	60,2%	57,0%	63,8%	57,1%	56,6%	54,4%	53,7%	54,1%	53,7%	63,8%	10,1%
Lagardère S.C.A.	76,8%	63,1%	63,3%	62,7%	62,6%	65,4%	67,2%	64,1%	62,6%	76,8%	14,2%
Legrand S.A.	62,7%	64,7%	65,3%	56,7%	54,2%	55,1%	51,9%	51,4%	51,4%	65,3%	14,0%
LVMH Moët H.-L. V. S.A.	59,2%	58,6%	55,1%	53,2%	50,1%	49,3%	47,7%	49,4%	47,7%	59,2%	11,5%
Michelin S.C.A.	69,8%	65,1%	66,5%	63,9%	56,2%	58,0%	57,1%	52,8%	52,8%	69,8%	16,9%
Orange S.A.	66,7%	63,4%	65,4%	67,4%	64,9%	68,0%	69,5%	68,1%	63,4%	69,5%	6,0%
Pernod Ricard S.A.	69,0%	65,3%	62,7%	68,0%	63,8%	60,9%	58,5%	55,9%	55,9%	69,0%	13,0%
PSA Peugeot Citroën S.A.	79,5%	78,8%	78,3%	80,4%	79,0%	78,5%	83,6%	86,8%	78,3%	86,8%	8,5%
Publicis Groupe S.A.	81,6%	81,6%	80,0%	77,6%	77,3%	76,0%	71,8%	69,8%	69,8%	81,6%	11,8%
Renault S.A.	69,1%	67,5%	69,5%	74,1%	67,2%	66,1%	67,3%	68,9%	66,1%	74,1%	8,1%
Safran S.A.	71,5%	71,9%	76,6%	74,9%	74,3%	75,0%	72,6%	71,3%	71,3%	76,6%	5,2%
Sanofi S.A.	38,3%	35,2%	34,7%	37,2%	35,2%	41,6%	40,2%	38,0%	34,7%	41,6%	6,8%
Schneider Electrics S.A.	51,7%	54,3%	53,7%	51,8%	50,1%	53,3%	51,1%	50,7%	50,1%	54,3%	4,2%
Technip S.A.	69,6%	72,2%	68,5%	67,1%	67,5%	66,9%	64,3%	67,7%	64,3%	72,2%	7,9%
Thales S.A.	84,3%	77,5%	77,4%	78,3%	79,6%	79,5%	77,5%	80,9%	77,4%	84,3%	6,8%
Total S.A.	60,6%	59,5%	57,4%	57,7%	57,0%	57,2%	56,4%	56,1%	56,1%	60,6%	4,5%
Vallourec S.A.	50,7%	43,0%	43,6%	33,1%	35,6%	42,5%	42,3%	45,3%	33,1%	50,7%	17,6%
Veolia Environment S.A.	83,1%	77,3%	80,0%	79,0%	78,1%	80,0%	79,0%	73,3%	73,3%	83,1%	9,8%
Vinci S.A.	80,1%	83,4%	82,5%	80,0%	76,9%	77,5%	77,1%	77,3%	76,9%	83,4%	6,6%
Vivendi S.A.	47,4%	49,1%	51,1%	53,8%	50,7%	59,4%	63,1%	60,7%	47,4%	63,1%	15,7%

Anhang 16: Fremdkapitalquoten (BW) der einzelnen CAC-Unternehmen[962]

---

[962] Eigene Darstellung.

Unternehmen	2006	2007	2008	2009	2010	2011	2012	2013	Min	Max	Diff.
A2A S.p.A.	67,2%	62,7%	56,4%	60,9%	59,4%	66,9%	68,3%	68,5%	56,4%	68,5%	12,1%
Alitalia S.p.A.	78,7%	89,3%							78,7%	89,3%	10,6%
Ansaldo STS S.p.A.	86,1%	82,7%	78,1%	77,5%	75,8%	75,0%	74,3%	69,6%	69,6%	86,1%	16,4%
Arnoldo M. E. S.p.A.	78,9%	78,9%	76,8%	70,9%	68,4%	67,3%	74,1%	81,5%	67,3%	81,5%	14,2%
Atlantia S.p.A.	73,2%	74,0%	75,0%	76,4%	84,4%	81,4%	80,9%	76,3%	73,2%	84,4%	11,1%
Autogrill S.p.A.	77,6%	79,6%	87,1%	86,3%	81,5%	79,5%	77,9%	79,4%	77,6%	87,1%	9,6%
Bulgari S.p.A.	30,6%	36,3%	41,2%	37,5%	35,2%				30,6%	41,2%	10,6%
Buzzi Unicem S.p.A.	54,4%	53,8%	54,2%	54,9%	51,8%	51,7%	54,6%	54,9%	51,7%	54,9%	3,3%
CIR S.p.A.	65,0%	67,3%	69,7%	63,9%	65,9%	67,4%	70,2%	75,0%	63,9%	75,0%	11,1%
Davide C.-M. S.p.A.	53,3%	48,1%	46,6%	55,5%	52,6%	52,8%	57,8%	57,6%	46,6%	57,8%	11,2%
DiaSorin S.p.A.	52,9%	39,8%	39,5%	31,5%	26,2%	22,7%	27,1%	18,1%	18,1%	52,9%	34,8%
Enel S.p.A.	64,1%	80,2%	79,3%	71,2%	67,0%	66,8%	67,9%	66,5%	64,1%	80,2%	16,2%
Enel Green Power S.p.A.			74,6%	72,6%	42,9%	47,1%	49,6%	50,3%	42,9%	74,6%	31,7%
Eni S.p.A.	52,4%	57,0%	57,3%	56,1%	56,1%	56,1%	53,5%	54,2%	52,4%	57,3%	4,9%
FASTWEB S.p.A.	51,4%	70,2%	70,2%	72,9%	78,0%				51,4%	78,0%	26,6%
Fiat S.p.A.	82,2%	80,6%	81,3%	82,8%	82,6%	84,4%	83,6%	85,0%	80,6%	85,0%	4,4%
Fiat Industrial S.p.A.						85,6%	84,9%		84,9%	85,6%	0,7%
Finmeccanica S.p.A.	76,6%	77,0%	79,1%	78,0%	76,7%	84,4%	87,3%	86,8%	76,6%	87,3%	10,7%
Geox S.p.A.	30,2%	33,2%	32,3%	26,2%	28,2%	28,4%	34,2%	41,9%	26,2%	41,9%	15,7%
Gruppo Editoriale L'E. S.p.A.	60,9%	62,1%	64,1%	63,2%	59,7%	57,9%	56,6%	55,3%	55,3%	64,1%	8,8%
GTECH S.p.A.	70,1%	69,5%	71,8%	69,4%	66,1%	62,7%	63,6%	63,4%	62,7%	71,8%	9,1%
Italcementi S.p.A.	50,3%	51,1%	53,6%	52,0%	50,0%	49,3%	52,0%	53,7%	49,3%	53,7%	4,4%
Luxottica Group S.p.A.					57,1%	56,1%	51,7%	47,5%	47,5%	57,1%	9,6%
MEDIASET S.p.A.	51,1%	53,2%	53,3%	56,3%	49,6%	54,3%	55,4%	50,2%	49,6%	56,3%	6,7%
Parmalat S.p.A.	48,1%	40,6%	34,3%	28,3%	22,6%	21,4%	29,2%	28,6%	21,4%	48,1%	26,7%
Pirelli & C. S.p.A.	53,9%	57,2%	65,4%	62,4%	63,5%	67,8%	67,6%	65,9%	53,9%	67,8%	13,9%
Prysmian S.p.A.	94,2%	84,7%	84,8%	76,7%	78,6%	80,9%	80,3%	78,5%	76,7%	94,2%	17,5%
Saipem S.p.A.	83,3%	80,2%	80,0%	75,0%	72,2%	69,4%	67,5%	72,2%	67,5%	83,3%	15,7%
Salini Impregilo S.p.A.	83,8%	83,6%	80,8%	78,2%	74,3%	71,7%	60,2%	63,9%	60,2%	83,8%	23,6%
Salvatore Ferragamo S.p.A.			63,0%	59,4%	57,4%	57,7%	56,9%	47,1%	47,1%	63,0%	15,9%
Seat Pagine Gialle S.p.A.	79,2%	77,9%	81,2%	77,2%	90,0%	119,1%	184,5%	267,6%	77,2%	267,6%	191%
Snam S.p.A.	64,4%	67,2%	68,2%	69,9%	70,1%	72,6%	73,7%	74,9%	64,4%	74,9%	10,5%
Telecom Italia S.p.A.	69,2%	68,9%	68,2%	68,0%	62,6%	67,5%	69,7%	70,8%	62,6%	70,8%	8,3%
Terna S.p.A.	68,8%	71,1%	76,7%	71,7%	73,1%	77,3%	81,6%	80,0%	68,8%	81,6%	12,7%
Tod's S.p.A.	24,6%	24,7%	23,4%	20,0%	30,0%	31,4%	25,6%	24,2%	20,0%	31,4%	11,5%

Anhang 17: Fremdkapitalquoten (BW) der einzelnen FTSE MIB-Unternehmen[963]

---

[963] Eigene Darstellung.

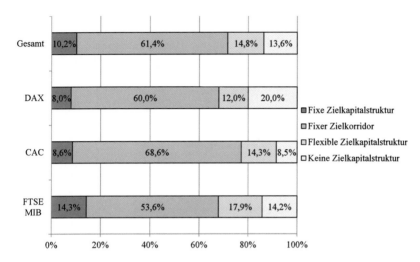

Anhang 18: Schwankung der buchwertbasierten Kapitalstruktur (bal. Panel)[964]

[964] Eigene Darstellung.

FKQ(BW)	DAX	CAC	FTSE MIB
Anlageintensität	-0,2289 (0,2581)	-0,1045 (0,1554)	-0,0358 (0,1290)
Bewertung	0,0004 (0,0203)	0,0256 (0,0199)	0,0492* (0,0273)
Profitabilität	-0,3914*** (0,1255)	-0,2471* (0,1558)	-0,8169*** (0,1437)
Unternehmensgröße	-0,0389 (0,0348)	0,0066 (0,0294)	-0,1500 (0,1181)
BIP	-0,0618 (0,1508)	-0,1722 (0,1834)	-0,3404 (0,3152)
Inflation	1,0019 (0,6599)	0,8669*** (0,3113)	1,1777*** (0,3420)
R^2	0,1679	0,0350	0,3303
R^2 adjustiert	0,1448	0,0138	0,3140
F-Test	4,96***	2,49**	23,93***
Beobachtungen	223	280	254
Anzahl Unternehmen	30	35	35

*** Signifikanz auf 1% Niveau, ** Signifikanz auf 5% Niveau, * Signif. auf 10% Niveau

Die abhängige Variable ist die buchwertbasierte Fremdkapitalquote, ausgedrückt durch das Verhältnis von Fremdkapital (BW) zur Summe aus Eigenkapital (BW) und Fremdkapital (BW). Die unabhängigen Variablen sind folgendermaßen definiert: Anlageintensität = Sachanlagevermögen / Bilanzsumme, Bewertung = Gesamtkapital (MW) / Gesamtkapital (BW), Profitabilität = EBITDA / Bilanzsumme, Unternehmensgröße = Ln (Umsatz), BIP = jährliches Wirtschaftswachstum in Deutschland, Frankreich bzw. Italien, Inflation = jährliche Inflationsraten in Deutschland, Frankreich bzw. Italien. Die Konstante der Regressionsgleichung ist nicht aufgeführt. Die robusten Standardfehler sind in den Klammern ausgewiesen.

Anhang 19: Regression zur buchwertbasierten Kapitalstruktur[965]

---

[965] Eigene Darstellung.

Unternehmen	Jahr	IF	AF	GF	IFQ	AFQ
Adidas AG	2006	1.007.000	1.004.000	2.011.000	50,07%	49,93%
	2007	750.000	-328.000	422.000	177,73%	-77,73%
	2008	195.000	369.000	564.000	34,57%	65,43%
	2009	1.612.000	-727.000	885.000	182,15%	-82,15%
	2010	222.000	595.000	817.000	27,17%	72,83%
	2011	377.000	127.000	504.000	74,80%	25,20%
	2012	1.122.000	359.000	1.481.000	75,76%	24,24%
	2013	726.000	17.000	743.000	97,71%	2,29%
Altana AG	2006	4.878.102	-295.678	4.582.424	106,45%	-6,45%
	2007	2.550.308	66.969	2.617.277	97,44%	2,56%
	2008	230.968	1.805	232.773	99,22%	0,78%
	2009	261.601	-9.966	251.635	103,96%	-3,96%
	2010					
	2011					
	2012					
	2013					
BASF SE	2006	4.564.400	5.418.500	9.982.900	45,72%	54,28%
	2007	7.174.500	-1.771.900	5.402.600	132,80%	-32,80%
	2008	6.744.500	1.267.000	8.011.500	84,19%	15,81%
	2009	6.752.000	-1.234.000	5.518.000	122,36%	-22,36%
	2010	5.476.000	-710.000	4.766.000	114,90%	-14,90%
	2011	8.912.000	-2.430.000	6.482.000	137,49%	-37,49%
	2012	8.435.000	-1.061.000	7.374.000	114,39%	-14,39%
	2013	8.912.000	328.000	9.240.000	96,45%	3,55%
Bayer AG	2006	5.415.000	12.019.000	17.434.000	31,06%	68,94%
	2007	8.287.000	-5.381.000	2.906.000	285,17%	-185,17%
	2008	3.095.000	1.696.000	4.791.000	64,60%	35,40%
	2009	4.751.000	-1.148.000	3.603.000	131,86%	-31,86%
	2010	4.905.000	-931.000	3.974.000	123,43%	-23,43%
	2011	4.768.000	-114.000	4.654.000	102,45%	-2,45%
	2012	5.363.000	-1.368.000	3.995.000	134,24%	-34,24%
	2013	5.102.000	-159.000	4.943.000	103,22%	-3,22%
Beiersdorfer AG	2006	919.000	82.000	1.001.000	91,81%	8,19%
	2007	359.000	86.000	445.000	80,67%	19,33%
	2008	623.000	112.000	735.000	84,76%	15,24%
	2009	1.341.000	-57.000	1.284.000	104,44%	-4,44%
	2010	1.132.000	117.000	1.249.000	90,63%	9,37%
	2011	940.000	85.000	1.025.000	91,71%	8,29%
	2012	1.650.000	14.000	1.664.000	99,16%	0,84%
	2013	1.674.000	-93.000	1.581.000	105,88%	-5,88%

Anhang 20: Finanzierungsvolumina und -quoten der DAX-Unternehmen[966]

---

[966] Eigene Darstellung. Die Volumina werden in Tsd. Euro ausgewiesen.

Unternehmen	Jahr	IF	AF	GF	IFQ	AFQ
BMW AG	2006	2.524.000	4.524.000	7.048.000	35,81%	64,19%
	2007	984.000	7.586.000	8.570.000	11,48%	88,52%
	2008	2.131.000	13.425.000	15.556.000	13,70%	86,30%
	2009	4.710.000	2.221.000	6.931.000	67,96%	32,04%
	2010	3.778.000	2.144.000	5.922.000	63,80%	36,20%
	2011	6.122.000	1.936.000	8.058.000	75,97%	24,03%
	2012	5.094.000	3.689.000	8.783.000	58,00%	42,00%
	2013	5.795.000	5.631.000	11.426.000	50,72%	49,28%
Continental AG	2006	888.600	127.100	1.015.700	87,49%	12,51%
	2007	1.962.500	12.622.800	14.585.300	13,46%	86,54%
	2008	2.664.400	-1.185.600	1.478.800	180,17%	-80,17%
	2009	2.330.000	-1.196.900	1.133.100	205,63%	-105,63%
	2010	1.351.700	-281.300	1.070.400	126,28%	-26,28%
	2011	1.761.400	158.100	1.919.500	91,76%	8,24%
	2012	3.622.600	-287.300	3.335.300	108,61%	-8,61%
	2013	3.616.100	-1.263.100	2.353.000	153,68%	-53,68%
Daimler AG	2006					
	2007					
	2008	12.215.000	-1.465.000	10.750.000	113,63%	-13,63%
	2009	24.617.000	-496.000	24.121.000	102,06%	-2,06%
	2010	23.495.000	-5.622.000	17.873.000	131,46%	-31,46%
	2011	3.238.000	9.620.000	12.858.000	25,18%	74,82%
	2012	6.226.000	13.233.000	19.459.000	32,00%	68,00%
	2013	10.288.000	6.814.000	17.102.000	60,16%	39,84%
Dt. Lufthansa AG	2006	2.750.000	-429.000	2.321.000	118,48%	-18,48%
	2007	5.020.000	1.098.000	6.118.000	82,05%	17,95%
	2008	3.628.000	227.000	3.855.000	94,11%	5,89%
	2009	3.631.000	2.552.000	6.183.000	58,73%	41,27%
	2010	3.996.000	1.179.000	5.175.000	77,22%	22,78%
	2011	4.829.000	-637.000	4.192.000	115,20%	-15,20%
	2012	4.195.000	997.000	5.192.000	80,80%	19,20%
	2013	4.466.000	245.000	4.711.000	94,80%	5,20%
Dt. Post AG	2006	4.786.000	481.000	5.267.000	90,87%	9,13%
	2007	6.080.000	-210.000	5.870.000	103,58%	-3,58%
	2008	4.638.000	-351.000	4.287.000	108,19%	-8,19%
	2009	-106.000	2.589.000	2.483.000	-4,27%	104,27%
	2010	2.447.000	103.000	2.550.000	95,96%	4,04%
	2011	2.498.000	-137.000	2.361.000	105,80%	-5,80%
	2012	322.000	2.165.000	2.487.000	12,95%	87,05%
	2013	2.731.000	1.393.000	4.124.000	66,22%	33,78%

Anhang 20: Finanzierungsvolumina und -quoten der DAX-Unternehmen

Unternehmen	Jahr	IF	AF	GF	IFQ	AFQ
Dt. Telekom AG	2006	14.782.000	1.470.000	16.252.000	90,95%	9,05%
	2007	16.095.000	-2.853.000	13.242.000	121,55%	-21,55%
	2008	16.654.000	1.475.000	18.129.000	91,86%	8,14%
	2009	18.962.000	-1.825.000	17.137.000	110,65%	-10,65%
	2010	14.528.000	-1.006.000	13.522.000	107,44%	-7,44%
	2011	17.785.000	-3.115.000	14.670.000	121,23%	-21,23%
	2012	16.051.000	-2.813.000	13.238.000	121,25%	-21,25%
	2013	14.773.000	4.393.000	19.166.000	77,08%	22,92%
E.ON SE	2006	11.029.000	-940.000	10.089.000	109,32%	-9,32%
	2007	21.315.000	3.076.000	24.391.000	87,39%	12,61%
	2008	16.890.000	14.559.000	31.449.000	53,71%	46,29%
	2009	21.796.000	-3.141.000	18.655.000	116,84%	-16,84%
	2010	22.197.000	-7.014.000	15.183.000	146,20%	-46,20%
	2011	18.858.000	-2.698.000	16.160.000	116,70%	-16,70%
	2012	17.281.000	-3.172.000	14.109.000	122,48%	-22,48%
	2013	20.521.000	-3.852.000	16.669.000	123,11%	-23,11%
Fresenius SE & Co. KGaA	2006	932.000	3.518.000	4.450.000	20,94%	79,06%
	2007	895.000	589.000	1.484.000	60,31%	39,69%
	2008	715.000	3.360.000	4.075.000	17,55%	82,45%
	2009	1.482.000	-220.000	1.262.000	117,43%	-17,43%
	2010	1.711.000	339.000	2.050.000	83,46%	16,54%
	2011	1.596.000	756.000	2.352.000	67,86%	32,14%
	2012	2.397.000	1.846.000	4.243.000	56,49%	43,51%
	2013	2.442.000	1.917.000	4.359.000	56,02%	43,98%
HeidelbergCement AG	2006	1.437.482	-512.913	924.569	155,48%	-55,48%
	2007	3.780.528	9.848.336	13.628.864	27,74%	72,26%
	2008	4.265.563	-2.726.712	1.538.851	277,19%	-177,19%
	2009	1.705.341	-849.212	856.129	199,19%	-99,19%
	2010	1.154.700	-241.200	913.500	126,40%	-26,40%
	2011	1.426.700	622.500	2.049.200	69,62%	30,38%
	2012	2.029.600	-1.357.800	671.800	302,11%	-202,11%
	2013	1.261.900	459.700	1.721.600	73,30%	26,70%
Henkel AG & Co. KGaA	2006	1.038.000	-143.000	895.000	115,98%	-15,98%
	2007	1.194.000	99.000	1.293.000	92,34%	7,66%
	2008	2.612.000	725.000	3.337.000	78,27%	21,73%
	2009	1.716.000	-337.000	1.379.000	124,44%	-24,44%
	2010	1.412.000	-497.000	915.000	154,32%	-54,32%
	2011	1.388.000	-221.000	1.167.000	118,94%	-18,94%
	2012	2.294.000	-2.115.000	179.000	1281,56%	-1181,56%
	2013	1.799.000	-1.049.000	750.000	239,87%	-139,87%

Anhang 20: Finanzierungsvolumina und -quoten der DAX-Unternehmen

Unternehmen	Jahr	IF	AF	GF	IFQ	AFQ
Infineon AG	2006	1.723.000	984.000	2.707.000	63,65%	36,35%
	2007	1.831.000	-496.000	1.335.000	137,15%	-37,15%
	2008	725.000	36.000	761.000	95,27%	4,73%
	2009	190.000	247.000	437.000	43,48%	56,52%
	2010	1.255.000	-215.000	1.040.000	120,67%	-20,67%
	2011	3.398.000	-159.000	3.239.000	104,91%	-4,91%
	2012	2.981.000	-165.000	2.816.000	105,86%	-5,86%
	2013	2.036.000	-81.000	1.955.000	104,14%	-4,14%
K+S AG	2006	269.861	241.082	510.943	52,82%	47,18%
	2007	-115.656	191.515	75.859	-152,46%	252,46%
	2008	791.372	-221.613	569.759	138,90%	-38,90%
	2009	679.929	1.425.417	2.105.346	32,30%	67,70%
	2010	691.600	-243.500	448.100	154,34%	-54,34%
	2011	728.100	45.500	773.600	94,12%	5,88%
	2012	979.000	478.000	1.457.000	67,19%	32,81%
	2013	1.432.100	975.000	2.407.100	59,49%	40,51%
Lanxess AG	2006	558.000	-175.000	383.000	145,69%	-45,69%
	2007	522.000	-67.000	455.000	114,73%	-14,73%
	2008	572.000	216.000	788.000	72,59%	27,41%
	2009	604.000	381.000	985.000	61,32%	38,68%
	2010	310.000	85.000	395.000	78,48%	21,52%
	2011	543.000	509.000	1.052.000	51,62%	48,38%
	2012	743.000	284.000	1.027.000	72,35%	27,65%
	2013	900.000	-133.000	767.000	117,34%	-17,34%
Linde AG	2006	3.226.000	9.611.000	12.837.000	25,13%	74,87%
	2007	4.943.000	-2.794.000	2.149.000	230,01%	-130,01%
	2008	2.169.000	53.000	2.222.000	97,61%	2,39%
	2009	2.170.000	-723.000	1.447.000	149,97%	-49,97%
	2010	2.107.000	-163.000	1.944.000	108,38%	-8,38%
	2011	2.077.000	1.276.000	3.353.000	61,94%	38,06%
	2012	3.253.000	2.291.000	5.544.000	58,68%	41,32%
	2013	3.388.000	-336.000	3.052.000	111,01%	-11,01%
MAN SE	2006	944.000	1.094.000	2.038.000	46,32%	53,68%
	2007	2.273.000	-1.074.000	1.199.000	189,57%	-89,57%
	2008	291.000	20.000	311.000	93,57%	6,43%
	2009	2.116.000	1.209.000	3.325.000	63,64%	36,36%
	2010	972.000	-28.000	944.000	102,97%	-2,97%
	2011	173.000	729.000	902.000	19,18%	80,82%
	2012	334.000	1.730.000	2.064.000	16,18%	83,82%
	2013	216.000	396.000	612.000	35,29%	64,71%

Anhang 20: Finanzierungsvolumina und -quoten der DAX-Unternehmen

Unternehmen	Jahr	IF	AF	GF	IFQ	AFQ
Merck KGaA	2006	1.293.500	95.500	1.389.000	93,12%	6,88%
	2007	6.117.600	2.236.900	8.354.500	73,23%	26,77%
	2008	1.374.300	-264.300	1.110.000	123,81%	-23,81%
	2009	1.324.000	828.800	2.152.800	61,50%	38,50%
	2010	3.151.400	2.719.600	5.871.000	53,68%	46,32%
	2011	2.177.900	-416.100	1.761.800	123,62%	-23,62%
	2012	2.377.400	-1.223.200	1.154.200	205,98%	-105,98%
	2013	2.395.100	-834.200	1.560.900	153,44%	-53,44%
Metro AG	2006	2.353.000	1.759.000	4.112.000	57,22%	42,78%
	2007	1.923.000	1.366.000	3.289.000	58,47%	41,53%
	2008	3.258.000	220.000	3.478.000	93,67%	6,33%
	2009	2.049.000	-112.000	1.937.000	105,78%	-5,78%
	2010	2.371.000	670.000	3.041.000	77,97%	22,03%
	2011	2.275.000	-1.255.000	1.020.000	223,04%	-123,04%
	2012	2.847.000	1.031.000	3.878.000	73,41%	26,59%
	2013					
RWE AG	2006	8.802.000	-1.089.000	7.713.000	114,12%	-14,12%
	2007	9.897.000	-315.000	9.582.000	103,29%	-3,29%
	2008	6.791.000	-635.000	6.156.000	110,32%	-10,32%
	2009	6.932.000	6.170.000	13.102.000	52,91%	47,09%
	2010	7.001.000	1.619.000	8.620.000	81,22%	18,78%
	2011	6.211.000	3.574.000	9.785.000	63,47%	36,53%
	2012	5.973.000	-1.424.000	4.549.000	131,30%	-31,30%
	2013	8.541.000	-1.054.000	7.487.000	114,08%	-14,08%
Salzgitter AG	2006	1.704.171	56.989	1.761.160	96,76%	3,24%
	2007	802.055	-91.110	710.945	112,82%	-12,82%
	2008	637.800	-412.780	225.020	283,44%	-183,44%
	2009	2.180.500	-205.400	1.975.100	110,40%	-10,40%
	2010	17.000	527.500	544.500	3,12%	96,88%
	2011					
	2012	268.000	138.700	406.700	65,90%	34,10%
	2013	540.800	-271.300	269.500	200,67%	-100,67%
SAP AG	2006	4.592.418	-864.195	3.728.223	123,18%	-23,18%
	2007	2.894.000	-626.000	2.268.000	127,60%	-27,60%
	2008	3.979.000	1.694.000	5.673.000	70,14%	29,86%
	2009	4.203.000	-1.688.000	2.515.000	167,12%	-67,12%
	2010	3.192.000	4.220.000	7.412.000	43,07%	56,93%
	2011	5.608.000	-843.000	4.765.000	117,69%	-17,69%
	2012	5.107.000	1.524.000	6.631.000	77,02%	22,98%
	2013	5.484.000	-752.000	4.732.000	115,89%	-15,89%

Anhang 20: Finanzierungsvolumina und -quoten der DAX-Unternehmen

Unternehmen	Jahr	IF	AF	GF	IFQ	AFQ
Schering AG	2006	1.467.000	-97.000	1.370.000	107,08%	-7,08%
	2007					
	2008					
	2009					
	2010					
	2011					
	2012					
	2013					
Siemens AG	2006	8.822.000	3.315.000	12.137.000	72,69%	27,31%
	2007	6.461.000	2.454.000	8.915.000	72,47%	27,53%
	2008	18.409.000	-3.119.000	15.290.000	120,40%	-20,40%
	2009	8.134.000	1.456.000	9.590.000	84,82%	15,18%
	2010	9.700.000	-861.000	8.839.000	109,74%	-9,74%
	2011	8.658.000	-497.000	8.161.000	106,09%	-6,09%
	2012	7.201.000	445.000	7.646.000	94,18%	5,82%
	2013	9.140.000	-604.000	8.536.000	107,08%	-7,08%
ThyssenKrupp AG	2006	3.094.000	-873.000	2.221.000	139,31%	-39,31%
	2007	2.596.000	167.000	2.763.000	93,96%	6,04%
	2008	3.374.000	687.000	4.061.000	83,08%	16,92%
	2009	5.409.000	2.088.000	7.497.000	72,15%	27,85%
	2010	197.000	1.642.000	1.839.000	10,71%	89,29%
	2011	438.000	2.501.000	2.939.000	14,90%	85,10%
	2012	1.246.000	-43.000	1.203.000	103,57%	-3,57%
	2013	2.016.000	1.051.000	3.067.000	65,73%	34,27%
TUI AG	2006	1.782.300	-765.000	1.017.300	175,20%	-75,20%
	2007	703.500	1.745.100	2.448.600	28,73%	71,27%
	2008	2.048.200	-129.300	1.918.900	106,74%	-6,74%
	2009	2.956.900	-490.900	2.466.000	119,91%	-19,91%
	2010	628.500	934.700	1.563.200	40,21%	59,79%
	2011	2.099.500	-1.826.500	273.000	769,05%	-669,05%
	2012	1.207.900	-281.200	926.700	130,34%	-30,34%
	2013	1.850.600	-535.900	1.314.700	140,76%	-40,76%
Volkswagen AG	2006	16.886.000	86.000	16.972.000	99,49%	0,51%
	2007	15.010.000	1.598.000	16.608.000	90,38%	9,62%
	2008	12.357.000	9.437.000	21.794.000	56,70%	43,30%
	2009	14.809.000	6.834.000	21.643.000	68,42%	31,58%
	2010	10.943.000	2.342.000	13.285.000	82,37%	17,63%
	2011	4.880.000	13.472.000	18.352.000	26,59%	73,41%
	2012	6.655.000	16.458.000	23.113.000	28,79%	71,21%
	2013	12.484.000	11.595.000	24.079.000	51,85%	48,15%

Anhang 20: Finanzierungsvolumina und -quoten der DAX-Unternehmen

Unternehmen	Jahr	IF	AF	GF	IFQ	AFQ
Accor S.A.	2006	2.899.000	-2.494.000	405.000	715,80%	-615,80%
	2007	2.970.000	-548.000	2.422.000	122,63%	-22,63%
	2008	1.524.000	951.000	2.475.000	61,58%	38,42%
	2009	802.000	667.000	1.469.000	54,59%	45,41%
	2010	1.639.000	-728.000	911.000	179,91%	-79,91%
	2011	1.595.000	-494.000	1.101.000	144,87%	-44,87%
	2012	1.088.000	647.000	1.735.000	62,71%	37,29%
	2013	825.000	-89.000	736.000	112,09%	-12,09%
Air France-KLM S.A.	2006	3.683.000	1.294.000	4.977.000	74,00%	26,00%
	2007	3.206.000	757.000	3.963.000	80,90%	19,10%
	2008	3.480.000	160.000	3.640.000	95,60%	4,40%
	2009	1.362.000	1.157.000	2.519.000	54,07%	45,93%
	2010	224.000	2.679.000	2.903.000	7,72%	92,28%
	2011	1.105.000	370.000	1.475.000	74,92%	25,08%
	2012	2.424.000	1.018.000	3.442.000	70,42%	29,58%
	2013	1.714.000	389.000	2.103.000	81,50%	18,50%
Air Liquide S.A.	2006	1.821.400	91.600	1.913.000	95,21%	4,79%
	2007	1.952.000	982.400	2.934.400	66,52%	33,48%
	2008	2.145.800	1.137.000	3.282.800	65,36%	34,64%
	2009	2.809.000	-482.800	2.326.200	120,75%	-20,75%
	2010	2.380.300	154.700	2.535.000	93,90%	6,10%
	2011	2.559.200	201.600	2.760.800	92,70%	7,30%
	2012	2.826.500	175.600	3.002.100	94,15%	5,85%
	2013	3.131.000	-24.900	3.106.100	100,80%	-0,80%
Alcatel-Lucent S.A.	2006	1.953.000	-213.000	1.740.000	112,24%	-12,24%
	2007	1.008.000	-113.000	895.000	112,63%	-12,63%
	2008	472.000	-246.000	226.000	208,85%	-108,85%
	2009	2.680.000	-932.000	1.748.000	153,32%	-53,32%
	2010	1.330.000	631.000	1.961.000	67,82%	32,18%
	2011	650.000	-1.416.000	-766.000	-84,86%	184,86%
	2012	1.173.000	-121.000	1.052.000	111,50%	-11,50%
	2013	-114.000	2.376.000	2.262.000	-5,04%	105,04%
Alstom S.A.	2006	1.027.000	-312.000	715.000	143,64%	-43,64%
	2007	1.755.000	130.000	1.885.000	93,10%	6,90%
	2008	1.965.000	-690.000	1.275.000	154,12%	-54,12%
	2009	1.456.000	343.000	1.799.000	80,93%	19,07%
	2010	1.139.000	1.215.000	2.354.000	48,39%	51,61%
	2011	-183.000	2.031.000	1.848.000	-9,90%	109,90%
	2012	274.000	336.000	610.000	44,92%	55,08%
	2013	1.222.000	141.000	1.363.000	89,66%	10,34%

Anhang 21: Finanzierungsvolumina und -quoten der CAC-Unternehmen[967]

---

[967] Eigene Darstellung. Die Volumina werden in Tsd. Euro ausgewiesen.

Unternehmen	Jahr	IF	AF	GF	IFQ	AFQ
Bouygues S.A.	2006	2.709.000	2.780.000	5.489.000	49,35%	50,65%
	2007	3.307.000	774.000	4.081.000	81,03%	18,97%
	2008	2.879.000	538.000	3.417.000	84,26%	15,74%
	2009	5.217.000	-2.084.000	3.133.000	166,52%	-66,52%
	2010	2.851.000	566.000	3.417.000	83,44%	16,56%
	2011	2.496.000	-1.791.000	705.000	354,04%	-254,04%
	2012	2.737.000	1.438.000	4.175.000	65,56%	34,44%
	2013	2.135.000	-1.065.000	1.070.000	199,53%	-99,53%
Capgemini S.A.	2006	571.000	537.000	1.108.000	51,53%	48,47%
	2007	505.000	49.000	554.000	91,16%	8,84%
	2008	559.000	-132.000	427.000	130,91%	-30,91%
	2009	591.000	463.000	1.054.000	56,07%	43,93%
	2010	502.000	-257.000	245.000	204,90%	-104,90%
	2011	415.000	441.000	856.000	48,48%	51,52%
	2012	697.000	-477.000	220.000	316,82%	-216,82%
	2013	324.000	-280.000	44.000	736,36%	-636,36%
Carrefour S.A.	2006	5.122.000	-330.000	4.792.000	106,89%	-6,89%
	2007	4.506.000	1.396.000	5.902.000	76,35%	23,65%
	2008	5.633.000	-89.000	5.544.000	101,61%	-1,61%
	2009	4.142.000	-2.899.000	1.243.000	333,23%	-233,23%
	2010	3.010.000	508.000	3.518.000	85,56%	14,44%
	2011	5.556.000	-1.896.000	3.660.000	151,80%	-51,80%
	2012	6.670.000	-1.754.000	4.916.000	135,68%	-35,68%
	2013	2.716.000	-1.928.000	788.000	344,67%	-244,67%
Compagnie de S.-G. S.A.	2006	2.898.000	5.000	2.903.000	99,83%	0,17%
	2007	4.852.000	-1.017.000	3.835.000	126,52%	-26,52%
	2008	3.975.000	2.256.000	6.231.000	63,79%	36,21%
	2009	3.844.000	-460.000	3.384.000	113,59%	-13,59%
	2010	2.827.000	-1.085.000	1.742.000	162,28%	-62,28%
	2011	2.228.000	1.336.000	3.564.000	62,51%	37,49%
	2012	2.706.000	1.572.000	4.278.000	63,25%	36,75%
	2013	2.792.000	-225.000	2.567.000	108,77%	-8,77%
Danone S.A.	2006	2.774.000	-782.000	1.992.000	139,26%	-39,26%
	2007	6.237.000	7.262.000	13.499.000	46,20%	53,80%
	2008	2.114.000	-370.000	1.744.000	121,22%	-21,22%
	2009	3.187.000	-1.820.000	1.367.000	233,14%	-133,14%
	2010	2.808.000	-535.000	2.273.000	123,54%	-23,54%
	2011	2.477.000	-762.000	1.715.000	144,43%	-44,43%
	2012	2.781.000	-371.000	2.410.000	115,39%	-15,39%
	2013	2.112.000	901.000	3.013.000	70,10%	29,90%

Anhang 21: Finanzierungsvolumina und -quoten der CAC-Unternehmen

Unternehmen	Jahr	IF	AF	GF	IFQ	AFQ
EDF S.A.	2006	12.195.000	258.000	12.453.000	97,93%	2,07%
	2007	11.874.000	1.464.000	13.338.000	89,02%	10,98%
	2008	3.696.000	15.361.000	19.057.000	19,39%	80,61%
	2009	13.569.000	14.549.000	28.118.000	48,26%	51,74%
	2010	15.617.000	3.736.000	19.353.000	80,70%	19,30%
	2011	11.971.000	1.454.000	13.425.000	89,17%	10,83%
	2012	9.734.000	7.837.000	17.571.000	55,40%	44,60%
	2013	12.572.000	2.878.000	15.450.000	81,37%	18,63%
Essilor Internat. S.A.	2006	432.953	-151.570	281.383	153,87%	-53,87%
	2007	780.908	-182.127	598.781	130,42%	-30,42%
	2008	479.712	117.240	596.952	80,36%	19,64%
	2009	531.082	-235.375	295.707	179,60%	-79,60%
	2010	677.644	127.315	804.959	84,18%	15,82%
	2011	589.432	208.345	797.777	73,88%	26,12%
	2012	356.559	471.035	827.594	43,08%	56,92%
	2013	1.369.675	-364.675	1.005.000	136,29%	-36,29%
GDF Suez S.A.	2006	3.687.000	631.000	4.318.000	85,39%	14,61%
	2007	4.920.000	-21.000	4.899.000	100,43%	-0,43%
	2008	7.892.700	9.902.600	17.795.300	44,35%	55,65%
	2009	14.415.300	2.327.700	16.743.000	86,10%	13,90%
	2010	13.053.000	2.805.700	15.858.700	82,31%	17,69%
	2011	14.861.000	4.090.000	18.951.000	78,42%	21,58%
	2012	13.129.000	-4.320.000	8.809.000	149,04%	-49,04%
	2013	13.133.000	-800.000	12.333.000	106,49%	-6,49%
Kering S.A.	2006	1.979.100	-1.027.000	952.100	207,87%	-107,87%
	2007	1.632.900	3.058.600	4.691.500	34,81%	65,19%
	2008	2.371.900	-1.504.700	867.200	273,51%	-173,51%
	2009	2.463.200	-1.821.300	641.900	383,74%	-283,74%
	2010	1.735.000	-324.700	1.410.300	123,02%	-23,02%
	2011	2.475.900	-1.208.200	1.267.700	195,31%	-95,31%
	2012	3.095.800	-1.128.900	1.966.900	157,39%	-57,39%
	2013	928.800	-167.300	761.500	121,97%	-21,97%
L'Oréal S.A.	2006	2.253.600	366.200	2.619.800	86,02%	13,98%
	2007	4.060.400	-1.611.800	2.448.600	165,83%	-65,83%
	2008	2.614.800	295.200	2.910.000	89,86%	10,14%
	2009	3.378.100	-1.627.200	1.750.900	192,94%	-92,94%
	2010	2.908.400	-841.000	2.067.400	140,68%	-40,68%
	2011	2.858.500	-82.300	2.776.200	102,96%	-2,96%
	2012	3.562.200	-680.300	2.881.900	123,61%	-23,61%
	2013	3.598.900	67.900	3.666.800	98,15%	1,85%

Anhang 21: Finanzierungsvolumina und -quoten der CAC-Unternehmen

Unternehmen	Jahr	IF	AF	GF	IFQ	AFQ
Lafarge S.A.	2006	2.268.000	2.655.000	4.923.000	46,07%	53,93%
	2007	5.203.000	-1.193.000	4.010.000	129,75%	-29,75%
	2008	3.311.000	7.128.000	10.439.000	31,72%	68,28%
	2009	4.202.000	-1.330.000	2.872.000	146,31%	-46,31%
	2010	2.202.000	792.000	2.994.000	73,55%	26,45%
	2011	3.301.000	-1.939.000	1.362.000	242,36%	-142,36%
	2012	1.748.000	-1.179.000	569.000	307,21%	-207,21%
	2013	2.128.000	62.000	2.190.000	97,17%	2,83%
Lagardère S.C.A.	2006	1.917.000	1.602.000	3.519.000	54,48%	45,52%
	2007	2.528.000	-1.540.000	988.000	255,87%	-155,87%
	2008	1.006.000	-3.000	1.003.000	100,30%	-0,30%
	2009	1.414.000	-975.000	439.000	322,10%	-222,10%
	2010	788.000	-202.000	586.000	134,47%	-34,47%
	2011	1.220.000	-606.000	614.000	198,70%	-98,70%
	2012	519.000	355.000	874.000	59,38%	40,62%
	2013	4.559.000	-1.850.000	2.709.000	168,29%	-68,29%
Legrand S.A.	2006	546.700	-139.200	407.500	134,16%	-34,16%
	2007	706.100	-68.400	637.700	110,73%	-10,73%
	2008	655.600	-137.100	518.500	126,44%	-26,44%
	2009	826.500	-594.900	231.600	356,87%	-256,87%
	2010	701.000	-69.100	631.900	110,94%	-10,94%
	2011	668.500	299.500	968.000	69,06%	30,94%
	2012	748.900	-173.800	575.100	130,22%	-30,22%
	2013	665.900	700	666.600	99,89%	0,11%
LVMH Moët H.-L. V. S.A.	2006	2.274.000	-1.107.000	1.167.000	194,86%	-94,86%
	2007	2.327.000	113.000	2.440.000	95,37%	4,63%
	2008	2.427.000	-247.000	2.180.000	111,33%	-11,33%
	2009	3.371.000	205.000	3.576.000	94,27%	5,73%
	2010	3.857.000	-503.000	3.354.000	115,00%	-15,00%
	2011	3.624.000	509.000	4.133.000	87,68%	12,32%
	2012	4.224.000	-760.000	3.464.000	121,94%	-21,94%
	2013	4.552.000	1.943.000	6.495.000	70,08%	29,92%
Michelin S.C.A.	2006	1.523.000	327.000	1.850.000	82,32%	17,68%
	2007	2.083.000	-566.000	1.517.000	137,31%	-37,31%
	2008	1.025.000	718.000	1.743.000	58,81%	41,19%
	2009	2.244.000	-685.000	1.559.000	143,94%	-43,94%
	2010	1.554.000	732.000	2.286.000	67,98%	32,02%
	2011	2.236.000	-338.000	1.898.000	117,81%	-17,81%
	2012	3.234.000	-579.000	2.655.000	121,81%	-21,81%
	2013	3.157.000	-1.073.000	2.084.000	151,49%	-51,49%

Anhang 21: Finanzierungsvolumina und -quoten der CAC-Unternehmen

Unternehmen	Jahr	IF	AF	GF	IFQ	AFQ
Orange S.A.	2006	17.323.000	-6.987.000	10.336.000	167,60%	-67,60%
	2007	16.511.000	-4.347.000	12.164.000	135,74%	-35,74%
	2008	14.929.000	-749.000	14.180.000	105,28%	-5,28%
	2009	15.740.000	-5.760.000	9.980.000	157,72%	-57,72%
	2010	14.475.000	-2.414.000	12.061.000	120,01%	-20,01%
	2011	13.999.000	981.000	14.980.000	93,45%	6,55%
	2012	12.667.000	-1.684.000	10.983.000	115,33%	-15,33%
	2013	7.409.000	-3.486.000	3.923.000	188,86%	-88,86%
Pernod Ricard S.A.	2006	7.538.300	2.340.700	9.879.000	76,31%	23,69%
	2007	118.000	303.000	421.000	28,03%	71,97%
	2008	376.000	285.000	661.000	56,88%	43,12%
	2009	1.630.000	4.411.000	6.041.000	26,98%	73,02%
	2010	1.217.000	-769.000	448.000	271,65%	-171,65%
	2011	1.212.000	-492.000	720.000	168,33%	-68,33%
	2012	978.000	-507.000	471.000	207,64%	-107,64%
	2013	1.346.000	-869.000	477.000	282,18%	-182,18%
PSA Peugeot Citroën S.A.	2006	3.096.000	919.000	4.015.000	77,11%	22,89%
	2007	5.067.000	-329.000	4.738.000	106,94%	-6,94%
	2008	2.165.000	-987.000	1.178.000	183,79%	-83,79%
	2009	3.709.000	5.082.000	8.791.000	42,19%	57,81%
	2010	3.602.000	970.000	4.572.000	78,78%	21,22%
	2011	1.844.000	-2.322.000	-478.000	-385,77%	485,77%
	2012	4.180.000	1.115.000	5.295.000	78,94%	21,06%
	2013	1.747.000	2.007.000	3.754.000	46,54%	53,46%
Publicis Groupe S.A.	2006	149.000	203.000	352.000	42,33%	57,67%
	2007	56.000	617.000	673.000	8,32%	91,68%
	2008	685.000	-781.000	-96.000	-713,54%	813,54%
	2009	798.000	485.000	1.283.000	62,20%	37,80%
	2010	-114.000	889.000	775.000	-14,71%	114,71%
	2011	588.000	423.000	1.011.000	58,16%	41,84%
	2012	497.000	-619.000	-122.000	-407,38%	507,38%
	2013	812.000	329.000	1.141.000	71,17%	28,83%
Renault S.A.	2006	5.487.000	-282.000	5.205.000	105,42%	-5,42%
	2007	5.669.000	-1.238.000	4.431.000	127,94%	-27,94%
	2008	3.626.000	-133.000	3.493.000	103,81%	-3,81%
	2009	5.839.000	2.464.000	8.303.000	70,32%	29,68%
	2010	4.967.000	-1.123.000	3.844.000	129,21%	-29,21%
	2011	4.142.000	-2.443.000	1.699.000	243,79%	-143,79%
	2012	5.389.000	1.298.000	6.687.000	80,59%	19,41%
	2013	3.376.000	1.001.000	4.377.000	77,13%	22,87%

Anhang 21: Finanzierungsvolumina und -quoten der CAC-Unternehmen

Unternehmen	Jahr	IF	AF	GF	IFQ	AFQ
Safran S.A.	2006	954.000	-246.000	708.000	134,75%	-34,75%
	2007	1.191.000	-372.000	819.000	145,42%	-45,42%
	2008	970.000	445.000	1.415.000	68,55%	31,45%
	2009	1.587.000	921.000	2.508.000	63,28%	36,72%
	2010	1.400.000	-566.000	834.000	167,87%	-67,87%
	2011	966.000	604.000	1.570.000	61,53%	38,47%
	2012	1.407.000	977.000	2.384.000	59,02%	40,98%
	2013	2.565.000	-398.000	2.167.000	118,37%	-18,37%
Sanofi S.A.	2006	7.858.000	-3.889.000	3.969.000	197,98%	-97,98%
	2007	7.435.000	-2.456.000	4.979.000	149,33%	-49,33%
	2008	8.674.000	-1.134.000	7.540.000	115,04%	-15,04%
	2009	8.936.000	1.752.000	10.688.000	83,61%	16,39%
	2010	9.862.000	-1.478.000	8.384.000	117,63%	-17,63%
	2011	10.103.000	4.252.000	14.355.000	70,38%	29,62%
	2012	8.462.000	-797.000	7.665.000	110,40%	-10,40%
	2013	7.487.000	-212.000	7.275.000	102,91%	-2,91%
Schneider Electrics S.A.	2006	1.602.600	1.491.800	3.094.400	51,79%	48,21%
	2007	2.018.300	3.341.100	5.359.400	37,66%	62,34%
	2008	2.482.000	85.000	2.567.000	96,69%	3,31%
	2009	2.752.000	120.000	2.872.000	95,82%	4,18%
	2010	1.867.000	562.000	2.429.000	76,86%	23,14%
	2011	2.359.000	1.724.000	4.083.000	57,78%	42,22%
	2012	2.995.000	164.000	3.159.000	94,81%	5,19%
	2013	2.763.000	1.549.000	4.312.000	64,08%	35,92%
Technip S.A.	2006	307.000	349.600	656.600	46,76%	53,24%
	2007	264.000	423.600	687.600	38,39%	61,61%
	2008	-74.700	684.800	610.100	-12,24%	112,24%
	2009	273.400	448.300	721.700	37,88%	62,12%
	2010	-325.300	1.318.300	993.000	-32,76%	132,76%
	2011	382.500	440.600	823.100	46,47%	53,53%
	2012	528.500	-71.900	456.600	115,75%	-15,75%
	2013	1.011.900	896.600	1.908.500	53,02%	46,98%
Thales S.A.	2006	902.800	739.900	1.642.700	54,96%	45,04%
	2007	3.727.700	-2.691.700	1.036.000	359,82%	-259,82%
	2008	907.000	198.500	1.105.500	82,04%	17,96%
	2009	1.579.900	-348.100	1.231.800	128,26%	-28,26%
	2010	716.800	449.700	1.166.500	61,45%	38,55%
	2011	-52.600	35.500	-17.100	307,60%	-207,60%
	2012	1.718.300	-394.300	1.324.000	129,78%	-29,78%
	2013	1.296.000	123.200	1.419.200	91,32%	8,68%

Anhang 21: Finanzierungsvolumina und -quoten der CAC-Unternehmen

Unternehmen	Jahr	IF	AF	GF	IFQ	AFQ
Total S.A.	2006	18.198.000	247.000	18.445.000	98,66%	1,34%
	2007	14.734.000	5.676.000	20.410.000	72,19%	27,81%
	2008	24.310.000	1.096.000	25.406.000	95,69%	4,31%
	2009	14.870.000	2.803.000	17.673.000	84,14%	15,86%
	2010	20.327.000	4.232.000	24.559.000	82,77%	17,23%
	2011	25.468.000	3.479.000	28.947.000	87,98%	12,02%
	2012	27.988.000	1.992.000	29.980.000	93,36%	6,64%
	2013	26.157.000	4.352.000	30.509.000	85,74%	14,26%
Vallourec S.A.	2006	777.034	30.130	807.164	96,27%	3,73%
	2007	1.071.626	52.682	1.124.308	95,31%	4,69%
	2008	841.286	191.741	1.033.027	81,44%	18,56%
	2009	2.013.196	-411.485	1.601.711	125,69%	-25,69%
	2010	279.816	339.941	619.757	45,15%	54,85%
	2011	299.396	1.013.465	1.312.861	22,80%	77,20%
	2012	468.676	195.292	663.968	70,59%	29,41%
	2013	429.330	274.069	703.399	61,04%	38,96%
Veolia Environment S.A.	2006	3.300.900	1.344.800	4.645.700	71,05%	28,95%
	2007	4.171.300	1.804.000	5.975.300	69,81%	30,19%
	2008	3.706.600	2.182.300	5.888.900	62,94%	37,06%
	2009	4.932.700	301.000	5.233.700	94,25%	5,75%
	2010	3.658.400	-2.100	3.656.300	100,06%	-0,06%
	2011	4.599.000	-464.200	4.134.800	111,23%	-11,23%
	2012	5.550.300	-1.840.000	3.710.300	149,59%	-49,59%
	2013	61.100	1.558.500	1.619.600	3,77%	96,23%
Vinci S.A.	2006	4.153.200	8.151.900	12.305.100	33,75%	66,25%
	2007	3.631.100	437.800	4.068.900	89,24%	10,76%
	2008	4.202.200	241.000	4.443.200	94,58%	5,42%
	2009	4.938.600	-1.335.500	3.603.100	137,07%	-37,07%
	2010	3.055.500	382.700	3.438.200	88,87%	11,13%
	2011	3.134.200	1.462.600	4.596.800	68,18%	31,82%
	2012	4.028.400	-1.098.400	2.930.000	137,49%	-37,49%
	2013	5.608.600	-348.000	5.260.600	106,62%	-6,62%
Vivendi S.A.	2006	5.972.000	277.000	6.249.000	95,57%	4,43%
	2007	4.785.000	-1.245.000	3.540.000	135,17%	-35,17%
	2008	5.097.000	3.442.000	8.539.000	59,69%	40,31%
	2009	7.564.000	-931.000	6.633.000	114,04%	-14,04%
	2010	8.236.000	-1.967.000	6.269.000	131,38%	-31,38%
	2011	11.292.000	-5.550.000	5.742.000	196,66%	-96,66%
	2012	7.114.000	1.079.000	8.193.000	86,83%	13,17%
	2013	8.158.000	-4.817.000	3.341.000	244,18%	-144,18%

Anhang 21: Finanzierungsvolumina und -quoten der CAC-Unternehmen

Unternehmen	Jahr	IF	AF	GF	IFQ	AFQ
A2A S.p.A.	2006	1.048.000	-298.000	750.000	139,73%	-39,73%
	2007	656.000	133.000	789.000	83,14%	16,86%
	2008	730.000	20.000	750.000	97,33%	2,67%
	2009	379.000	772.000	1.151.000	32,93%	67,07%
	2010	977.000	-300.000	677.000	144,31%	-44,31%
	2011	494.000	140.000	634.000	77,92%	22,08%
	2012	1.031.000	-184.000	847.000	121,72%	-21,72%
	2013	681.000	-490.000	191.000	356,54%	-256,54%
Ansaldo STS S.p.A.	2006	12.659	107.828	120.487	10,51%	89,49%
	2007	16.921	19.549	36.470	46,40%	53,60%
	2008	42.822	700	43.522	98,39%	1,61%
	2009	89.775	7.773	97.548	92,03%	7,97%
	2010	-81.999	142.170	60.171	-136,28%	236,28%
	2011	-10.956	67.673	56.717	-19,32%	119,32%
	2012	-20.291	45.863	25.572	-79,35%	179,35%
	2013	152.692	-57.924	94.768	161,12%	-61,12%
Arnoldo M. E. S.p.A.	2006	442.683	348.310	790.993	55,97%	44,03%
	2007	170.926	72.305	243.231	70,27%	29,73%
	2008	179.073	28.389	207.462	86,32%	13,68%
	2009					
	2010					
	2011	108.254	-49.236	59.018	183,43%	-83,43%
	2012	101.743	-2.290	99.453	102,30%	-2,30%
	2013					
Atlantia S.p.A.	2006	1.310.899	98.551	1.409.450	93,01%	6,99%
	2007	1.542.134	154.757	1.696.891	90,88%	9,12%
	2008	1.586.374	334.026	1.920.400	82,61%	17,39%
	2009	1.807.396	1.407.116	3.214.512	56,23%	43,77%
	2010	1.972.226	1.474.000	3.446.226	57,23%	42,77%
	2011	2.161.695	-1.540.927	620.768	348,23%	-248,23%
	2012	2.314.991	3.319.777	5.634.768	41,08%	58,92%
	2013	2.105.121	1.517.369	3.622.490	58,11%	41,89%
Autogrill S.p.A.	2006	462.242	-1.488	460.754	100,32%	-0,32%
	2007	307.883	370.615	678.498	45,38%	54,62%
	2008	260.555	1.067.245	1.327.800	19,62%	80,38%
	2009	428.797	-284.590	144.207	297,35%	-197,35%
	2010	702.746	-494.681	208.065	337,75%	-237,75%
	2011	366.816	-61.988	304.828	120,34%	-20,34%
	2012	411.109	-134.664	276.445	148,71%	-48,71%
	2013	508.038	-148.623	359.415	141,35%	-41,35%

Anhang 22: Finanzierungsvolumina und -quoten der FTSE MIB-Unternehmen[968]

---

[968] Eigene Darstellung. Die Volumina werden in Tsd. Euro ausgewiesen.

Unternehmen	Jahr	IF	AF	GF	IFQ	AFQ
Bulgari S.p.A.	2006	128.298	25.125	153.423	83,62%	16,38%
	2007	104.055	32.916	136.971	75,97%	24,03%
	2008	-14.060	79.430	65.370	-21,51%	121,51%
	2009	195.399	126.952	322.351	60,62%	39,38%
	2010	7.610	174.883	182.493	4,17%	95,83%
	2011					
	2012					
	2013					
Buzzi Unicem S.p.A.	2006	645.022	-88.149	556.873	115,83%	-15,83%
	2007	797.812	110.409	908.221	87,84%	12,16%
	2008	623.133	186.487	809.620	76,97%	23,03%
	2009	338.097	259.162	597.259	56,61%	43,39%
	2010					
	2011	340.163	22.788	362.951	93,72%	6,28%
	2012	329.487	-115.620	213.867	154,06%	-54,06%
	2013	426.303	-228.429	197.874	215,44%	-115,44%
CIR S.p.A.	2006	63.202	94.015	157.217	40,20%	59,80%
	2007	727.269	797.546	1.524.815	47,70%	52,30%
	2008	-9.185	562.878	553.693	-1,66%	101,66%
	2009	772.654	-71.520	701.134	110,20%	-10,20%
	2010	225.762	391.288	617.050	36,59%	63,41%
	2011	115.751	575.315	691.066	16,75%	83,25%
	2012	134.997	300.336	435.333	31,01%	68,99%
	2013	1.193.212	-766.400	426.812	279,56%	-179,56%
Davide C.-M. S.p.A.	2006	111.569	113.858	225.427	49,49%	50,51%
	2007	166.099	-106.218	59.881	277,38%	-177,38%
	2008	186.902	-40.160	146.742	127,37%	-27,37%
	2009	220.153	277.552	497.705	44,23%	55,77%
	2010	355.182	22.473	377.655	94,05%	5,95%
	2011	196.900	54.000	250.900	78,48%	21,52%
	2012	171.700	306.900	478.600	35,88%	64,12%
	2013	174.300	-36.700	137.600	126,67%	-26,67%
DiaSorin S.p.A.	2006	33.296	-8.860	24.436	136,26%	-36,26%
	2007	26.312	-9.980	16.332	161,11%	-61,11%
	2008	48.679	7.870	56.549	86,08%	13,92%
	2009	64.229	1.652	65.881	97,49%	2,51%
	2010	88.406	-927	87.479	101,06%	-1,06%
	2011	112.141	-55.855	56.286	199,23%	-99,23%
	2012	114.299	-8.454	105.845	107,99%	-7,99%
	2013	110.888	-4.856	106.032	104,58%	-4,58%

Anhang 22: Finanzierungsvolumina und -quoten der FTSE MIB-Unternehmen

Unternehmen	Jahr	IF	AF	GF	IFQ	AFQ
Enel S.p.A.	2006	8.924.000	-860.000	8.064.000	110,66%	-10,66%
	2007	4.763.000	34.980.000	39.743.000	11,98%	88,02%
	2008	16.706.000	-379.000	16.327.000	102,32%	-2,32%
	2009	13.897.000	4.705.000	18.602.000	74,71%	25,29%
	2010	13.079.000	-1.573.000	11.506.000	113,67%	-13,67%
	2011	11.488.000	1.575.000	13.063.000	87,94%	12,06%
	2012	10.180.000	2.212.000	12.392.000	82,15%	17,85%
	2013	10.157.000	-3.393.000	6.764.000	150,16%	-50,16%
Enel Green Power S.p.A.	2006					
	2007					
	2008					
	2009	793.000	81.000	874.000	90,73%	9,27%
	2010	252.000	1.773.000	2.025.000	12,44%	87,56%
	2011	1.129.000	912.000	2.041.000	55,32%	44,68%
	2012	1.033.000	712.000	1.745.000	59,20%	40,80%
	2013	1.508.000	307.000	1.815.000	83,09%	16,91%
Eni S.p.A.	2006	16.324.000	-285.000	16.039.000	101,78%	-1,78%
	2007	16.964.000	7.925.000	24.889.000	68,16%	31,84%
	2008	22.267.000	2.334.000	24.601.000	90,51%	9,49%
	2009	17.104.000	1.782.000	18.886.000	90,56%	9,44%
	2010	14.155.000	4.565.000	18.720.000	75,61%	24,39%
	2011	17.578.000	634.400	18.212.400	96,52%	3,48%
	2012	18.040.000	8.089.000	26.129.000	69,04%	30,96%
	2013	18.811.000	2.459.200	21.270.200	88,44%	11,56%
FASTWEB S.p.A.	2006	319.993	452.783	772.776	41,41%	58,59%
	2007	258.942	407.819	666.761	38,84%	61,16%
	2008	383.300	350.943	734.243	52,20%	47,80%
	2009	351.656	118.791	470.447	74,75%	25,25%
	2010					
	2011					
	2012					
	2013					
Fiat S.p.A.	2006	8.681.000	-879.000	7.802.000	111,27%	-11,27%
	2007	4.526.000	239.000	4.765.000	94,98%	5,02%
	2008	2.474.000	2.279.000	4.753.000	52,05%	47,95%
	2009	6.534.000	5.410.000	11.944.000	54,71%	45,29%
	2010	9.284.000	-1.729.000	7.555.000	122,89%	-22,89%
	2011	4.204.000	8.124.000	12.328.000	34,10%	65,90%
	2012	6.428.000	1.887.000	8.315.000	77,31%	22,69%
	2013	6.954.000	4.013.000	10.967.000	63,41%	36,59%

Anhang 22: Finanzierungsvolumina und -quoten der FTSE MIB-Unternehmen

Unternehmen	Jahr	IF	AF	GF	IFQ	AFQ
Fiat Industrial S.p.A.	2006					
	2007					
	2008					
	2009	2.271.000	-555.000	1.716.000	132,34%	-32,34%
	2010	3.026.000	-27.000	2.999.000	100,90%	-0,90%
	2011	2.356.000	1.870.000	4.226.000	55,75%	44,25%
	2012	1.835.000	807.000	2.642.000	69,45%	30,55%
	2013					
Finmeccanica S.p.A.	2006	2.051.000	221.000	2.272.000	90,27%	9,73%
	2007	1.055.000	272.000	1.327.000	79,50%	20,50%
	2008	971.000	3.369.000	4.340.000	22,37%	77,63%
	2009	1.466.000	-75.000	1.391.000	105,39%	-5,39%
	2010	1.271.000	-784.000	487.000	260,99%	-160,99%
	2011	824.000	-151.000	673.000	122,44%	-22,44%
	2012	681.000	972.000	1.653.000	41,20%	58,80%
	2013	1.482.000	-771.000	711.000	208,44%	-108,44%
Geox S.p.A.	2006	69.965	4.344	74.309	94,15%	5,85%
	2007	86.679	33.072	119.751	72,38%	27,62%
	2008	64.812	42.815	107.627	60,22%	39,78%
	2009	190.186	-47.176	143.010	132,99%	-32,99%
	2010	96.071	-6.318	89.753	107,04%	-7,04%
	2011	38.029	15.011	53.040	71,70%	28,30%
	2012	38.463	30.452	68.915	55,81%	44,19%
	2013	-34.015	74.129	40.114	-84,80%	184,80%
Gruppo Editoriale L'E. S.p.A.	2006	142.471	-62.497	79.974	178,15%	-78,15%
	2007	146.255	-55.934	90.321	161,93%	-61,93%
	2008	152.819	-59.756	93.063	164,21%	-64,21%
	2009	108.975	-40.588	68.387	159,35%	-59,35%
	2010	105.390	-37.274	68.116	154,72%	-54,72%
	2011	118.119	-47.390	70.729	167,00%	-67,00%
	2012	85.826	-44.817	41.009	209,29%	-109,29%
	2013	69.643	-10.603	59.040	117,96%	-17,96%
GTECH S.p.A.	2006	237.390	3.545.906	3.783.296	6,27%	2006
	2007	509.744	-32.420	477.324	106,79%	2007
	2008	608.461	-261.690	346.771	175,46%	2008
	2009	552.371	338.918	891.289	61,97%	2009
	2010	594.980	446.450	1.041.430	57,13%	2010
	2011	688.978	-313.283	375.695	183,39%	2011
	2012	588.406	63.163	651.569	90,31%	2012
	2013	567.924	-109.143	458.781	123,79%	2013

Anhang 22: Finanzierungsvolumina und -quoten der FTSE MIB-Unternehmen

Unternehmen	Jahr	IF	AF	GF	IFQ	AFQ
Italcementi S.p.A.	2006	896.237	-101.805	794.432	112,81%	-12,81%
	2007	1.002.582	124.229	1.126.811	88,98%	11,02%
	2008	808.252	270.572	1.078.824	74,92%	25,08%
	2009	1.304.747	-321.062	983.685	132,64%	-32,64%
	2010	851.058	-162.928	688.130	123,68%	-23,68%
	2011	797.449	-197.486	599.963	132,92%	-32,92%
	2012	585.994	-110.077	475.917	123,13%	-23,13%
	2013	537.098	-164.263	372.835	144,06%	-44,06%
Luxottica Group S.p.A.	2006					
	2007					
	2008					
	2009	876.083	-238.542	637.541	137,42%	-37,42%
	2010	750.486	88.880	839.366	89,41%	10,59%
	2011	769.845	111.126	880.971	87,39%	12,61%
	2012	978.957	-367.014	611.943	159,98%	-59,98%
	2013	925.228	-278.521	646.707	143,07%	-43,07%
MEDIASET S.p.A.	2006	1.995.300	-52.500	1.942.800	102,70%	-2,70%
	2007	1.740.000	459.400	2.199.400	79,11%	20,89%
	2008	1.854.000	291.500	2.145.500	86,41%	13,59%
	2009	1.689.600	236.400	1.926.000	87,73%	12,27%
	2010	1.601.500	703.600	2.305.100	69,48%	30,52%
	2011	2.092.400	159.200	2.251.600	92,93%	7,07%
	2012	1.593.400	-211.500	1.381.900	115,31%	-15,31%
	2013	1.203.100	-213.300	989.800	121,55%	-21,55%
Parmalat S.p.A.	2006	344.900	-400.700	-55.800	-618,10%	718,10%
	2007	1.261.200	-492.100	769.100	163,98%	-63,98%
	2008	1.003.600	-251.600	752.000	133,46%	-33,46%
	2009					
	2010	332.600	-102.600	230.000	144,61%	-44,61%
	2011	309.500	-88.200	221.300	139,86%	-39,86%
	2012	1.416.700	94.400	1.511.100	93,75%	6,25%
	2013	609.100	64.600	673.700	90,41%	9,59%
Pirelli & C. S.p.A.	2006	1.502.850	859.387	2.362.237	63,62%	36,38%
	2007	4.029.821	-1.186.279	2.843.542	141,72%	-41,72%
	2008					
	2009	866.780	-165.712	701.068	123,64%	-23,64%
	2010	656.939	-482.863	174.076	377,39%	-277,39%
	2011	605.785	521.034	1.126.819	53,76%	46,24%
	2012	539.473	474.113	1.013.586	53,22%	46,78%
	2013	892.650	-63.154	829.496	107,61%	-7,61%

Anhang 22: Finanzierungsvolumina und -quoten der FTSE MIB-Unternehmen

Unternehmen	Jahr	IF	AF	GF	IFQ	AFQ
Prysmian S.p.A.	2006	231.909	108.954	340.863	68,04%	31,96%
	2007	453.792	-445.213	8.579	5289,57%	-5189,57%
	2008	443.000	7.000	450.000	98,44%	1,56%
	2009	388.000	-208.000	180.000	215,56%	-115,56%
	2010	290.000	208.000	498.000	58,23%	41,77%
	2011	586.000	180.000	766.000	76,50%	23,50%
	2012	562.000	-164.000	398.000	141,21%	-41,21%
	2013	433.000	-395.000	38.000	1139,47%	-1039,47%
Saipem S.p.A.	2006	-272.000	1.649.000	1.377.000	-19,75%	119,75%
	2007	1.053.000	1.627.000	2.680.000	39,29%	60,71%
	2008	329.000	1.153.000	1.482.000	22,20%	77,80%
	2009	1.615.000	-158.000	1.457.000	110,84%	-10,84%
	2010	1.415.000	341.000	1.756.000	80,58%	19,42%
	2011	1.329.000	317.000	1.646.000	80,74%	19,26%
	2012	211.000	1.478.000	1.689.000	12,49%	87,51%
	2013	922.000	465.000	1.387.000	66,47%	33,53%
Salini Impregilo S.p.A.	2006	592.592	-69.643	522.949	113,32%	-13,32%
	2007	22.608	86.367	108.975	20,75%	79,25%
	2008	145.133	21.070	166.203	87,32%	12,68%
	2009	235.574	-159.691	75.883	310,44%	-210,44%
	2010	156.177	104.158	260.335	59,99%	40,01%
	2011	115.727	-29.312	86.415	133,92%	-33,92%
	2012	-65.333	-249.395	-314.728	20,76%	79,24%
	2013	118.366	-282.345	-163.979	-72,18%	172,18%
Salvatore Ferragamo S.p.A.	2006					
	2007					
	2008	25.028	22.870	47.898	52,25%	47,75%
	2009	41.313	-19.494	21.819	189,34%	-89,34%
	2010	96.770	-10.718	86.052	112,46%	-12,46%
	2011	66.577	-56.363	10.214	651,82%	-551,82%
	2012	117.143	27.900	145.043	80,76%	19,24%
	2013	102.477	-22.418	80.059	128,00%	-28,00%
Seat Pagine Gialle S.p.A.	2006	317.219	-126.120	191.099	166,00%	-66,00%
	2007	363.902	-226.578	137.324	265,00%	-165,00%
	2008	330.246	-98.365	231.881	142,42%	-42,42%
	2009	182.893	-138.774	44.119	414,54%	-314,54%
	2010					
	2011					
	2012	30.293	190.079	220.372	13,75%	86,25%
	2013	133.505	3.549	137.054	97,41%	2,59%

Anhang 22: Finanzierungsvolumina und -quoten der FTSE MIB-Unternehmen

Unternehmen	Jahr	IF	AF	GF	IFQ	AFQ
Snam S.p.A.	2006	900.000	57.000	957.000	94,04%	5,96%
	2007	937.000	289.000	1.226.000	76,43%	23,57%
	2008	1.098.000	386.000	1.484.000	73,99%	26,01%
	2009	1.222.000	4.964.000	6.186.000	19,75%	80,25%
	2010	1.944.000	363.000	2.307.000	84,27%	15,73%
	2011	1.512.000	944.000	2.456.000	61,56%	38,44%
	2012	1.575.000	1.563.000	3.138.000	50,19%	49,81%
	2013	1.588.000	1.066.000	2.654.000	59,83%	40,17%
Telecom Italia S.p.A.	2006	10.597.000	-4.763.000	5.834.000	181,64%	-81,64%
	2007	9.853.000	-1.421.000	8.432.000	116,85%	-16,85%
	2008	9.591.000	-1.176.000	8.415.000	113,98%	-13,98%
	2009	7.216.000	-724.000	6.492.000	111,15%	-11,15%
	2010	8.419.000	-2.980.000	5.439.000	154,79%	-54,79%
	2011	9.719.000	556.000	10.275.000	94,59%	5,41%
	2012	9.296.000	-1.898.000	7.398.000	125,66%	-25,66%
	2013	8.058.000	-3.450.000	4.608.000	174,87%	-74,87%
Terna S.p.A.	2006	411.900	775.200	1.187.100	34,70%	65,30%
	2007	162.300	867.000	1.029.300	15,77%	84,23%
	2008	308.300	1.604.800	1.913.100	16,12%	83,88%
	2009	2.462.900	-807.100	1.655.800	148,74%	-48,74%
	2010	438.300	1.819.700	2.258.000	19,41%	80,59%
	2011	694.100	1.947.000	2.641.100	26,28%	73,72%
	2012	336.700	2.677.800	3.014.500	11,17%	88,83%
	2013	1.000.100	-279.400	720.700	138,77%	-38,77%
Tod's S.p.A.	2006	35.468	16.584	52.052	68,14%	31,86%
	2007	48.446	15.509	63.955	75,75%	24,25%
	2008	95.796	-17.972	77.824	123,09%	-23,09%
	2009	163.943	-2.122	161.821	101,31%	-1,31%
	2010	140.475	63.576	204.051	68,84%	31,16%
	2011	98.172	24.209	122.381	80,22%	19,78%
	2012	134.159	-23.177	110.982	120,88%	-20,88%
	2013	193.547	7.539	201.086	96,25%	3,75%

Anhang 22: Finanzierungsvolumina und -quoten der FTSE MIB-Unternehmen

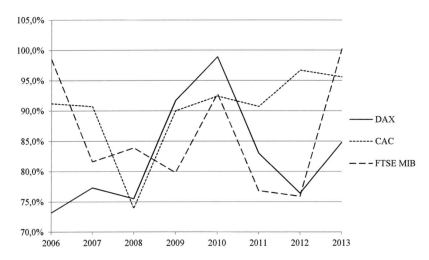

Anhang 23: Volumengewichtete Innenfinanzierungsquote im Ländervergleich[969]

---

[969] Eigene Darstellung.

Literaturverzeichnis

Acharya, V./ Philippon, T./ Richardson, M./ Roubini, N. (2009): The financial crisis of 2007-2009: Causes and remedies, in: Financial Markets, Institutions & Instruments 18 (2), S. 99-137.

Agarwal, R./ Benmelech, E./ Bergman, N./ Seru, A. (2012): Did the Community Reinvestent act (CRA) lead to risky lending, in: NBER Working Paper, Nr. 18609, S. 1-43.

Aggarwal, R./ Berril, J./ Hutson, E. R./ Kearney, C. (2011): What is an multinational corporation? Classifying the degree of firm-level multinationality, in: International Business Review 20 (5), S. 557-577.

Albrecht, P./ Maurer, R. (2008): Investment- und Risikomanagement, 3. Aufl., Stuttgart.

Althoff, F. (2012): Einführung in die internationale Rechnungslegung: Die einzelnen IAS/ IFRS, Wiesbaden.

Alti, A. (2006): How persistent is the impact of market timing on capital structure, in: The Journal of Finance 61 (4), S. 1681-1710.

Aoun, D./ Heshmati, A. (2008): International diversification, capital structure and cost of capital: evidence from ICT firms listed at NASDAQ, in: Applied Financial Economics 18 (12), S. 1021-1032.

Arellano, M. (1993): On the testing of correlated effects with panel data, in: Journal of Econometrics 59 (1-2), S. 87-97.

Arnold, S./ Lahmann, A./ Reinstädt, J. (2011): Zur Überprüfung von Kapitalstrukturtheorien in einer von Krisen geprägten Zeit, in: Corporate Finance biz 2 (8), S. 449-458.

Asquith, P./ Mullins, D. W. (1986): Equity issues and offering dilution, in: Journal of Financial Economics 15 (1), S. 61-89.

Auer, B./ Rottmann, H. (2011): Statistik und Ökonometrie für Wirtschaftswissenschaftler: Eine anwendungsorientierte Einführung, 2. Aufl., Wiesbaden.

Autore, D. M./ Kovacs, T. (2009): Equity issues and temporal variation in information asymmetry, in: Journal of Banking & Finance 34 (1), S. 12-23.

Backhaus, K./ Erichson, B./ Plinke, W./ Weiber, R. (2011): Multivariate Analysemethoden: Eine anwendungsorientierte Einführung, 13. Aufl., Berlin/ Heidelberg.

Badek, B. (2010): Ursachen der Immobilienkrise in den USA, in: Schriften der wissenschaftlichen Hochschule Lahr, Nr. 25, S. 1-112.

Baily, M. N./ Litan, R. E./ Johnson, M. S. (2008): The origins of the financial crisis, in: Fixing Finance Series, Nr. 3, S. 1-47.

Baker, H. K. (1989): Why companies pay no dividends?, in: Akron Business and Economic Review 20 (2), S. 48-61.

Baker, H. K./ Farrelly, G. E./ Edelman, R. B. (1985): A survey of management views on dividend policy, in: Financial Management 14 (3), S. 78-84.

Baker, H. K./ Powell, G. E./ Veit, E. (2002): Revisiting the dividend puzzle: Do all of the pieces now fit?, in: Review of Financial Economics 11 (4), S. 241-261.

Baker, M./ Wurgler, J. (2002): Market timing and capital structure, in: Journal of Finance 57 (1), S. 1-32.

Ballwieser, W. (1995): Unternehmensbewertung und Steuern, in: Elschen, R./ Siegel, T./ Wagner, F. W. (Hrsg.): Unternehmenstheorie und Besteuerung, Wiesbaden, S. 15-37.

Baltagi, B. H. (2008): Econometric Analysis of Panel Data, 4. Aufl., Chichester et al.

Balzer, H./ Brankmann, H./ Brinker, B./ Dehlke, D. (2009): Kapitalstrukturpolitik und Kapitalgeberinteressen: Ergebnisse einer explorativen Befragung von Vertretern börsennotierter Unternehmen in Deutschland, in: Schmalenbachs Zeitschrift für betriebswirtschaftliche Forschung 61 (3), S. 323-354.

Bamberg, G./ Coenenberg, A. G./ Krapp, M. (2008): Betriebswirtschaftliche Entscheidungslehre, 14. Aufl., München.

Banz, R. W. (1981): The relationship between return and market value of common stocks, in: Journal of Financial Economics 9 (1), S. 3-18.

Barclay, M. J./ Smith, C. W./ Watts, R. L. (1995): The determinants of corporate leverage and dividend policies, in: Journal of Applied Corporate Finance 7 (4), S. 4-19.

Bark, C. (2011): Der Kapitalisierungszinssatz in der Unternehmensbewertung, Diss., Wiesbaden.

Barlett, C. A./ Ghoshal, S. (1990): Internationale Unternehmensführung: Innovation, globale Effizienz, differenziertes Marketing, Frankfurt am Main/ New York.

Barro, R. J./ Grilli, V. (1996): Makroökonomie: Europäische Perspektive, München et al.

Barry, C. B./ Mann, S. C./ Mihov, V. T./ Rodríguez, M. (2008): Corporate debt issuance and the historical level of interest rates, in: Financial Management 37 (3), S. 413-430.

Barzen, E. T./ Charifzadeh, M. (2013): Zur Transparenz von Kapitalkosten in DAX30-Unternehmen, in: Der Betrieb 66 (38), S. 2099-2103.

Beattie, V./ Goodacre, A./ Thomson, S. J. (2006): Corporate financing decisions: UK survey evidence, in: Journal of Business Finance & Accounting 33 (9), S. 1402-1434.

Bechthold, H. (2012): Die aktuelle Finanzmarktkrise – Zusammenhänge, Hintergründe und Lehren für die Verbriefungsindustrie, in: Pfingsten, A. (Hrsg.): Ursachen und Konsequenzen der Finanzkrise, Wiesbaden, S. 87-95.

Becker, H. P. (2012): Investition und Finanzierung: Grundlagen der betrieblichen Finanzwirtschaft, 5. Aufl., Wiesbaden.

Beckmann, C. (1997): Internationalisierung von Forschung und Entwicklung in multinationalen Unternehmen: Explorative Analyse der Einflussfaktoren auf die Gestaltung internationale F&E-Netzwerke am Beispiel der deutschen chemischen und pharmazeutischen Industrie, Diss., Aachen.

Behnke, J. (2013): Entscheidungs- und Spieltheorie, Baden-Baden.

Beilner, T./ Schoess, S. (2010): Vereinigte Staaten von Amerika: Kein Ende der Krise?, in: Die Bank: Zeitschrift für Bankpolitik und Praxis (5), S. 14-21.

Berger, R. (2011): Strategie und Eigentümerstruktur als Determinanten des Finanzmanagements: Eine empirische Untersuchung deutscher Blue Chips, in: Lindstädt, H. (Hrsg.): Schriften zu Management, Organisation und Information, Band 33, Diss., München/ Mehring.

Berk, J./ DeMarzo, P. (2011): Grundlagen der Finanzwirtschaft: Analyse, Entscheidung und Umsetzung, München.

Bessler, W./ Drobetz, W./ Grüninger, M. C. (2011): Information asymmetry and financing decisions, in: International Review of Finance 11 (1), S. 123-154.

Bessler, W./ Drobetz, W./ Thies, S. (2007): Kapitalkosten, in: Bartmann, D./ Burger, A./ Burkhardt, T./ Folz, W./ Hartmann-Wendels, T./ Heidorn, T./ Kirmße, S./ Rehm, H./ Weinkauf, W. (Hrsg.): Knapps Enzyklopädisches Lexikon des Geld-, Bank- und Börsenwesens, Nr. 3001, Frankfurt am Main, S. 1-47.

Bessler, W./ Thies, S. (2001): Die optimale Kapitalstruktur, in: Achleitner, T. (Hrsg.): Handbuch Corporate Finance: Konzepte, Strategien und Praxiswissen für das moderne Finanzmanagement, 2. Aufl., Köln, S. 1-26.

Bevan, A. A./ Danbolt, J. (2002): Capital structure and its determinants in the UK – a decompositional analysis, in: Applied Financial Economics 12 (3), S. 159-170.

Bieg, H./ Hossfeld, C. (2008): Teil A: Finanzierungsentscheidungen, in: Küting, H. (Hrsg.): Saarbrücker Handbuch der Betrieblichen Beratung, 4. Aufl., Hamm, S. 45-160.

Bieg, H./ Kußmaul, H. (2009): Finanzierung, 2. Aufl., München.

Bischoff, W. (1972): Cash flow und working capital: Schlüssel zur finanzwirtschaftlichen Unternehmensanalyse, Diss., Wiesbaden.

Bitz, M. (2000): Grundzüge der Theorie der Kapitalstruktur, in: Diskussionsbeiträge Fernuniversität Hagen, Nr. 295, S. 1-32.

Black, F./ Jensen, M./ Scholes, M. (1972): The capital asset pricing model: Some empirical tests, in: Jensen, M. (Hrsg.): Studies in the Theory of Capital Markets, New York, S. 79-121.

Blanchard, O./ Illing, G. (2011): Makroökonomie, 5. Aufl., München.

Bleymüller, J./ Gehlert, G./ Gülicher, H. (2004): Statistik für Wirtschaftswissenschaftler, 14. Aufl., München.

Bloss, M./ Ernst, D./ Häcker, J./ Eil, N. (2009): Von der Subprime-Krise zur Finanzkrise: Immobilienblase: Ursachen, Auswirkungen, Handlungsempfehlungen, München.

BMWi (2008): Beschäftigungssicherung durch Wachstumsstärkung: Maßnahmenpaket der Bundesregierung, online verfügbar unter: https://www.bmwi.de/BMWi/Redaktion/PDF/W/wachstumspaket-breg-november-08,property=pdf,bereich=bmwi,sprache=de,rwb=true.pdf, recherchiert am 16.10.2014, S. 1-6.

Bodie, Z./ Kane, A./ Marcus, A. J. (2009): Investments, 8. Aufl., Boston et al.

Böhmer, A. von (1995): Internationalisierung industrieller Forschung und Entwicklung: Typen, Bestimmungsgründe und Erfolgsbeteiligung, Diss., Wiesbaden.

Bösch, M. (2009): Finanzwirtschaft: Investition, Finanzierung, Finanzmärkte und Steuerung, 1. Aufl., München.

Bösch, M. (2014): Internationales Finanzmanagement: Rahmenbedingungen, Investition, Finanzierung und Risikomanagement, Stuttgart.

Böschen, M./ Schlesinger, C./ Augter, S./ Kempkens, W. (2008): Deutsche Bahn ist aus dem Gleis, in: Wirtschaftswoche (46), S. 74-77.

Boland, T. (2009): Die Auswirkungen der Finanzkrise auf die Unternehmensfinanzierung und das Kreditvergabeverhalten deutscher Banken: Eine Ursachen-Wirkungsanalyse, in: Elschen, R./ Lieven, T. (Hrsg.): Der Werdegang der Krise: Von der Subprime- zur Systemkrise, Wiesbaden, S. 165-195.

Bosworth, B. (1971): Patterns of corporate external financing, in: Brookings Papers on Economic Activity 2 (2), S. 253-284.

Bowman, R. G. (1980): The importance of a market-value measurement of debt in assessing leverage, in: Journal of Accounting Research 18 (1), S. 242-254.

Bradley, M./ Jarrell, G. A./ Kim, E. H. (1984): On the existence of an optimal capital structure: Theory and evidence, in: The Journal of Finance 39 (3), S. 857-878.

Brav, A./ Graham, J. R./ Harvey, C. R./ Michaely, R. (2005): Payout policy in the 21st century, in: Journal of Financial Economics 77 (3), S. 483-527.

Brave, S. A./ Genay, H. (2011): Federal reserve policies and financial market conditions during the crisis, in: Federal Reserve Bank of Chicago Working Paper, Nr. 2011-04, S. 1-61.

Brealey, R./ Myers, S. C./ Allen, F. (2011): Principles of Corporate Finance: Global Edition, 10. Aufl., New York.

Breeden, D. T. (1979): An intertemporal asset pricing model with stochastic consumption and investment opportunities, in: Journal of Financial Economics 7 (3), S. 265-296.

Brennan, M. J. (1970): Taxes, market valuation and corporate financial policy, in: National Tax Journal 23 (4), S. 417-427.

Breuer, W./ Gürtler, M./ Schuhmacher, F. (2003): Finanzierung, in: Breuer, W./ Gürtler, M. (Hrsg.): Internationales Management, Wiesbaden, S. 367-406.

Breuer, W./ Rieger, M. O./ Soypak, K. C. (2014): The behavioral foundations of corporate dividend policy a cross-country analysis, in: Journal of Banking & Finance 42 (3), S. 247-265.

Broll, U./ Wahl, J. E. (2012): Risikomanagement im Unternehmen: Real- und finanzwirtschaftlicher Ansatz für internationale Unternehmen und Finanzintermediäre, Wiesbaden.

Brown, L. D. (1997): Analyst forecasting errors: Additional evidence, in: Financial Analysts Journal 53 (6), S. 81-88.

Bruns, C./ Meyer-Bullerdiek, F. (2013): Professionelles Portfoliomanagement: Aufbau, Umsetzung und Erfolgskontrolle strukturierter Anlagestrategien, 5. Aufl., Stuttgart.

Buchner, R. (1981): Grundzüge der Finanzanalyse, München.

Büschgen, H. E. (1997): Internationales Finanzmanagement, 3. Auflage, Frankfurt am Main.

Busse, F. J. (2003): Grundlagen der betrieblichen Finanzwirtschaft, 5. Aufl., München.

Butler, K. C. (2008): Multinational Finance, 4. Aufl., Chichester et al.

Butler, K. C. (2012): Multinational Finance, 5. Aufl., Hoboken.

Campello, M./ Giambona, E. (2013): Real assets and capital structure, in: Journal of Financial and Quantitative Analysis 48 (5), S. 1333-1370.

Chan, K./ Covrig, V./ Ng, L. (2005): What determines the domestic bias and foreign bias? Evidence from mutual fund equity allocations worldwide, in: The Journal of Finance 60 (3), S. 1495-1534.

Chan, V. (2011): Shanghai to make listing easier for red chips than rivals, in: Asiamoney 22 (4), S. 80.

Chang, X./ Dasgupta, S./ Hilary, G. (2006): Analyst coverage and financial decisions, in: The Journal of Finance 61 (6), S. 3009-3048.

Chen, N.-F. (1983): Some empirical tests of the theory of arbitrage pricing, in: The Journal of Finance 38 (5), S. 1393-1414.

Chiang, F. (2005): A critical examination of Hofstede's thesis and its application to international reward management, in: The International Journal of Human Resource Management 16 (9), S. 1545-1563.

Choe, H./ Masulis, R. W./ Nanda, V. (1993): Common stock offerings across the business cycle: Theory and evidence, in: Journal of Empirical Finance 1 (1), S. 3-31.

Claus, J./ Thomas, J. (2001): Equity premia as low as three percent? Evidence from analysts' earnings forecasts for domestic and international stock markets, in: The Journal of Finance 55 (5), S. 1629-1666.

Coenenberg, A. G./ Schultze, W. (2003): Residualgewinn- vs. Ertragswertmethode in der Unternehmensbewertung, in: Richter, F./ Schüler, A./ Schwetzler, B. (Hrsg.): Kapitalgeberansprüche, Marktwertorientierung und Unternehmenswert: Festschrift für Prof. Dr. Dr. h.c. Jochen Drukarczyk, München, S. 117-141.

Copeland, T. E./ Koller, T./ Murrin, J. (2000): Valuation: Measuring and Managing the Value of Companies, 3. Aufl., New York.

Copeland, T. E./ Weston, J. F./ Shastri, K. (2008): Finanzierungstheorie und Unternehmenspolitik: Konzepte der kapitalmarktorientierten Unternehmensfinanzierung, 4. Aufl., München.

Cornell, B. (1999): The Equity Risk Premium: The Long-Run Future of the Stock Market, New York.

Cross, S. M. (1980): A note on inflation, taxation and investment returns, in: The Journal of Finance 35 (1), S. 177-180.

Czaykowski, M./ Wink, K./ Theiselmann, T./ Gehring, H. (2009): Konsumverhalten und Hypothekenmarkt in den USA, in: Elschen, R./ Lieven, T. (Hrsg.): Der Werdegang der Krise: Von der Subprime- zur Systemkrise, Wiesbaden, S. 29-45.

D'Mello, R./ Ferris, S. P. (2000): The information effect of analyst activity at the announcement of new equity issues, in: Financial Management 29 (1), S. 78-95.

Dahl, D./ Evanoff, D. D./ Spivey, M. F. (2000): Does the Community Reinvestment Act influence lending? An analysis of changes in bank low-income mortgage activity, in: Federal Reserve Bank of Chicago Working Paper, Nr. 2000-06, S. 1-30.

Daske, H./ Gebhardt, G./ Klein, S. (2006): Estimating the expected cost of equity capital using analysts' consensus forecasts, in: Schmalenbach Business Review 58 (1), S. 2-36.

De Santis, R. A. (2012): The euro area sovereign debt crisis: Safe haven, credit rating agencies and the spread of the fever from Greece, Ireland and Portugal, in: European Central Bank Working Paper, Nr. 1419, S. 1-61.

DeAngelo, H./ Masulis, R. W. (1980): Optimal capital structure under corporate and personal taxation, in: Journal of Financial Economics 8 (1), S. 3-29.

Dehnen, H. S. (2012): Markteintritt in Emerging Market Economies: Entwicklung eines Internationalisierungsprozessmodells, Diss., Wiesbaden.

Deutsche Bundesbank (2004): Monatsbericht September 2004, in: Monatsberichte der Deutschen Bundesbank 56 (9), Frankfurt am Main.

Deutsche Bundesbank (2005): Monatsbericht Oktober 2005, in: Monatsberichte der Deutschen Bundesbank 57 (10), Frankfurt am Main.

Deutsche Bundesbank (2006): Monatsbericht Juni 2006, in: Monatsberichte der Deutschen Bundesbank 58 (6), Frankfurt am Main.

Deutsche Bundesbank (2010): Monatsbericht Oktober 2010, in: Monatsberichte der Deutschen Bundesbank 62 (10), Frankfurt am Main.

Deutsche Bundesbank (2011a): Finanzierungsrechnung 2005 bis 2010, in: Statistische Sonderveröffentlichung September 2011 (4), Frankfurt am Main.

Deutsche Bundesbank (2011b): Monatsbericht Dezember 2011, in: Monatsberichte der Deutschen Bundesbank 63 (12), Frankfurt am Main.

Deutsche Bundesbank (2011c): Monatsbericht September 2011, in: Monatsberichte der Deutschen Bundesbank 63 (9), Frankfurt am Main.

Deutsche Bundesbank (2012a): Monatsbericht April 2012, in: Monatsberichte der Deutschen Bundesbank 64 (4), Frankfurt am Main.

Deutsche Bundesbank (2012b): Monatsbericht Januar 2012, in: Monatsberichte der Deutschen Bundesbank 64 (1), Frankfurt am Main.

Deutsche Bundesbank (2013a): Ergebnisse der gesamtwirtschaftlichen Finanzierungsrechnung für Deutschland – 2007 bis 2012, in: Statistische Sonderveröffentlichung 4 der Deutschen Bundesbank, Juni 2013, Frankfurt am Main.

Deutsche Bundesbank (2013b): Monatsbericht Dezember 2013, in: Monatsberichte der Deutschen Bundesbank 65 (12), Frankfurt am Main.

Deutsche Bundesbank (2013c): Monatsbericht Juli 2013, in: Monatsberichte der Deutschen Bundesbank 65 (7), Frankfurt am Main.

Deutsche Bundesbank (2014a): Monatsbericht Januar 2014, in: Monatsberichte der Deutschen Bundesbank 66 (1), Frankfurt am Main.

Deutsche Bundesbank (2014b): Monatsbericht Juli 2014, in: Monatsberichte der Deutschen Bundesbank 66 (7), Frankfurt am Main.

Dierkens, N. (1991): Information asymmetry and equity issues, in: Journal of Financial and Quantitative Analysis 26 (2), S. 181-199.

Dill, A./ Lieven, T. (2009): Folgen der Krise für die internationale Realwirtschaft, in: Elschen, R./ Lieven, T. (Hrsg.): Der Werdegang der Krise: Von der Subprime- zur Systemkrise, Wiesbaden, S. 197-218.

Dittmar, A. (2004): Capital structure in corporate spin-offs, in: The Journal of Business 77 (1), S. 9-44.

Döhrn, R. (2014): Konjunkturdiagnose und –prognose: Eine anwendungsorientierte Einführung, Berlin/ Heidelberg.

Dörschell, A./ Franken, L./ Schulte, J. (2012): Kapitalkosten für die Unternehmensbewertung: Unternehmens- und Branchenanalysen für Betafaktoren, Fremdkapitalkosten und Verschuldungsgrade 2012/2013, 2. Aufl., Düsseldorf.

Dolde, W./ Giaccotto, C./ Mishra, D. R./ O'Brien, T. J. (2011): Foreign exchange exposure and cost of equity for US companies: Local versus global CAPM, in: Journal of Applied Finance 21 (1), S. 78-88.

Dolde, W./ Giaccotto, C./ Mishra, D. R./ O'Brien, T. J. (2012): Should managers estimate cost of equity using a two-factor international CAPM?, in: Managerial Finance 38 (8), S. 708-728.

Dollinger, P. (2012): Die Hanse, 6. Aufl., Stuttgart.

Dombret, A. R. (2012): Die aktuelle Finanzkrise – Ursachen, Folgen und Herausforderungen, in: Pfingsten, A. (Hrsg.): Ursachen und Konsequenzen der Finanzkrise, Wiesbaden, S. 63-70.

Donaldson, G. (1961): Corporate Debt Capacity: A Study of Corporate Debt Policy and the Determination of Corporate Debt Capacity, Boston.

Draper, P./ Freytag, A. (2014): Streitpunkt Investitionsschutz: Für und Wider des Investitionsschutzes im TTIP-Abkommen, in: ifo Schnelldienst 67 (12), S. 3-5.

Drège, J.-P./ Bührer, E. M. (1996): Seidenstraße, 7. Aufl., Köln.

Drobetz, W./ Fix, R. (2003): What are the determinants of the capital structure: Some evidence from Switzerland, in: WWZ/ Department of Finance, Working Paper, Nr. 4/03, S. 1-38.

Drobetz, W./ Pensa, P./ Wöhle, C. B. (2006): Kapitalstrukturpolitik in Theorie und Praxis: Ergebnisse einer Fragebogenuntersuchung, in: Zeitschrift für Betriebswirtschaft 76 (3), S. 253-285.

Drukarczyk, J. (2008): Finanzierung, 10. Aufl., Stuttgart.

Drukarczyk, J./ Schüler, A. (2009): Unternehmensbewertung, 6. Aufl., München.

Dumas, B./ Solnik, B. (1995): The world price of foreign exchange risk, in: The Journal of Finance 50 (2), S. 445-479.

Dunning, J. H. (1974): The distinctive nature of the multinational enterprise, in: Dunning, J. H. (Hrsg.): Economic Analysis and the Multinational Enterprise, London, S. 13-30.

Dunning, J. H. (1983): Changes in the level and structure of international production: The last one hundred years, in: Casson, M. C. (Hrsg.): The Growth of International Business, London, S. 84-139.

Durand, D. (1952): Cost of debt and equity funds for business: Trends and problems in measurement, in: Conference on Research in Business Finance 1952, New York, S. 215-247.

Dybvig, P. H./ Ross, S. A. (1985): Yes, the APT is testable, in: The Journal of Finance 40 (4), S. 1173-1188.

Easton, P. E. (2004): PE ratios, PEG ratios, and estimating the implied expected rate of return on equity capital, in: The Accounting Review 79 (1), S. 73-95.

Easton, P. E./ Taylor, G./ Shroff, P./ Sougiannis, T. (2002): Using forecasts of earnings to simultaneously estimate growth and the rate of return on equity investment, in: Journal of Accounting Research 40 (3), S. 657-676.

Eckstein, P. P. (2012): Angewandte Statistik mit SPSS: Praktische Einführung für Wirtschaftswissenschaftler, 7. Aufl., Wiesbaden.

Edling, N. (2015): Treasury-Management Internationaler Unternehmen, in: Hummel, D. (Hrsg.): Schriftenreihe Finanzierung und Banken, Band 24, Diss, Sternenfels.

Ehrlich, M./ Anandarajan, A./ Chou, B. (2009): Structured investment vehicles: The unintended consequence of financial innovation, in: Bank Accounting & Finance 22 (6), S. 29-37.

Eichholz, R. R. (2009): Finanzwirtschaftliches Management, 6. Aufl., in: Endriss, H. W. (Hrsg.): Bilanzbuchhalter, Band 2, Wiesbaden.

Eilenberger, G. (2003): Betriebliche Finanzwirtschaft, 7. Aufl., München.

Eiselt, A./ Müller, S. (2008): IFRS: Kapitalflussrechnung: Darstellung und Analyse von Cashflows und Zahlungsmitteln, in: IFRS Best Practice, Band 8, Berlin.

Elkamhi, R./ Ericsson, J./ Parsons, C. A. (2012): The cost and timing of financial distress, in: Journal of Financial Economics 105 (1), S. 62-81.

Elton, E. J. (1999): Expected return, realized return, and asset pricing tests, in: The Journal of Finance 54 (4), S. 1199-1220.

Ernst, D./ Amann, T./ Großmann, M./ Lump, D. (2012): Internationale Unternehmensbewertung: Ein Praxisleitfaden, München.

Eun, C. S./ Resnick, B. G./ Sabherwal, S. (2012): International Finance: Global Edition, 6. Aufl., New York.

EZB (2005): Monatsbericht März 2005, in: Monatsberichte der Europäischen Zentralbank (3), Frankfurt am Main.

EZB (2008): Monatsbericht Dezember 2008, in: Monatsberichte der Europäischen Zentralbank (12), Frankfurt am Main.

EZB (2009a): Jahresbericht 2008, in: Jahresberichte der Europäischen Zentralbank, Frankfurt am Main.

EZB (2009b): Monatsbericht Oktober 2009, in: Monatsberichte der Europäischen Zentralbank (10), Frankfurt am Main.

EZB (2010a): Jahresbericht 2009, in: Jahresberichte der Europäischen Zentralbank, Frankfurt am Main.

EZB (2010b): Monatsbericht Oktober 2010, in: Monatsberichte der Europäischen Zentralbank (10), Frankfurt am Main.

EZB (2011a): Jahresbericht 2010, in: Jahresberichte der Europäischen Zentralbank, Frankfurt am Main.

EZB (2011b): Monatsbericht Oktober 2011, in: Monatsberichte der Europäischen Zentralbank (10), Frankfurt am Main.

EZB (2012): Jahresbericht 2011, in: Jahresberichte der Europäischen Zentralbank, Frankfurt am Main.

EZB (2013a): Jahresbericht 2012, in: Jahresberichte der Europäischen Zentralbank, Frankfurt am Main.

EZB (2013b): Monatsbericht Dezember 2013, in: Monatsberichte der Europäischen Zentralbank (12), Frankfurt am Main.

EZB (2013c): Monatsbericht Oktober 2013, in: Monatsberichte der Europäischen Zentralbank (10), Frankfurt am Main.

EZB (2014a): Jahresbericht 2013, in: Jahresberichte der Europäischen Zentralbank, Frankfurt am Main.

EZB (2014b): Monatsbericht März 2014, in: Monatsberichte der Europäischen Zentralbank (3), Frankfurt am Main.

EZB (2014c): Monatsbericht September 2014, in: Monatsberichte der Europäischen Zentralbank (9), Frankfurt am Main.

Fahrmeir, L./ Künstler, R./ Pigeot, I./ Tutz, G. (2011): Statistik: Der Weg zur Datenanalyse, 7. Aufl., Heidelberg et al.

Fama, E. F. (1970): Efficient capital markets: A review of theory and empirical work, in: The Journal of Finance 25 (2), S. 383-417.

Fama, E. F./ French, K. R. (1993): Common risk factors in the returns on stocks and bonds, in: Journal of Financial Economics 33 (1), S. 3-56.

Fama, E. F./ French, K. R. (1996): Multifactor explanations of asset pricing anomalies, in: The Journal of Finance 51 (1), S. 55-84.

Fama, E. F./ French, K. R. (1997): Industry costs of equity, in: Journal of Financial Economics 43 (2), S. 153-193.

Fama, E. F./ French, K. R. (2002): Testing trade-off and pecking order predictions about dividends and debt, in: The Review of Financial Studies 15 (1), S. 1-33.

Fama, E. F./ French, K. R. (2004): The capital asset pricing model: Theory and evidence, in: The Journal of Economic Perspectives 18 (3), S. 25-46.

Fama, E. F./ French, K. R. (2006): The value premium and the CAPM, in: The Journal of Finance 61 (5), S. 2163-2185.

Fama, E. F./ MacBeth, J. D. (1973): Risk, return, and equilibrium: Empirical tests, in: Journal of Political Economy 81 (3), S. 607-636.

Ferson, W. E./ Harvey, C. R. (1994): Sources of risk and expected returns in global equity markets, in: Journal of Banking & Finance 18 (4), S. 775-803.

Fisher, I. (1965): The Theory of Interest, 1. Aufl. (Nachdruck), New York.

Fleming, M. J. (2012): Federal Reserve liquidity provision during the financial crisis of 2007-2009, in: Federal Reserve Bank of New York Staff Reports, Nr. 563, S. 1-31.

Fox, J. (2006): Unternehmerische Finanzierungsentscheidungen im Spannungsfeld zwischen Finanzintermediären und Finanzmärkten, Diss., Frankfurt am Main et al.

Francis, J./ Olsson, P./ Oswald, D. R. (2000): Comparing the accuracy and explainability of dividend, free cash flow, and abnormal earnings equity value estimate, in: Journal of Accounting Research 38 (1), S. 45-70.

Frank, M. Z./ Goyal, V. K. (2003): Testing the pecking order theory of capital structure, in: Journal of Financial Economics 67 (2), S. 217-248.

Frank, M. Z./ Goyal, V. K. (2008): Trade-off and pecking order theories of debt, in: Eckbo, E. (Hrsg.): Handbook of Empirical Corporate Finance 2, Amsterdam et al., S. 135-202.

Frank, M. Z./ Goyal, V. K. (2009): Capital structure decisions: Which factors are reliably important?, in: Financial Management 38 (1), S. 1-37.

Franke, G./ Hax, H. (2009): Finanzwirtschaft des Unternehmens und Kapitalmarkt, 6. Aufl., Berlin/ Heidelberg.

Freeman, R. E. (1984): Strategic Management: A Stakeholder Approach, Boston.

Frees, E. W. (2004): Longitudinal and Panel Data: Analysis and Applications in the Social Sciences, Cambridge.

Friend, I./ Blume, M. (1970): Measurement of portfolio performance under uncertainty, in: The American Economic Review 60 (4), S. 561-575.

Fröhlich, S. (2014): Die Europäische Union als globaler Akteur, in: von Bredow, W. (Hrsg.): Studienbücher Außenpolitik und internationale Beziehungen, 2. Aufl., Wiesbaden.

Galbraith, J. K. (2009): The Great Crash 1929, 16. Aufl., Boston et al.

Garman, M. B./ Ohlson, J. A. (1981): Valuation of risky assets in arbitrage-free economies with transaction costs, in: Journal of Financial Economics 9 (3), S. 271-280.

Gaud, P./ Jani, E./ Hoesli, M./ Bender, A. (2005): The capital structure of Swiss companies: An empirical analysis using dynamic panel data, in: European Financial Management 11 (1), S. 51-69.

Gebhart, W. R./ Lee, C. M. C./ Swaminathan, B. (2001): Toward an implied cost of capital, in: Journal of Accounting Research 39 (1), S. 135-176.

Genau, H. (2008): Kreditreporting/ Kreditrisikostrategie – Fachseitige Einbindung in die Gesamtbanksteuerung, Self Assessment und Einsatz im Kreditgeschäft, in: Becker, A. (Hrsg.): Kreditreporting und Kreditrisikostrategie: Zentrale Werkzeuge einer modernen Risikosteuerung, Heidelberg, S. 7-86.

Gerke, W./ Bank, M. (2003): Finanzierung: Grundlagen für Investitions- und Finanzierungsentscheidungen in Unternehmen, 2. Aufl., Stuttgart.

Giesselmann, M./ Windzio, M. (2012): Regressionsmodelle zur Analyse von Paneldaten, in: Sahner, H./ Sackmann, R./ Bayer, M. (Hrsg.): Studienskripte zur Soziologie, Wiesbaden.

Glaum, M. (1996): Internationalisierung und Unternehmenserfolg, Wiesbaden.

Glaum, M./ Brunner, M. (2003): Finanz- und Währungsmanagement in Multinationalen Unternehmen, in: Holtbrügge, D. (Hrsg.): Management Multinationaler Unternehmungen: Festschrift zum 60. Geburtstag von Prof. Martin K. Welge, Heidelberg, S. 307-326.

Glebe, D. (2008): Die globale Finanzkrise: Alle Informationen zur Wirtschaftskrise 2007-2009, dazu Geschichte und umfassendes Gesamtwissen zu den bisherigen Finanzkrisen dieser Welt. Ursachen, Auswirkungen, Reaktionen, Norderstedt.

Gode, D./ Mohanram, P. (2003): Inferring the cost of capital using Ohlson-Juettner model, in: Review of Accounting Studies 8 (4), S. 399-431.

Göllert, K./ Ringling, W. (1993): Zukunftsorientierte Cash-Flow-Analyse am Beispiel der DBP Telekom, in: Der Betrieb 46 (32), S. 1583-1589.

Gordon, M. J. (1959): Dividends, earnings and stock prices, in: The Review of Economics and Statistics 41 (2), S. 99-105.

Gordon, M. J. (1960): Security and a financial theory of investment, in: The Quarterly Journal of Economics 74 (3), S. 472-492.

Gordon, M. J./ Shapiro, E. (1956): Capital equipment analysis: The required rate of profit, in: Management Science 3 (1), S. 102-110.

Graham, J. R. (2000): How big are the tax benefits of debt?, in: The Journal of Finance 55 (5), S. 1901-1941.

Graham, J. R./ Harvey, C. R. (2001): The theory and practice of corporate finance: Evidence from the field, in: Journal of Financial Economics 60 (2), S. 187-243.

Greene, W. (2003): Econometric Analysis, 5. Aufl., Upper Saddle River.

Grochla, E. (1976): Finanzierung, in: Büschgen, H. E. (Hrsg.): Handwörterbuch der Finanzwirtschaft, Stuttgart, Sp. 413-415.

Grossmann, S. J./ Stiglitz, J. E. (1980): On the impossibility of informationally efficient markets, in: The American Economic Review 70 (3), S. 393-408.

Grunow, H.-W. G./ Figgener, S. (2006): Handbuch Moderne Unternehmensfinanzierung: Strategien zur Kapitalbeschaffung und Bilanzoptimierung, Berlin/ Heidelberg.

Guse, T. (2009): Die Politik des Federal Reserve Systems: Das Fundament der Krise, in: Elschen, R./ Lieven, T. (Hrsg.): Der Werdegang der Krise: Von der Subprime- zur Systemkrise, Wiesbaden, S. 3-27.

Guserl, R./ Pernsteiner, H. (2011): Finanzmanagement: Grundlagen-Konzepte-Umsetzung, 1. Aufl., Wiesbaden.

Gutenberg, E. (1980): Grundlagen der Betriebswirtschaftslehre, in: Lerche, P./ Nörr, D. (Hrsg.): Enzyklopädie der Rechts- und Staatswissenschaft, Band 3, 8. Aufl., Berlin et al.

Hackbarth, D./ Miao, J./ Morellec, E. (2006): Capital structure, credit risk, and macroeconomic conditions, in: Journal of Financial Economics 82 (3), S. 519-550.

Hahn, B. (2009): Welthandel: Geschichte, Konzepte, Perspektiven, Heidelberg.

Hanekamp, T. K./ Morrison, M. W./ Monteleone, J. P. (2009): From subprime crisis to credit crunch to recession: The liability and coverage implications for professional liability and E&O insurers: "Emerging issues in insurance coverage", in: FDCC Quarterly 59 (4), S. 275-323.

Harris, M./ Raviv, A. (1991): The theory of capital structure, in: The Journal of Finance 46 (1), S. 297-355.

Harris, R. S./ Marston, F. C./ Mishra, D. R./ O'Brien, T. J. (2003): Ex ante cost of equity estimates of S&P 500 firms: The choice between global and domestic CAPM, in: Financial Management 32 (3), S. 51-66.

Hartmann-Wendels, T./ Pfingsten, A./ Weber, M. (2015): Bankbetriebslehre, 6. Aufl., Berlin/ Heidelberg.

Harvey, C. R. (2005): 12 ways to calculate the international cost of capital, online verfügbar unter: https://faculty.fuqua.duke.edu/~charvey/Teaching/BA456_2006/Harvey_12_ ways_to.pdf, recherchiert am 17.10.2013.

Hax, H./ Hartmann-Wendels, T./ von Hinten, P. (2001): Grundlagen der Finanzierungstheorie, in: Breuer, R.-E. (Hrsg.): Handbuch Finanzierung, 3. Aufl., Wiesbaden, S. 583-608.

Healy, P. M./ Palepu, K. G. (2001): Information asymmetry, corporate disclosure, and the capital markets: A review of the empirical disclosure literature, in: Journal of Accounting and Economics 31 (1), S. 405-440.

Heij, C./ de Boer, P. M. C./ Franses, P. H./ Kloek, T./ van Dijk, H. K. (2004): Econometric Methods with Applications in Business and Economics, Oxford et al.

Heinen, E. (1976): Grundlagen betriebswirtschaftlicher Entscheidungen: Das Zielsystem der Unternehmung, in: Heinen, E./ Börner, D./ Kappler, E./ Kirsch, W./ Meffert, H. (Hrsg.): Die Betriebswirtschaft in Forschung und Praxis, 3. Aufl., Wiesbaden.

Heldt, K. (2014): Bedingtes Kapital und Anreizwirkungen bei Banken: Eine theoretische Analyse, Diss., Wiesbaden.

Hellerforth, M. (2009): Die globale Finanzmarktkrise – Ursachen und Auswirkungen auf die Immobilien- und Realwirtschaft, Hamburg.

Henderson, B. J./ Jegadeesh, N./ Weisbach, M. S. (2003): World markets for raising new capital, in: NBER Working Paper, Nr. 10225, S. 1-57.

Hermanns, J. (2006): Optimale Kapitalstruktur und Market Timing: Empirische Analyse börsennotierter deutscher Unternehmen, Diss., Wiesbaden.

Hewicker, H./ Cremers, H. (2011): Modellierung von Zinsstrukturkurven, in: Frankfurt School - Working Paper, Nr. 165, S. 1-41.

Higgins, R. C. (2012): Analysis for Financial Management, 10. Aufl., New York.

Hilbert, S. (2007): Wertorientierte Unternehmensführung, in: Mannheimer Schriften zur Verwaltungs- und Versorgungswirtschaft (12), S. 37-54.

Hilliard, D. (2010): Weltunternehmen und historische Formen des Unternehmens, Wiesbaden.

Hochstein, D. (2012): Konzeptionelle Weiterentwicklung des wertorientierten Managements unter besonderer Berücksichtigung von Kapitalkostenmodellen, in: Locarek-Junge, H./

Röder, K./ Wahrenburg, M. (Hrsg.): Finanzierung, Kapitalmarkt und Banken, Band 84, Diss., Köln.

Hofbauer, E. (2011): Kapitalkosten bei der Unternehmensbewertung in den Emerging Markets Europa, Diss., Wiesbaden.

Hoffmann, R. (2013): Praxisleitfaden "Business in China": Insiderwissen aus erster Hand, Wiesbaden.

Hofstede, G. H. (1980): Culture's Consequences: International Differences in Work-Related Values, Beverly Hills et al.

Hofstede, G. H. (1983): National cultures in four dimensions, in: International Studies of Management & Organization 13 (1-2), S. 46-74.

Hofstede, G. H. (2001): Culture's Consequences: Comparing Values, Behaviors, Institutions and Organizations Across Nations, 2. Aufl., Thousand Oaks.

Hofstede, G. H. (2013a): What about Germany?, online verfügbar unter: http://geert-hofstede.com/germany.html, recherchiert am 17.10.2013.

Hofstede, G. H. (2013b): What about Japan?, online verfügbar unter: http://geert-hofstede.com/japan.html, recherchiert am 17.10.2013.

Hofstede, G. H./ Hofstede, G. J. (2011): Lokales Denken, globales Handeln: Interkulturelle Zusammenarbeit und globales Management, 5. Aufl., München.

Hovakimian, A./ Opler, T./ Titman, S. (2001): The debt-equity choice, in: Journal of Financial and Quantitative Analysis 36 (1), S. 1-24.

Hrung, W. B./ Seligman, J. S. (2011): Responses of the financial crisis, treasury debt, and the impact on short-term money markets, in: Federal Reserve Bank of New York Staff Reports, Nr. 481, S. 1-35.

Hsiao, C. (2003): Analysis of Panel Data, 2. Aufl., Cambridge et al.

Hull, J. (2012): Optionen, Futures und andere Derivate, 8. Aufl., München.

Hummel, D. (1997): Auslandsstrategien deutscher Kreditinstitute, in: Hummel, D./ Bühler, W./ Schuster, L. (Hrsg.): Banken in globalen und regionalen Umbruchsituationen: Systementwicklungen, Strategien, Führungsinstrumente, Festschrift für Johann Heinrich von Stein zum 60. Geburtstag, Stuttgart, S. 197-217.

Hummel, D. (2001): Integration und struktureller Wandel des Europäischen Kapitalmarktes, in: Hummel, D./ Breuer, R.-E. (Hrsg.): Handbuch Europäischer Kapitalmarkt, Wiesbaden, S. 67-84.

IFRS (2013): IFRS FAQs, in: IFRS.com, online verfügbar unter: http://www.ifrs.com/ifrs_faqs.html#q3, recherchiert am 17.10.2014.

Illing, F. (2013a): Deutschland in der Finanzkrise: Chronologie der deutschen Wirtschaftspolitik 2007-2012, Wiesbaden.

Illing, F. (2013b): Die Euro-Krise: Analyse der europäischen Strukturkrise, Wiesbaden.

IMF (1998): World economic outlook May 1998: Financial crises: Causes and indicators, in: World Economic and Financial Surveys by the International Monetary Fund, Washington, D.C.

IMF (2008): World economic outlook April 2008: Housing and the business cycle, in: World Economic and Financial Surveys by the International Monetary Fund, Washington, D.C.

IMF (2012): World economic outlook April 2012: Growth resuming, dangers remain, in: World Economic and Financial Surveys by the International Monetary Fund, Washington, D.C.

IMF (2013): World economic outlook April 2013: Hopes, realities, risks, in: World Economic and Financial Surveys by the International Monetary Fund, Washington, D.C

Jäger, S. (2012): Kapitalstrukturpolitik deutscher börsennotierter Aktiengesellschaften: Eine empirische Analyse von Kapitalstrukturdeterminanten, Diss., Wiesbaden.

Jähnchen, S. (2009): Kapitalkosten von Versicherungsunternehmen: Fundamentale Betafaktoren als ein Erklärungsbeitrag zur Erfassung der Renditeforderungen der Eigenkapitalgeber, Diss., Wiesbaden.

Jahrmann, F. U. (2009): Finanzierung, 6. Aufl., Herne.

Jalilvand, A./ Harris, R. S. (1984): Corporate behavior in adjusting to capital structure and dividend targets: An econometric study, in: The Journal of Finance 39 (1), S. 127-145.

Jensen, M. C. (1986): Agency cost of free cash flow, corporate finance, and takeovers, in: The American Economic Review 76 (2), S. 323-329.

Jensen, M. C./ Meckling, W. H. (1976): Theory of the firm: Managerial behavior, agency costs and ownership structure, in: Journal of Financial Economics 3 (4), S. 305-360.

Jorgensen, B. N./ Lee, Y. G./ Yoo, Y. K. (2011): The valuation accuracy of equity value estimates inferred from conventional empirical implementations of the abnormal earnings growth model: U.S. evidence, in: Journal of Business Finance & Accounting 38 (3), S. 446-471.

Käfer, K. (1984): Kapitalflussrechnungen – Statement of Changes in Financial Position, Liquiditätsnachweis, Bewegungsbilanz als dritte Jahresrechnung der Unternehmung, 2. Aufl., Stuttgart.

Kaiser, D. (2011): Treasury Management: Betriebswirtschaftliche Grundlagen der Finanzierung und Investition, 2. Aufl., Wiesbaden.

Kaya, O./ Meyer, T. (2013): Unternehmensanleihen in Europa: Wo stehen wir und wohin geht die Reise?, in: Deutsche Bank Research, EU-Monitor: Globale Finanzmärkte, S. 1-16.

Kennedy, P. (2008): A Guide to Econometrics, 6. Aufl., Malden et al.

Kim, D.-K./ No, S. C. (2013): Inflation and equity market: Sectoral-level analyses, in: The Journal of Business and Economic Studies 19 (2), S. 39-53.

Kindleberger, C. P. (1974): Size of firm and size of nation, in: Dunning, J. H. (Hrsg.): Economic Analysis and the Multinational Enterprise, London, S. 342-362.

Klingele, J. H. (1991): Entwicklung der multinationalen Unternehmen, Diss., Frankfurt am Main.

Kochhar, R. (1996): Explaining firm capital structure: The role of agency theory vs. transaction cost economics, in: Strategic Management Journal 17 (9), S. 713-728.

Koedijk, K. G./ Kool, C. J. M./ Schotman, P. C./ Van Dijk, M. A. (2002): The cost of capital in international financial markets: Local or global?, in: Journal of International Money and Finance 21 (6), S. 905-929.

Koedijk, K. G./ Van Dijk, M. A. (2004): Global risk factors and the cost of capital, in: Financial Analysts Journal 60 (2), S. 32-38.

Korajczyk, R. A./ Levy, A. (2003): Capital structure choice: macroeconomic conditions and financial constraints, in: Journal of Financial Economics 68 (1), S. 75-109.

Korajczyk, R. A./ Lucas, D. J./ McDonald, R. L. (1991): The effect of information releases on the pricing and timing of equity issues, in: The Review of Financial Studies 4 (4), S. 685-708.

Kraus, A./ Litzenberger, R. H. (1973): A state-preference model of optimal financial leverage, in: The Journal of Finance 28 (4), S. 911-922.

Krotter, S. (2004): Kapitalkosten und Kapitalstrukturen ausgewählter deutscher Unternehmen – eine empirische Untersuchung, in: Wirtschaft und Statistik (5), S. 581-588.

Krotter, S. (2006): Durchbrechungen des Kongruenzprinzips und Residualgewinne: Broken link between accounting and finance?, in: Regensburger Diskussionsbeiträge zur Wirtschaftswissenschaft, Nr. 411, S. 1-37.

Krumbein, F. (2014): Menschenrechtsdiskurse in China und den USA: Ostasien im 21. Jahrhundert, Wiesbaden.

Kruschwitz, L./ Löffler, A. (2008): Kapitalkosten aus theoretischer und praktischer Perspektive, in: Die Wirtschaftsprüfung 17 (1), S. 803-810.

Krystek, U./ Zur, E. (1997): Internationalisierung als Herausforderung für die Unternehmensführung: Eine Einführung, in: Krystek, U./ Zur, E. (Hrsg.): Internationalisierung: Eine Herausforderung für die Unternehmensführung, Heidelberg/ Berlin, S. 3-19.

Küting, K./ Weber, C.-P. (2010): Der Konzernabschluss: Praxis der Konzernrechnungslegung nach HGB und IFRS, 12. Aufl., Stuttgart.

Küting, K./ Weber, C.-P. (2012): Die Bilanzanalyse: Beurteilung von Abschlüssen nach HGB und IFRS, 10. Aufl., Stuttgart.

Kutschker, M./ Schmid, S. (2011): Internationales Management, 7. Aufl., München.

Lachnit, L. (1973): Wesen, Ermittlung und Aussage des Cash Flow, in: Schmalenbachs Zeitschrift für betriebswirtschaftliche Forschung 25 (1), S. 59-77.

Laitenberger, J. (2004): Rendite und Kapitalkosten, in: Diskussionspapiere der Wirtschaftswissenschaftlichen Fakultät der Universität Hannover, Nr. jel-J31, S. 1-15.

Land, V. (2009): Das Going Public als Finanzierungschance, in: Volk, G.(Hrsg.): Going Public: Der Gang an die Börse, 4. Aufl., Stuttgart, S. 99-113.

Laux, H./ Gillenkrich, R. M./ Schenk-Mathes, H. Y. (2012): Entscheidungstheorie, 8. Aufl., Berlin.

Leland, H. E. (1994): Corporate debt value, bond covenants, and optimal capital structure, in: The Journal of Finance 49 (4), S. 1213-1251.

Lemmon, M. L./ Roberts, M. R./ Zender, J. F. (2008): Back to the beginning: Persistence and the cross-section of corporate capital structure, in: The Journal of Finance 63 (4), S. 1575-1608.

Levhari, D./ Levy, H. (1977): The capital asset pricing model and the investment horizon, in: The Review of Economics and Statistics 59 (1), S. 92-104.

Levy, A./ Hennessy, C. (2007): Why does capital structure choice vary with macroeconomic conditions?, in: Journal of Monetary Economics 54 (6), S. 1545-1564.

Lieven, P. (2009): Lehmann 9/15: Die größte Insolvenz aller Zeiten, in: Elschen, R./ Lieven, T. (Hrsg.): Der Werdegang der Krise: Von der Subprime- zur Systemkrise, Wiesbaden, S. 219-236.

Lilienthal, D. (1960): The multinational corporation, in: Anshen, M./ Bach, G. L.(Hrsg.): Management and corporations 1985, Westport, S. 119-158.

Lindner, F. (2013): Banken treiben Eurokrise, in: Institut für Makroökonomie und Konjunkturforschung (IMK) Report, Nr. 82, S. 1-18.

Lintner, J. (1956): Distribution of incomes of corporations among dividends, retained earnings, and taxes, in: The American Economic Review 46 (2), S. 97-113.

Lintner, J. (1965): The valuation of risk assets and selection of risky investments in stock portfolios and capital budgets, in: The Review of Economics and Statistics 47 (1), S. 13-37.

Lo, K./ Lys, T. (2000): The Ohlson model: Contribution to valuation theory, limitations, and empirical applications, in: Journal of Accounting, Auditing & Finance 15 (3), S. 337-367.

Löffler, A. (2002): Gewichtete Kapitalkosten (WACC) in der Unternehmensbewertung, in: Finanz-Betrieb: Zeitschrift für Unternehmensfinanzierung und Finanzmanagement 4 (5), S. 296-300.

Loughran, T./ Ritter, J. R. (1995): The new issues puzzle, in: The Journal of Finance 50 (1), S. 23-51.

Lubben, S. J./ Narayanan, R. P. (2012): CDS and the resolution of financial distress, in: Journal of Applied Corporate Finance 24 (4), S. 129-134.

Lücke, W. (1955): Investitionsrechnung auf der Grundlage von Ausgaben oder Kosten, in: Zeitschrift für handelswissenschaftliche Forschung 7, S. 310-324.

Luksic, O. (2011): Ist der Euro noch zu retten? Zwischen Finanzmarktkrise und Staatsbankrott, Baden-Baden.

Lundholm, R./ O'Keefe, T. (2001): Reconciling value estimates from the discounted cash flow model and the residual income model, in: Contemporary Accounting Research 18 (2), S. 311-335.

Macharzina, K. (1993): Unternehmensführung: Das internationale Managementwissen: Konzepte – Methoden – Praxis, Wiesbaden.

Mansi, S. A./ Maxwell, W. F./ Zhang, A. (2012): Bankruptcy prediction models and the cost of debt, in: The Journal of Fixed Income 21 (4), S. 63-89.

Markowitz, H. (1952): Portfolio selection, in: The Journal of Finance 7 (1), S. 77-91.

Marschall, S. (2011): Das politische System Deutschlands, 2. Aufl., Konstanz/ München.

Marsh, P. R. (1982): The choice between equity and debt: An empirical study, in: The Journal of Finance 37 (1), S. 121-144.

Martin, P. N./ Hollnagel, B. (2002): Die großen Spekulationen der Weltgeschichte: Vom Altertum bis zur New Economy, München.

Meckl, R./ Fredrich, V./ Riedel, F. (2010): Währungsmanagement in international tätigen Unternehmen – Ergebnisse einer empirischen Erhebung, in: Corporate Finance biz 1 (4), S. 216-222.

Merki, C. (2005): Europas Finanzzentren: Geschichte und Bedeutung im 20. Jahrhundert, Frankfurt am Main/ New York.

Merton, R. C. (1973): An intertemporal capital asset pricing model, in: Econometrica 41 (5), S. 867-887.

Metz, V. (2007): Der Kapitalisierungszinsfuß bei der Unternehmensbewertung: Basiszinssatz und Risikozuschlag aus betriebswirtschaftlicher Sicht und aus Sicht der Rechtsprechung, in: Böcking, H. J./ Hommel, M. (Hrsg.): Rechnungswesen und Unternehmensüberwachung, Diss., Wiesbaden.

Meyer, M. A. (2006): Cashflow-Reporting und Cashflow-Analyse: Konzeption, Normierung, Gestaltungspotential und Auswertung von Kapitalflussrechnungen im internationalen Vergleich, in: IDW (Hrsg.): Wissenschaftliche Schriften zur Wirtschaftsprüfung, Düsseldorf.

Michler, A. F./ Smeets, H.-D. (2011): Die Finanzkrise: Ursachen, Wirkungen und Maßnahmen, in: Michler, A. F./ Smeets, H.-D. (Hrsg.): Die aktuelle Finanzkrise: Bestandsaufnahme und Lehren für die Zukunft, Schriften zu Ordnungsfragen der Wirtschaft, Band 93, Stuttgart, S. 3-32.

Miles, J. A./ Ezzell, J. R. (1980): The weighted average cost of capital, perfect capital markets, and project life: A clarification, in: Journal of Financial and Quantitative Analysis 15 (3), S. 719-730.

Miller, M. H. (1977): Debt and taxes, in: The Journal of Finance 32 (2), S. 261-275.

Miller, M. H. (1988): The Modigliani Miller propositions after thirty years, in: The Journal of Economic Perspectives 2 (4), S. 99-120.

Miller, R. A. (2009): The weighted average cost of capital is not quite right, in: The Quarterly Review of Economics and Finance 49 (1), S. 128-138.

Mishkin, F. S. (2010): The financial crisis and the federal reserve, in: NBER Macroeconomics Annual 2009 24, S. 495-508.

Mishra, D. R./ O'Brien, T. J. (2001): A comparison of cost of equity estimates of local and global CAPMs, in: The Financial Review 36 (4), S. 27-48.

Mizen, P./ Packer, P./ Remolona, E./ Tsoukas, S. (2012): Why do firms issue abroad? Lessons from onshore and offshore corporate bond finance in Asian emerging markets, in: BIS Working Paper, Nr. 401, S. 1-51.

Modigliani, F./ Miller, M. H. (1958): The cost of capital, corporate finance and the theory of investment, in: The American Economic Review 48 (3), S. 261-297.

Modigliani, F./ Miller, M. H. (1963): Corporate income taxes and the cost of capital: A correction, in: The American Economic Review 53 (3), S. 433-443.

Moles, P./ Parrino, R./ Kidwell, D. (2011): Corporate Finance: European Edition, Chichester.

Moore, K./ Lewis, D. (1998): The first multinationals: Assyria circa 2000 B.C., in: Management International Review 38 (2), S. 95-107.

Morellec, E. (2004): Can managerial discretion explain observed leverage ratios?, in: The Review of Financial Studies 17 (1), S. 257-294.

Mossin, J. (1966): Equilibrium in a capital asset market, in: Econometrica 34 (4), S. 768-783.

Münch, D. (1969): Der betriebswirtschaftliche Erkenntnisgehalt der Cash-Flow-Analyse, in: Der Betrieb 22 (30), S. 1301-1306.

Murphy, K. J. (1985): Corporate performance and managerial remuneration: An empirical analysis, in: Journal of Accounting and Economics 7 (1), S. 11-42.

Myers, S. C. (1977): Determinants of corporate borrowing, in: Journal of Financial Economics 5 (2), S. 147-175.

Myers, S. C. (1984): The capital structure puzzle, in: The Journal of Finance 39 (3), S. 575-592.

Myers, S. C. (2001): Capital structure, in: The Journal of Economic Perspectives 15 (2), S. 81-102.

Myers, S. C./ Majluf, N. S. (1984): Corporate financing and investment decisions when firms have information that investors do not have, in: Journal of Financial Economics 13 (2), S. 187-221.

Nastansky, A./ Strohe, H. G. (2009): Die Ursachen der Finanz- und Bankenkrise im Lichte der Statistik, in: Statistische Diskussionsbeiträge Universität Potsdam, Nr. 35, S. 1-13.

Neubäumer, R. (2008): Ursachen und Wirkungen der Finanzkrise – eine ökonomische Analyse, in: Wirtschaftsdienst: Zeitschrift für Wirtschaftspolitik 88 (11), S. 732-740.

Neubäumer, R. (2011): Eurokrise: Keine Staatsschuldenkrise, sondern Folge der Finanzkrise, in: Wirtschaftsdienst: Zeitschrift für Wirtschaftspolitik 91 (12), S. 827-833.

Neumann, A. (2008): Die Kulturkonzeption von G. Hofstede: Eine kritische Betrachtung, Saarbrücken.

Nobelprice (2014): Merton H. Miller – Facts, online verfügbar unter: http://www.nobelprize.org/nobel_prizes/economic-sciences/laureates/1990/miller-facts.html, recherchiert am 17.10.2014.

Nöll, B./ Wiedemann, A. (2008): Investitionsrechnung unter Unsicherheit, München.

Noesselt, N. (2012): Governance-Formen in China: Theorie und Praxis des chinesischen Modells, Wiesbaden.

Nowak, T. (1994): Faktormodelle in der Kapitalmarkttheorie, Köln.

Oehler, A./ Unser, M. (2002): Finanzwirtschaftliches Risikomanagement, Berlin et al.

Ogier, T./ Rugman, J./ Spicer, L. (2004): The Real Cost of Capital: A Business Field Guide to Better Financial Decisions, London et al.

Ohlson, J. A. (2000): Residual income valuation: The problems, Working Paper, online verfügbar unter: http://ewalsh1.ucd.ie/acctheory/acctheorycourse/lecture2%20Mats/ohlson.pdf, recherchiert am 17.10.2014, S. 1-24.

Ohlson, J. A./ Juettner-Nauroth, B. (2005): Expected EPS and EPS growth as determinants of value, in: Review of Accounting Studies 10 (2), S. 349-365.

348   LITERATURVERZEICHNIS

Olfert, K./ Reichel, C. (2005): Finanzierung: Kompendium der praktischen Betriebswirtschaft, 13. Aufl., Leipzig.

Opfer, H. (2004): Zeitvariable Asset-Pricing-Modelle für den deutschen Aktienmarkt, Wiesbaden.

Ordelheide, D./ Leuz, C. (1998): Die Kapitalflussrechnung: Grundlagen, International Accounting Standard No. 7 und Informationsgehalt, in: Wirtschaftswissenschaftliches Studium: Zeitschrift für Studium und Forschung 27 (4), S. 176-183.

Orr, L. M./ Hauser, W. J. (2005): A re-inquiry of Hofstede's cultural dimensions: A call for 21st century cross-cultural research, in: Marketing Management Journal 18 (2), S. 1-19.

Pagano, M. S./ Stout, D. E. (2004): Calculating a firm's cost of capital, in: Management Accounting Quarterly 5 (3), S. 13-20.

Pausenberger, E. (1992): Internationalisierungsstrategien industrieller Unternehmungen, in: Dichtl, E./ Issing, O. (Hrsg.): Exportnation Deutschland, 2. Auflage, München, S. 199-200.

Pausenberger, E./ Völker, H. (1985): Praxis des internationalen Finanzmanagements, Wiesbaden.

Pech, M. (2008): Die Finanzmarktkrise 2007/2008 und ihre Auswirkungen durch die strukturierten Produkte, Paderborn.

Pellens, B./ Fülbier, R. U./ Gassen, J./ Sellhorn, T. (2011): Internationale Rechnungslegung: IFRS 1-9, IAS 1-41, IFRIC-Interpretationen, Standardentwürfe: Mit Beispielen, Aufgaben und Fallstudie, 8. Aufl., Stuttgart.

Perek, A. A./ Perek, S. (2012): Residual income versus discounted cash flow valuation models: An empirical study, in: Journal of Accounting and Taxation 4 (2), S. 57-64.

Perlitz, M. (2004): Internationales Management, 5. Aufl., Stuttgart.

Perlmutter, H. (1969): The tortuous evolution of the multinational corporation, in: Columbia Journal of World Business 4 (1), S. 9-18.

Perridon, L./ Steiner, M./ Rathgeber, A. (2012): Finanzwirtschaft der Unternehmung, 16. Aufl., München.

Pferdehirt, H. (2007): Die Leasingbilanzierung nach IFRS: Eine theoretische und empirische Analyse der Reformbestrebungen, Wiesbaden.

Poddig, T./ Dichtl, H./ Petersmeier, K. (2008): Statistik, Ökonometrie, Optimierung: Methoden und ihre praktischen Anwendungen in Finanzanalyse und Portfoliomanagement, 4. Aufl., Bad Soden.

Poeschl, H. (2013): Strategische Unternehmensführung zwischen Shareholder-Value und Stakeholder-Value, Wiesbaden.

Portisch, W. (2008): Theorie der Finanzierung, in: Portisch, W. (Hrsg.): Finanzierung im Unternehmenslebenszyklus, München, S. 5-70.

Posner, R. A. (2010): The Crisis of Capitalist Democracy, Cambridge/ Massachusetts.

Prätsch, J./ Schikorra, U./ Ludwig, E. (2007): Finanzmanagement, 3. Aufl., Berlin/ Heidelberg.

Preinreich, G. A. D. (1937): Valuation and amortization, in: The Accounting Review 12 (3), S. 209-227.

Prokot, A. (2006): Strategische Ausschüttungspolitik deutscher Aktiengesellschaften: Dividendenstrategien im Kapitalmarktkontext, Diss., Wiesbaden.

Pruitt, S. W./ Gitman, L. J. (1991): The interactions between the investment, financing, and dividend decisions of major U.S. firms, in: The Financial Review 26 (3), S. 409-430.

Qi, D. D./ Wu, Y. W./ Xiang, B. (2000): Stationarity and cointegration tests of the Ohlson model, in: Journal of Accounting, Auditing & Finance 15 (2), S. 141-160.

Raffée, H. (1974): Grundprobleme der Betriebswirtschaftslehre: Betriebswirtschaftslehre im Grundstudium der Wirtschaftswissenschaft, Band 1, Göttingen.

Rajan, R. G./ Zingales, L. (1995): What do we know about capital structure? Some evidence from international data, in: The Journal of Finance 50 (5), S. 1421-1460.

Rapp, D. (2013): „Eigenkapitalkosten" in der (Sinn)-Krise – ein grundsätzlicher Beitrag zur gegenwärtigen Diskussion, in: Der Betrieb 66 (8), S. 359-362.

Rappaport, A. (1981): Selecting strategies that create shareholder value, in: Harvard Business Review 59 (3), S. 139-149.

Rappaport, A. (1986): Creating Shareholder Value: The New Standard for Business Performance, New York.

Rasche, C. (2002): Multifokales Management: Strategien und Unternehmenskonzepte für den pluralistischen Wettbewerb, 1. Aufl., Wiesbaden.

Ravier, A./ Lewin, P. (2012): The subprime crisis, in: The Quarterly Journal of Austrian Economics 15 (1), S. 45-74.

Reese, R. (2005): Alternative Modelle zur Schätzung der erwarteten Eigenkapitalkosten – Eine empirische Untersuchung für den deutschen Aktienmarkt –, in: LMU München – Fakultät für Betriebswirtschaftslehre: Münchener Betriebswirtschaftliche Beiträge, Nr. 2005-06, S. 1-63.

Regierungskommission Deutscher Corporate Governance Kodex (2014): Deutscher Corporate Governance Kodex in der Fassung vom 24. Juni 2014, online verfügbar unter: http://www.dcgk.de//files/dcgk/usercontent/de/download/kodex/D_CorGov_Endfassung_2014.pdf, recherchiert am 17.10.2014.

Reid, C. (2012): The Community Reinvestment Act and the authority to do good, in: Public Administration Review 72 (3), S. 439-441.

Richter, F. (2005): Mergers & Acquisitions, Investmentanalyse, Finanzierung und Prozessmanagement, München.

Robin, J. A. (2011): International Corporate Finance, New York.

Rohde, E./ Hummel, D. (1988): Schwarzer Montag: Börsenkrach '87, Berlin.

Roll, R. (1977): A critique of the asset pricing theory's tests: Part one: On past and potential testability of the theory, in: Journal of Financial Economics 4 (2), S. 129-176.

Roll, R./ Ross, S. A. (1980): An empirical investigation of the arbitrage pricing theory, in: The Journal of Finance 35 (5), S. 1073-1103.

Romeike, F. (2010): Chronologie der Subprime-Krise, in: Romeike, F. (Hrsg.): Die Bankenkrise: Ursachen und Folgen im Risikomanagement, Köln, S. 13-58.

Rosenberg, B./ Reid, K./ Lanstein, R. (1985): Persuasive evidence of market inefficiency, in: The Journal of Portfolio Management 11 (1), S. 9-16.

Ross, S. A. (1976): The arbitrage pricing theory of capital asset pricing, in: Journal of Economic Theory 13 (3), S. 341-360.

Ross, S. A. (1978): The current status of the capital asset pricing model (CAPM), in: The Journal of Finance 33 (3), S. 885-901.

Ross, S. A./ Westerfield, R. W./ Jaffe, J. F. (2002): Corporate Finance, 6. Aufl., Boston et al.

Rudolph, B. (1986): Klassische Kapitalkostenkonzepte zur Bestimmung des Kalkulationszinsfußes für die Investitionsrechnung, in: Schmalenbachs Zeitschrift für betriebswirtschaftliche Forschung 38 (7), S. 608-617.

Sachverständigenrat zur Begutachtung der gesamtwirtschaftlichen Entwicklung (2008): Jahresgutachten 2008/09: Die Finanzkrise meistern – Wachstumskräfte stärken, Paderborn.

Sachverständigenrat zur Begutachtung der gesamtwirtschaftlichen Entwicklung (2009): Jahresgutachten 2009/10: Die Zukunft nicht aufs Spiel setzen, Paderborn.

Sachverständigenrat zur Begutachtung der gesamtwirtschaftlichen Entwicklung (2010): Jahresgutachten 2010/11: Chancen für einen stabilen Aufschwung, Paderborn.

Sanden, P./ Vahlne, J.-E. (1974): The growth rates of Swedish multinational corporations, in: Journal of International Business Studies 5 (1), S. 91-105.

Saunders, A. (1997): Financial Institutions Management: A Modern Perspective, 2. Aufl., Boston.

Schachtner, M. (2009): Accounting und Unternehmensfinanzierung: Eine Analyse börsennotierter Unternehmen in Deutschland und der Schweiz, Diss., Wiesbaden.

Schierenbeck, H. (2003): Grundzüge der Betriebswirtschaftslehre, 16. Aufl., München.

Schira, J. (2009): Statistische Methoden der VWL und BWL: Theorie und Praxis, 3. Aufl., München.

Schmalenbach, E. (1937): Finanzierungen, 6. Aufl., Leipzig.

Schmidt, R. H./ Terberger, E. (1997): Grundzüge der Investitions- und Finanzierungstheorie, 4. Aufl., Wiesbaden.

Schneider, D. (1968): Modellvorstellungen zur optimalen Selbstfinanzierung, in: Schmalenbachs Zeitschrift für betriebswirtschaftliche Forschung 20 (11), S. 705-739.

Schneider, D. (1992): Investition, Finanzierung und Besteuerung, 7. Aufl., Wiesbaden.

Schneider, H. (2010): Determinanten der Kapitalstruktur: Eine meta-analytische Studie der empirischen Literatur, Diss., Wiesbaden.

Schröder, D. (2005): The implied equity risk premium – an evaluation of empirical methods, Bonn Econ Discussion Paper, Nr. 13/2005, S. 1-35.

Schrooten, M. (2008): Internationale Finanzkrise – Konsequenzen für das deutsche Finanzsystem, in: Wirtschaftsdienst: Zeitschrift für Wirtschaftspolitik 88 (8), S. 508-513.

Schrooten, M./ Sievert, R. (2010): Stabilität und Performance des deutschen Bankensektors, in: DIW-Vierteljahresheft zur Wirtschaftsforschung 79 (4), S. 9-25.

Schuppan, N. (2011): Globale Rezession: Ursachen, Zusammenhänge, Folgen, Wismar.

Schwenold, F. (2002): Finanzierungsentscheidungen börsennotierter deutscher Aktiengesellschaften: Eine Cash Flow orientierte Logit-Analyse, in: Europäische Hochschulschriften, Reihe 5, Band 2827, Diss., Frankfurt am Main.

Schwetzler, B./ Rapp, M. S. (2002): Arbitrage, Kapitalkosten und die Miles/Ezzell-Anpassung im zweiperiodigen Binomialmodell, in: Finanz-Betrieb: Zeitschrift für Unternehmensfinanzierung und Finanzmanagement 4 (9), S. 502-505.

Shanken, J. (1982): The arbitrage pricing theory: Is it testable?, in: The Journal of Finance 37 (5), S. 1129-1140.

Shapiro, A. C./ Sarin, A. (2009): Foundations of Multinational Financial Management, 6. Aufl., Jefferson City.

Sharpe, W. F. (1964): Capital asset prices: A theory of market equilibrium under conditions of risk, in: The Journal of Finance 19 (3), S. 425-442.

Shyam-Sunder, L. (1991): The stock price effect of risky versus safe debt, in: The Journal of Financial and Quantitative Analysis 26 (4), S. 549-558.

352 LITERATURVERZEICHNIS

Shyam-Sunder, L./ Myers, S. C. (1999): Testing the static tradeoff against pecking order models of capital structure, in: Journal of Financial Economics 51 (2), S. 219-244.

Sieber, E. H. (1970): Die multinationale Unternehmung, der Unternehmenstyp der Zukunft? in: Schmalenbachs Zeitschrift für betriebswirtschaftliche Forschung 22 (7), S. 414-438.

Simon, M. C. (2007): Der Internationalisierungsprozess von Unternehmen: Ressourcenorientierter Theorierahmen als Alternative zu bestehenden Ansätzen, Diss., Wiesbaden.

Sinn, H.-W. (2009): Kasino-Kapitalismus: Wie es zur Finanzkrise kam, und was jetzt zu tun ist, 2. Aufl., Berlin.

Smeets, H.-D. (2011): Finanzkrise, Realwirtschaft und Staat, in: Michler, A. F./ Smeets, H.-D. (Hrsg.): Die aktuelle Finanzkrise: Bestandsaufnahme und Lehren für die Zukunft, Schriften zu Ordnungsfragen der Wirtschaft, Band 93, Stuttgart, S. 109-144.

Smith, D. M. (2009): Residual dividend policy, in: Baker, H. (Hrsg.): Dividends and Dividend Policy, New Jersey, S. 115-126.

Söllner, A. (2008): Einführung in das internationale Management: Eine institutionenökonomische Perspektive, Wiesbaden.

Solomon, E. (1955): Measuring a company's cost of capital, in: The Journal of Business 28 (4), S. 240-252.

Solomon, E. (1963): The Theory of Financial Management, New York.

Sonnabend, M./ Raab, H. (2008): Kapitalflussrechnung nach IFRS: Anforderungen und Gestaltungsmöglichkeiten, München.

Soros, G. (2008): Das Ende der Finanzmärkte – und deren Zukunft: Die heutige Finanzkrise und was sie bedeutet, München.

Sperber, H./ Sprink, J. (1999): Finanzmanagement internationaler Unternehmen: Grundlagen – Strategien – Instrumente, Stuttgart.

Spremann, K. (2010): Finance, 4. Aufl., München.

Spremann, K./ Gantenbein, P. (2005): Kapitalmärkte, Stuttgart.

Spremann, K./ Gantenbein, P. (2007): Zinsen, Anleihen, Kredite, 4. Aufl., München.

Stapleton, R. C./ Subrahmanyan, M. G. (1980): Capital Market Equilibrium and Corporate Financial Decisions, Greenwich.

Statistisches Bundesamt (2014): Volkswirtschaftliche Gesamtrechnungen 2013: Inlandsproduktberechnungen Lange Reihen ab 1970, in: Statistisches Bundesamt Fachserie 18, Reihe 1.5, S. 1-150.

Steiner, M. (2003): Entwicklungslinien des US-Bankensystems und der Gramm Leach Bliley Act, in: Die Bank: Zeitschrift für Bankpolitik und Praxis (1), S. 8-13.

Stiefl, J. (2008): Finanzmanagement unter besonderer Berücksichtigung von kleinen und mittelständischen Unternehmen, München.

Stiglitz, J. E. (1969): A re-examination of the Modigliani-Miller theorem, in: The American Economic Review 59 (5), S. 784-793.

Stopford, J. M. (1974): The origins of the British-based multinational manufacturing enterprises, in: Business History Review 48 (3), S. 303-335.

Stulz, R. M. (1990): Managerial discretion and optimal financing policies, in: Journal of Financial Economics 26 (1), S. 3-27.

Stulz, R. M. (1995a): International portfolio choice and asset pricing: An integrative survey, in: Jarrow, R. A./ Maximovich, V./ Ziemba, W. T. (Hrsg.): Finance: Handbooks in Operations Research and Management Science, Amsterdam, S. 201-223.

Stulz, R. M. (1995b): Globalization of capital markets and the cost of capital: The case of Nestlé, in: Journal of Applied Corporate Finance 8 (3), S. 30-38.

Stunda, R. A. (2014): The role of the derivatives in the financial crisis and their impact on security prices, in: Journal of Accounting and Taxation 6 (1), S. 39-50.

Süchting, J. (1995): Finanzmanagement: Theorie und Politik der Unternehmensfinanzierung, 6. Aufl., Wiesbaden.

Taggart, R. A. (1977): A model of corporate financing decisions, in: The Journal of Finance 32 (5), S. 1467-1484.

Taggart, R. A. (1985): Secular patterns in the financing of US corporations, in: Friedman, B. M. (Hrsg.): Corporate Capital Structures in the United States, Chicago, S. 13-80.

Talberg, M./ Winge, C./ Frydenberg, S./ Westgaard, S. (2008): Capital structure across industries, in: International Journal of the Economics of Business 15 (2), S. 181-200.

Tamura, K./ Tabakis, E. (2013): The use of credit claims as collateral for eurosystem credit operations, in: European Central Bank: Occasional Paper, Nr. 148, S. 1-43.

Tavakoli, M./ McMillan, D./ McKnight, P. J. (2014): Credit crunch and insider trading, in: Financial Markets, Institutions and Instruments 23 (2), S. 71-100.

Templin, S. H.-U. (1998): Unternehmensrisiko und Bilanzkennzahlen, Wiesbaden.

Titman, S./ Wessels, R. (1988): The determinants of capital structure choice, in: The Journal of Finance 43 (1), S. 1-19.

Topalov, M. (2013): Die Wahrnehmung von Dividenden durch Finanzvorstände: Eine empirische Untersuchung zu den Determinanten der Dividendenpolitik in der Bundesrepublik Deutschland, in: Schriftenreihe des Instituts für Geld- und Kapitalverkehr der Universität Hamburg, Nr. 27, Diss., Wiesbaden.

UNCTAD (1992): World investment report 1992: Transnational corporations as engines of growth, online verfügbar unter: http://unctad.org/en/Docs/wir92ch1_en.pdf, recherchiert am 17.10.2014.

UNCTAD (1996): World investment report 1996: Investment, trade and international policy arrangements, online verfügbar unter: http://unctad.org/en/Docs/wir1996_en.pdf, recherchiert am 17.10.2014.

UNCTAD (2001): World investment report 2001: Promoting linkages, online verfügbar unter: http://unctad.org/en/Docs/wir2001_en.pdf, recherchiert am 17.10.2014.

UNCTAD (2006): World investment report 2006: FDI from developing transition economies: Implications for Development, online verfügbar unter: http://unctad.org/en/Docs/wir2006_en.pdf, recherchiert am 17.10.2014.

UNCTDAD (2011): Number of parent corporations and foreign affiliates, by region and economy, 2010, online verfügbar unter: http://unctad.org/Sections/dite_dir/docs/WIR11_web%20tab%2034.pdf, recherchiert am 17.10.2014.

Vélez-Pareja, I. (2010): Back to basics: Cost of capital depends on free cash flow, in: The IUP Journal of Applied Finance 16 (1), S. 27-39.

Verband Deutscher Treasurer e.V. (2011): Bankensteuerung, Frankfurt am Main.

Volkart, R. (2008): Kapitalkosten und Risiko: Cost of capital als zentrales Element der betrieblichen Finanzpolitik, Zürich.

Wagner, E. (2003): Auf den Spuren der Industriellen Revolution, in: Schriftenreihe der Georg-Simon-Ohm-Fachhochschule Nürnberg, Nr. 10, Nürnberg.

Wala, T./ Haslehner, F./ Szauer, S. (2006): Unternehmensbewertung im Rahmen von M&A-Transaktionen am Beispiel von Fallbeispielen, in: Working Paper Series by the University of Applied Sciences of bfi Vienna, Nr. 32/ 2006, S. 1-20.

Wald, J. K. (1999): How firm characteristics affect capital structure: An international comparison, in: The Journal of Financial Research 22 (2), S. 161-187.

Wallmeier, M. (2000): Determinanten erwarteter Renditen am deutschen Kapitalmarkt, in: Schmalenbachs Zeitschrift für betriebswirtschaftliche Forschung 52 (1), S. 27-57.

Wang, C. S. (2014): Deutsche Direktinvestitionen in der Volksrepublik China: Gestaltungsfaktoren und internationales Management, Diss., Wiesbaden.

Weber, G. (2006): Eigenkapitalkosten ausgewählter Unternehmen auf Basis der modernen Kapitalmarkttheorie: Eine empirische Anwendung des CAPM für die Holz verarbeitende Industrie, Druckmaschinen- und Papierindustrie, Diss. Wiesbaden.

Wei, K. C. J./ Lee, C. F./ Chu, C.-C. (1985): Does the CAPM under inflation differ from the APT under inflation, in: BEBR faculty working paper, Nr. 1121, S. 1-25.

Weigt, A. (2005): Der deutsche Kapitalmarkt vor dem ersten Weltkrieg: Gründerboom, Gründerkrise und Effizienz des deutschen Aktienmarktes bis 1914, Diss., Frankfurt am Main.

Wendt, S. (2011): Die Auswirkungen von Corporate Governance auf die Fremdfinanzierungskosten von Unternehmen: Eine empirische Analyse der Folgen von Aktientransaktionen durch Insider, Diss., Wiesbaden.

Wessler, M. (2012): Entscheidungstheorie: Von der klassischen Spieltheorie zur Anwendung kooperativer Konzepte, Wiesbaden.

White, W. L. (1974): Debt management and the form of business financing, in: The Journal of Finance 29 (2), S. 565-577.

Wilkins, M. (1977): Modern European economic history and the multinationals, in: The Journal of European Economic History, Band 6 (3), S. 575-595.

Williams, J. B. (1938): The Theory of Investment Value, Cambridge.

Williams, O. H./ Suss, E. C./ Mendis, C. (2005): Offshore financial centres in the Caribbean: Prospects in a new environment, in: The World Economy 28 (8), S. 1173-1188.

Winkelmann, M. (1984): Aktienbewertung in Deutschland, in: Göppl, H./ Opitz, O. (Hrsg.): Quantitative Methoden der Unternehmensplanung, Hain.

Winker, P. (2007): Empirische Wirtschaftsforschung und Ökonometrie, 2. Aufl., Berlin/ Heidelberg.

Witmer, J./ Zorn, L. (2007): Estimating und comparing the implied cost for Canadian and U.S. firms, in: Bank of Canada Working Paper, Nr. 2007-48, S. 1-48.

Wöhe, G./ Bilstein, J./ Ernst, D./ Häcker, J. (2009): Grundzüge der Unternehmensfinanzierung, 10. Aufl., München.

Wooldridge, J. M. (2010): Econometric Analysis of Cross Section and Panel Data, 2. Aufl., Cambridge/ Massachusetts.

Wünsche, M. (2010): Finanzwirtschaft der Bilanzbuchhalter, 3. Aufl., Wiesbaden.

Zeidler, G. W./ Tschöpel, A./ Bertram, I. (2012): Kapitalkosten in Zeiten der Finanz- und Schuldenkrise – Überlegungen zu empirischen Kapitalmarktparametern in Unternehmensbewertungskalkülen – in: Corporate Finance biz 3 (2), S. 70-80.

Zimmermann, J./ Meser, M. (2013): Kapitalkosten in der Krise – Krise der Kapitalkosten? – CAPM und Barwertmodelle im Langzeitvergleich, in: Corporate Finance biz 4 (1), S. 3-9.

Zobler, M./ Bölscher, J. (2009): Chronologie, Ursachen und Auswirkungen der Finanzkrise: Vom amerikanischen Immobilienboom zum globalen Börsencrash, Norderstedt.

Zoromé, A. (2007): Concept of offshore financial centers: In search of an operational definition, IMF Working Paper, Nr. WP/07/87, S. 1-34.

Zurek, J. (2009): Kreditrisikomodellierung: Ein multifunktionaler Ansatz zur Integration in eine wertorientierte Gesamtbanksteuerung, Diss., Wiesbaden.

Schriftenreihe Finanzierung und Banken

Herausgeber: Prof. Dr. Detlev Hummel

Band 26: Marco Pedrotti: Das Stakeholder-Banking im europäischen Kontext. Ein theoretischer und empirischer Vergleich des deutschen und italienischen Bankenmarktes, 2015.

Band 27: Manuel Effenberg: Syndizierungsmotive und strategische Positionierung von Venture Capital Gesellschaften, 2016.

Band 28: Tim Wazynski: Finanzierungsentscheidungen multinationaler Unternehmen, 2016.